本报告的出版得到国家重点文物保护

专项补助经费资助

什邡城关
战国秦汉墓地

四川省文物考古研究院
德阳市文物考古研究所　编著
什邡市博物馆

文物出版社

封面设计　张希广
责任印制　王少华
责任编辑　张广然　张　芳

图书在版编目（CIP）数据

什邡城关战国秦汉墓地／四川省文物考古研究院，德
阳市文物考古研究所，什邡市博物馆编著．－北京：文
物出版社，2006.9
ISBN 7-5010-1928-2

Ⅰ.什…　Ⅱ.①四…②德…　③德…　Ⅲ.墓葬（考
古）－发掘报告－什邡市－战国时代～秦汉时代（前
221～220）　Ⅳ.K878.85

中国版本图书馆 CIP 数据核字（2006）第 044745 号

什邡城关战国秦汉墓地

四川省文物考古研究院
德阳市文物考古研究所　编著
什 邡 市 博 物 馆

*

文 物 出 版 社 出 版 发 行
北京东直门内北小街 2 号楼
http://www.wenwu.com
E-mail:web@wenwu.com
北京文博利奥印刷有限公司制版
文物出版社印刷厂印刷
新 华 书 店 经 销
889×1194　1/16　印张:25
2006 年 9 月第一版　2006 年 9 月第一次印刷
ISBN 7-5010-1928-2/K·1018　定价：248.00 元

目　录

插图目录

图版目录

第一章 绪 论

第一节 地理环境和历史沿革

一 地理环境

什邡市位于成都平原与青藏高原东缘山区的相接地带,地理坐标东经103°45′至104°15′,北纬31°1′至31°37′,南距成都约60公里(图一)。所辖境域狭长,地势西北高,东南低,山区、平原

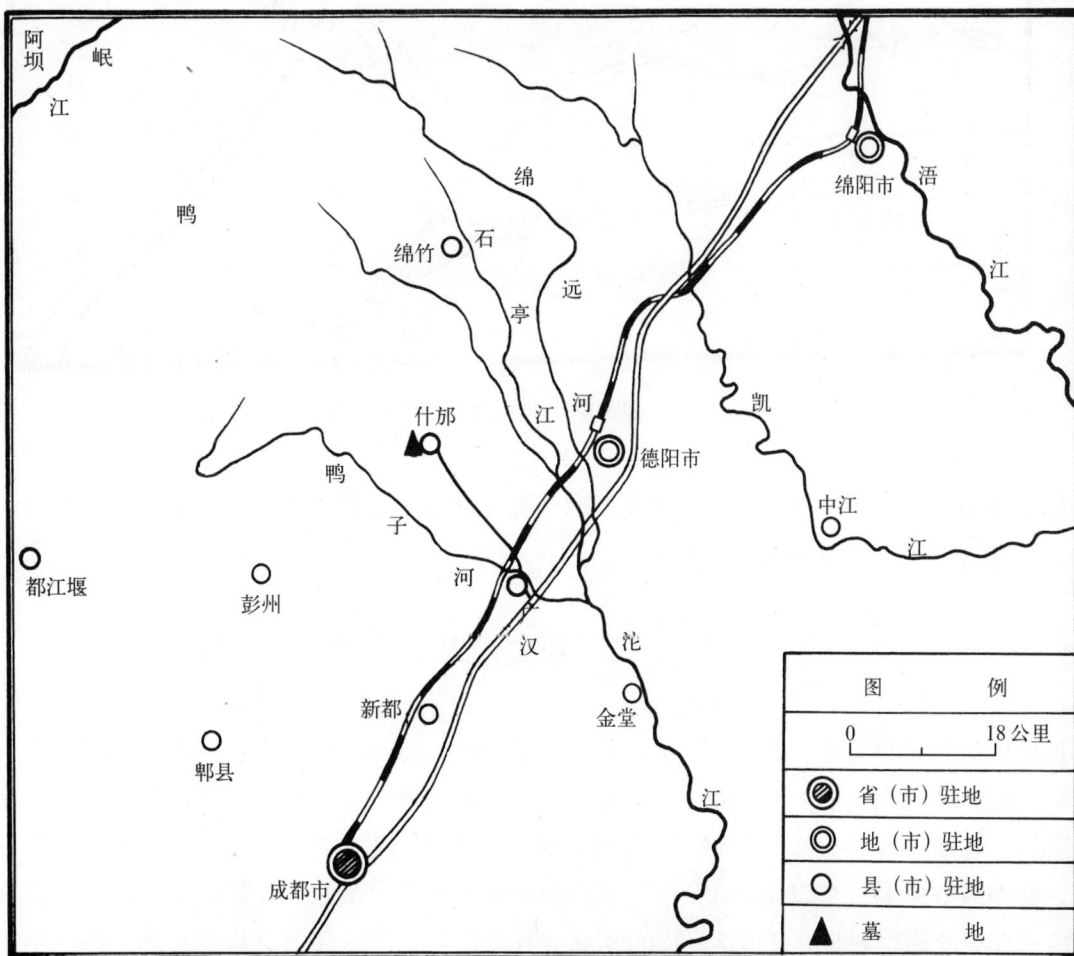

图一 什邡在四川省位置图

各半。平原地带属成都平原的西北边缘部分，系由长江支流沱江上游的若干支流冲积而成。市域东北部距城区约8公里处有石亭江自西北向东南流过并与绵竹县分界，常年最大流量2000立方米／秒，最枯流量10立方米／秒，是什邡境内最大的河流。西南部有斑鸠河、鸭子河自西北向东南穿境。墓地所在的方亭镇（市政府所在地，原城关镇）和元石镇（近郊镇，现已成为新市区）即位于平原地带的腹地，城区中心有鸭子河的支流筏子河（麻柳湾河）由北向南纵贯全城（图二）。

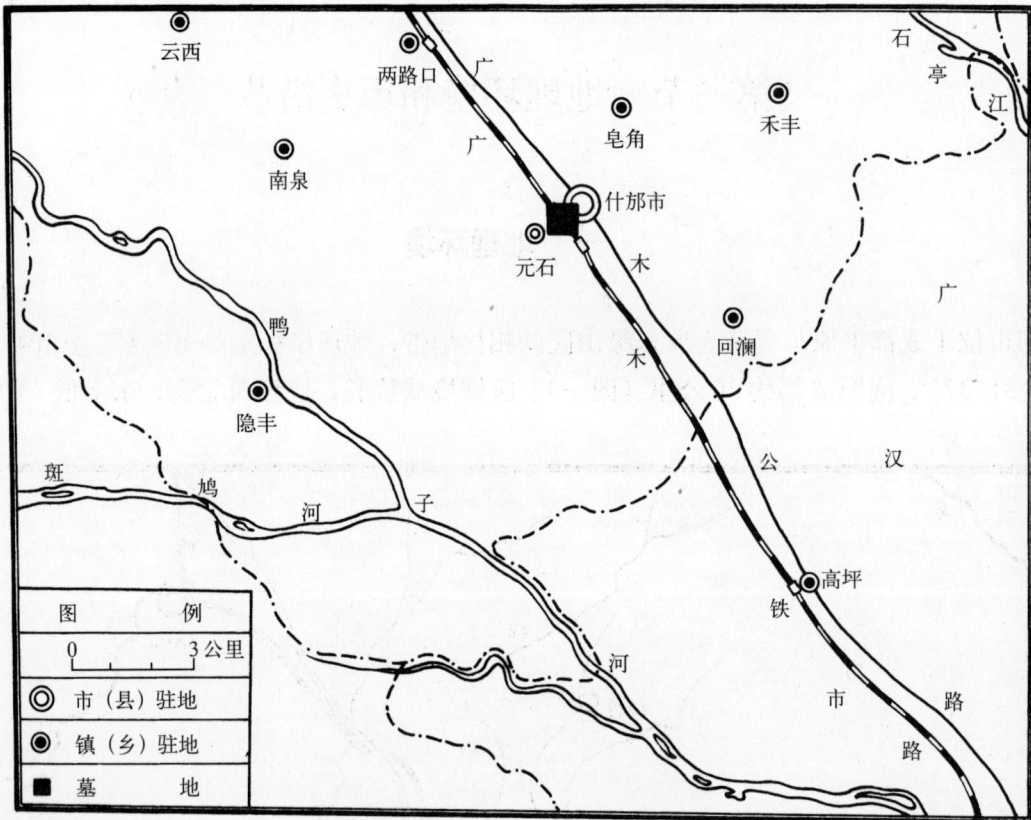

图二　城关墓地在什邡市位置图

什邡市域属于亚热带湿润气候区，冬无严寒，夏无酷暑，雨量充沛，气候温和，四季分明，无霜期长，平均气温16℃，年降雨量880毫米。

二　历史沿革

什邡建制记载最早见于《史记·留侯世家》："汉高祖六年，封雍齿为什方侯。"汉高祖六年即公元前201年，按汉制，列侯所封之地称国（郡国）。武帝时降为普通县，属益州广汉郡。新莽时改称美信县。三国蜀汉时期，始作今名"什邡"。北朝时，曾改县名为方亭。唐初恢复原名，属汉州。五代时改名通计，继而恢复原名。至明初，什邡曾并入绵竹，继而恢复。清代，什邡属成都府。民国时期属川西道。1953年，什邡曾划归温江专区，1960年又曾并入广汉，1963年继又恢复县制。1983年从原温江专区划归德阳市，1995年撤县建市至今，属德阳市下辖县级市。

第二节　发掘经过

　　1988年8月，什邡县人民政府在方亭镇（原城关镇）修筑县城中心大街（现亭江西路）时首次发现船棺墓葬（M1～M5），县文物管理所闻讯后立即上报四川省文物管理委员会，随即由省、县两级文

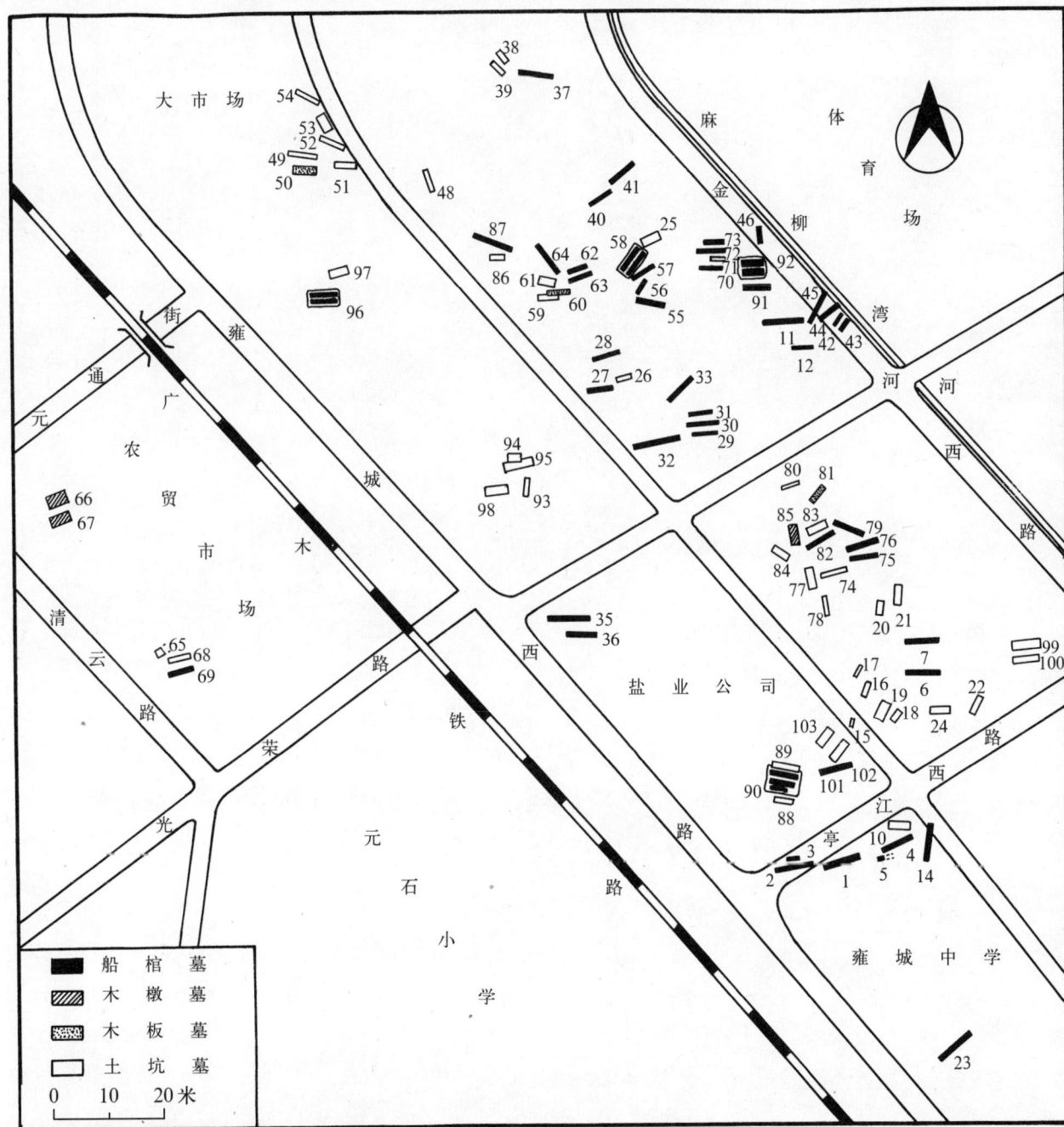

图三　城关墓地墓葬分布示意图

物考古部门组成由张才俊同志任领队的联合考古队，经调查，初步判断为一处战国时期的墓地，并立即配合县城新区开发展开首次抢救性发掘。至2002年底，已先后配合各项城市建设在方亭镇和元石镇境内进行了23次抢救性清理，共清理墓葬98座，编号M1～M103，其中包括空号5个（M8、M9、M13、M34、M47）。现已查明该墓地位于什邡市城区西部的方亭和元石两镇的结合地带，分布面积约100万平方米（图三），为便于称谓和记录，遂将该墓地统称为城关墓地，墓地绝大部分已被现代建筑覆盖（图版一）。 1995年，四川省文物考古研究所曾对城关墓地部分墓葬进行过初步整理，并形成以发掘简报为形式的初步研究成果①。

第二章 墓葬概述

第一节 地层堆积和墓地分布

什邡城区内地层下伏基岩为白垩系红色泥岩与砂岩层，埋藏深，基岩裂隙少水，上覆第四纪松散层，其上部为第四系全新统冲洪积层，结构松散，透水性强，且分布广泛，为什邡地层主要含水层。

城关墓地的地层堆积比较简单，最上一层一般为农耕土层，厚约25厘米，个别地方耕土层上有一层废弃的现代建筑层，厚30～50厘米不等；农耕土层下一般为一层比较纯净的浅黄色土，厚15～20厘米不等，含少量汉代砖、瓦等遗物。一般说来，浅黄色土层下即为城关墓地墓葬的墓口，但也有少数墓葬直接开口于耕土层下。同时，城关墓地所有墓葬均打破生土层或沙砾层（其中有3座墓葬以沙砾层为底），换句话说，98座墓葬均开口于生土层或沙砾层上，汉代层或耕土层下。

已发掘的98座墓葬大多分布于墓地东部，排列整齐，分布密集而有序，两墓相距最近的仅0.2米，却极少存在打破关系，仅发现三组打破关系，即M60→M59；M94→M95；M89→M90。其中75座墓葬为东西向或偏东西向，23座为南北向或偏南北向（图三）。

第二节 墓葬分类

已发掘的98座墓葬均为竖穴土坑墓，按葬具的差异及有无可分为船棺墓、木椁墓、木板墓和土坑墓（无葬具）四大类。四类墓葬各自并无专门的分布区域，而是相互渗透、杂处，但另一方面，各类墓葬又各自拥有相对集中的分布区域，其中船棺墓在已发掘的大部分墓区皆有分布，但相对集中于东部，西部和西北部分布较少；土坑墓除在墓地东南部有较集中的分布以外，在墓地西部、中部和北部也出现较多；木椁墓和木板墓则零散分布于墓地西部、北部和东部。需要指出的是，由于城关墓地发掘工作大多开展于上世纪80～90年代，人们的文物保护意识尚很淡薄，因此相当部分墓葬遭基建施工破坏严重，部分随葬器物流失。

一 船棺墓

49座。分别为M1、M2、M3、M4、M5、M6、M7、M11、M12、M14、M23、M27、M28、M29、

M30、M31、M32、M33、M35、M36、M37、M40、M41、M42、M43、M44、M45、M46、M55、M56、M57、M58、M62、M63、M64、M69、M70、M72、M73、M75、M76、M79、M82、M87、M90、M91、M92、M96、M101。除 M58、M90、M92、M96 为合葬墓外，余皆为单人葬墓。其中 41 座墓向为东西向或偏东西向，8 座为南北向或偏南北向。

（一）墓室结构

49 座船棺墓可分为单人葬墓与合葬墓两大类。

1. 单人葬墓　45 座。墓室均为狭长方形竖穴土坑，其中 M79 船棺系直接放置于沙砾层上。有 31 座墓室未遭基建施工破坏或受损较轻，尚保存基本的墓坑形制，墓坑长宽之比在 5∶1～9∶1 之间。墓口平均长约 6.3 米，最长的达 8.6 米（M32），最短的也有 4.5 米（M40）；墓口平均宽约 1 米，最宽的 1.2 米左右（M14、M76、M87、M101），最窄的仅 0.45 米（M12）；墓坑现存深度均浅，有 35 座船棺墓墓坑深度低于 0.5 米，最深的有 1.05 米（M32），最浅的仅 0.2 米（M5 等）。

2. 合葬墓　4 座。其中 M58、M92、M96 为一坑双棺并列合葬墓，M90 为一坑三棺并列合葬墓。墓室均为长方形竖穴土坑或近方形竖穴土坑（M90），最长的有 6.8 米（M90），最短的为 4.65 米（M92）；最宽的有 3.9 米（M90），最窄的为 2 米（M58、M92、M96）；最深的有 0.6 米（M58），最浅的为 0.35 米（M90）。除 M96 以外，其余 3 座合葬墓在墓室内还为每座船棺专门掘有棺坑，7 座棺坑与单人葬船棺墓墓坑一样，均为狭长方形土坑，最长的有 6.4 米（M90-1），最短的为 4 米（M58-1）；最宽的有 0.92 米（M90-3），最窄的为 0.5 米（M58-1、2）；最深的有 0.45 米（M58-1），最浅的为 0.35 米（M90-1～3）。

两类墓葬的墓坑大多不甚规整，相当一部分墓坑呈圆角狭长方形或圆角近方形。墓口一般约大于墓底，一部分墓坑的底部为弧形，中部下凹，两端上翘，有的甚至中间大，两端小，还有一端大，一端小的（M23、M87）。总之，墓坑的长短宽窄以及形状基本上是根据葬具的大小及形状而定的，大多仅能容棺，墓坑内再挖筑棺坑的多见于合葬墓，单人墓葬带棺坑的仅 M76 和 M41 两例，个别墓（M3、M32）坑底部有一层厚 1～10 厘米的黄膏泥或青灰膏泥。

（二）船棺分类

49 座船棺墓共有 54 具船棺，其中 25 座墓葬共 28 具船棺保存较好（图版二～四），其余 24 座墓葬的 26 具船棺或因施工破坏，或自身朽坏严重，仅存船棺痕迹，未予分类。28 具保存较好的船棺可分为 A、B、C 三类。

A 类　8 具。分别出自 M1、M7、M23、M27、M32、M33、M44、M76。此类船棺为最典型的船棺，皆形体巨大，制作讲究，其中又以 M23、M32、M33 的 3 具船棺保存最为完整，舱、舷俱存且深。这类船棺棺底略有弧度，一端较平齐，另一端均不同程度地上翘，尤以 M44 上翘最甚，形状酷似木船。A 类船棺的制作均系用一整截圆木（多为楠木），将其劈去一半或一小半，底部稍加削平，一端由下向上斜削使其上翘以似船头，又在圆木正中凿去部分树心，使成圆弧形舱室。由于形体巨大，故多在棺木的头尾两端或一端凿出不规则形（近长条形）或近圆形的大孔，以便系绳拖拉、升降、悬棺下葬。从舱的底部和头尾部留下的多处烧痕推断，船棺是运用烧、凿结合的方法制作的。除 M44 船棺因施工挖掉一头，残长 4.1 米外，其余 7 具均在 4.75 米以上，其中 5 具在 6 米以上，最长的一具达 8.5 米（M32）；宽度均在 0.8 米以上，最宽的一具有 1 米左右（M32）；高度 0.3～0.6 米不等。除 M27 外，舱室长度都在4米以上，最长的达6.2米（M32），宽度均在0.65米以上，最宽的有0.8米（M32），深度0.2～0.35米不等，船舷厚度在0.04～0.1米之间，头尾各长0.9～1.2米不等。

B类　10具。分别出自M6、M11、M35、M37、M45、M55、M57、M70、M96-1、M96-2。浅舱矮舷，有的仅在圆木中部向下略微凿去极少部分树心以示舱室，底部微弧，头、尾或一端微上翘，一端平齐，或两端均略微上翘，似无一定规则，头尾两端或一端凿有不规则形孔（近长条形）。此类船棺相对A类船棺制作简单，头尾舱舷各部位特征不明显，象征味很浓，有的粗看起来就像一块木板，形制普遍较A形轻小，其中形制较大的长宽尺寸与A类相仿，但显得轻薄，较小的长度多在4～5米之间，宽度多在0.6～0.7米不等。

C类　10具。分别出自M29、M30、M31、M58-1、M58-2、M72、M75、M91、M92-1、M92-2。头尾两端截齐或基本截齐，弧底或底微弧，平舱无舷，头部与尾部明显高于舱部，是C类船棺在制作上刻意强调的部分。此类船棺整个形体较窄小，故有的头尾未发现凿孔，长30.8～6米，宽0.4～0.6米。

以上三类船棺是基于船棺出土时的形状来划分的，考虑到船棺的朽腐因素，不排除个别船棺（主要是B类船棺）现存形状与原状有出入，但估计不会影响大类的划分。

（三）葬式

除4座合葬墓外余均为单人葬墓。49座船棺墓的54具船棺中，绝大多数尸骨不存或仅存少量人骨残肢及渣、痕，葬式不辨。能基本确定葬式的船棺墓只有2座共3具（M69、M92-1、M92-2），均系仰身直肢，头向东，M69及M92-1尸骨面向北，M69尸骨双手交叉置于腹部。还有5座可辨头向，其中M4、M7、M23、M37头向东，M14头向南，下肢直肢。

（四）随葬品种类及放置情形

49座船棺墓中有41座出土有随葬品，主要为陶器和铜器两大类，还有少量的料器、漆木器和兽骨，铜器中以铜兵器的种类和数量为多。

41座出土随葬品的墓中有39座将随葬品全部置放于船棺舱室内，只有带二层台的墓葬M41和M76将部分随葬品置于二层台上，其中M41将3件陶器置于南北两侧的二层台上，另外3件也放置于舱内，M76则将随葬兽骨置于北部二层台上。

置于舱室内的随葬品中，陶器多集中放置于舱室的两端或一端，少数放在左右两边，个别置于中部。铜兵器、工具、带钩、印章及饰物等多置于舱室中部，尸骨周围，如铜剑多放在腰腹部，或用双手握置（M69）；矛多在左右两侧，少数置于两端与陶器杂处；带钩则置放于腰部；铜容器多与陶器杂置，位于舱室的端部，少数置放于舱室中部。

二　木板墓

3座。分别为M50、M60和M81。均为东西向或偏东西向。

（一）墓室结构

均为竖穴土坑墓，墓口与墓底基本相等，坑壁近直，坑底平坦，墓坑拐角基本上为直角。M60墓坑为近狭长方形墓坑，M50与M81墓坑均为长方形墓坑，墓口长3.65～5、宽1.2～1.72米，坑深

0.2~0.3米。

（二）葬具

3座墓葬均沿墓室长边在墓底铺置一长方形木板，均朽毁严重，表面凹凸不平，与船棺表面类似。从残存痕迹观察，M60木板长宽尺寸与墓室基本相等；M50在墓室南侧中段残存木板一块，残长3.4、残宽0.35、厚约0.06米；M81木板似位于墓室中部，仅东段残存有三块木板残块。

（三）葬式

尸骨均已朽烂，葬式不明，仅M50在墓底西北部发现人牙数枚，M81于墓底西南角残存肢骨一截。

（四）随葬品种类及放置情形

3座木板墓均出土有随葬品，有陶器、铜器、铁器三类，铜器中以铜兵器的数量为多。

M60的随葬品均为陶器，分别置放于木板两端，放置方式与船棺墓类似。M81残存4件随葬品中有3件（陶、铜、铁器各1件）置于木板上，1件铜削位于木板外。M50残存随葬品有陶器、铜器和铁器三类，以陶器和铜器为主，铜器多位于墓室北部，陶器则多集中置放于西部。

三　木椁墓

3座。分别为M66、M67和M85。其中M66和M67两墓相距不到两米，均为偏东西向，M85则为南北向。

（一）墓室结构

均为竖穴土坑墓。此类墓葬墓坑较为规整，墓口与墓底基本相等，坑壁近直，坑底平坦，墓坑拐角基本上为直角。M67与M85墓坑均为长方形墓坑，墓口长3.3~3.75、宽2米左右，深0.2~0.45米。M66基本上为正方形的墓坑，墓口长3.9、宽3.5米，坑深0.4米。M66和M67木椁周围及底部均填充青膏泥。

（二）葬具

均有椁无棺。M66、M67的木椁底板和墙板保存得较完整，尚存部分椁室，M67还残存盖板一块，M85则仅存底板的腐朽痕迹。M67和M85木椁底板均为单排，系垂直于墓坑的长边纵向排列满铺于墓底，M66的木椁底板则分南北两排沿墓坑的短边纵向排列满铺于墓底，椁板表面经加工修整，较平整、光滑，有别于船棺墓和木板墓的葬具。

M66椁室由四周共6块墙板和12块底板组成，盖板不存，南北总长3.8、东西总宽3.4、残高0.35米。底板分南北两排，每排沿东西向并列6块，每块底板长度大致相同。椁室周围及底部各填充有厚5~8厘米的青膏泥。 M67椁室由4块墙板、7块底板以及1块塌陷的盖板组成，东西总长3.65、南北总宽1.8、残高0.4米。M67的墙板及底板较M66更为规整，拼排更为细致、讲究。椁室周围及底部分别填有厚4~6厘米的青膏泥。

（三）葬式

尸骨大多已朽烂，仅M66残存有下肢骨两根，系直肢，头向东。其余2座葬式不明。

（四）随葬品种类及放置情形

3座木椁墓均出土有随葬品，计有陶器、铜器、铁器、漆木器、铜钱币、兽骨（牙）、果核等种类，以陶器和漆木器为大宗，铜器尤其是巴蜀式铜兵器和工具的种类和数量较少。

　　M66早年被盗，残存随葬品分布于椁室东南、东北和西北角，计有陶器、铜器和漆器三类。M67随葬品主要集中于椁室西半部，少量位于东北角，计有陶器、铜器、铁器、漆器、木器、兽骨和果核等。M85随葬品绝大多数放置于椁板北部，只有1件陶器位于南部，种类计有陶器、铜器、铁器、铜钱币和兽牙等。

四　土坑墓

　　43座。分别为M10、M15、M16、M17、M18、M19、M20、M21、M22、M24、M25、M26、M38、M39、M48、M49、M51、M52、M53、M54、M61、M65、M68、M71、M74、M77、M78、M80、M81、M83、M84、M86、M88、M89、M93、M94、M95、M97、M98、M99、M100、M102、M103。皆无葬具，也未发现任何葬具朽腐痕迹。43座土坑墓依墓坑长宽比例的差异又可分为狭长方形、长方形以及近长方形三类。

（一）狭长方形土坑墓

　　21座。分别为M15、M16、M17、M18、M26、M38、M39、M48、M49、M52、M54、M68、M71、M74、M78、M80、M86、M88、M89、M93、M100。其中的M68和M71尤其是M71因与旁边（M68与M69）或周围（M71与M70、M72、M73）的船棺墓同组（图三），不排除原为船棺墓。21座墓葬大多遭基建施工不同程度破坏。其中14座墓向为东西向或偏东西向，7座为南北向或偏南北向。

　　1．墓室结构

　　21座狭长方形土坑墓可分为单人葬墓与合葬墓两类。

　　（1）单人葬墓

　　20座。墓坑的长宽之比与船棺墓大致相同，约在4∶1~8∶1之间。因大多遭施工破坏，仅M52、M49、M80、M89、M100等5座保存稍好，尚存基本的墓坑形制，墓口长3.2~6.3米，多在5米以上，宽0.62~1.3米，多在1米左右。其余15座墓口全长不明，现存长度自1.2~5米不等，墓口最宽的有1.2米（M38），最窄的只有0.5米（M15），多在1米左右。各墓墓坑现存深度0.15~0.4米不等。

　　（2）合葬墓

　　仅M74一座，为上下层同穴合葬墓，M74-A（上层）重叠于M74-B（下层）之上，两墓室均为狭长方形土坑，M74-A较M74-B稍宽，但长度相同，两坑上下间距约0.1米，M74总深0.65米。

　　两类狭长方形土坑墓的墓口大多稍大于墓底，墓坑拐角多为圆形，两端一大一小的现象也有发现，个别墓葬中间凸出，至两端渐小，墓底中部一般略微下凹，均无二层台。

　　2．葬具

　　两类墓葬均未发现葬具及任何葬具朽痕。

　　3．葬式

　　除M74为上下层同穴合葬墓外余均为单人葬墓。21座狭长方形土坑墓能够大致确定葬式的只有3座。一座为侧身直肢，双手交置于腹部，头向东南（M52）。一座为仰身，下肢弯曲，头向东南，面向北（M49）。另一座为侧身屈肢（下肢弯曲），头向西，面向南（M88）。另在M71墓底中部发现人牙数枚，在 M93 墓底南部发现残肢骨 2 截，其余墓葬尸骨均已朽尽，或遭基建施工破坏，葬式不明。

4．随葬品种类及放置情形

21 座狭长方形土坑墓均出土有随葬品，种类与船棺墓基本相同，以陶器和铜器为主，个别墓发现少量铁器、石饰件及漆器残痕，铜器中以兵器的种类和数量最多。

随葬品的放置大体上可分两种情形。一种情形是随葬品集中置放于墓室中部，估计是围绕着尸体放置的，故墓室两端的空隙很大；另一种情形是一部分随葬品置放于墓室中部，尸体周围，另一部分随葬品则置放于墓室的两边或一边的近端处，但距端部仍有一定空隙（仅 M93 除外）。这两种情形都与船棺墓中头尾部分不置随葬品而放于舱内的情形相似。

从以上叙述中不难发现，狭长方形土坑墓无论是在墓室的长宽尺寸以及长宽比例方面，还是在墓室的结构、随葬品的种类和放置情形方面都与船棺墓极为接近。

（二）长方形土坑墓

16 座。分别为 M10、M20、M21、M22、M24、M51、M59、M61、M77、M94、M95、M97、M98、M99、M102、M103。大多遭基建施工不同程度破坏。其中 12 座墓向为东西向或偏东西向，4 座为南北向或偏南北向。

1．墓室结构　相对于船棺墓和狭长方形土坑墓而言，长方形土坑墓的墓坑形制显得较为规整，坑壁近直，墓口与墓底基本相等，墓坑拐角基本呈直角，两端宽窄不一的现象较少，M24 和 M98 系直接建构于沙砾层上，墓底遍布卵石。16 座长方形土坑墓可分为单人葬墓和合葬墓两类。

（1）单人葬墓

15 座。有 8 座墓葬保存稍好，墓坑长宽之比在 2∶1～3∶1 左右。完整墓的墓口长度在 3.6～5.13 米之间，5 米及 5 米以上的只有两座；墓口宽 1.45～2.2 米，超过 2 米的只有 3 座；墓坑现存深度 0.15～0.65 米不等。

（2）合葬墓

仅 M10 一座，为双人同穴合葬墓。墓口长 3.6、宽 1.5 米，坑深 0.3 米。

2．葬具

两类墓葬均未发现葬具，也未发现任何葬具朽腐痕迹。

3．葬式

除 M10 为双人合葬墓外余均为单人葬墓。16 座长方形土坑墓中能够大致确定葬式的只有 M59、M10 和 M77 三座。M59 尸骨仰身直肢，头向东，面向上；M10 为一坑双人合葬墓，两具尸体并排摆放，性别为一男一女，男性位于墓室南侧，女性居北侧，两人均为仰身下肢弯曲，头向西；M77 尸骨下肢直肢，头向北。另 M51 在墓底中东部残存下肢骨，似为直肢。其余墓葬尸骨不存，葬式不明。

4．随葬品种类及放置情形　16 座长方形土坑墓除 M19 外均出土有随葬品，种类计有陶器、铜器、铜钱币、漆器、铁器、料珠等，以陶器、铜器为主。出土铜钱币和铁器的墓较多，共有 8 座。除 M10、M22、M95 和 M99 外，其余各墓铜兵器种类和数量均较少。出车马器（銮铃）的墓葬则较多，城关墓地出銮铃的墓葬共有 6 座，其中 5 座为长方形土坑墓。

陶器和铜容器多集中置于墓室两端或一端，铜兵器、铜钱币、铜印章、铁工具等多置于墓室中部，双人合葬墓（M10）的随葬品则明显分两组放置。

（三）近方形土坑墓

6座。分别为M19、M25、M53、M65、M83、M84。其中3座为东西向或偏东西向，3座为南北向或偏南北向。

1. **墓室结构** 分为单人葬墓和合葬墓两类。墓坑长宽之比在1：1～2：1左右，两类墓葬均坑壁近直，墓底较平坦，墓口与墓底基本相等，墓坑拐角基本呈直角。除墓坑长宽比例以外，整个形制均与长方形土坑墓相同。

（1）单人葬墓

4座。分别为M19、M53、M65和M84。仅M84保存较为完整，墓口长3.2、宽1.7米。其余3座墓墓口宽2～3.3米。墓坑现存深度0.2～0.38米不等。

（2）合葬墓

2座。分别为M25和M83。其中M25为双人同穴合葬墓，墓口长3.4、宽2.2米，坑深0.35米。M83为三人同穴合葬墓，墓口长4.1、宽2.25米，坑深0.3米。

2. **葬具**

皆无，也未发现任何葬具朽腐痕迹。

3. **葬式**

除M25、M83分别为双人和三人同穴合葬墓外余均为单人葬墓。M25虽尸骨不存，但坑内随葬器物明显分两组排列，且两组器物中部分器物种类、形制相同，显系同组器物一分为二，故而判断为合葬墓。M83坑内随葬器物则明显分为北、中、南三组，在每组器物中间或对应端均发现有不同个体的人骨残留，其中北部尸骨保存稍好，为仰身直肢，头向西；中部尸骨仅存肢骨一截，葬式不明；南部尸骨残留肢骨两截，葬式不明。另在M84墓底南端发现人牙数枚，其余墓葬尸骨不存，葬式不明。

4. **随葬品种类及放置情形**

有5座墓出土有随葬品，由于多数墓遭施工扰乱、破坏，故除M25、M83、M84外，其余各墓器物组合不全。M25和M83出土器物组合与其余3座墓葬明显不同，反而与船棺墓和狭长方形土坑墓接近。除M25和M83外，其余各墓均不出铜兵器；5座墓均出有陶器，但各墓的陶器种类和形制都相差较大；M53出有铜五铢钱和铁器、漆痕，M84出有铜镜、铜半两和漆器。

M25随葬品明显分两组置放于墓室两边，M83则明显分为三组摆放；M65在残存的墓室北端集中置放着15件陶器，M84陶器亦多集中于墓室南端，铜"半两"、带钩、铜镜则置放于墓室中部或近中部；M53的陶器、铁器、钱币及漆器均集中杂置于残存的墓室中部（两端已被挖掉）。

第三章　随葬品概述

城关墓地已发掘的98座墓中，有89座出土有随葬品，9座是不出任何器物的空墓（多因后期被扰或施工破坏）。随葬品总计1096件，计有陶器571件，铜器424件，铁器16件，漆木器29件，玛瑙和料器9件，石饰件2件，钱币38枚，兽骨（牙）3件，果核4件（见附表）。

第一节　陶　器

共571件。分别出自82座墓中，各墓（多棺合葬墓按单棺计，下同）现存随葬陶器大多在10件以下，5件及5件以上的墓葬有50座，10件及10件以上的墓葬只有22座，一墓中最多者有22件（M49），最少的只有1件。绝大多数陶器为夹砂灰陶、褐陶和灰褐陶，部分为夹砂黑陶、红陶和黑皮褐陶，个别为泥质灰陶和黑陶；纹饰以绳纹为大宗，多施于盛储器的肩、腹部和炊煮器的底、腹部，除绳纹外，尚有部分凹弦纹、凸弦纹、刻划纹、戳印纹和少量的方格纹、篮纹以及戳记等。除M53外，其余各墓绝大多数陶器陶土较粗，烧制温度较低且火候不匀，故质地松软，出土时残损严重，经尽力修复，器类可辨者达551件，型式可分者也有522件。按出土数量的多寡来排列，器类计有豆、圆底罐、釜、尖底盏、釜甑、平底罐、器盖、大口瓮、壶、钵、小口瓮、鼎、盆、甑、缶、纺轮、瓶、圈足器和陀螺饰等。相当部分器物制作不甚规整，器形不甚对称，陶色不甚均匀。

豆　191件。分出于47座墓中（其中船棺墓11座，狭长方形土坑墓15座，长方形土坑墓13座，近方形土坑墓4座，土坑木椁墓2座，土坑木板墓2座），一墓最多者出13件（M49），少则只出1件，以一墓只出1件的最多，计有15座。其中188件可分为A、B两型，以A型为主，一墓之中两型豆共出的现象计有14例（见附表）。

A型　141件。无柄，矮圈足状豆座较小，窄沿，夹细砂灰陶、黑皮陶或褐红陶，盘、座分别轮制和捏制后粘接而成，部分陶豆制作不甚规整，前后左右不甚对称，沿下及下腹多饰有凹弦纹或凹槽。其中104件依据盘部的深浅变化可分为五式。

Ⅰ式　11件。圆腹深盘，豆座较宽（标本见墓葬分述章节，下同）。

Ⅱ式　28件。圆弧腹，盘较深，豆座变窄。

Ⅲ式　19件。圆折腹，盘变浅。

Ⅳ式　34件。斜弧腹，浅盘。

Ⅴ式　12件。斜折腹，盘极浅，盘底较平，多为黑皮灰陶，其中4件豆盘内壁有字体介于篆、隶之间的阴文"亭"字戳记，均出于 M67。

AⅣ式和 AV 式陶豆出土时的情形分两种，一种盘口朝上，另一种盘口朝下扣置于墓底。而在出 AⅣ式和 AV 式陶豆的单个墓葬当中，盘口或朝上，或朝上朝下两种情形共存，而无所有豆盘均朝下扣置的情形，估计这两式陶豆同时兼有器盖的功能，或者一上一下组成"盖豆"或"陶盒"。

B 型 48 件。有柄，大喇叭状豆座，浅盘，折腹或斜折腹，部分制作不甚规整，夹细砂灰陶、褐陶及黑皮红褐陶，绝大多数为素面。其中 45 件可分两亚型。

Ba 型 7 件。窄沿，高粗柄，盘底大多上凸，平坦或下凹者极少，夹砂黑皮红褐陶，豆座上多有凸棱。

Bb 型 38 件。无沿，细柄，素面。其中 19 件可分为二式。

Ⅰ式 13 件。高柄豆。

Ⅱ式 6 件。矮柄豆。

圜底罐 141 件。分出于 54 座墓中（其中船棺墓 20 座，狭长方形土坑墓 12 座，长方形土坑墓 15 座，近方形土坑墓 2 座，土坑木椁墓 3 座，土坑木板墓 2 座），每墓 1～7 件不等。夹砂灰陶、灰褐陶、红陶、深灰陶、黑皮褐陶皆有，皆小口，束颈，折沿，部分器口制作不甚对称。其中 137 件可分为 A、B 两型，绝大多数为 A 型，两型一墓共出的现象计有 3 例。

A 型 134 件。方唇或圆唇，肩部较显，颈肩部多饰有凹弦纹。可分两亚型。

Aa 型 36 件。红陶或黑皮褐陶。方唇较薄，肩以下无绳纹。其中 23 件依颈肩部及腹部的变化可分二式。

Ⅰ式 4 件。长颈，圆肩，圆腹。

Ⅱ式 19 件。短颈内束较甚，广肩，鼓腹。

Ab 型 98 件。夹砂灰陶、褐陶或黑陶，个别为黑皮褐陶。唇较厚，肩以下遍饰竖状绳纹。其中 58 件依颈部、腹部的变化分为四式。

Ⅰ式 27 件。颈微内束，较长，肩部较窄，圆腹较浅。可分二亚式。

Ⅰa 式 23 件。方唇内斜，折肩。

Ⅰb 式 4 件。圆唇，圆肩。

Ⅱ式 13 件。短颈，肩较宽，深球形腹。

Ⅲ式 14 件。颈甚短，广肩上耸，深球形腹。

Ⅳ式 4 件。口甚小，短颈内束较甚，广肩，深垂腹，腹最大径在下腹部。

B 型 3 件。尖唇，短颈内束，溜肩不明显，深球形腹，颈以下遍饰交错绳纹。

釜 82 件。分出于 38 座墓中（其中船棺墓 13 座，狭长方形土坑墓 8 座，长方形土坑墓 9 座，近方形土坑墓 5 座，土坑木椁墓 2 座，土坑木板墓 1 座）。皆圜底，其中 80 件可分为 A、B、C、D 四型，B 型与 C、D 型不同出，C、D 两型也不混出。

A 型 54 件。每墓 1～4 件不等。夹砂黑陶、灰陶或灰褐陶。底部多有烟熏痕迹，整个形体以及肩以下遍饰竖状绳纹的作风颇似 Ab 型圜底罐，小口，深腹，但口部均为卷沿、尖唇或薄圆唇，颈部少见凹旋纹，形体也较轻小，器胎较薄，残损较甚。其中 22 件可分为三式。

Ⅰ式 2 件。长颈，肩部不明显。

Ⅱ式　12件。颈变短，内束，肩部近折，腹部变深。

Ⅲ式　8件。短颈，圆折肩，口部变大。

B型　18件。每墓1～2件不等，绝大多数墓葬只出1件。夹砂灰陶、灰褐陶或褐陶。大口，短颈，浅腹，折沿。其中11件可分为二亚型。

Ba型　8件。有肩，窄折沿，分为三式。

Ⅰ式　1件。整个形体较小，折沿近立，尖圆唇，腹较深，素面。

Ⅱ式　1件。折沿，方唇，折肩，腹较浅，素面。

Ⅲ式　6件。整个器形基本同Ⅱ式，唯肩以下遍饰竖状绳纹，器体也较大。

Bb型　3件。无肩，宽折沿，肩以下遍饰竖状绳纹。

C型　6件。分出于M25（近方形土坑墓）和M69（船棺墓）。夹砂灰陶或褐陶。大口，窄沿或无沿。可分四式。

Ⅰ式　1件。无沿，圆腹极浅，圜底近平，下腹及底部饰竖状绳纹。

Ⅱ式　1件。窄折沿，尖唇，折腹变深，圜底，下腹及底部饰竖状绳纹。

Ⅲ式　2件。窄折沿，有领，鼓腹较深，圜底，底部饰竖状绳纹。

Ⅳ式　2件。立领较高，口变小，深垂腹，圜底较甚，底部饰竖状绳纹。

D型　2件。分出自M14（船棺墓）和M53（近方形土坑墓）。大口，卷沿较宽，腹较浅。可分二式。

Ⅰ式　1件。卷沿上立，圆折腹，平圜底，下腹及底部饰竖状绳纹。

Ⅱ式　1件。卷沿，圆鼓腹，圜底，下腹及底部饰横状篮纹。

尖底盏　30件。分出于9座墓葬（其中船棺墓4座，狭长方形土坑墓4座，近方形土坑合葬墓1座），每墓1～11件不等。皆为夹砂灰陶或灰褐陶。侈口或敛口，无沿，素面。可分三式。

Ⅰ式　15件。深腹圆折。

Ⅱ式　14件。圆折腹变浅。

Ⅲ式　1件。折腹极浅。

釜甑　28件。分出于25座墓（其中船棺墓6座，狭长方形土坑墓4座，长方形土坑墓9座，近方形土坑墓2座，土坑木椁墓2座，土坑木板墓2座）。夹砂灰陶、褐陶、黑陶。制作多不甚规整，器形不甚对称。可分为A、B两型，两型不同出。

A型　26件。釜、甑连体，有圆形箅，甑底与釜口相接处用泥条加固，圜底。其中24件又可分为两亚型。

Aa型　2件。皆出自M21。甑腹部置双耳，通体素面。

Ab型　22件。甑部无耳，甑腹部及釜肩部以下遍饰竖状绳纹。其中9件可分二式。

Ⅰ式　6件。甑部口径与腹径大致相等，釜腹圆鼓。

Ⅱ式　3件。甑部最大径在腹部，釜腹圆垂。

B型　2件。分出于M24（长方形土坑墓）和M61（长方形土坑墓）。仅存甑部，釜、甑分体，无单独的箅，素面。

平底罐　20件。分出于11座墓（其中船棺墓1座，狭长方形土坑墓3座，长方形土坑墓2座，近方形土坑墓3座，土坑木椁墓1座，土坑木板墓1座），每墓1~3件不等，大多出1件。其中17件可分两型。

A 型　13件。夹砂褐陶或红褐陶。长颈，斜方唇，鼓肩，平底。

B 型　4件。分出于M60（土坑木椁墓）和M53（近方形土坑墓）。多为泥质陶，火候较高，短颈。又可分两亚型。

Ba 型　2件。形体较大。分为二式。

Ⅰ式　1件。束颈，无领。

Ⅱ式　1件。直口，矮领。

Bb 型　2件。形体较小，腹曲内收较甚。

器盖　12件。分出自9座墓中（其中船棺墓4座，狭长方形土坑墓4座，长方形土坑墓1座），每墓1~2件不等。均为夹砂灰陶。素面，覆盘状。其中10件可分为二式。

Ⅰ式　8件。纽部隆起，曲腹。

Ⅱ式　2件。纽部不显，较平，斜直腹。

大口瓮　11件。分出自5座墓中（其中长方形土坑墓1座，近方形土坑墓1座，土坑木椁墓2座，土坑木板墓1座），每墓1~3件不等。多为夹砂灰陶，个别为夹砂褐陶。有领，深腹，大口，平底较小，肩及腹部遍饰竖绳纹。可分三式。

Ⅰ式　2件。直口，立领较高，方唇内斜，圆肩较窄，深圆腹内收较甚。

Ⅱ式　4件。敛口，斜领，圆唇，领上部内壁下凹，广肩，深鼓腹。

Ⅲ式　5件。领近直，圆唇，领上部内壁下凹较甚，圆肩，扁鼓腹，腹部变浅，下腹曲内收较甚，肩部饰凹弦纹一周。

壶　10件。分出于7座墓葬（其中船棺墓3座，长方形土坑墓3座，近方形土坑墓1座），每墓1~3件不等。夹细砂褐陶或红褐陶，个别为黑皮红褐陶。均为带盖壶，上腹四纽。其中4件可分二式。

Ⅰ式　1件。平底微内凹，长颈，口下部起凸棱一周成子口承盖，四纽盖，盖纽及腹纽均作扁环状，较薄，腹较矮扁。

Ⅱ式　3件。平圆底加矮圈足，短束颈，三纽盖，圆鼓腹较深，上腹四纽，盖、腹纽均呈扁方状，较厚。

钵　6件。分出自5座墓中（其中船棺墓2座，狭长方形土坑墓2座，土坑木椁墓1座）。可分两型。

A 型　4件。无錾，平底。其中2件可分二式。

Ⅰ式　1件。夹砂灰陶。敛口，方唇内斜，上腹近直，下腹曲内收，平底内凹，素面。

Ⅱ式　1件。泥质黑皮灰陶，火候较高。敞口，厚唇外凸，折腹，上下腹均内曲较甚，平底，底内壁有一隶体阴文"亭"字戳记。

B 型　1件。夹砂褐陶。敛口，圆唇，鼓肩，斜腹微内曲，平底内凹，肩部饰尖状錾一对。

小口瓮　5件。分出自4座墓中（其中狭长方形土坑墓1座，长方形土坑墓1座，土坑木椁墓1座，土坑木板墓1座）。夹细砂浅灰陶，火候较高。其中4件可分二式。

Ⅰ式　1件。短颈近直，圆肩，弧腹内收，平底，肩部饰凹带纹三周。

Ⅱ式　3件。侈口，卷沿，尖圆唇，束颈，广肩，斜腹内收较急，平底。

鼎　3件。分出于M39（狭长方形土坑墓）和M20（长方形土坑墓）。分为二型。

A型　1件。釜形鼎。夹砂褐陶。素面，器身似BaII式釜，三柱形足细长、弯曲内收，足下端向外翻卷。

B型　2件。均出自M39。残，据残片判断应为仿铜带盖兽足鼎。泥质黑陶，陶质疏松，火候极低。

盆　3件。分出自M14、M33（船棺墓）和M53（近方形土坑墓）。分为二式。

Ⅰ式　2件。泥质灰陶，窄沿，浅腹。

Ⅱ式　1件。细泥灰陶，火候很高。宽沿，深腹。

甑　2件。分出自M20（长方形土坑墓）和M65（近方形土坑墓）。均为夹砂灰陶。素面。

缶　2件。分出自M2（船棺墓）和M89（狭长方形土坑墓）。夹砂红褐陶或黑皮红褐陶。子口，短颈，圆腹，平底加矮圈足，肩部有对称宽附耳四个。

纺轮　2件。分出自M75（船棺墓）和M65（近方形土坑墓），梯状体。

瓶　1件。细颈鼓腹瓶，出自土坑木椁墓M50。

圈足器　1件。出自M53（近方形土坑墓）。

"陀螺"形饰　1件。出自M74上（狭长形土坑墓）形似陀螺，应为玩具。

第二节　铜　器

共424件。分出自70座墓中，一墓（多棺合葬墓按单棺计，下同）现存随葬铜器最多者有27件（M1），少者只有1件，大多数墓葬在5件以下，出5件及5件以上的墓葬有30座，10件及10件以上的墓葬有16座，20件以上的墓葬只有2座（M1、M90-1）。其中413件可辨器类，可分为兵器、工具、容（炊）器、服饰器、车马器、印章和杂器七大类。以兵器数量最多，达247件，兵器种类按数量多寡排列依次为矛、剑、戈、钺、镞、镦等。其次为工具，计有54件，种类有削、刀、凿、斤、刻刀、雕刀、锯、勺等。容（炊）器46件，种类计有鍪、釜、釜甑、敦、盘四类。服饰器20件，仅带钩1种。车马器有銮铃和铜泡两种共10件。印章共8枚。杂器27件，计有镜、璜、环、龙形饰、璜形饰、双鱼饰、猪形饰、旗形饰、瓶形饰、圈足器等。

1.兵器　247件。分出于54座墓中（其中船棺墓24座，狭长方形土坑墓12座，长方形土坑墓12座，近方形土坑墓2座，土坑木椁墓3座，土坑木板墓1座），绝大多数为巴蜀式兵器。

矛　87件。分出于38座墓中（其中船棺墓19座，狭长方形土坑墓7座，长方形土坑墓8座，近方形土坑墓2座，土坑木椁墓1座，土坑木板墓1座），每墓1~9件不等。以出单数的为多，或1件、或3件、或5件、或9件。大多数铜矛的骹部铸刻有巴蜀式纹饰或符号或以多个巴蜀式纹饰或符号构成的组合图案，亦即巴蜀图语，骹口多饰雷纹。可分A、B、C三型，A、B两型共出的墓计有7座（见附表）。

A型　20件。均为巴蜀式矛，长骹，骹长约占通长的1/2，双附耳位于骹下部，最宽处在叶的基部，骹口呈圆形或椭圆形。其中19件可分二式（图版五）。

Ⅰ式 4件。窄叶，双弓形耳。

Ⅱ式 15件。宽叶，据耳部的不同又分为二亚式。

Ⅱa式 14件。双弓形耳，圆骹。

Ⅱb式 1件。双扁环耳，圆骹，素面。

B型 66件，除1件（M66∶25）外均为巴蜀式矛。短骹，骹长约占通长的1/3至1/4，双弓形耳位于骹上部紧贴叶基，最宽处在叶的中部，骹呈圆形。骹部多铸刻有巴蜀式纹饰或符号或以多个巴蜀式纹饰或符号构成的组合形图案，即巴蜀图语。其中61件可分四式（图版六）。

Ⅰ式 12件。窄叶。根据刃部形状的差异分为二亚式。

Ⅰa式 9件。弧刃。

Ⅰb式 3件。凸刃。

Ⅱ式 34件。叶较宽，弧刃。

Ⅲ式 14件。宽叶，根据刃、脊的不同可分两亚式。

Ⅲa式 12件。鼓弧刃，叶部呈尖叶状。

Ⅲb式 2件。直折刃，菱形脊，整个矛叶呈菱形。

Ⅳ式 1件。形体极小，器壁极薄，整个形制和风格与前三式迥异，双叶极窄，椭圆骹，无耳，素面。

C型 1件。无耳，双直刃微内曲，刺叶扁平，断面呈菱形，中长骹，断面呈橄榄形，骹中部一圆穿，骹口正、背两面均有倒"U"字形凹口，脊部饰凹槽，器表遍饰变形雷纹。

剑 60件。分出于31座墓中（其中船棺墓14座，狭长方形土坑墓8座，长方形土坑墓6座，近方形土坑墓1座，土坑木椁墓1座，土坑木板墓1座），每墓1~4件不等，绝大多数墓葬出土2件或1件。除个别剑为中原式剑或带中原式剑风格外，余皆为扁茎无格的巴蜀式剑。剑身中脊与双刃之间或整个剑身多铸饰或错饰虎斑纹、半圆形斑纹和鳞甲状斑纹，剑身下端多铸刻巴蜀式纹饰或符号或以多个巴蜀式纹饰或符号构成的组合图案（图版七、八）。其中58件可分A、B、C三型，A、B两型均为巴蜀式剑，两型共出的墓计有6座。C型为中原式，不与A、B两型同出。

A型 28件。细茎，分出于21座墓中，分为五式。

Ⅰ式 1件。剑身呈狭长条形，扁平，细窄，无脊，两刃平直，身柄分界不明显。

Ⅱ式 5件。剑身变宽，矮脊，无从，身柄分界较明显。

Ⅲ式 13件。隆脊，有从，身柄分界明显。可分二亚式。

Ⅲa式 10件。长茎。

Ⅲb式 3件。短茎。

Ⅳ式 7件。形制与Ⅲ式基本相同，但中脊更凸，两从下凹，剑身大多更宽。分为二亚式。

Ⅳa式 4件。长茎。

Ⅳb式 3件。短茎。

Ⅴ式 2件。身部基本同Ⅳ式，仍为巴蜀式，但身柄已明显分界，基本呈直角相交，带中原式剑的风格。

B型 27件。宽茎，分出于15墓，可分四式。

I式　1件。青铜短剑，剑体扁平，无脊，无从，身柄分界不明显，茎部上下各有一圆穿居中。

II式　15件。矮脊，有从，茎部上侧和下端中部各有一圆穿。

III式　7件。隆脊，两从下凹，身柄分界较明显，茎上侧和下端中部各有一圆穿。

IV式　4件。中脊更凸，两从下凹更甚，身柄分界明显。

C型　3件，仅存剑首。圆首内凹，纳茎部扁方状下凹，两侧有对应的穿孔各一。

戈　46件。分出于26座墓中（其中船棺墓13座，狭长方形土坑墓6座，长方形土坑墓4座，近方形土坑墓1座，土坑木椁墓1座，土坑木板墓1座），每墓1~4件不等，多出1件或2件。部分铜戈援部及内部铸刻巴蜀式纹饰或符号或以多个巴蜀式纹饰或符号构成的组合图案，个别援部错饰圆点斑纹（图版九）。其中44件可分七式。

I式　12件。无胡，无阑，援略呈等腰三角形，援本较宽，近援本处均有一圆穿，援本有二长穿，长方内。其中11件又可分三亚式。

Ia式　5件。援本向援部弯曲，中起脊，弧状三角形锋。

Ib式　5件。援本近直，中脊较显，弧状三角形锋。

Ic式　1件。锋呈等腰折状三角形，内上一长穿，器体甚薄，应为明器。

II式　7件。无胡，无阑，援部略呈等腰三角形，上下刃内凹，援本较窄，锋呈弧状三角形。援本有二长穿，内上一长穿。其中5件可分二亚式。

IIa式　3件。援本向援部弯曲。

IIb式　2件。援本近直。

III式　7件。长直援，双短胡，弧状三角形锋，援本二穿，方内。其中6件可分二亚式。

IIIa式　5件。无阑，双胡外凸，近本处有一隆起凸出的心形穿。

IIIb式　1件。有阑，阑上下出齿，双胡内凹，援中起脊，内上一圆穿。

IV式　6件。援较短、窄，隆脊，圆弧状三角形锋或尖状锋，有阑，阑下出齿，中胡，长方内，内上缘与援上刃近平行，阑侧二穿或三穿，内一穿。

V式　10件。援较长，隆脊，中长胡，有阑，阑下出齿，长方内，援上刃或外弧或内凹，阑侧三穿或四穿。可分三亚式。

Va式　7件。圆弧状三角形锋或尖状锋，阑侧三穿，内上一穿或无穿。

Vb式　2件。蛇头状锋，阑侧三穿，内上一穿。

Vc式　1件。圆弧状三角形锋，阑侧四穿，超长内，内上五穿。

VI式　1件。窄长援，蛇头锋，隆脊，援上刃内凹，有阑，齿部残，长胡，内上角圆杀，下角残缺，阑侧三长穿，内上一圆穿，器体较薄。

VII式　1件。窄长援微上翘，末端较宽，两刃前聚成锋，较尖锐，隆脊，阑下出齿，内部上翘，内下缘呈弧形并作刃，上缘及端部也作刃，长胡三穿，内部一长穿。

钺　40件。分出于32座墓中（其中船棺墓12座，狭长方形土坑墓8座，长方形土坑墓6座，近方形土坑墓2座，土坑木椁墓3座，土坑木板墓1座），每墓1~3件不等，出1件的最多。绝大多数为素面，少量铜钺双肩之间铸刻有巴蜀式纹饰或符号（图版一〇）。可分A、B两型，有一座墓（M25）两型钺同出。

A 型　39 件。有肩，无耳。分为二亚型。

Aa 型　29 件。刃部较窄。可分八式。

Ⅰ式　2 件。直腰，弧刃，六边形銎口，銎箍极窄。

Ⅱ式　3 件。束腰，圆弧刃，椭圆形銎口，銎箍较窄，平折肩。

Ⅲ式　2 件。身部加长，器体厚重，腰内凹近折，圆弧刃加宽。

Ⅳ式　1 件。形制大体同Ⅲ式，唯刃部更宽、略呈横椭圆形，銎箍加宽。

Ⅴ式　15 件。折腰变短，刃身加长，大致呈圆形。可分二亚式。

Ⅴa式　13 件。宽折肩。

Ⅴb式　2 件。窄折肩。

Ⅵ式　1 件。刃身更宽，呈圆形。

Ⅶ式　2 件。器体变得轻薄，刃身基本上呈横椭圆形，扁圆形銎口，銎箍消失。

Ⅷ式　3 件。器体轻小，双肩极窄且向上突出呈倒刺状，横椭圆形刃身极宽，扁圆形銎口，銎内残存木柲，銎箍消失。

Ab 型　10 件。宽舌形刃。分为三式。

Ⅰ式　5 件。腰身近直或微束，椭圆形銎口。

Ⅱ式　3 件。刃部加宽，舌形刃两端上卷，腰身近直或微束，椭圆形銎口，平折肩。

Ⅲ式　2 件。折腰，舌形刃加宽变长，銎部加长，圆角长方形銎口，平折肩。

B 型　1 件。出自 M25（长方形土坑合葬墓）。无肩，有耳，扁圆形銎口，銎箍较窄，腰部内弧，喇叭形身，宽弧刃，身饰凸旋纹及三角纹带。

镞　12 件。分出于 7 座墓中（其中船棺墓 1 座，狭长方形土坑墓 3 座，长方形土坑墓 2 座，土坑木椁墓 1 座），每墓 1~3 件不等。可分两型。

A 型　11 件。均为双翼，三棱，长铤式，镞身中脊隆起，两面各有凹槽四个，双翼展开呈倒刺状，铤呈菱形锥状。

B 型　1 件。出自 M100（狭长方形土坑墓），无翼，长铤式。

鐏　2 件。分出于 M61（长方形土坑墓）和 M66（木椁墓）2 座墓中，断面均为扁圆形。

2．工具　54 件。分出于 28 座墓中（其中船棺墓 18 座，狭长方形土坑墓 4 座，长方形土坑墓 4 座，近长方形土坑墓 1 座，土坑木板墓 1 座）。

削　17 件。分出于 15 座墓中（其中船棺墓 9 座，狭长方形土坑墓 2 座，长方形土坑墓 3 座，土坑木板墓 1 座），除两座墓葬出 2 件外，余均出 1 件，均为单面刃。其中 15 件可分 3 型。

A 型　12 件。环首。其中 11 件可分二亚型。

Aa 型　3 件。弧背，凹刃。

Ab 型　8 件。直背或曲背，凸刃或直刃。分为三式。

Ⅰ式　2 件。曲背，直刃，锋部上翘，短直柄。

Ⅱ式　3 件。背微曲，直刃，弧柄较短。

Ⅲ式　3 件。直背，凸刃，直柄，削身较宽，背部较窄。

B 型　1 件。兽首。

C 型　2 件。无首，直柄。

刀　1 件。出自 M90-1（船棺墓），单面刃，素面。

凿　10 件。分出于 7 座墓中（其中船棺墓 5 座，狭长方形土坑墓 1 座，长方形土坑墓 1 座），每墓 1~2 件不等，可分 3 型。

A 型　6 件。无銎，有颈，镂空铃形首，实身。分为二式。

Ⅰ式　5 件。凿体短而厚实，圆柱形长颈，身部为方体，弧刃。

Ⅱ式　1 件。首残，长身扁平，椭圆柱形颈，身部为六棱形体，上部较厚，下部扁薄，斜刃。

B 型　3 件。有銎及銎箍，凿身中空。分为二亚型。

Ba 型　1 件。M1：19，圆形銎口，凿身器表呈八棱形，弧刃。

Bb 型　1 件。M7：4，圆角方形銎口，凿身较扁，器表呈八棱形，弧刃。

C 型　1 件。有銎无箍，凿身中空，器表呈扁长方体。

斤　9 件。分出于 8 座墓中（其中船棺墓 6 座，狭长方形土坑墓 1 座，长方形土坑墓 1 座），除一座墓葬出 2 件外，余均出 1 件，个别器物饰有巴蜀式纹饰或符号。可分三式。

Ⅰ式　3 件。銎口无沿，銎与身无分界，刃宽与銎宽略等，素面。

Ⅱ式　2 件。方形銎口，銎口出沿，銎与身开始分界，銎箍极窄，刃宽与銎宽略等，素面。

Ⅲ式　4 件。銎面铸有曲尺纹，喇叭形身，宽弧刃，刃宽明显大于銎宽，刃尖外撇。

刻刀　8 件。分出于 8 座墓中（其中船棺墓 5 座，狭长方形土坑墓 3 座），少量器物铸饰有巴蜀式纹饰或符号。可分二式。

Ⅰ式　5 件。圭形体或柳叶形体，器体扁平，背部微隆，腹部微内凹。

Ⅱ式　3 件。柳叶形体，锋部较长，身部较短，背部隆起，腹部内凹较甚。

雕刀　4 件。分出于 4 座墓中（其中船棺墓 3 座，狭长方形土坑墓 1 座），长条形实身，素面。分为二型。

A 型　2 件。单端弧刃。

B 型　2 件。双端均有弧刃或尖刃。

锯　4 件。分出于 4 座墓中（均为船棺墓），均残，端部多有长方形穿。可分两型。

A 型　1 件。双面齿。

B 型　3 件。单面齿。

勺　1 件。柄部残，勺身似箕。

3. 容（炊）器　46 件。分出于 27 座墓中（其中船棺墓 10 座，狭长方形土坑墓 8 座，长方形土坑墓 6 座，近方形土坑墓 1 座，土坑木椁墓 1 座，土坑木板墓 1 座），除敦、盘（盆）以外均为炊煮器。

鍪　24 件。分出于 21 座墓中（其中船棺墓 9 座，狭长方形土坑墓 6 座，长方形土坑墓 6 座），均为单耳鍪，底、腹部多有烟炱痕，个别器物口沿阴刻巴蜀式纹饰或符号。其中 22 件可分为二式。

Ⅰ式　9 件。卷沿近折，长颈，颈肩之际附一辫索纹竖环耳，扁圆腹，圜底。

Ⅱ式　13 件。卷沿，颈部变短，辫索纹竖环耳上移至颈中部或紧接于口下，扁圆腹，圜底。

釜　10 件。分出于 8 座墓中（其中船棺墓 1 座，狭长方形土坑墓 4 座，长方形土坑墓 3 座），皆与鍪同出。其中 8 件可分为二式。

Ⅰ式　2件。扁腹较浅，口径与腹径相等，双辫索纹竖环耳较小，位于上腹部。

Ⅱ式　6件。圆腹较深，肩部出现，器最大径在腹部，双耳较大，上移至近口部。

釜甑　3件。分出于3座墓中（其中狭长方形土坑墓1座，长方形土坑墓1座，土坑木椁墓1座），均残，个别口沿阴刻巴蜀式纹饰或符号。可分为二型。

A型　2件。甑、釜分铸后由釜口连接甑底合铸而成，中间设箅。

B型　1件。甑、釜分铸后再由甑底圈足与釜口圈足相套合而铸成，无单独的箅。

敦　1件。出自M74下层（狭长方形土坑墓）。

盘（盆）　7件。分出于7座墓中（其中船棺墓2座，狭长方形土坑墓1座，长方形土坑墓4座），大多严重残损，仅能看出大致器形。皆折沿，大口。

三足盆　1件。出自M79（船棺墓）。

4．服饰器　仅带钩一种。20件。分出于15座墓中（其中船棺墓9座，狭长方形土坑墓1座，长方形土坑墓3座，近方形土坑墓1座，土坑木板墓1座）。有5座墓每墓出2件，其余均1件。除1件为饼状钩外余均为兽头钩，圆饼状扣。分为五型。

A型　9件。勺形，腹正面与侧面转折起棱，腹体较厚，腹上饰卷云纹、三角形纹等且多用金丝或银丝镶嵌而成。可分二式。

Ⅰ式　6件。整体较细长，长颈，窄腹。其中5件可分为二亚式。

Ⅰa式　4件。兽头钩。

Ⅰb式　1件。饼状钩。

Ⅱ式　3件。整体较宽短，形似琵琶，短颈，宽腹。

B型　6件。蝉形，宽腹。分为二亚型。

Ba型　5件。闭翼式，蝉鼻较显。分为二式。

Ⅰ式　1件。腹体（蝉背）饰卷云纹及窃曲纹。

Ⅱ式　4件。器体较小，以卷云纹及三角纹勾勒蝉背。

Bb型　1件。展翼式，蝉尾露出，蝉鼻不明显。

C型　2件。水禽形，尺寸较小，短腹近圆形。

D型　1件。蝴蝶形，尺寸较小。

E型　2件。条柱形，素面。

5．车马器　10件。仅銮铃和泡两种。

銮铃　9件。分出于6座墓中（其中长方形土坑墓5座，土坑木板墓1座），每墓1~3件不等。

泡　1件，出自M59（长方形土坑墓），圆形。

6．印章　8枚。分出于5座墓中（其中船棺墓1座，狭长方形土坑墓1座，长方形土坑墓3座），有3座墓出有两枚。可分为巴蜀符号印章和汉字印章两类。

（1）巴蜀符号印章　6枚。可分3型。

A型　3枚。圆形印面，桥形钮，印台呈扁圆梯状体。分为二亚型。

Aa型　2枚。均出自M10（长方形土坑合葬墓），背面无纹饰。

Ab型　1枚。形体较小，印面稍高，背面饰弧连纹。

B 型　2 枚。均出自 M33（船棺墓），方形印面，薄方体印台，十字形尖状纽或盲鼻纽，背面均有纹饰或符号。

C 型　1 枚。长方形印面，兽形纽。

（2）汉字印章　2 枚。出自同一墓中 M103（长方形土坑墓），形制均较小，桥形纽，覆斗形印台，长方形印面。

7. 杂器　27 件。分出于 9 座墓中（其中船棺墓 4 座，狭长方形土坑墓 1 座，近方形土坑墓 1 座，长方形土坑墓 2 座，土坑木板墓 1 座）。

镜　1 件。出自 M84，为弦纹素镜。

璜　17 件。分出于 3 座墓中（其中狭长方形土坑墓 1 座，长方形土坑墓 1 座，长方形土坑墓 1 座），出土时堆置叠放。体薄，桥形身，拱部均有一圆形或方形穿。分为三式。

Ⅰ式　4 件。大小相同，窄拱上隆较甚，方穿，体呈磬状，平足，两面均饰单线磬形框，框内饰勾连菱形纹。

Ⅱ式　9 件。大小基本相同，器体较Ⅰ式大，拱部较宽较缓，圆穿，璜两面各饰 1~2 层菱状"S"纹及齿纹带。

Ⅲ式　4 件。宽拱平缓，体略呈半圆状，圆穿，足外端下斜，器两面上部均饰齿纹带，中部饰菱状"S"纹。环　2 件。分出于 M50 和 M59。

龙形饰　1 件。出自 M55。

双鱼饰　1 件。出自 M33。

猪形饰　1 件。出自 M33。

旗形饰　1 件。出自 M33。

瓶形饰　1 件。出自 M33。

璜形饰　1 件。出自 M27。

圈足器　1 件。出自 M73。

第三节　铁　器

16 件。分出于 12 座墓中（其中狭长方形土坑墓 2 座，长方形土坑墓 5 座，近方形土坑墓 1 座，土坑木椁墓 3 座，土坑木板墓 1 座），每墓 1~3 件不等，大多锈蚀严重，只有 10 件能大致辨认器类。

鼎　1 件。出自 M53。

鍪　1 件。出自 M67。

犁　2 件。出自 M21 和 M85。

镰　2 件。出自 M20 和 M21。

削　2 件。出自 M21 和 M22。

舌　1 件。出自 M21。

锛　1件。出自M93。

第四节　漆木器

29件。分出于15座墓中（其中船棺墓7座，狭长方形土坑墓1座，长方形土坑墓3座，近方形土坑墓2座，土坑木椁墓2座），除两座木椁墓漆木器保存稍好外，其余各墓只能看出漆器痕迹。器类可辨认的漆木器共17件。

漆盘　5件。分出自M66、M67、M77和M103。

漆盒　3件。分出自M77、M84和M101。

漆木矛柲　1件。出自M91。

木矛柲　1件。出自M33。

漆奁　1件。出自M67。

木几　1件。出自M67。

木勺　1件。出自M67。

木杖形器　1件。出自M67。

木盖形器　1件。出自M67。

木板形器　1件。出自M67。

木竹节形器　1件。出自M67。

第五节　玛瑙、料器、石饰件

11件。其中玛瑙、料器9件，分出于7座墓中（其中船棺墓5座，长方形土坑墓2座），除M3出3件外，余均出1件。另有石饰件2件。

玛瑙珠　1件。出自M33。

料珠　8件。大多残缺、风化较甚，多为珠状，个别为管状。

石饰件　2件。均为串饰，出自M74。

第六节　钱　币

38枚。分出于8座墓中（其中5座为长方形土坑墓，2座为近方形土坑墓，1座为土坑木椁墓），计有半两24枚，五铢14枚，均为铜钱。

"半两"钱　24枚。分出于7座墓中，按钱径和重量的差异可分为大"半两"和小"半两"两类，两类共出的墓葬有2座（M77、M84）。

大"半两"　8枚。分出于4座墓中，钱径2.9~3.2厘米，多在3厘米以上，重4.9~4.98克。

小"半两"　16枚。分出于5座墓中，钱径2.3~2.7厘米，多在2.5厘米左右，重3.61~3.67克。

"五铢"钱　14枚。皆出于M53。分为二式。

I式　9枚。"五"字交叉两笔斜直，"铢"字的"朱"字头圆折。

II式　5枚。"五"字交叉两笔稍显弯曲，"铢"字的"朱"字头方折。

第七节　兽骨（牙）、果核

7件。其中2件为兽骨，1件为兽牙。兽骨中1件为猪下颚骨，出于M67，另1件兽类不辨。兽牙为啮齿类兽牙。果核4件，均为桃核，其中M67出3件，M69出1件。

第四章　墓葬分述

为体现资料的完整性，我们将保存较好的75座墓葬分为形制、葬具、葬式、遗物分布、随葬器物等几方面逐墓加以叙述。这75座墓葬可分为三种情形，或墓葬形制与随葬品保存均较完整；或随葬品不存、较少、残甚但墓葬形制较典型；或墓葬形制不完整、残损较甚但随葬品较多或较典型。总之，我们将什邡城关墓地98座已清理的墓葬中所有值得发表的墓葬资料在此一并加以介绍。

第一节　船棺墓

共清理49座。保存较好的有35座，其中单人葬墓31座，合葬墓4座。现分述如下。

一　单人葬墓

31座。其中A类船棺墓8座，B类船棺墓6座，C类船棺墓5座，未能分类船棺墓12座。按船棺分类逐一介绍如下。

（一）A类船棺墓

8座。分别为M1、M7、M23、M27、M32、M33、M44和M76，现按墓葬顺序号分述如下。

1．M1

（1）墓葬概况

① 墓室结构

狭长方形竖穴土坑船棺墓，方向80°～260°。墓口略大于墓底，墓坑较深，内填五花土。墓口长7.55、宽1.1米，墓坑深0.85米（图四；图版一一）。

② 葬具

A类船棺，舷大部残损。长7.3、宽0.96、高0.72米，舱室长5.5、宽0.9、深0.5米，舷厚0.12米。西端头部残损，底微上翘，东端尾部平齐，舱底微弧近平，棺尾顶部烧凿有近长条状孔一个（图四）。

③ 葬式

尸骨不存，葬式不明，但根据随葬品在舱室中部围绕一近椭圆形空白地带摆放的情形判断，墓主尸体应位于这个近椭圆形空白地带内，亦即舱室中部（图四）。

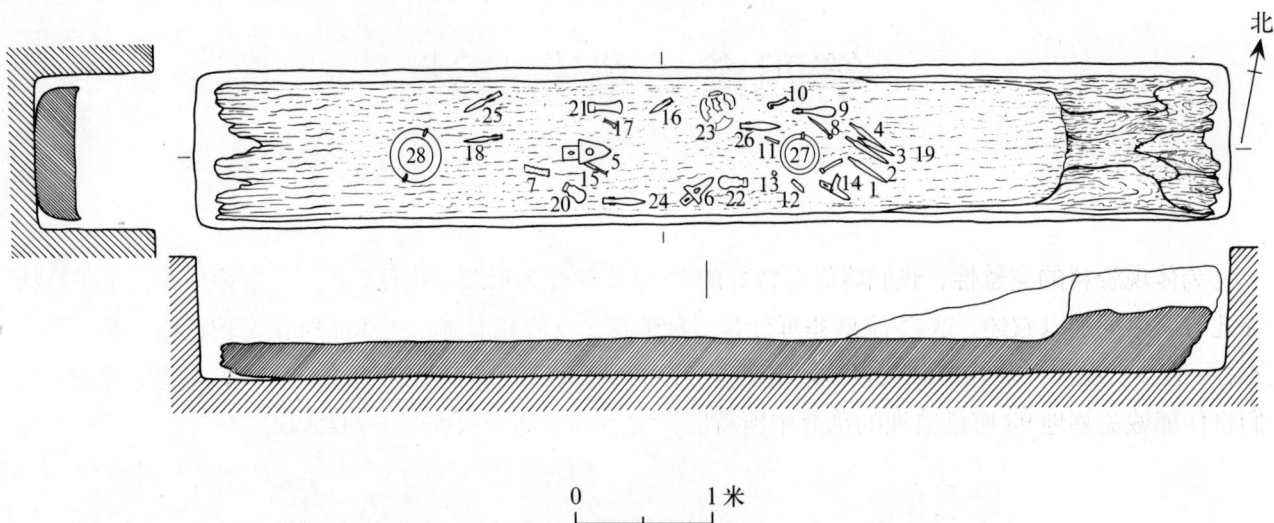

图四　M1平、剖面图

1～4.铜剑　5、6、14.铜戈　7.铜锯　16、18、24～26.铜矛　9.铜带钩
11.铜雕刀　12.铜刻刀　13.料珠　8、17.铜削　15、19.铜凿　20、22.铜钺
23.铜盆　27.铜鍪　28.铜釜　21.铜斤

（2）随葬品种类及其放置情形

该墓遭施工扰乱较甚，陶器已不存，残存随葬品计有铜器和料器两类，但出土铜器无论种类或数量均是城关墓地单人葬墓中最多、最丰富的一座。随葬品均围绕墓主尸体置放于舱室内，其中铜剑均集中放置于舱室东部、墓主的头端或足端，其余的则散置于尸体周围（图四）。

（3）随葬器物

计有铜器和料器共28件。

① 铜器　27件。计有矛5件，剑4件，戈3件，钺2件，斤1件，凿2件，雕刀1件，削2件，刻刀1件，锯1件，釜1件，鍪1件，盘1件，带钩2件。

矛　5件。其中属统一分型、式的AⅠ式和AⅡa式各1件，BⅢa式3件。

AⅠ式　1件。窄叶，双弓形耳。标本M1：18，刃部及一耳残损，骹两面铸有卧象纹。通长22.8、骹长10.8、叶宽2.5、骹径2.3厘米（图六，1）。

AⅡa式　1件。双弓形耳，圆骹。标本M1：25，形体较大，骹上一面铸有"手"、"心"组合图案，另一面铸虎纹、"🀰"、"⽀⽀"、"🀆"符号。通长31、骹长15、叶宽3.7、骹径2.7厘米（图五，1；图一四，3；图版一三）。

BⅢa式　3件。鼓弧刃，叶部呈尖叶状。标本M1：26，骹口饰雷纹，骹部两面均铸有高浮雕奔虎和"🀆"、"𝄞"形符号。通长31.6、骹长7.5、叶宽5.8、骹径3.4厘米（图五，3；图一二，1；图版一二）。

标本 M1：24，骹口饰雷纹一周，骹部两面均饰浅浮雕变形兽纹。通长 29.4、骹长 7.5、叶宽 4.8、骹径 3.5 厘米（图五，2；图一二，2；图版一四）。

标本 M1：16，形体较小，叶两侧中部各有 4 个逗点状圆形穿，骹上部一面铸有高浮雕状"手"、"心"、虎纹，另一面铸有由"卝"、"乙"、"冂"、"号"及"羊"等单个纹饰和符号组成的组合图案。通长 14.2、骹长 4.1、叶宽 3.4、骹径 2 厘米（图六，2；图一二，3；图版一五）。

剑 4 件。其中属统一分型、式的 AⅢa 式 2 件，AⅣa 式 2 件。

AⅢa 式 2 件。长茎。标本 M1：1，保存较好，刃口仍较为锋利，茎部上侧下中各有一圆穿，剑身中脊与双刃之间遍饰虎斑纹，下部一面铸饰浅浮雕"手"、"心"图案，另一面铸有"㊙"符号及浅浮雕奔虎图案。通长 41.5、茎长 7.2、身宽 3.8 厘米（图七，1；图一三，2；图版一六）。

标本 M1：3，锋残，茎部上侧和下端中部各有一圆穿，剑身下部一面铸饰由"手"、"卝"、"卩"等单个纹饰或符号组成的组合图案，另一面铸饰"心"纹。残长 40、茎长 8.2、身宽 3.5 厘米（图七，

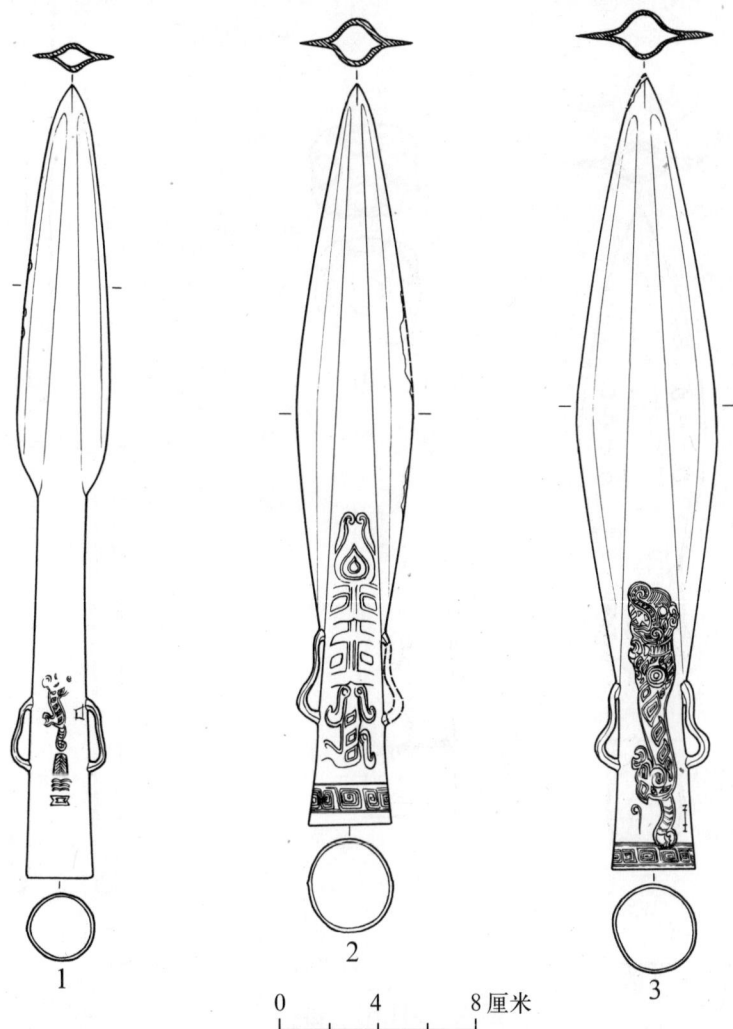

0　　　4　　　8厘米

图五 M1 出土铜矛

1.AⅡa 式铜矛（M1：25） 2、3.BⅢa 式铜矛（M1：24、26）

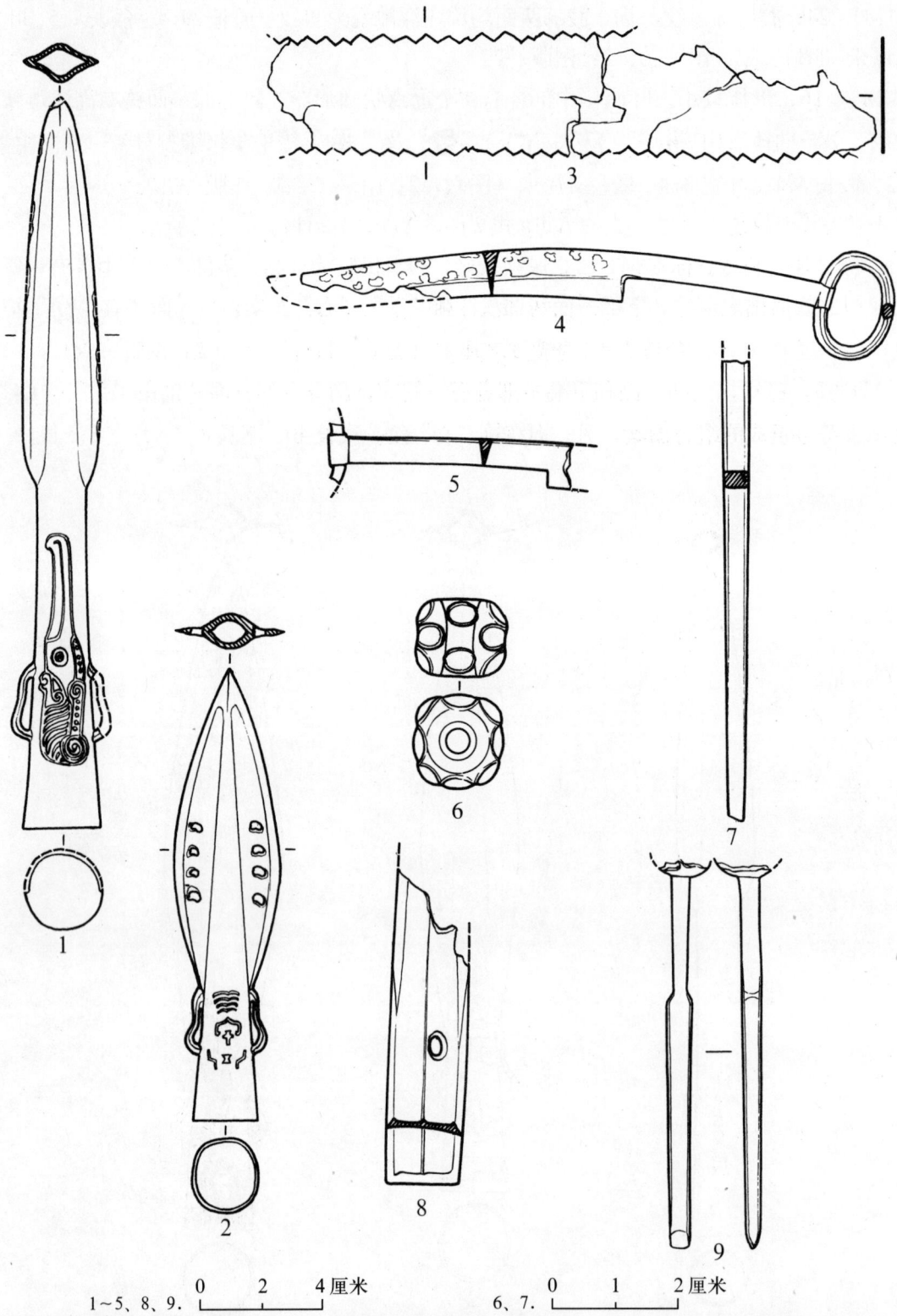

1～5、8、9.　　0　　2　　4厘米

6、7.　　0　　1　　2厘米

图六　M1 出土器物

1.AⅠ式铜矛（M1:18）　2.BⅢa式铜矛（M1:16）　3.A型铜锯（M1:7）　4.Aa型铜削（M1:8）
5.AbⅡ式铜削（M1:17）　6.料珠（M1:13）　7.铜雕刀（M1:11）　8.Ⅰ式铜刻刀（M1:12）
9.AⅠ式铜凿（M1:15）

4；图一三，1）。

AⅣa式　2件。长茎。标本M1∶4，茎部上侧下中各有圆穿一个，剑身中脊与双刃之间遍饰虎斑纹及半圆形斑纹，下部锈蚀较甚，似无巴蜀式纹饰及符号。通长47.4、茎长8.3、身宽4.8厘米（图七，2；图版一七）。

标本M1∶2，剑身中脊与双刃之间遍饰虎斑纹，下部一面铸有浅浮雕状"心"、虎图案，另一面为"手"、"心"图案。通长43.8、茎长8.2、身宽3.6厘米（图七，3；图一三，3；图版一八）。

戈　3件。分别为统一分型、式的Ia式、Ⅲa式和Ⅳ式。

Ia式　1件。援本向援部弯曲，中起脊，弧状三角形锋。标本M1∶5，内部一菱形穿，竖直凸筋四道，援上饰半圆形斑纹。通长26.5、援长17.4、内长9.1厘米（图八，2；图版一九）。

Ⅲa式　1件。无阑，双胡外凸，近本处有一隆起凸出的心形穿。标本M1∶6，内部一长穿，竖直凸筋四道，援中起脊。通长25.2、援长18.1、内长7.1厘米（图八，1；图版二〇）。

Ⅳ式　1件。标本M1∶14，弧背，圆弧状三角形锋，阑侧三穿，其中上穿为圆穿，下二穿为长方形穿，内上一斜长方形穿，竖直凸筋四道，内下角凹缺，援近阑处一面铸有高浮雕状"手"、"心"纹及奔虎图案，另一面阴刻由"ㄣ"、"Ｙ"及"夅"等单个纹饰或形符号构成的组合图案。通长18、援长11.6、内长6.4厘米（图八，3；图一四，1；图版二一）。

钺　2件。分别为统一分型、式的AaⅢ式和AbⅠ式。

AaⅢ式　1件。标本M1∶22，素面。通长19.5、刃宽8.4、肩宽7厘米，銎口长径5.1、短径4、深10.4厘米（图九，1；图版二二）。

AbⅠ式　1件。标本M1∶20，腰身微束，舌形刃两端上卷，銎箍较窄，椭圆形銎口，平折肩，素面。通长8.7、刃宽6、肩宽4.8厘米，銎口长径3.3、短径2.8、深5.1厘米（图九，2；图版二三）。

斤　1件。为统一分型、式的Ⅲ式。标本M1∶21，长方形銎口，銎面铸有曲尺纹。通长16.6、刃宽6.9厘米，銎口长径3.9、短径3、深8.9厘米（图九，3；图版二四）。

凿　2件。其中1件为统一分型、式的AⅠ式，1件为Ba型。

AⅠ式　1件。标本M1∶15，铃首大部残，素面。残长12.1、刃宽0.3厘米（图六，9）。

Ba型　1件。标本M1∶19，圆銎口，凿身器表呈八棱形，弧刃，素面。通长15.6、刃宽1.9厘米，銎口径2.2、深13.3厘米（图九，4；图版二五）。

雕刀　1件。为统一分型、式的A型。标本M1∶11，残，头端残，素面。残长7.1、刃宽0.25厘米（图六，7）。

削　2件。分别为统一分型、式的Aa型和AbⅡ式。

Aa型　1件。弧背，凹刃。标本M1∶8，长柄，椭圆形环首，素面。残长19、身宽1.5厘米（图六，4）。

AbⅡ式　1件。标本M1∶17，椭圆形环首，两端皆残，素面。残长8、柄宽0.8厘米（图六，5）。

刻刀　1件。为统一分型、式的Ⅰ式。标本M1∶12，刃部残失，中起脊，身下部一侧有椭圆形穿，素面。残长9.8、宽2.4厘米（图六，8）。

锯　1件。为统一分型、式的A型。标本M1∶7，两端残，双面齿，身中部有一长方形穿，素面。残长19.5、宽3.8、厚0.08厘米（图六，3）。

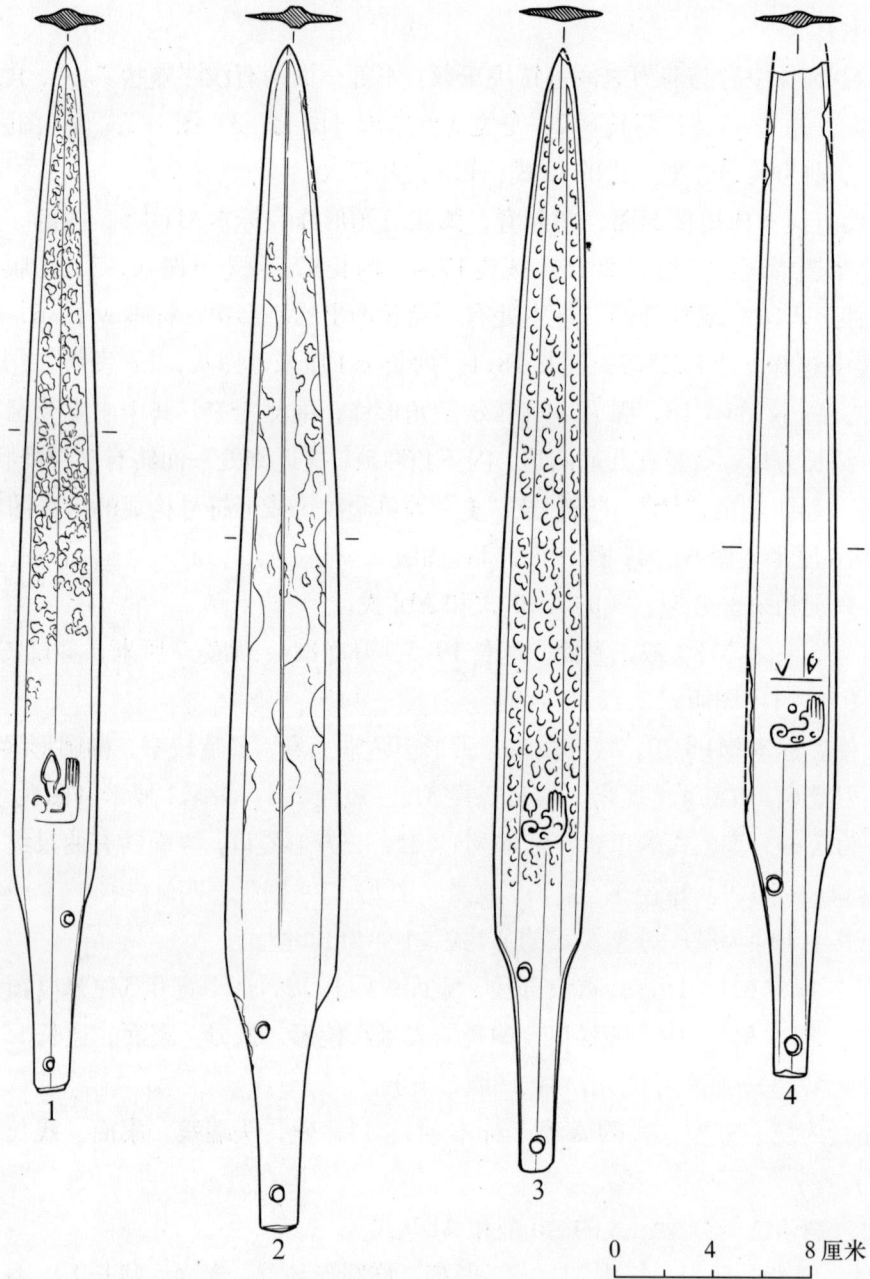

图七　M1 出土铜剑

1、4.AⅢa 式铜剑（M1:1、3）　　2、3.AⅣa 式铜剑（M1:4、2）

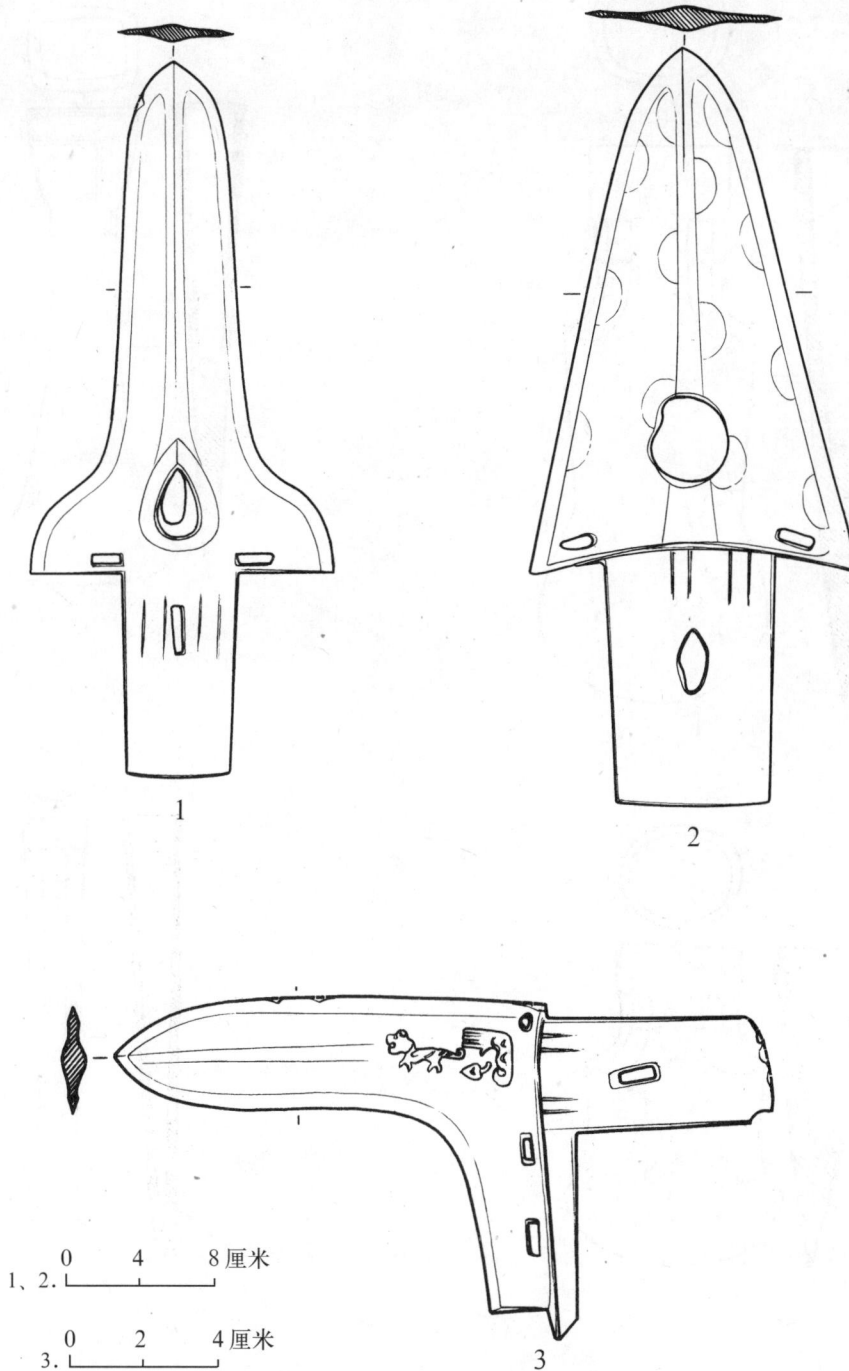

图八 M1 出土铜戈

1.Ⅲa式铜戈（M1：6） 2.Ⅰa式铜戈（M1：5） 3.Ⅳ式铜戈（M1：14）

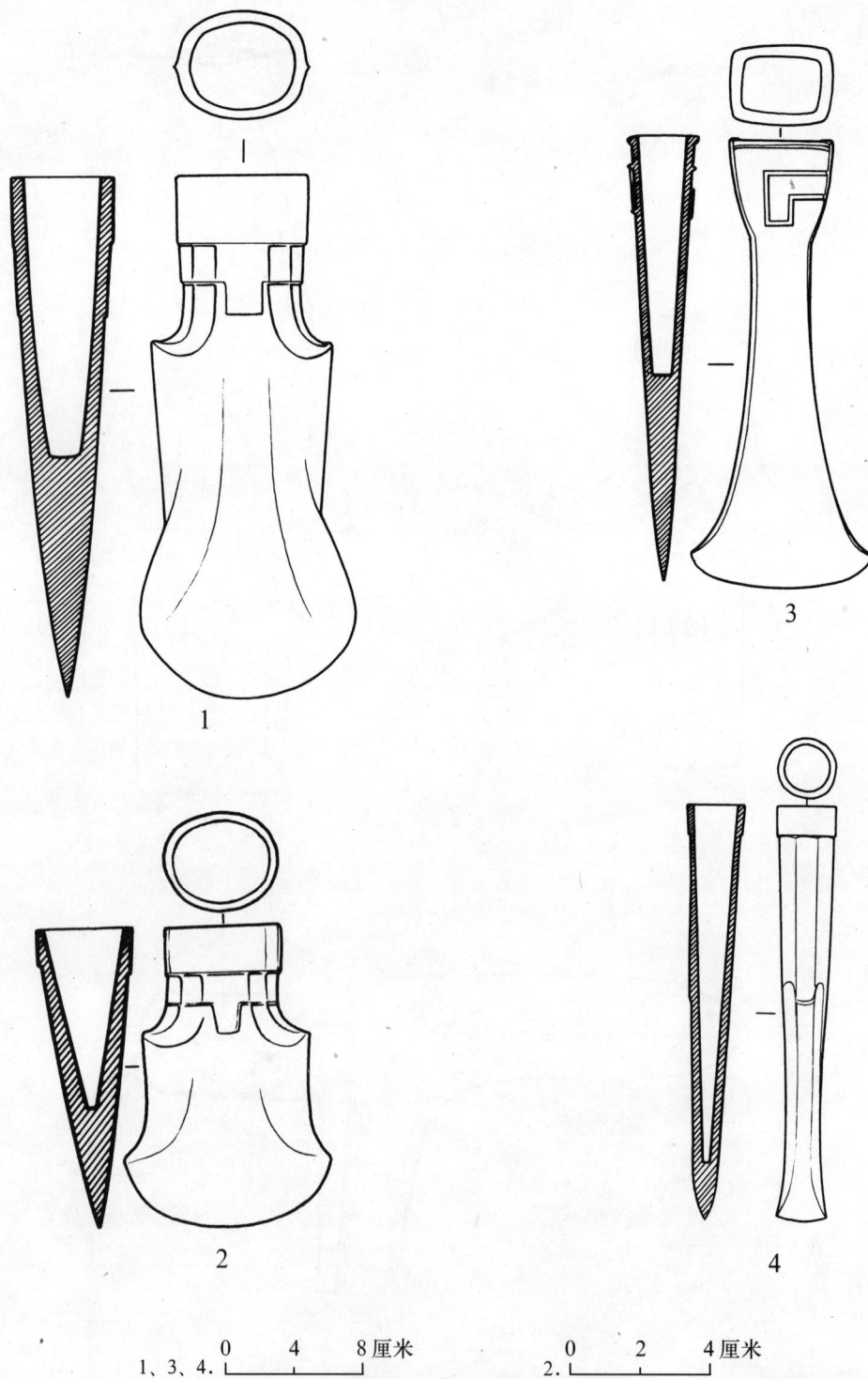

图九 M1 出土铜器

1.AaⅢ式铜钺（M1∶22） 2.AbⅠ式铜钺（M1∶20） 3.Ⅲ式铜斤（M1∶21） 4.Ba型铜凿（M1∶19）

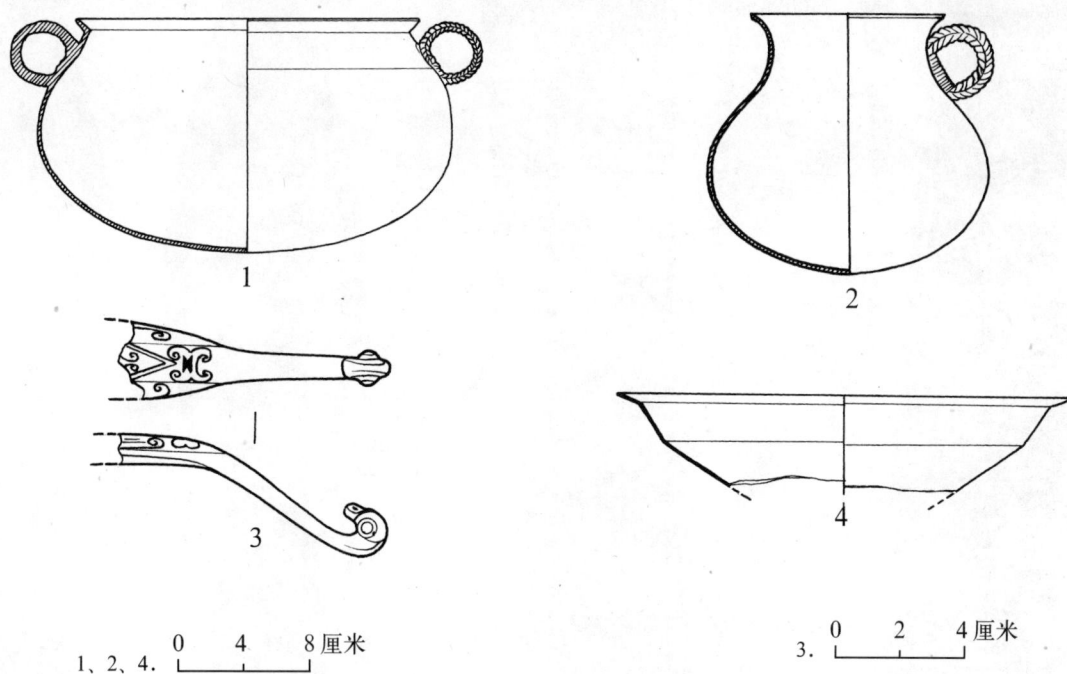

图一〇　M1 出土铜器

1. Ⅱ式铜釜（M1：28）　2. Ⅱ式铜鍪（M1：27）　3. AⅡ式铜带钩（M1：10）　4. 铜盆（M1：23）

釜　1件。为统一分型、式的Ⅱ式。标本 M1：28，窄折沿上立，素面。口径20、腹径25.1、高14.2厘米（图一〇，1）。

鍪　1件。为统一分型、式的Ⅱ式。标本 M1：27，口沿内侧残留阴刻"⬠Y"符号。口径13、腹径17.2、高14厘米（图一〇，2；图一四，2）。

盆　1件。标本 M1：23，敞口，尖圆唇，斜折沿，斜折腹较浅，底残，素面。口径27.6、腹径21.8、残高5.4厘米（图一〇，4）。

带钩　2件。计有统一分型、式的AI式和AⅡ式各1件。

AI式　1件。残甚。

AⅡ式　1件。标本 M1：9，整体较宽短，形似琵琶，短颈，宽腹，腹部用金丝镶嵌出卷云纹和斜线三角纹，下腹及扣残失。通长14.5、腹宽3.7厘米（图一一；图版二六）。

标本 M1：10，腹大部残失，残留部分卷云纹和斜线三角纹。残长8、腹宽2.2厘米

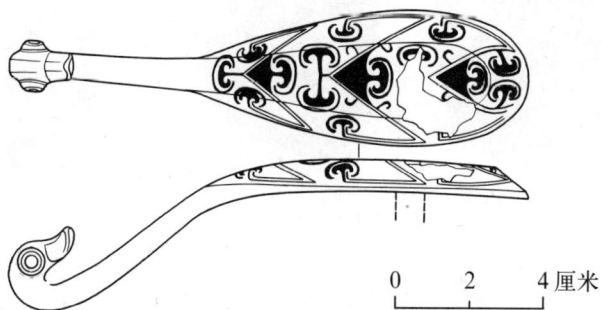

图一一　M1 出土 AⅡ式铜带钩（M1：9）

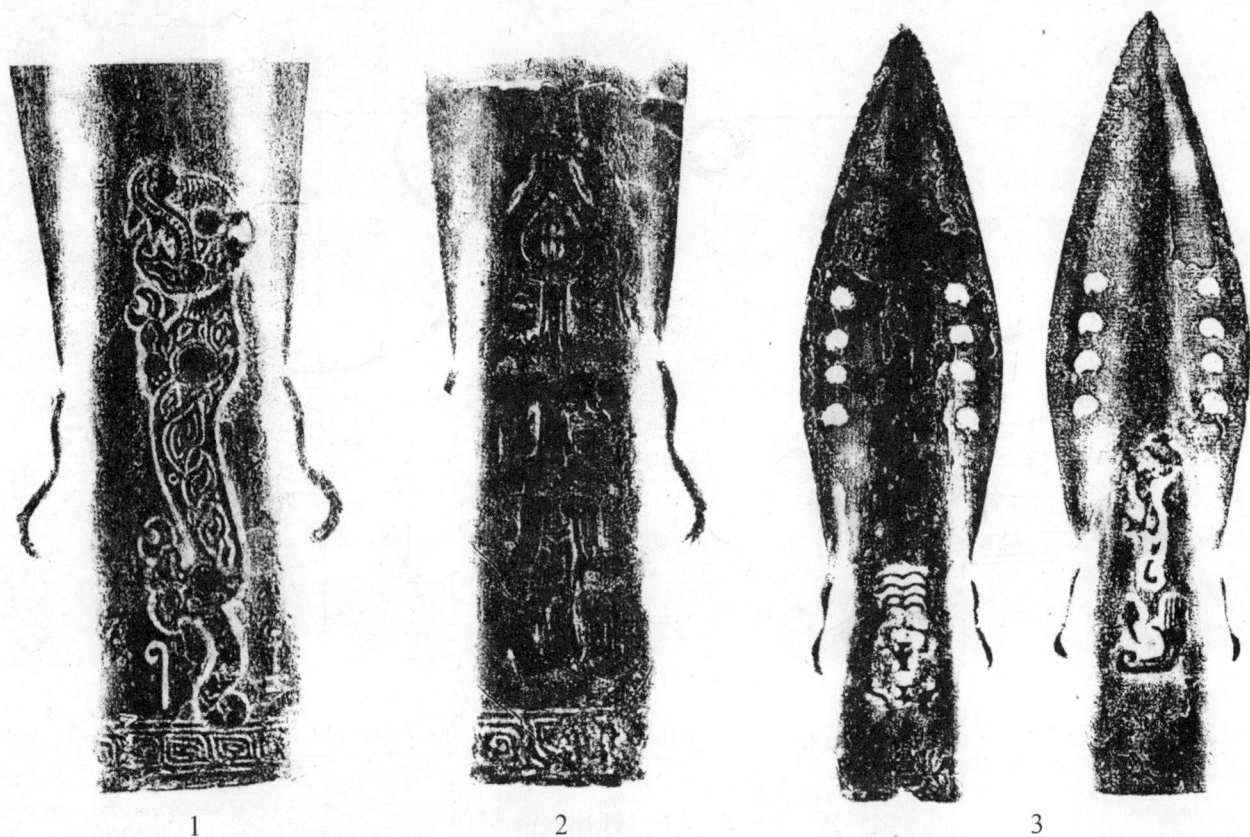

图一二　M1出土铜矛拓片

1.M1：26　2.M1：24　3.M1：16（两面）

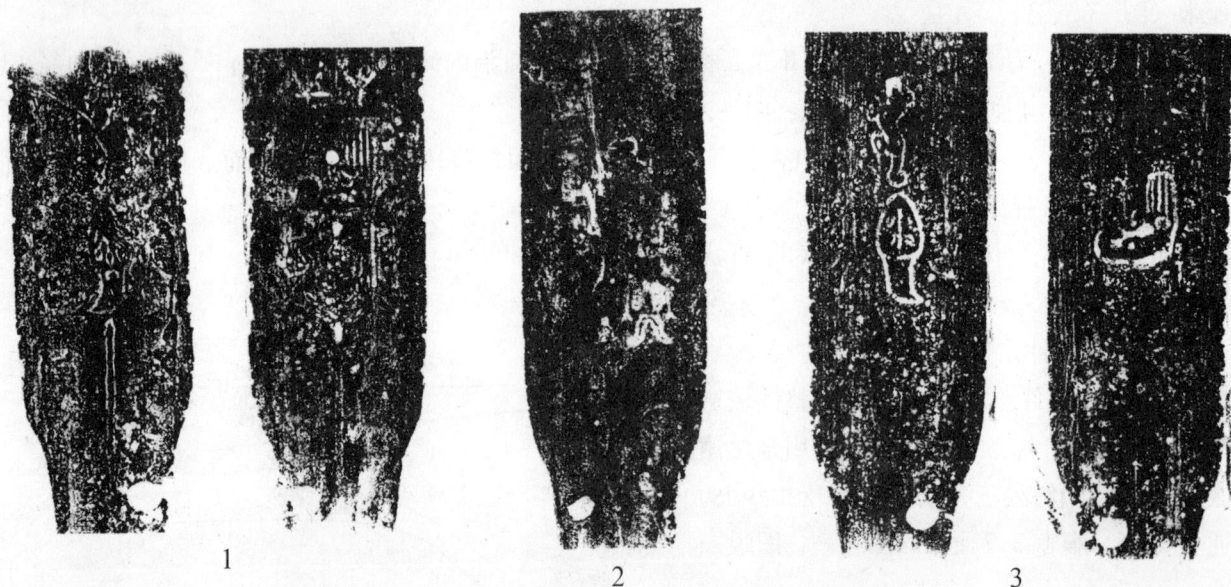

图一三　M1出土铜剑拓片

1.M1：3（两面）　2.M1：1　3.M1：2（两面）

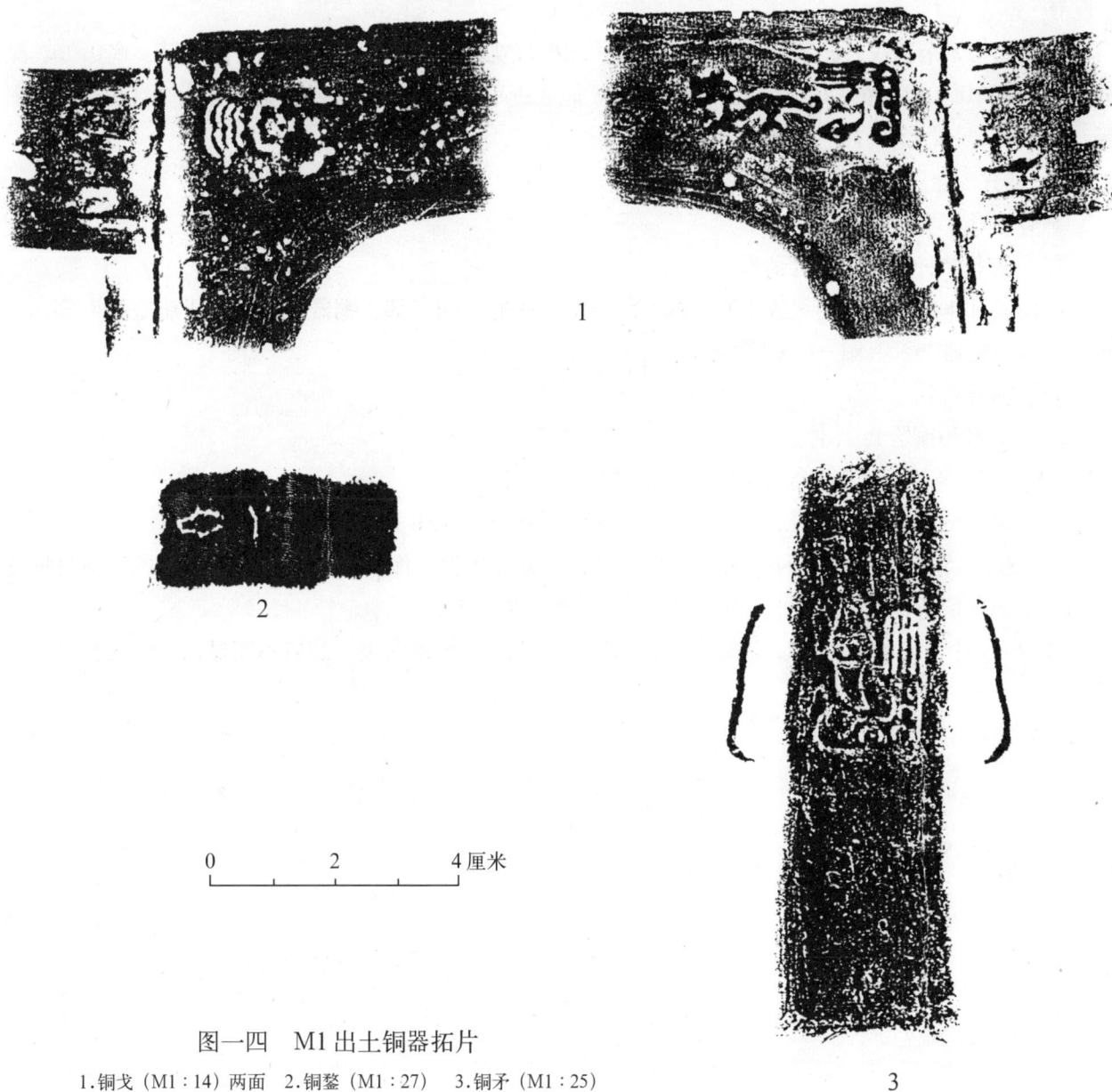

0 　　　2 　　　4厘米

图一四　M1出土铜器拓片

1.铜戈（M1：14）两面　2.铜鐏（M1：27）　3.铜矛（M1：25）

（图一〇，3）。

　　② 料器　仅料珠1件。

　　料珠　1件。标本M1：13，球状，中有一圆穿，整体绿色，上有深绿色的外凸圆点，圆点外均有一周黄褐色圆圈。直径1.6、高1.2厘米（图六，6；图版二七）。

　　2．M7

　　（1）墓葬概况

　　① 墓室结构

狭长方形竖穴土坑船棺墓，方向86°～266°。墓口大于墓底，墓坑较深，内填五花土。墓口长6.28、宽0.8米，墓坑深0.85米（图一五；图版二八）。

② 葬具

A类船棺，东端残。长5.18、西端宽0.82、东端残宽0.6、高0.32米，舱室长4.75、宽0.76、深0.2米，舷厚0.1米。棺体东端上翘，西端平齐，舱底近平，西端烧凿有近长条形孔一个（图一五；图版二八）。

③ 葬式

尸骨不存，葬式不明。

（2）随葬品种类及其放置情形

有陶器和铜器两类，均置放于舱室内。陶器均位于舱室西半部，铜器主要放置于舱室东半部，少数铜兵器与陶器杂置（图一五；图版二八）。

（3）随葬器物

计有陶器和铜器共21件。

① 陶器　8件。计有圜底罐6件，釜甑2件。

圜底罐　6件。除1件为统一分型、式的B型外余均为AaⅡ式。

AaⅡ式　5件。均残损较甚。标本M7：11，夹砂红褐陶，侈口，尖圆唇，广肩，颈部饰凹弦纹一周，肩部残留仿铜"x"纹带。残高4.6厘米（图一六，2）。

B型　1件。标本M7：14，夹砂红陶，胎较厚，尖唇，短颈内束，溜肩不明显，深球形腹，圜底

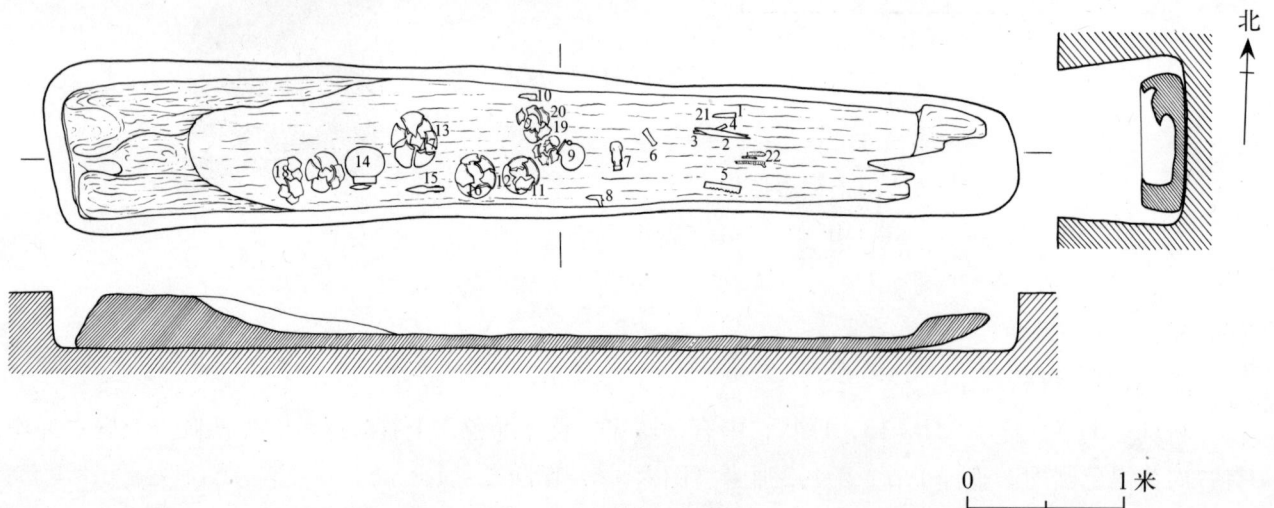

图一五　M7平、剖面图

1.铜刻刀　2、3.铜剑　4.铜凿　5.铜锯　6.铜斤　7.铜钺　8.铜戈　9.铜鏊　10、15、16.铜矛
11、12、14、17、19、20.陶圜底罐　13、18.陶釜甑　21.铜带钩　22.尸骨

外凸较甚，颈以下遍饰交错绳纹。口径 12.4、腹径 23.8、高 22 厘米（图一六，1；图版二九）。

釜甑　2 件。均属统一分型、式的 Ab 型，残甚。

② 铜器　13 件。计有矛 3 件，剑 2 件，戈 1 件，钺 1 件，斤 1 件，凿 1 件，刻刀 1 件，锯 1 件，錾 1 件，带钩 1 件。

矛　3 件。其中 1 件为统一分型、式的 AⅡa 式，2 件属 BⅡ式。

AⅡa 式　1 件。标本 M7：15，骹部残损，素面。通长 20.2、骹长 8.2、叶宽 2.9 厘米（图一七，6）。

BⅡ式　2 件。标本 M7：16，骹部和叶部均有残损，骹上部一面残留由"手"、"矛"等单个纹饰或符号组成的组合图案，另一面残损。残长 18.7、叶宽 3.2 厘米（图一七，3）。

标本 M7：10，残损较甚，仅存叶部一段。残长 11.8、叶宽 3.6 厘米（图一七，4）。

剑　2 件。均为统一分型、式的 AⅡa 式。

AⅡa 式　2 件。标本 M7：2，锋部及刃部稍残，剑身下部一面饰"手"、"心"、"曲尺"等符号及虎食羊（？）图案，另一面饰由"艸艸"、"〓"、"𠂤"、"𠂤"及"𝌆"形纹饰或符号组成的组合图案，茎部上侧和下端中部各有一圆穿。通长 37、茎长 5.2、身宽 3.2 厘米（图一七，2；图一九，1）。

标本 M7：3，锋部及刃部稍残，茎部上侧和下端中部各有一圆穿，素面。通长 37、茎长 5.4、身宽 3.3 厘米（图一七，1）。

钺　1 件。属统一分型、式的 AaVa 式。标本 M7：7，銎下箍一面阴刻线状鸟纹。通长 18.6、刃

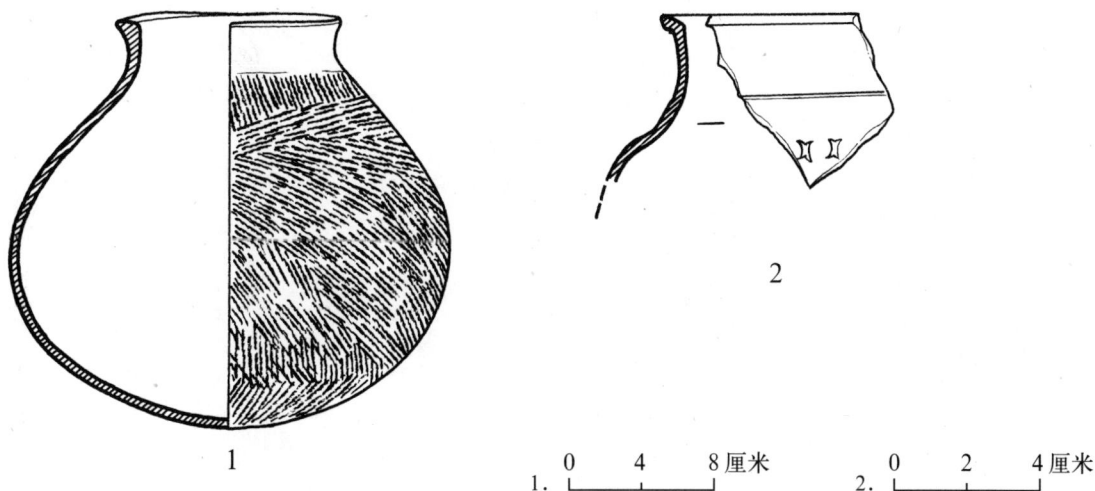

图一六　M7 出土陶器

1. B 型陶圜底罐（M7：14）　2. AaⅡ式陶圜底罐（M7：11）

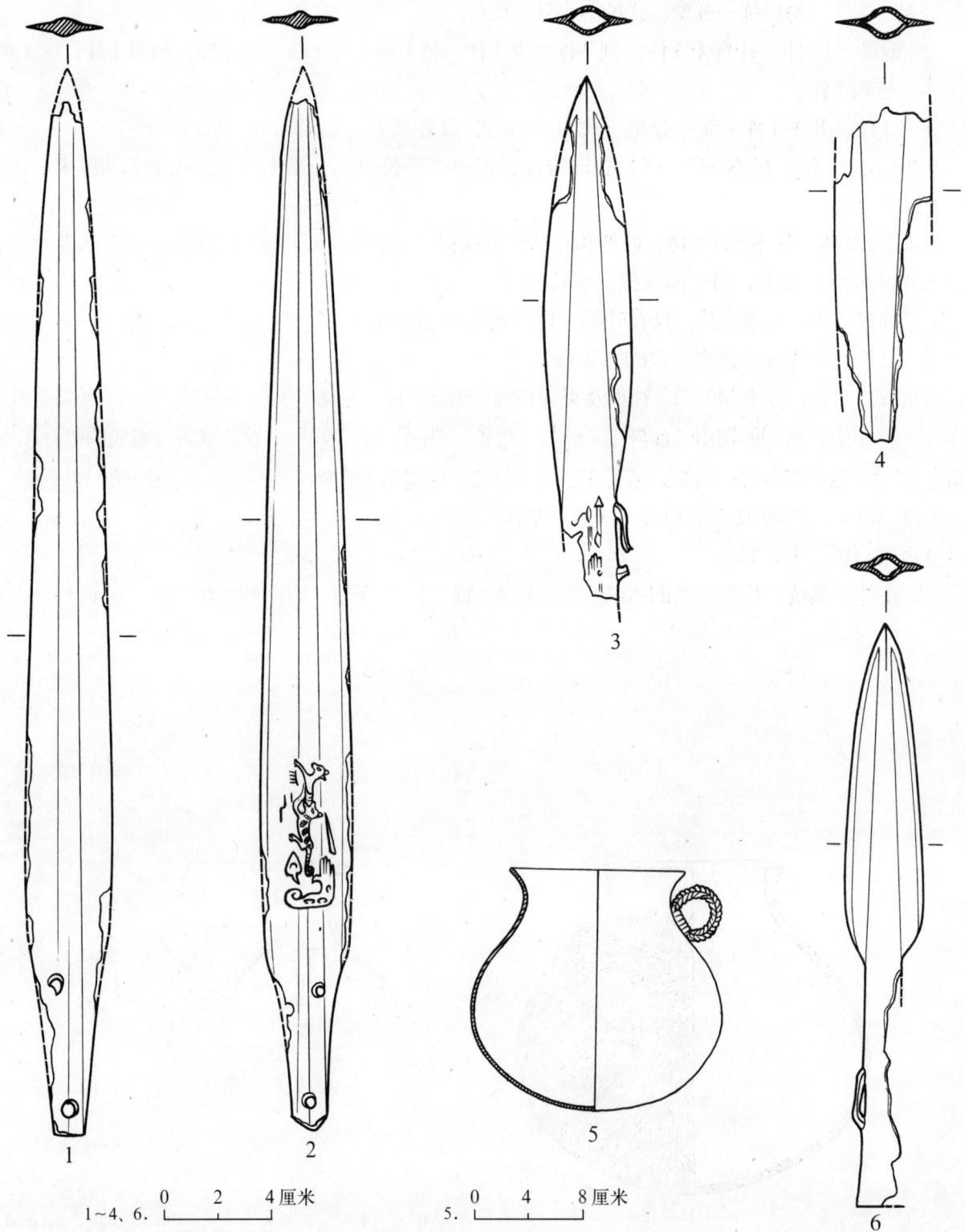

图一七　M7 出土铜器

1、2.AⅡa式铜剑（M7：3、2）　3、4.BⅡ式铜矛（M7：16、10）　5.Ⅱ式铜鍪（M7：9）　6.AⅡa铜矛（M7：15）

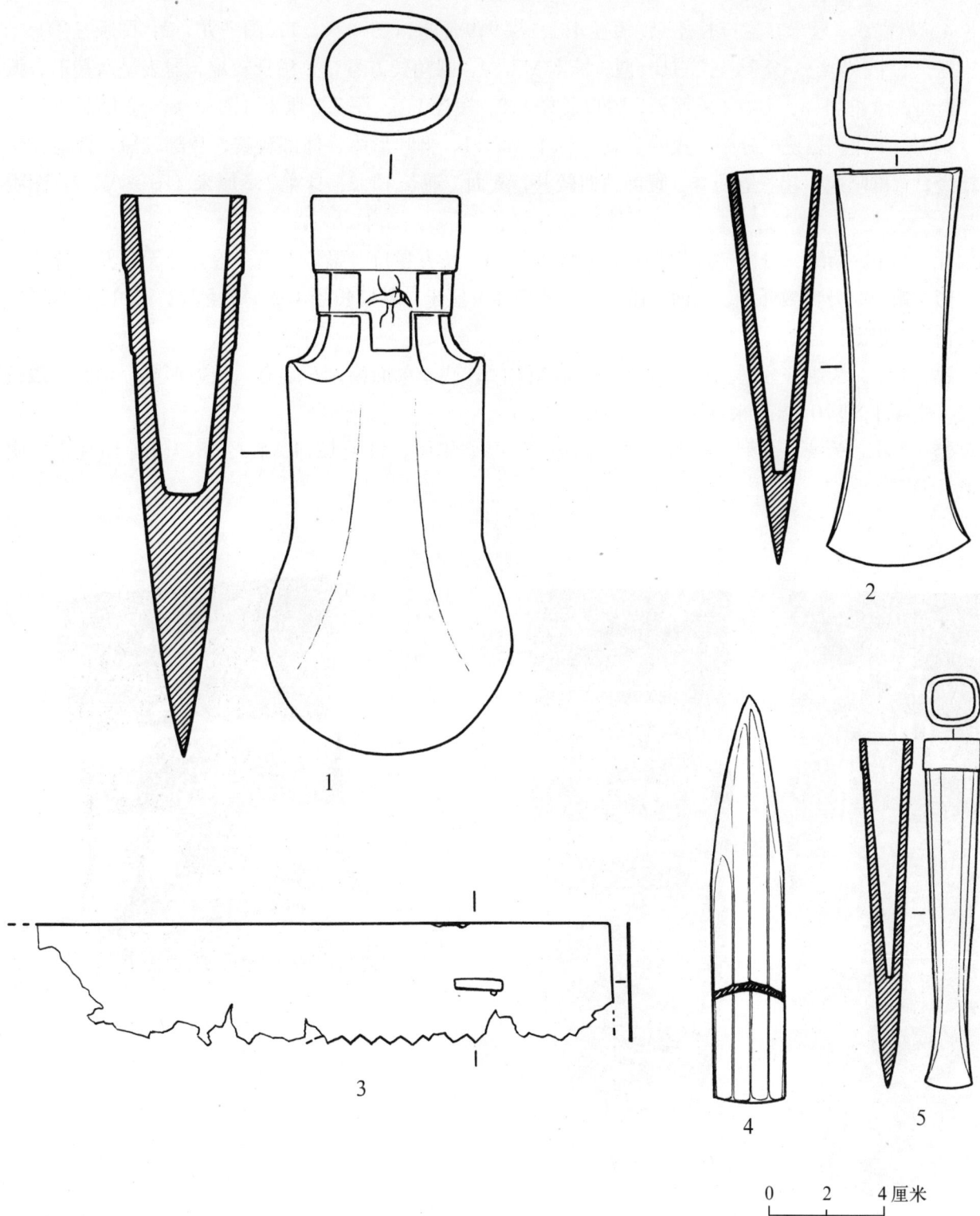

图一八　M7出土铜器

1.AaVa式铜钺（M7∶7）　2.Ⅰ式铜斤（M7∶6）　3.B型铜锯（M7∶5）　4.Ⅱ式铜刻刀（M7∶1）　5.Bb型铜凿（M7∶4）

宽8.4、肩宽6.7厘米，銎口长径5、短径4.1、深9.9厘米（图一八，1；图一九，2；图版三〇）。

　　凿　1件。为统一分型、式的Bb型。标本M7：4，圆角长方銎口，凿身较扁，器表呈八棱形，弧刃，素面。通长11.8、刃宽1.6厘米，銎口长径1.8、短径1.6、深7.8厘米（图一八，5；图版三一）。

　　刻刀　1件。属统一分型、式的Ⅱ式。标本M7：1，柳叶形体，锋部较长，身部较短，蜂与身转折较缓，背部隆起，起三道凸脊，腹部内凹较甚，素面。通长13.2、身宽2.5厘米（图一八，4；图版三二）。

　　斤　1件。为统一分型、式的Ⅰ式。标本 M7：6，长方銎口，銎口无沿，銎与身无分界，身略呈长方形，弧刃，刃尖微外侈，素面。通长13、刃宽4.9厘米，銎口长径4.2、短径3.2、深12厘米（图一八，2；图版三三）。

　　锯　1件。为统一分型、式的B型。标本M7：5，残，单面齿，一端有一长方形穿，素面。残长27.2、宽4.1、厚0.08厘米（图一八，3）。

　　鍪　1件。为统一分型、式的Ⅱ式。标本M7：9，素面。口径12.4、腹径18.4、高16厘米（图一七，5）。

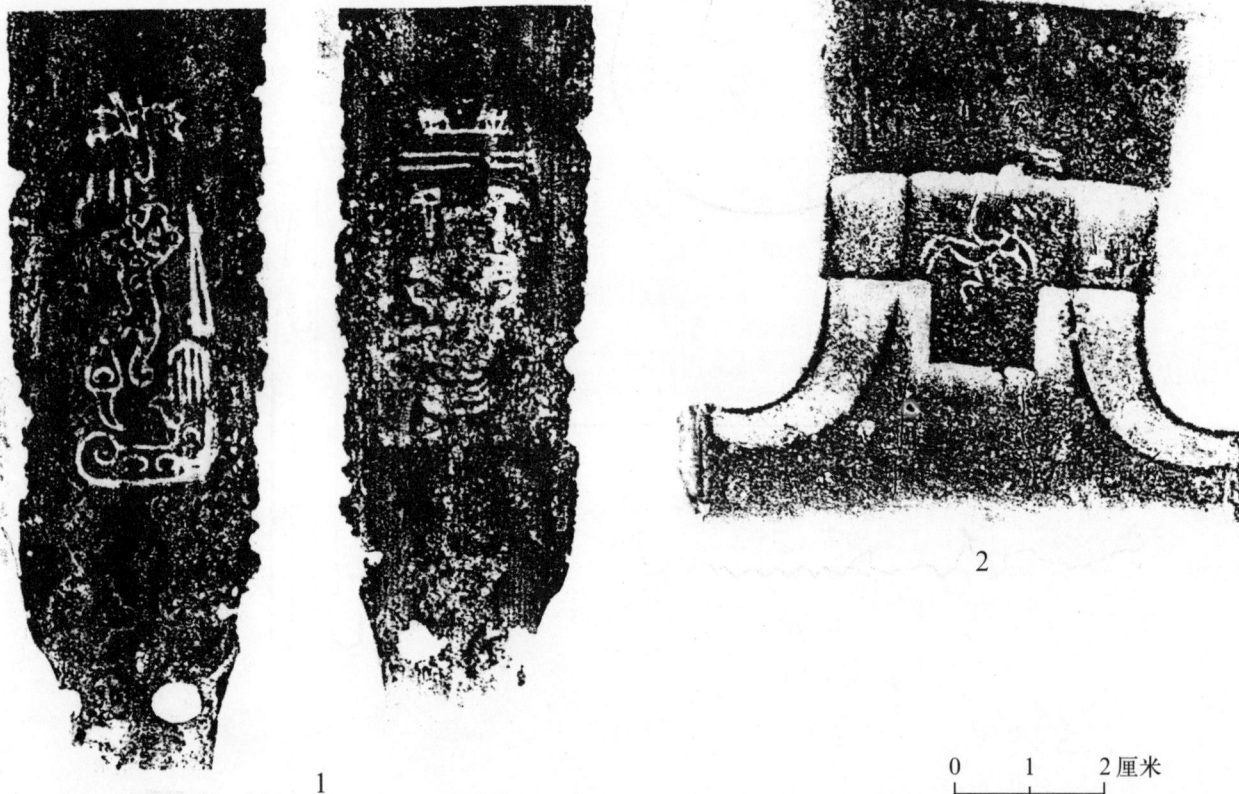

图一九　M7出土铜器拓片

1.铜剑（M7：2）两面　2.铜钺（M7：7）

3．M23

（1）墓葬概况

① 墓室结构

圆角狭长方形竖穴土坑船棺墓，方向50°。墓口略大于墓底，墓坑较深，内填五花土。墓口长7.3、东边宽1.1、西边宽0.8米，墓坑深0.55米（图二〇；图版三四～三七）。

② 葬具

A类船棺，长7.2、东端宽0.85、西端宽0.8、高0.55米，舱室长6.2、宽0.65、深0.35米，舷厚0.1米。棺体西端略上翘，东端较平齐，舱底略有弧度，东西两端各烧凿有近长条状孔一个（图二〇；图版三四～三九）。

③ 葬式

人骨架大部已朽，从残存的部分头骨和肢骨观察，尸骨位于舱室西部，头向东北，葬式不辨（图二〇）。

（2）随葬品种类及其放置情形

随葬品种类计有陶器和铜器两类，其中陶器均置于舱室东端，铜器或置于尸体周围，或置于舱室中部两边（图二〇；图版三四、三五）。

（3）随葬器物

计有陶器、铜器13件。按器物质料分述如下。

① 陶器　3件。计有圆底罐、釜、釜甑各1件。

圆底罐　1件。为统一分型、式的AaⅡ式。标本M23:12，夹砂红陶，左右不甚对称，方唇，上

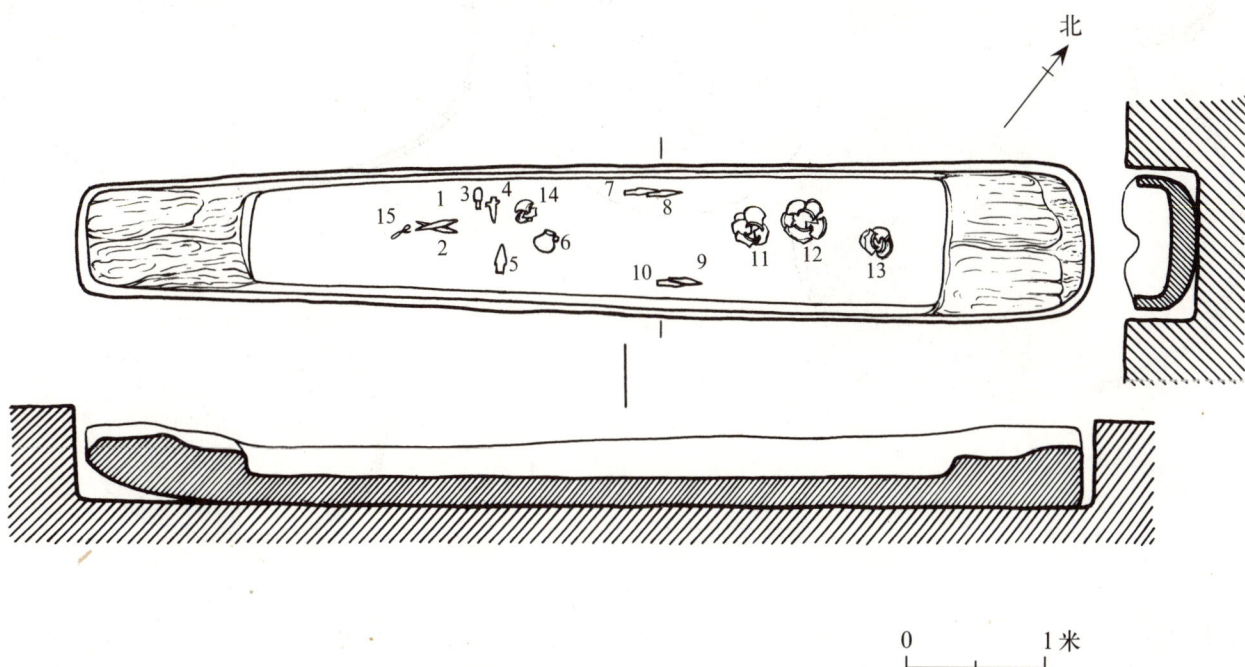

图二〇　M23平、剖面图

1、2.铜剑　3.铜钺　4、5.铜戈　6.铜鏊　7～10.铜矛　11.陶釜甑　12.陶圆底罐　13.陶釜　14、15.尸骨

腹外壁留有椭圆形凹状修整痕迹。口径 13.8、腹径 27.6、高 20.4 厘米（图二一，2）。

釜　1 件。为统一分型、式的 A 型。标本 M23：13，夹砂灰陶，口部残失，肩以下遍饰竖状绳纹。腹径 17.6、残高 11.4 厘米（图二一，3）。

釜甑　1 件。为统一分型、式的 AbⅠ 式。标本 M23：11，夹砂灰褐陶，甑部方唇内凹，卷沿，圆弧腹，17 孔圆形箅，釜腹圆鼓，圜底外凸较甚，甑腹及釜肩以下遍饰竖状绳纹。口径 23.6、甑腹径 24.8、釜腹径 26.8、箅径 17.6、通高 32.4 厘米（图二一，1）。

② 铜器　10 件。计有矛 4 件，剑 2 件，戈 2 件，钺 1 件，鍪 1 件。

矛　4 件。分属统一分型、式的 BⅡ 和 BⅢa 式。其中 BⅡ 式 3 件，BⅢa 式 1 件。

BⅡ 式　3 件。标本 M23：9，刃部稍残，骹口饰雷纹一周，骹部一面为 "ʯ"、"♂"、"♔" 虎头、奔虎、虫（蚕?）、"ᘜ" 及佩带（?）屈膝人像等单个纹饰或符号组成的图案，另一面锈蚀不清。通长 24、骹长 6、叶宽 3.4、骹径 2.6 厘米（图二二，2；图二四，2；图版四〇）。

标本 M23：7，刃部稍残，骹口饰雷纹一周，骹部一面铸饰虎纹，另一面锈蚀不清。通长 22、骹长 5.7、叶宽 3、骹径 2.8 厘米（图二二，3）。

标本 M23：10，骹大部残失，骹上部可见张口虎纹。残长 19.2、叶宽 3.4 厘米（图二二，4）。

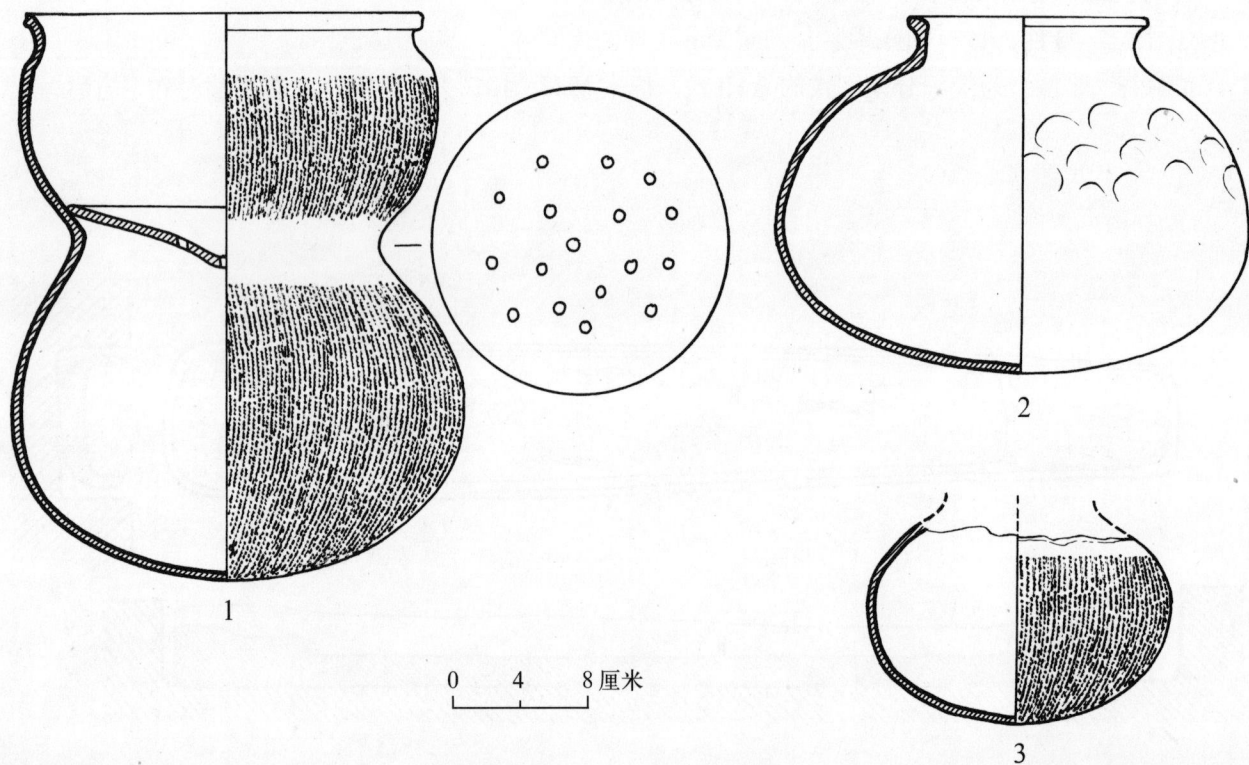

0　　4　　8 厘米

图二一　M23 出土陶器

1. AbⅠ 式陶釜甑（M23：11）　2. AaⅡ 式陶圜底罐（M23：12）　3. A 型陶釜（M23：13）

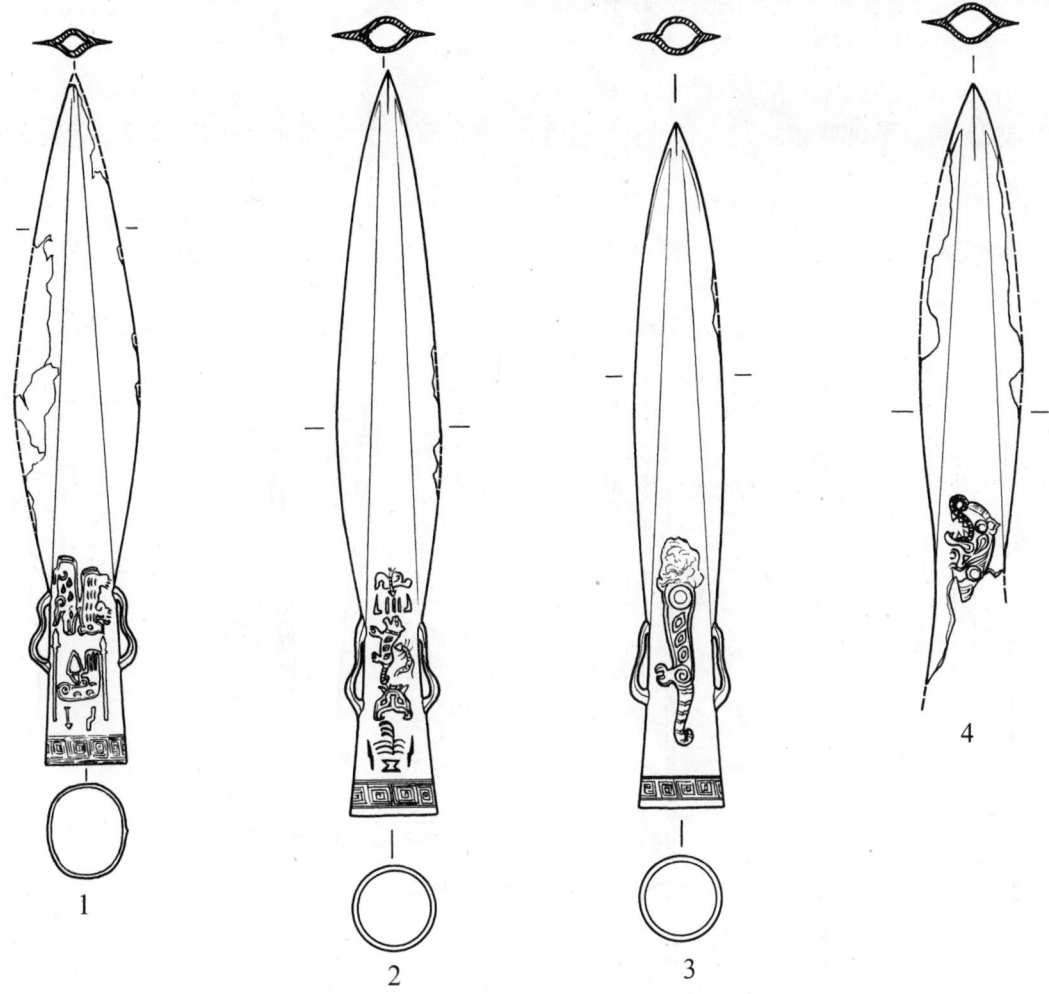

图二二　M23 出土铜器

1.BⅢa 式铜矛（M23：8）　　2~4.BⅡ式铜矛（M23：9、7、10）
5.Ⅱ式铜鍪（M23：6）

BⅢa式　1件。标本M23：8，刃部稍残，骹口饰雷纹一周，骹部一面饰"✦"（箭？）、"✦"、"手"、"心"、双长柄短骹矛及双兽组合图案，另一面饰双长柄短骹矛、双兽等组合图案。两面的双矛均刺向兽头，应为狩猎图案。通长22、骹长5.5、叶宽4.1、骹径2.8厘米（图二二，1；图二四，1、3）。

剑　2件。均属统一分型、式的AⅢa式。

标本M23：1，茎部残留附加木柄痕迹，上侧下中各有一圆穿素面。通长30.5、茎长5.4、身宽3

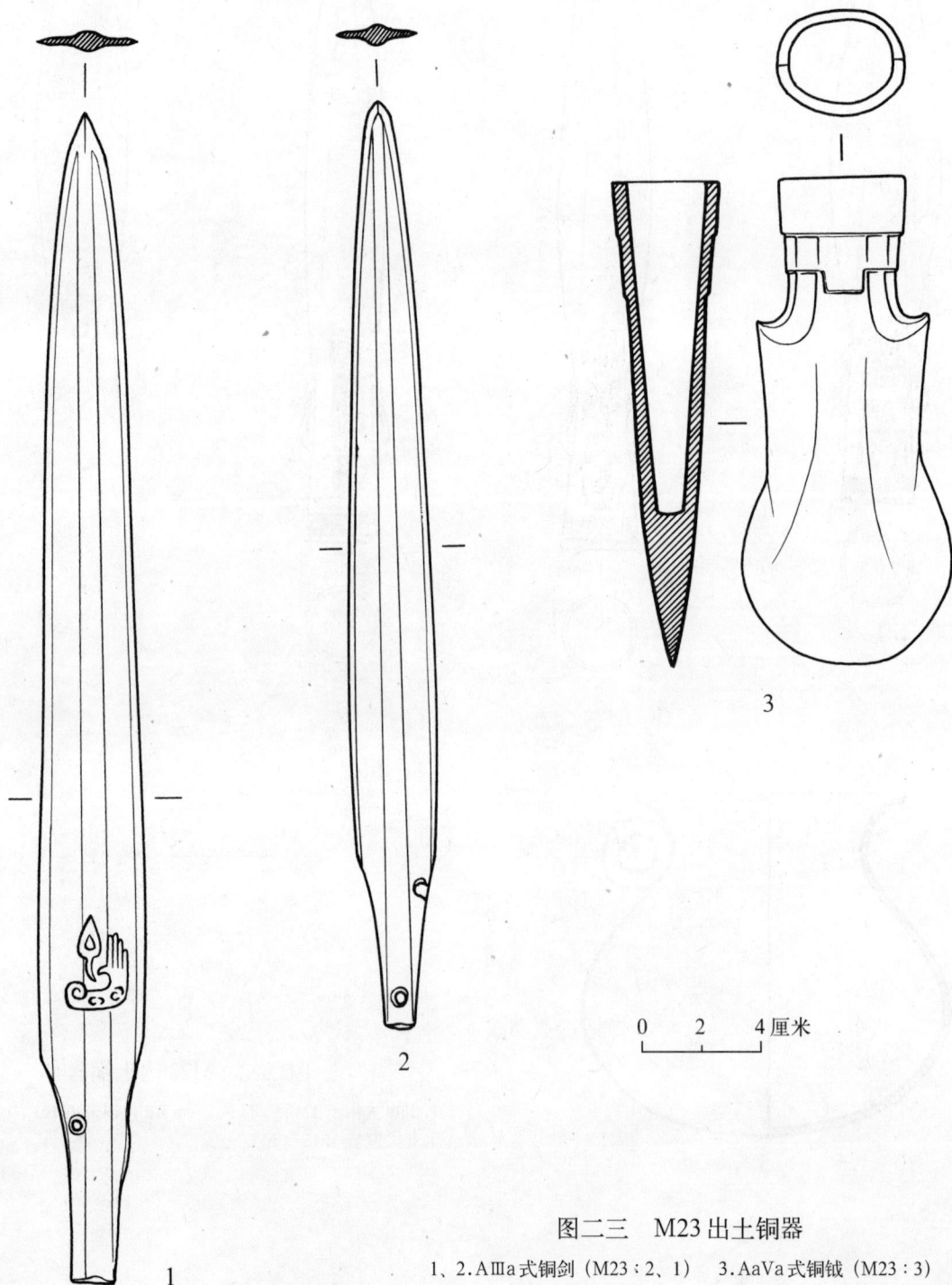

0　2　4厘米

图二三　M23出土铜器

1、2.AⅢa式铜剑（M23：2、1）　3.AaVa式铜钺（M23：3）

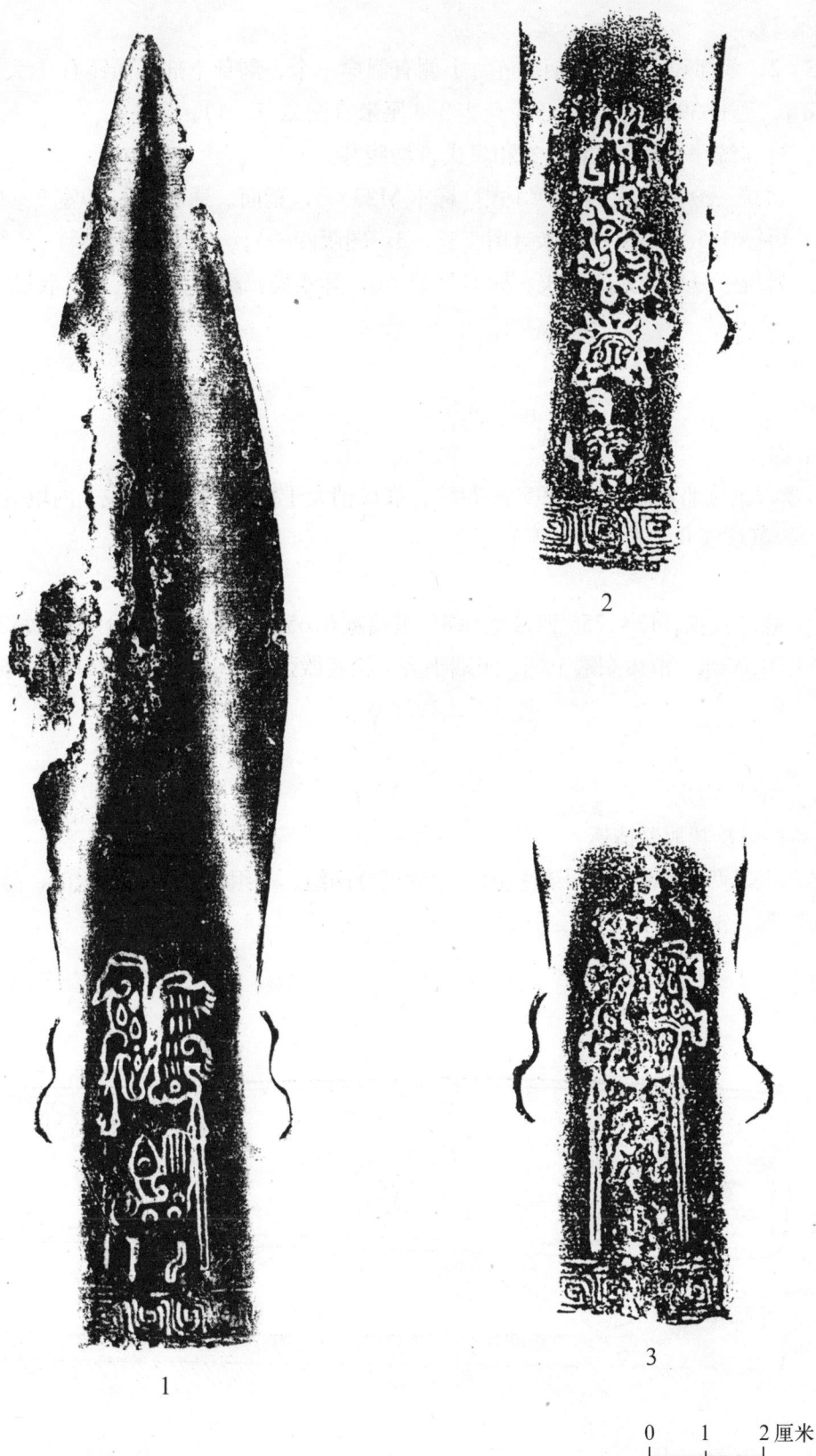

图二四　M23 出土铜矛拓片

1、3.M23：8（两面）　2.M23：9

厘米（图二三，2）。

标本M23：2，茎部残留附加木柄痕迹，上侧有圆穿一个，剑身下部一面铸有"手"、"心"纹饰，另一面锈蚀不清。通长39.5、茎长6.9、身宽3.8厘米（图二三，1）。

戈　2件。分属统一分型、式的Ⅰ式和Ⅲ式，均残甚。

钺　1件。属统一分型、式的AaVa式。标本M23：3，素面。通长16、刃宽7、肩宽5.8厘米，銎口长径4.2、短径3.5、深10.9厘米（图二三，3；图版四一）。

鍪　1件。属统一分型、式的Ⅱ式。标本M23：6，耳残失，素面。口径10、腹径13.6、高11.5厘米（图二二，5）。

4．M27

（1）墓葬概况

① 墓室结构

狭长方形竖穴土坑船棺墓，方向95°～275°。墓口稍大于墓底，墓坑较浅，内填五花土。墓口长4.9、宽1.1米，墓坑深0.4米（图二五）。

② 葬具

A类船棺，舷部残损。长4.75、西端宽0.8、东端宽0.65、高0.38米，舱室长3.52、宽0.76、残深0.22米，舷厚0.06米。棺体东端上翘，西端平齐，舱底微弧近平，西端烧凿有近长条状孔一个（图二五）。

③ 葬式

尸骨不存，葬式不明。

（2）随葬品种类及其放置情形

计有陶器和铜器两类，均置放于舱室内。大致可分两组，一组位于舱室东北部，另一组位于西南部，两组器物均陶、铜器杂置（图二五）。

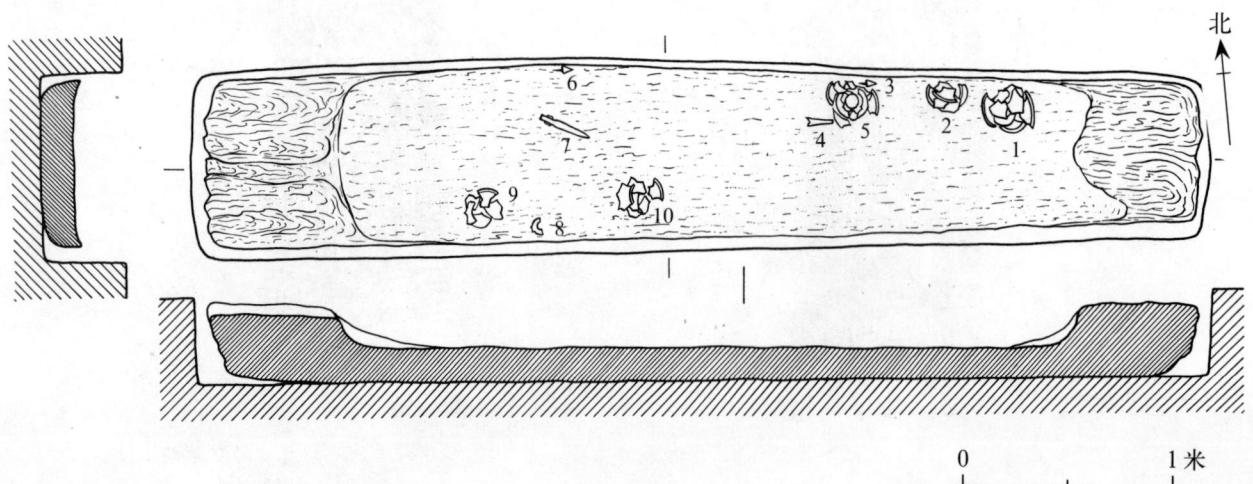

图二五　M27平、剖面图

1、5.陶釜甑　2.陶豆　3、6.铜镞　4.铜剑　7.铜矛　8.铜璜　9、10.残陶片

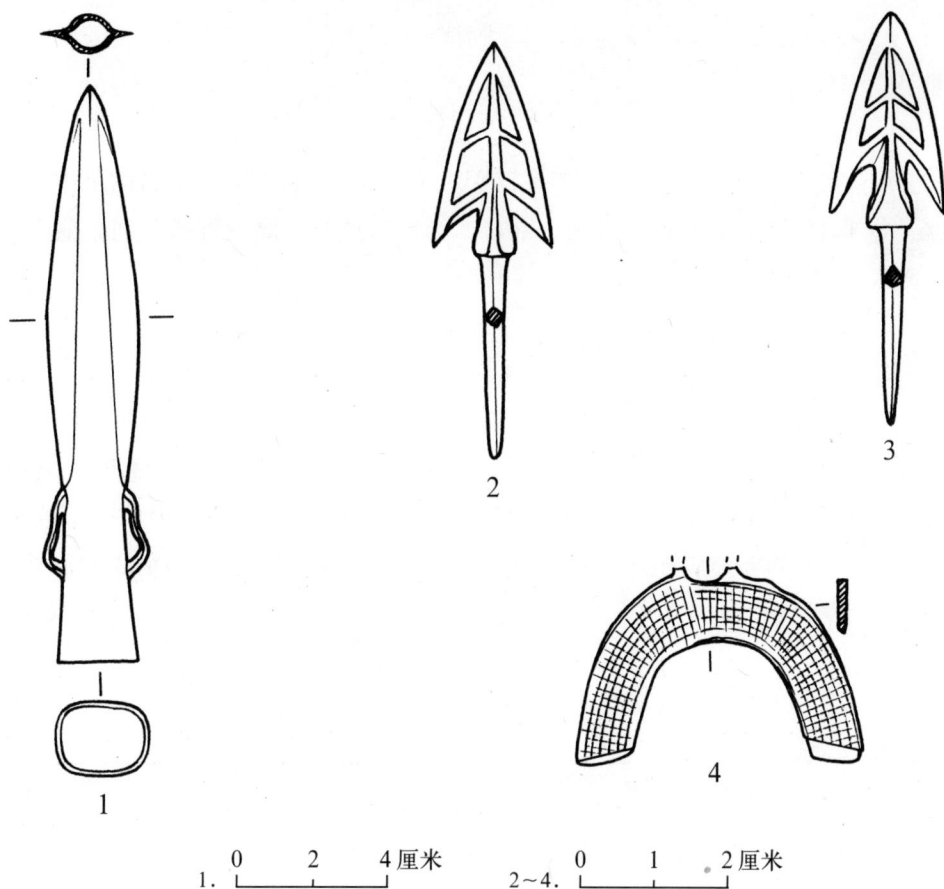

图二六 M27 出土铜器

1.BⅡ式铜矛（M27：7） 2、3.A型铜镞（M27：3，6） 4.铜璜形饰（M27：8）

（3）随葬器物

计有陶器和铜器共10件。

① 陶器 5件。均残损严重，计有豆1件，釜甑2件，不明器形的残陶器2件。

豆 1件。为统一分型、式的AⅡ式，残甚。

釜甑 2件。均为统一分型、式的Ab型，残甚。

② 铜器 5件。计有矛1件，剑1件，镞2件，璜形饰1件。

矛 1件。为统一分型、式的BⅡ式。标本M27：7，椭圆形骹，素面。通长15.2、骹长4.4、叶宽2.4厘米，骹长径2.4、短径1.9厘米（图二六，1）。

剑 1件。仅存剑柄，为统一分型、式的Ⅲa式。

璜形饰 1件。标本M27：8，体略作半圆璜状，顶部有挂钩残失，双足下端略残，两面均饰细密之方格纹。残长4、宽0.7、体厚0.1厘米（图二六，4）。

镞 2件。均为统一分型、式的A型。双翼，三棱，长铤式，镞身中脊隆起，两面各有凹槽四个，双翼展开呈倒刺状，铤呈菱形锥状。标本M27：3，通长5.5、翼尾宽1.6厘米（图二六，2）。

标本M27：6，通长5.5、翼尾宽1.5厘米（图二六，3；图版四二）。

5．M32

(1) 墓葬概况

① 墓室结构

圆角狭长方形竖穴土坑船棺墓，方向80°～260°。墓室和船棺均为36座船棺墓中最大者。墓坑较深。墓口长8.6、宽1.15米，墓坑深1.05米。墓口稍大于墓底，墓底中部微下凹，墓底与棺底之间填有一层厚约10厘米的青灰膏泥（图二八；图版四三～四六）。

② 葬具

A类船棺，长8.5、宽0.9～1、高0.6米，舱室长6.2、宽0.8、深0.3米，舷厚0.1米左右。棺体一端上翘，一端截齐，一端凿有椭圆形孔，一端为不规则形孔。舱室底部呈圆弧状，棺底与膏泥之间依照船棺大体形状并排垫有5排共7根长1.1～5.5、直径约0.08米的圆木条，其排列范围约为7×1.06米，基本与棺底面积相当（此种现象在M2内亦有发现，不同的是M2棺底下的木条只有1根，长1.5、直径0.03米）。初步推断这种木条是系绳悬棺下葬时，为减少棺底与墓底的摩擦阻力，便于移动船棺、放正位置而专门铺设的类似轨道一类的设施（图二七、二八；图版四三～四六）。

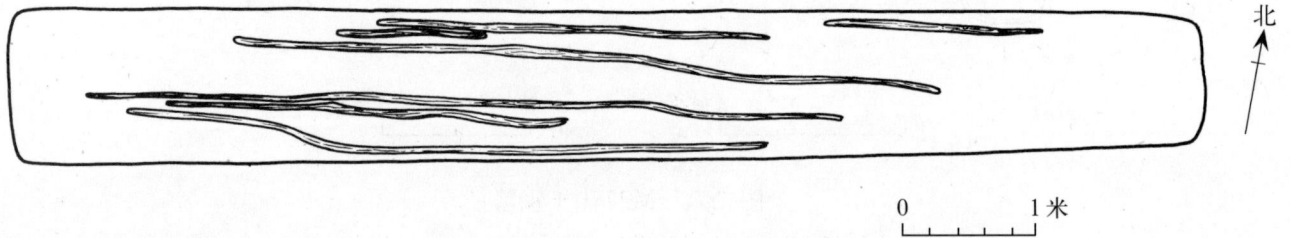

0　　　　　1米

图二七　M32墓底木条分布平面图

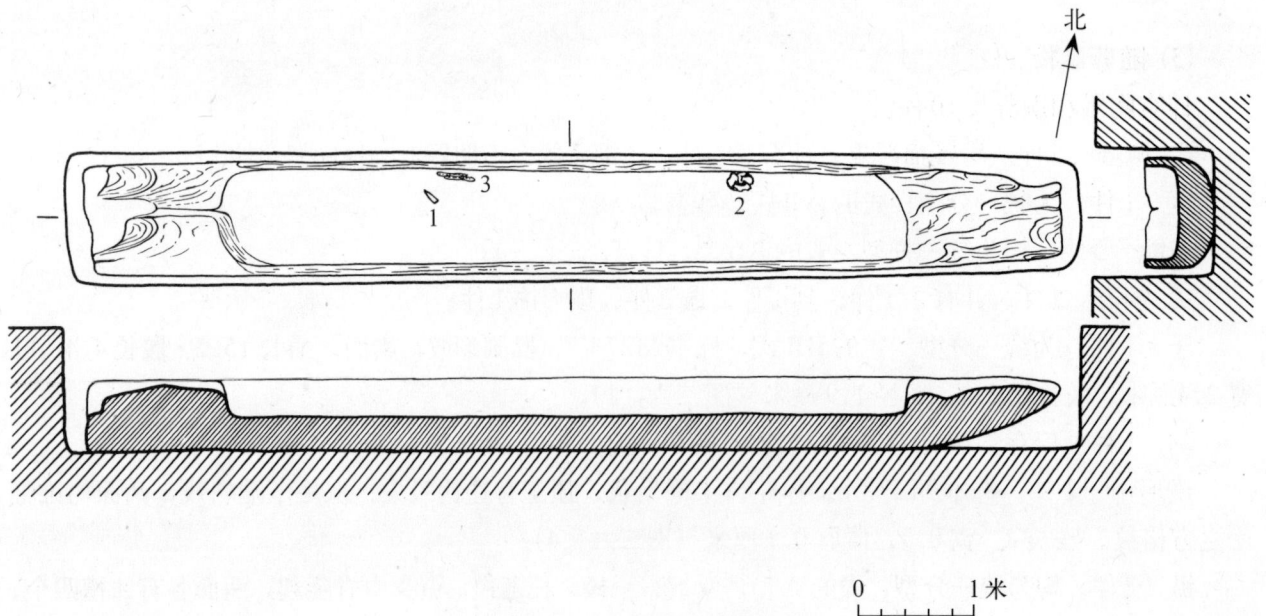

0　　　　　1米

图二八　M32平、剖面图

1.铜刻刀　2.陶豆　3.尸骨

③ 葬式

此墓填土内发现有汉砖，估计早年被盗。人骨架基本不存，葬式不明。

(2) 随葬品种类及其放置情形

舱室北侧仅存铜刻刀及残陶豆各1件（图二八）。

(3) 随葬器物 仅存陶器和铜器共2件。

① 陶器

仅存陶豆1件，属统一分型、式的AI式，残甚。

② 铜器

仅存刻刀1件，属统一分型、式的II式，残甚。

6. M33

(1) 墓葬概况

① 墓室结构

狭长方形竖穴土坑船棺墓，方向60°～240°。墓口大于墓底，墓坑较浅，内填五花土。墓口长6.4、宽1.05米，墓坑深0.4米（图二九；图版四七）。

② 葬具

A类船棺，保存较好。长6.3、东端宽0.94、西端宽0.83、高0.52米，舱室长4.4、宽0.86、深0.32米，舷厚0.1米。棺体西端上翘，东端平齐，舱底微弧近平，东西两端均烧凿有近长条状孔一个（图二九；图版四七）。

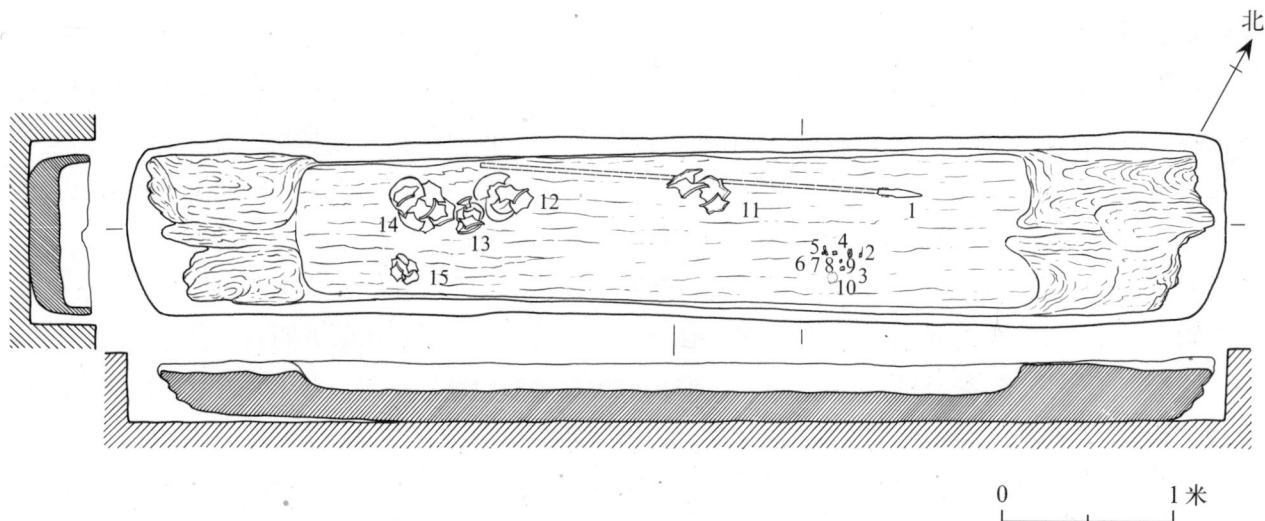

图二九 M33平、剖面图

1.铜矛 2.铜旗形饰 3.铜双鱼饰 4、5.铜印章 6.铜瓶形饰 7.漆器 8.铜十字饰
9.玛瑙珠 10.铜猪形饰 11.陶盆 12.陶釜甑 13、14.陶圜底罐 15.残陶器

③　葬式

尸骨不存，葬式不明。

(2) 随葬品种类及其放置情形

随葬品计有陶器、铜器、漆器、木器和料器五类。以陶器和铜器为大宗，均置放于舱室内，其中陶器置放于舱室西部和中部，铜器、漆器和料器集中置放于舱室东部（图二九）。

(3) 随葬器物

计有陶器、铜器、漆器、木器和料器共16件。

①　陶器　5件。计有圜底罐2件，釜甑1件，盆1件，不明器形的残陶器1件。

圜底罐　2件。均为统一分型、式的Aa型，残甚。

釜甑　1件。属统一分型、式的Ab型，残甚。

盆　1件。仅存口部。标本M33：11，夹细砂灰陶，素面。残高9.6厘米（图三〇，9）。

②　铜器　8件。计有矛1件，印章2件，瓶形饰1件，双鱼饰1件，猪形饰1件，旗形饰1件，不明器形的残铜器1件。

矛　1件。为统一分型、式的AⅡa式。标本M33：1，带柲矛，内部带血槽，骹两面饰卧象纹及"曲尺"纹。通长22.9、骹长10.4、叶宽3.2、骹径2.3、柲长约350厘米（图三〇，4；图版四八）。

印章　2件。均属统一分型、式的巴蜀符号印章之B型。方形印面，上铸阴文，背面均铸有阳文纹饰或符号。标本M33：4，纽残，从残损痕迹估计应为十字形尖状纽，左下角有一小圆穿。印面图案分上下两组，上组图案又依一对角线分左上和右下两小组，均为雷纹及"曲尺"纹，下组图案左侧为罍，右侧为铎，中间以"Ɛ"符号间隔，铎左下角为变形雷纹。背面以纽为中心放射出四条对角线，将图案分为四组，每组有一单个阳文符号，顺时针读为"十"、"Ɗ"、"ᙁ"、"工"。边长3.6、印台厚0.45、残高0.65厘米（图三〇，1；图三一，1；图版四九、五〇）。

标本M33：5，盲鼻纽，隆背，印面图案以"ᒎ"、"◠"、"ᡨ"、"ᛏ"符号构成，背面纹饰为勾连雷纹。边长2.1、印台厚0.6、通高0.8厘米（图三〇，2；图三一，2；图版五一）。

瓶形饰　1件。标本M33：6，体甚小，中空，敞口，束颈，鼓腹，平底，腹部遍饰乳钉纹。口径1.2、底径0.75、高2.1厘米（图三〇，7；图版五二）。

双鱼饰　1件。标本M33：3，双鱼以翅、尾连体，共衔一环形挂钩，鱼腹两面均饰细方格纹以示鱼鳞。通长3.8、宽3、鱼体厚0.15厘米（图三〇，8；图三一，3；图版五四）。

猪形饰　1件。标本M33：10，体甚小，猪前背至腹部有一圆形小穿，卷尾，猪身遍饰椭圆形凹点纹。长1.8、背宽0.85、高1.2厘米（图三〇，6；图版五三）。

"旗"形饰　1件。标本M33：2，体甚小，"旗"面呈弧状，杆下端略残，杆下部有一长方形穿，旗弧面及杆部均饰细密的浅浮雕方格纹。残高2.7、宽1.4、厚0.1厘米（图三〇，5）。

③　漆木器　2件。1件为在铜印章和小型铜饰件旁的一近圆形朱漆痕，疑为漆盒。另1件为M33：1带柲矛之木柲，长约350厘米（图二九）。

④　料器　1件，为玛瑙珠。

玛瑙珠　1件。标本M33：9，半透明体，豆红色，体作圆珠状，中有圆穿。通径0.9、穿径0.3、高0.5厘米（图三〇，3；图版五五）。

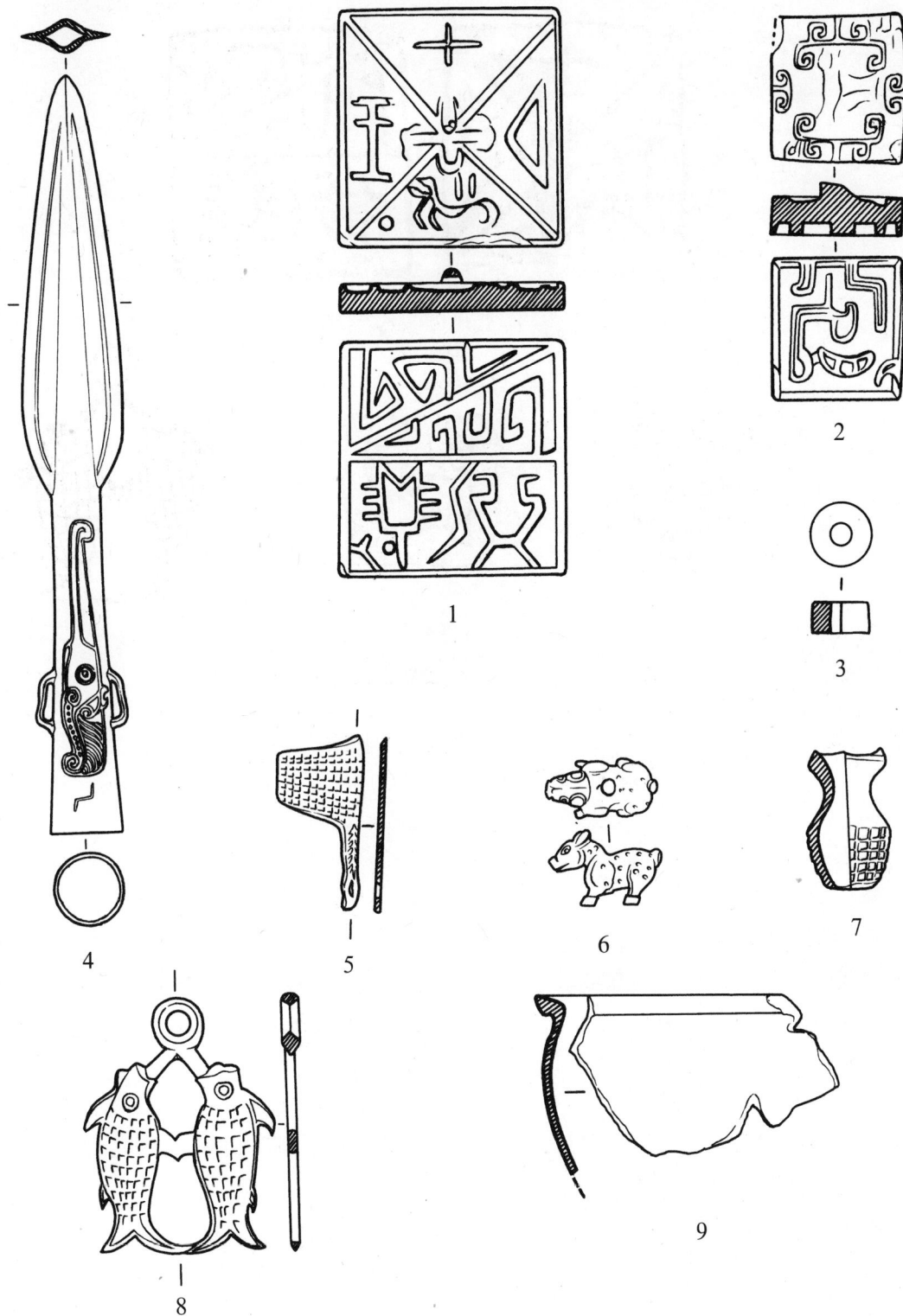

图三〇 M33 出土器物

1、2.B 型铜印章（M33：4、5） 3.玛瑙珠（M33：9） 4.AⅡa 式铜矛（M33：1）
5.铜"旗"形饰（M33：2） 6.铜猪形饰（M33：10） 7.铜瓶形饰（M33：6）
8.铜双鱼饰（M33：3） 9.陶盆（M33：11）

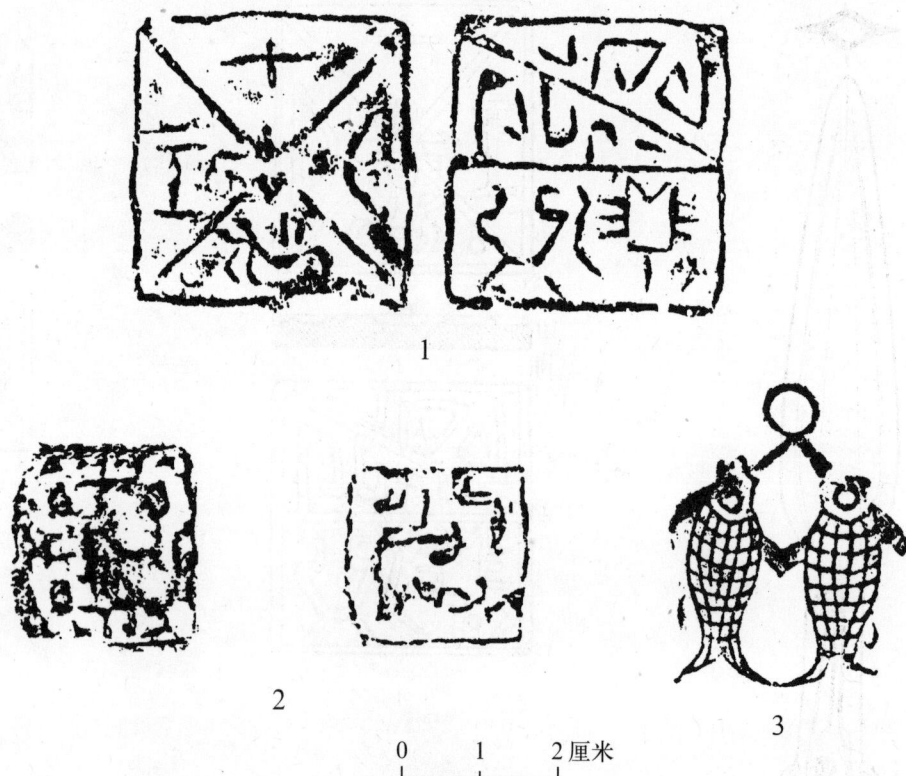

图三一　M33 出土铜器拓片

1.铜印章（M33：4）（两面）　2.铜印章（M33：5）（两面）　3.铜双鱼饰（M33：3）

7．M44

（1）墓葬概况

① 墓室结构

狭长方形竖穴土坑船棺墓，方向55°～235°。此墓西端被基建施工挖掉，墓口大于墓底，墓坑较深，内填五花土。墓口残长4.3、宽0.95米，墓坑深0.6米（图三二；图版五六）。

② 葬具

A类船棺，残长4.3、宽0.95、高0.55米，舱室残长3.4、宽0.7、深0.3米、舷厚0.08米。东头上翘较甚，与棺底形成约40°的夹角，形状酷似两头上翘的木船，舱底较平坦，棺底略有弧度，舷壁较直，东头烧凿有一不规则长条形孔（图三二；图版五六）。

③ 葬式

人骨架不存，葬式不辨。

（2）随葬品种类及其放置情形

棺内仅存零星碎陶片。

（3）随葬器物

① 陶器

棺内仅存零星碎陶片。

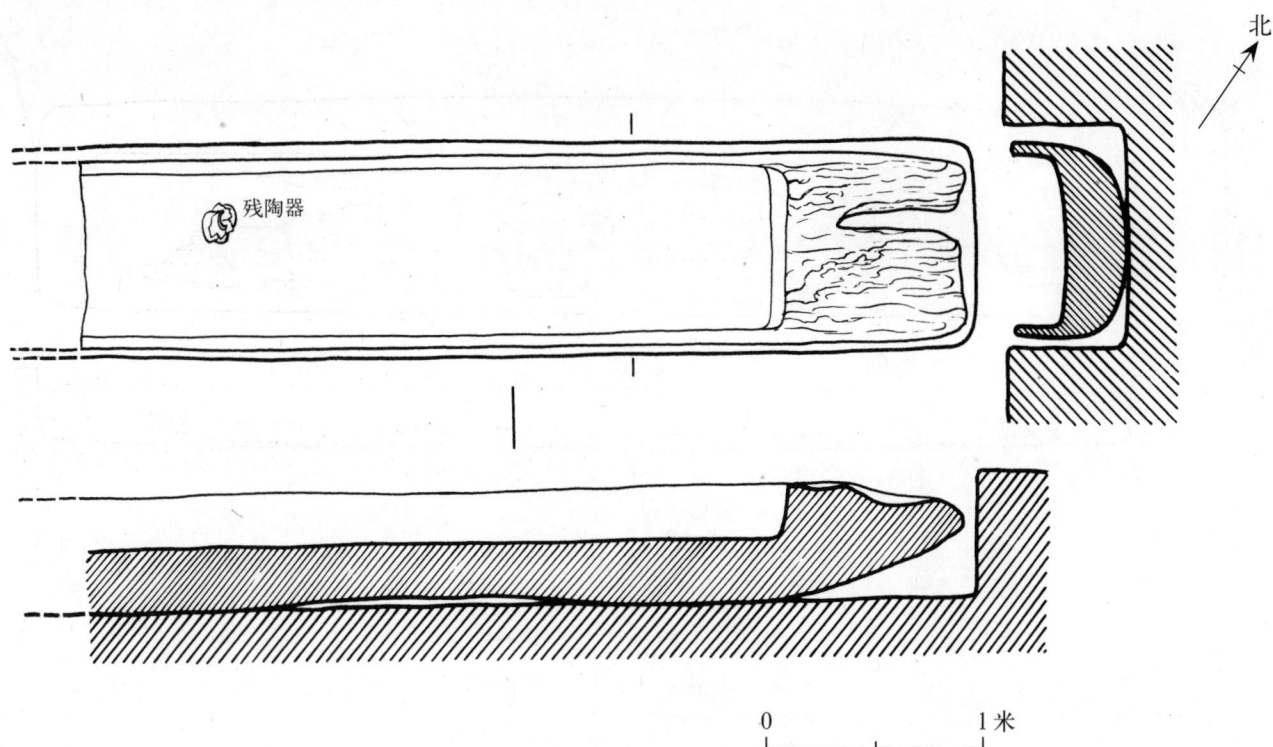

残陶器

0　　　　　1米

图三二　M44 平、剖面图

8．M76

（1）墓葬概况

① 墓室结构

狭长方形竖穴土坑船棺墓，方向 75°~255°。墓口稍大于墓底，墓坑较浅，内填五花土。墓口长6.15、宽 1.2 米，墓坑深 0.4 米。墓室南部放置船棺，有狭长方形棺坑，棺坑西、北两面以熟土二层台垒筑，长 5.5、宽 0.9、深 0.3 米（图三三；图版五七）。

② 葬具

残损较甚，浅舱矮舷，但根据尺寸判断应为 A 类船棺。残长 5.04、残宽 0.8、残高（厚）0.14 米（图三三；图版五七、五八）。

③ 葬式

尸骨已朽尽，葬式不明。

（2）随葬品种类及其放置情形

计有陶器、铜器和兽骨共 6 件。两件兽肢骨放置于棺坑北部二层台上，其余 4 件器物中有 3 件集中放置于舱室中部，另一件铜矛摆放于舱室西南角（图三三；图版五八）。

（3）随葬器物

计有陶器、铜器和兽骨共 6 件。

① 陶器　仅有圜底罐 1 件，为 Ab 型，残甚。

② 铜器　3 件。计有矛 1 件，戈 1 件，钺 1 件。

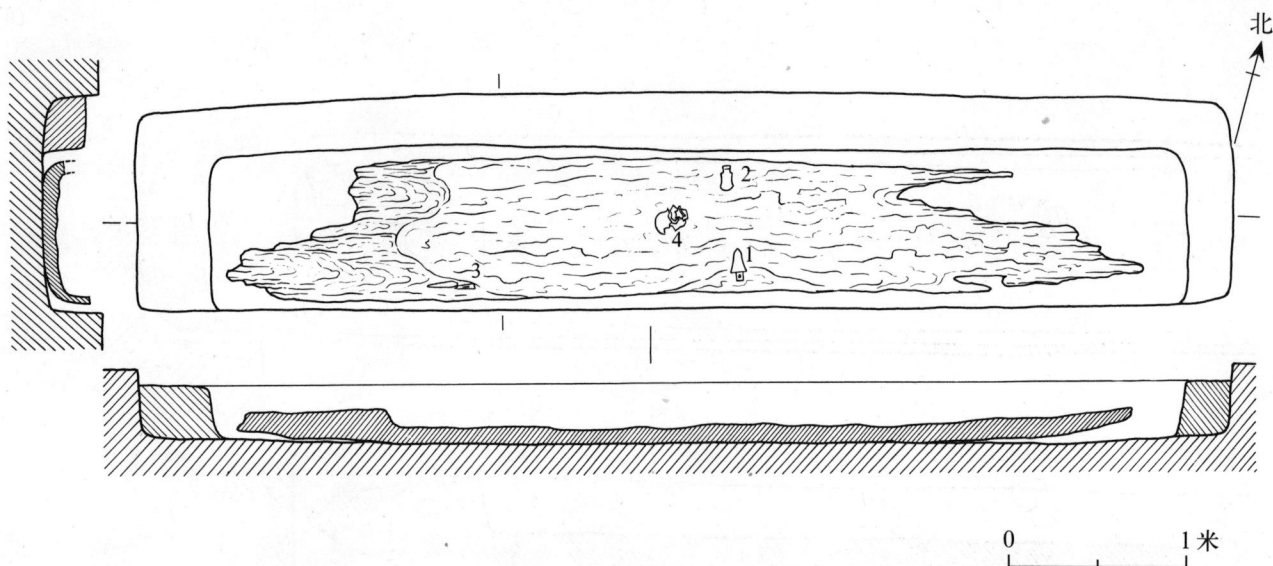

图三三　M76平、剖面图
1.铜戈　2.铜钺　3.铜矛　4.陶圜底罐

矛　1件。为统一分型、式的AIIa式。标本M76：3，双耳下部绕骹相连，素面。通长28.2、骹长12.7、叶宽3.1、骹径2.5厘米（图三四，1）。

戈　1件。为统一分型、式的IIb式。标本M76：1，援本近直，内部有一橄榄形穿，援部两面均铸有浅浮雕状变形蝉纹。通长18.5、援长5.3、内长13.2厘米（图三四，2；图三五；图版五九）。

钺　1件。为统一分型、式的AbI式。标本M76：2，素面。通长11.4、刃宽6.2、肩宽5.4厘米，銎口长径3.9、短径2.8、深5.8厘米（图三四，3；图版六○）。

③ 兽骨　2件，类别不辨。

（二）B类船棺墓

6座。分别为M11、M35、M37、M45、M55和M70，按墓葬顺序号分述如下。

1. M11

（1）墓葬概况

① 墓室结构

圆角狭长方形竖穴土坑船棺墓，方向80°～260°。墓口稍大于墓底，墓坑较浅，内填五花土，墓底略微下凹呈弧形。墓口长7.3、宽1.1米，墓坑深0.3米（图三六）。

② 葬具

B类船棺，东端稍残。残长7.2、宽0.9、高0.25米。浅舱矮舷，头、尾制作稍明显，西头微上翘，棺底微弧，东头残留有长条形凿孔一个（图三六）。

③ 葬式

尸骨已朽尽，葬式不明。

（2）随葬品种类及其放置情形

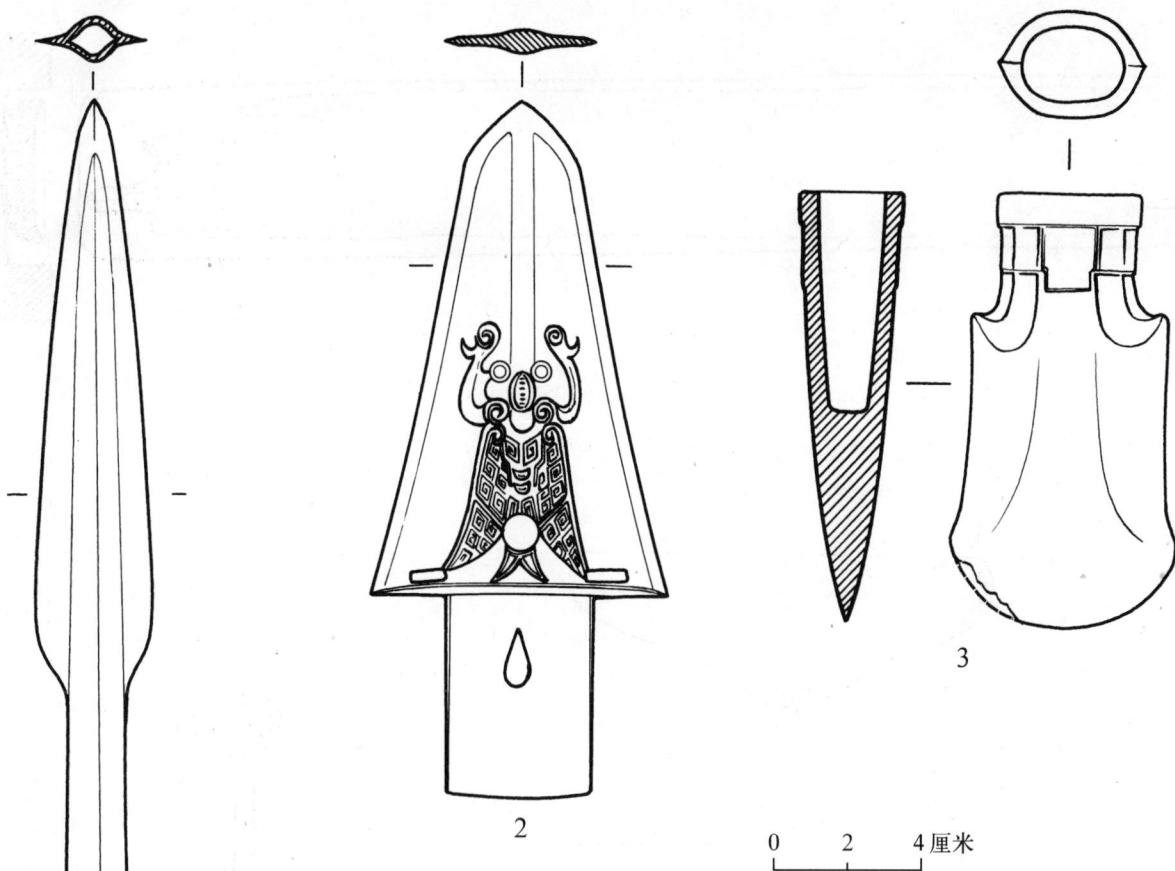

图三四 M76出土铜器

1.AⅡa式铜矛（M76∶3） 2.Ⅱb式铜戈（M76∶1）

3.AbⅠ式铜钺（M76∶2）

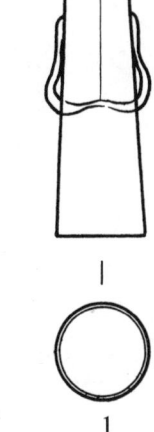

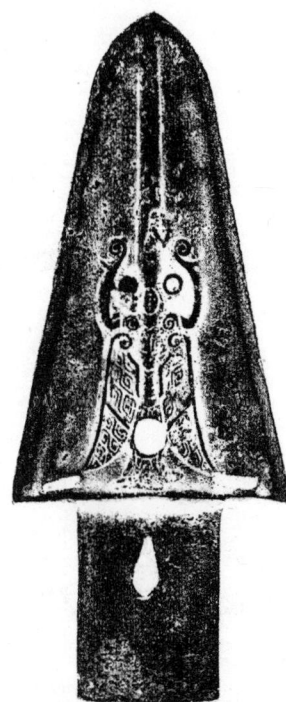

图三五 M76出土铜戈（M76∶1）拓片

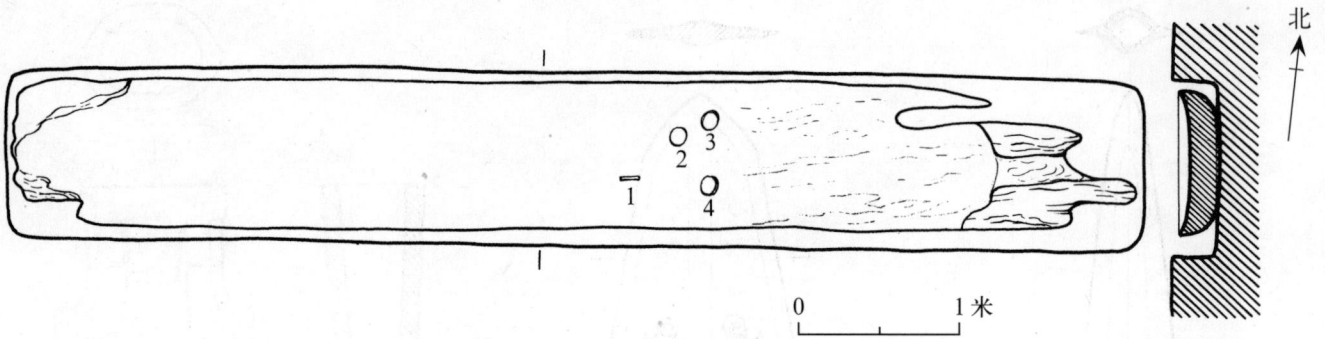

图三六　M11平、剖面图

1.铜凿　2~4.陶尖底盏

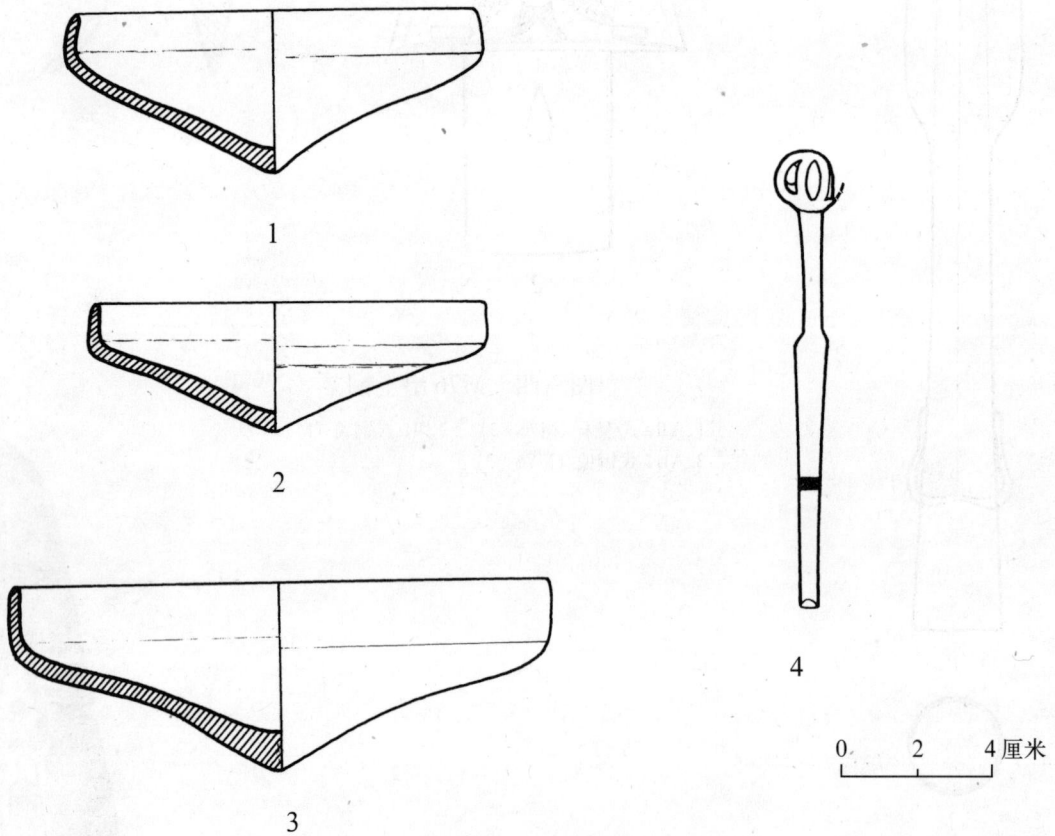

图三七　M11出土器物

1~3.Ⅰ式陶尖底盏（M11：3、2、4）　4.AⅠ式铜凿（M11：1）

随葬品种类计有陶器和铜器两类，均较集中地置放于舱室中部（图三六）。

（3）随葬器物

计有陶器和铜器共4件。

① 陶器　3件。均为尖底盏。

尖底盏　3件。均属统一分型、式的I式，深腹圆折。

标本 M11：2，夹砂褐陶。口径 10.7、高 3.5 厘米（图三七，2）。

标本 M11：3，夹砂褐陶。口径 11、高 4.2 厘米（图三七，1）。

标本 M11：4，夹砂褐陶。口径 14.4、高 5 厘米（图三七，3）。

② 铜器　仅凿1件。

凿　1件。属统一分型、式的 AI 式。标本 M11：1，銎首稍残，素面。通长 12、銎首纵径 1.6、刃宽 0.5 厘米（图三七，4）。

2．M35

（1）墓葬概况

① 墓室结构

狭长方形竖穴土坑船棺墓，方向 100°～280°。墓口稍大于墓底，墓坑较浅，内填五花土。墓口长 7.4、宽 0.95 米，墓坑深 0.3 米（图三八；图版六一）。

② 葬具

B 类船棺，长 7.26、残宽 0.62、高（厚）0.12 米。西头上翘，与棺底形成约 10° 的夹角，东端平齐，棺底略有弧度（图三八；图版六一）。

③ 葬式

遭扰乱较甚，尸骨不存，葬式不明。

（2）随葬品种类及其放置情形

仅存铜带钩 1 件，位于船棺西部（图三八）。

（3）随葬器物

① 铜器　仅存铜带钩 1 件。

带钩　1件。为统一分型、式的 AIa 式。整体较细长，长颈，窄腹。标本 M35：1，器体特大，腹上用金丝镶嵌出精美的三角纹和卷云纹。通长 28、腹宽 4.8、腹厚 1 厘米（图三九；图版六二）。

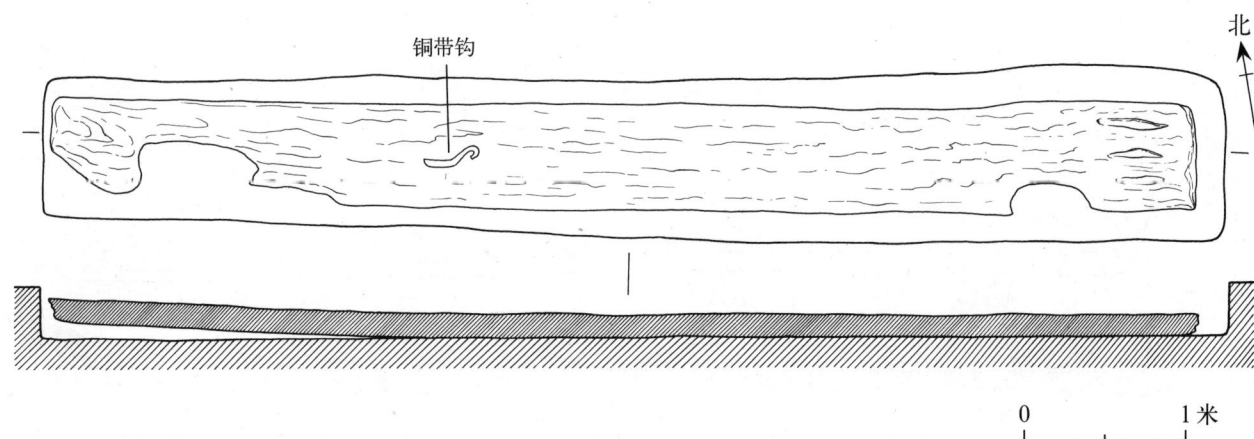

图三八　M35 平、剖面图

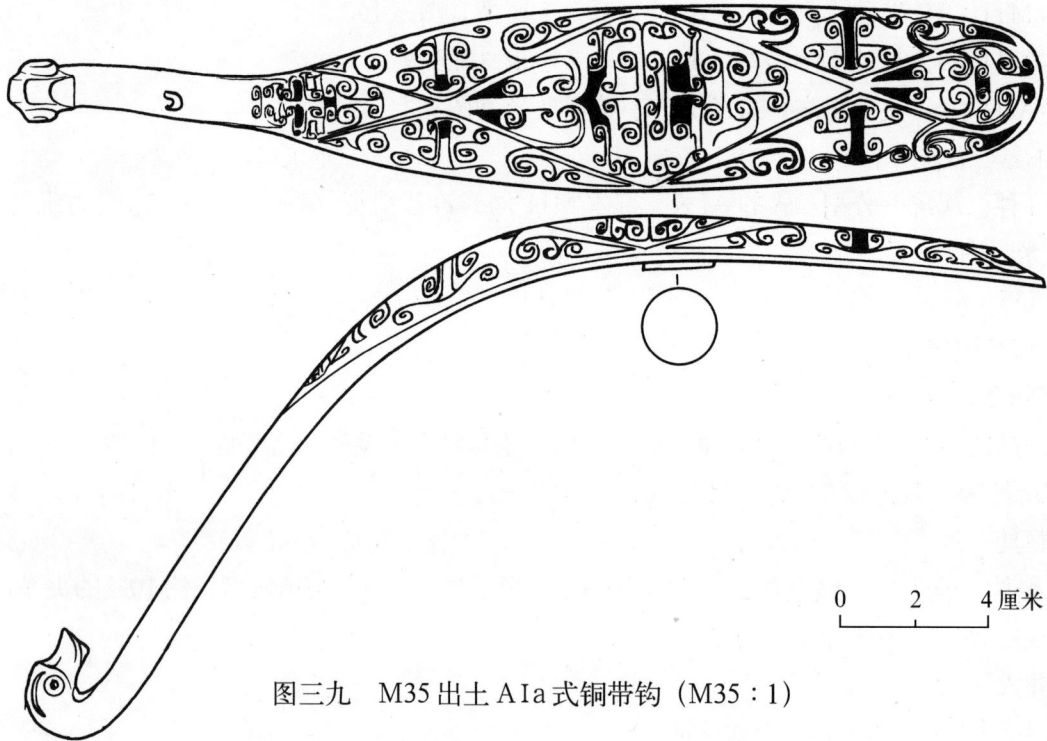

图三九　M35 出土 A I a 式铜带钩（M35∶1）

3. M37

（1）墓葬概况

① 墓室结构

圆角狭长方形竖穴土坑船棺墓，方向 95°。墓口稍大于墓底，墓坑较浅，内填五花土，墓底略微下凹呈弧形。墓口长 6.45、宽 1.15 米，墓坑深 0.35 米（图四〇；图版六三）。

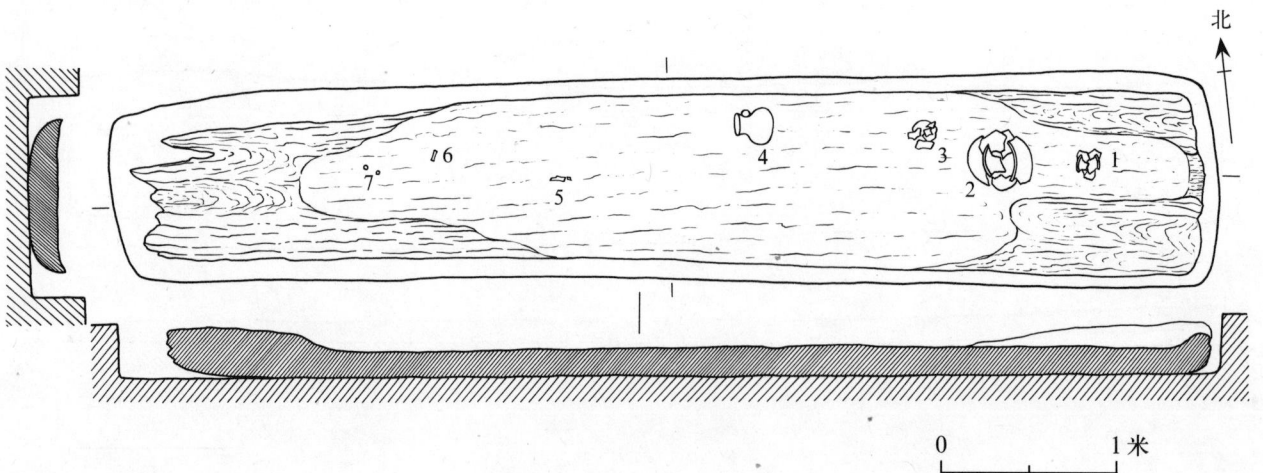

图四〇　M37 平、剖面图

1.陶豆　2.陶釜　3.残陶片　4.铜鍪　5、6.残铜片　7.料珠　8.尸骨

② 葬具

B 类船棺，西端稍残。残长 6.3、宽 1、高 0.33 米。浅舱矮舷，头、尾制作稍明显，西头微上翘，棺底微弧（图四〇；图版六三）。

③ 葬式

尸骨大部已朽腐，仅在舱室西段发现下肢骨一截，推测头向东（图四〇）。

（2）随葬品种类及其放置情形

随葬品种类计有陶器、铜器和料器三类，其中陶器较集中地置放于船棺东端，铜器和料器则散置于船棺中西部（图四〇）。

（3）随葬器物

计有陶器、铜器和料器共 7 件。

① 陶器 3 件。计有豆 1 件，釜 1 件，不明器形的残陶器 1 件。

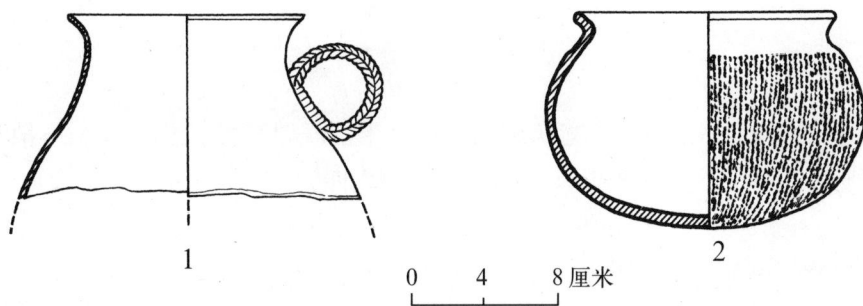

图四一 M37 出土器物

1. Ⅱ 式铜鍪（M37：4） 2. Bb 型陶釜（M37：2）

豆 1 件。为统一分型、式的 Bb 型，残甚。

釜 1 件。为统一分型、式的 Bb 型。标本 M37：2，夹砂深灰陶，大敞口，圆唇，束颈，浅圆腹，圆底，肩以下遍饰竖状绳纹。口径 14.4、腹径 17.6、高 11.2 厘米（图四一，2）。

② 铜器 3 件。分别为鍪 1 件，不明器形的残铜器 2 件。

鍪 1 件。为统一分型、式的 Ⅱ 式。标本 M37：4，底残，素面。口径 12.8、残高 9.2 厘米（图四一，1）。

③ 料器 仅珠状料珠 1 件。残甚。

4．M45

（1）墓葬概况

① 墓室结构

圆角狭长方形竖穴土坑船棺墓，方向 30°～210°。墓口稍大于墓底，墓坑较浅，内填五花土，墓底略微下凹呈弧形。墓口长 7、宽 0.85 米，墓坑深 0.35 米（图四二）。

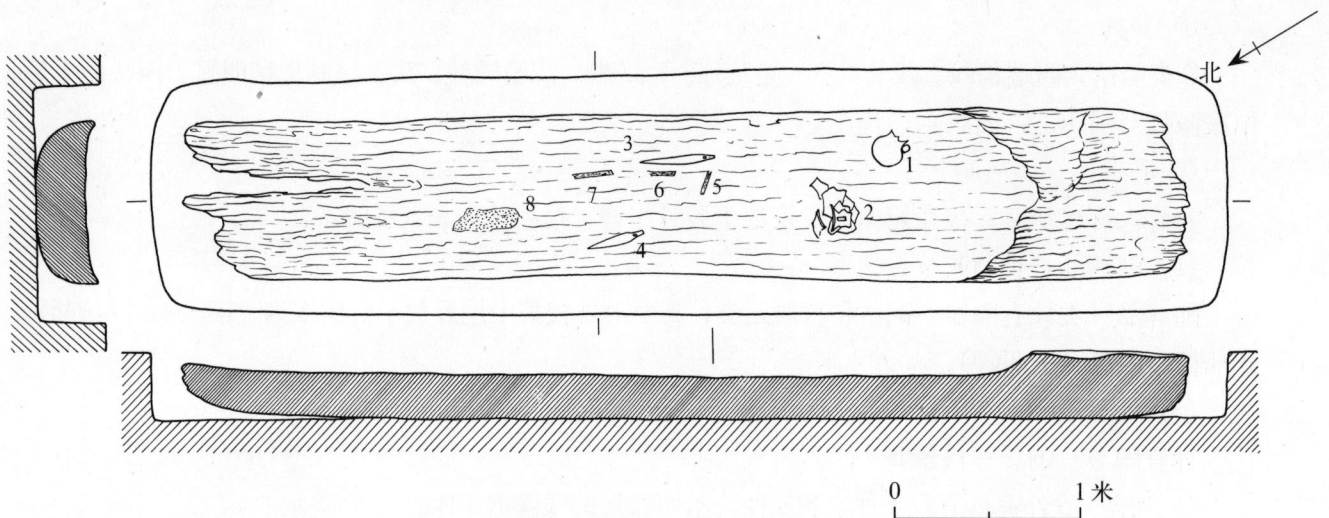

图四二　M45平、剖面图

1.铜鍪　2.陶壶　3、4.铜剑　5～7.尸骨　8.漆器

② 葬具

B类船棺，北端稍残。残长5.5、宽0.9、高0.42米。浅舱矮舷，头、尾制作稍明显，北头微上翘，残留有长条形凿孔一个，棺底微弧（图四二；图版六四）。

③ 葬式

尸骨大部已朽腐，仅在舱室中部发现零乱的肢骨3截，葬式不明。

（2）随葬品种类及其放置情形

随葬品计有陶器、铜器和漆器三类。其中铜鍪和陶壶置于舱室东部，漆器置于舱室西部，两把铜剑则分别置放于尸骨两侧（图四二）。

（3）随葬器物

计有陶器、铜器和漆器共5件。

① 陶器　仅陶壶1件。残甚。

② 铜器　3件。计有剑2件，鍪1件。

剑　2件。分别为统一分型、式的AⅢa式和BⅡ式。

AⅢa式　1件。标本M45:4，剑身中脊与双刃之间遍饰虎斑纹，下部一面铸有由鹿、"手"、"卩"、"夫"、"卜"及"田"（印章?）等单个纹饰或符号构成的组合图案，另一面因锈蚀，只看出有"夫"符号，茎部上侧和下端中部各有一圆穿。通长36、茎长5.5、身宽3.6厘米（图四三，1；图四四）。

BⅡ式　1件。标本M45:3，茎部残留附加木柄痕迹，上侧和下端中部各有一圆穿，素面。通长28.6、茎长4.6、身宽2.6厘米（图四三，2；图版六五）。

鍪　1件。为统一分型、式的Ⅰ式。标本M45:1，口部残失，素面。腹径17.6、残高6.9厘米（图四三，3）。

③ 漆木器　1件。仅在船棺北端发现有一片近长方形朱漆痕迹。

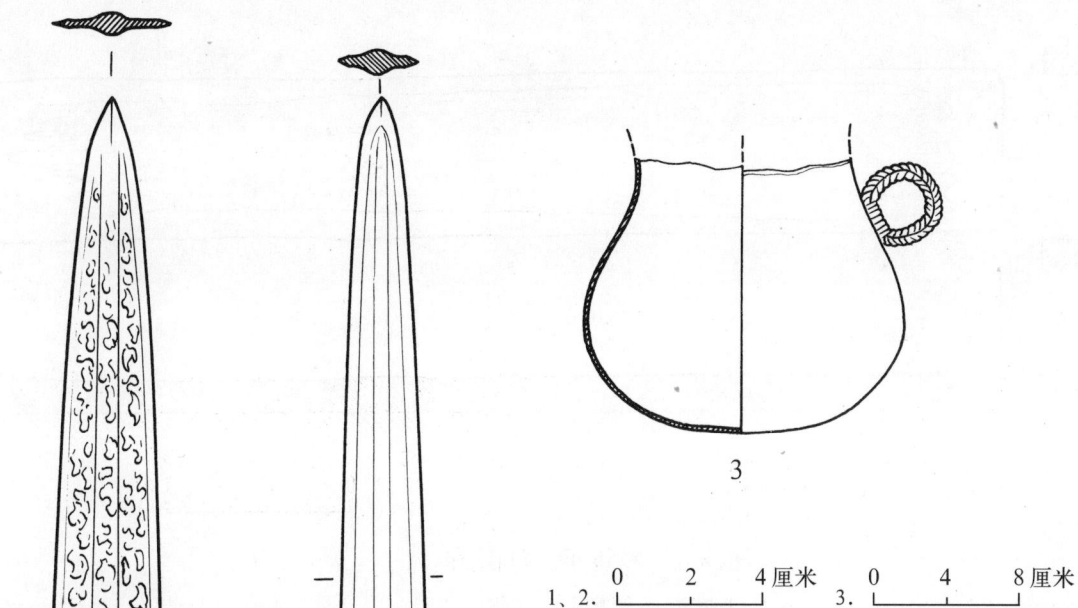

图四三　M45 出土铜器

1.AⅢa式铜剑（M45：4）　2.BⅡ式铜剑（M45：3）
3.I式铜鍪（M45：1）

图四四　M45 出土铜剑（M45：4）拓片

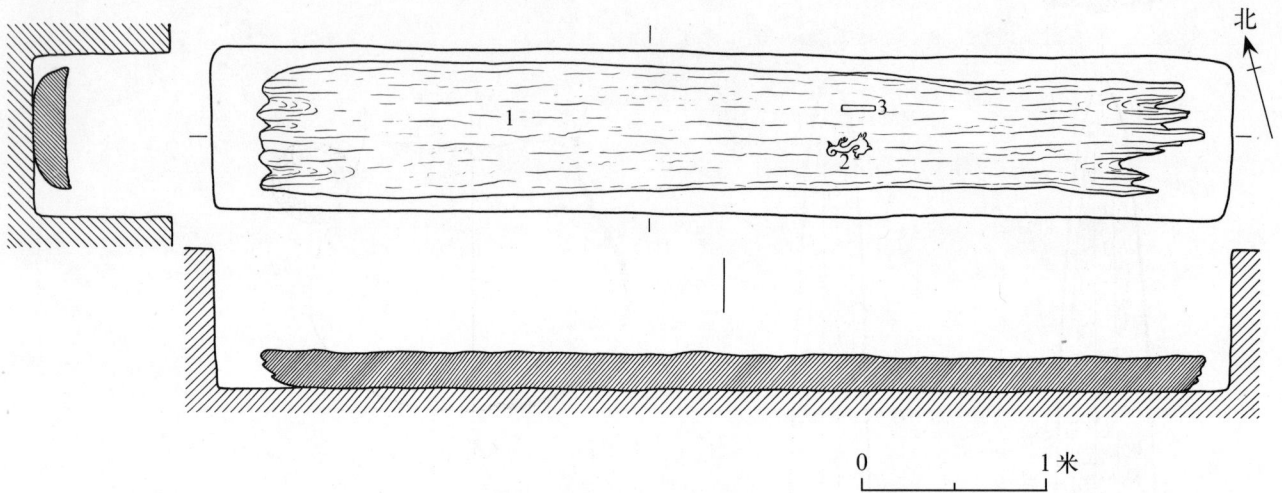

图四五　M55平、剖面图
1.棺木　2.铜龙形饰　3.铜凿

5．M55

（1）墓葬概况

① 墓室结构

狭长方形竖穴土坑船棺墓，方向105°～285°。墓口稍大于墓底，墓坑较深，内填五花土。墓口长5.6、宽0.8米，墓坑深0.75米（图四五）。

② 葬具

B类船棺，东端稍残。残长5.2、残宽0.7、高（厚）0.15米。西头微上翘，东端平齐，棺底略有弧度（图四五）。

③ 葬式

遭扰乱较甚，尸骨不存，葬式不明。

（2）随葬品种类及其放置情形

仅存铜器两件，均位于船棺东部（图四五）。

（3）随葬器物

① 铜器　2件。计有凿、龙形饰各1件。

凿　1件。为统一分型、式的AI式。标本M55：3，凿体短而厚实，圆柱形长颈，身部为方体，弧刃，铃形首内含响丸，素面。通长12.4、铃首径2.4、刃宽0.6厘米（图四六，2）。

龙形饰　1件。M55：2，扁薄体，作回首奔跑状，长卷角，长卷尾，口张启，爪尖利，背部一圆穿，一面依器体阴刻龙体轮廓及肌腱部位，另一面为素面。长8.4、高4.4、厚0.2厘米（图四六，1；图四七；图版六六）。

6．M70

（1）墓葬概况

① 墓室结构

圆角狭长方形竖穴土坑船棺墓，方向85°～265°。墓口稍大于墓底，墓坑较浅，内填五花土，墓底

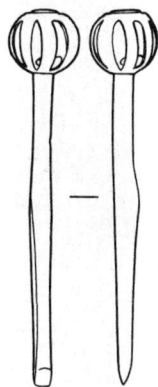

图四七　M55 出土铜龙形饰（M55：2）拓片

图四六　M55 出土铜器

1. 铜龙形饰（M55：2）　2. A I 式铜凿（M55：3）

略微下凹呈弧形。墓口长 4.75、宽 0.7 米，墓坑深 0.3 米（图四八；图版六七）。

② 葬具

B 类船棺中形体较小者，西端稍残。长 4.6、宽 0.6、高 0.25 米。浅舱矮舷，尾部制作稍明显，头、尾均凿有近长条形孔，东头微上翘，棺底微弧（图四八；图版六八）。

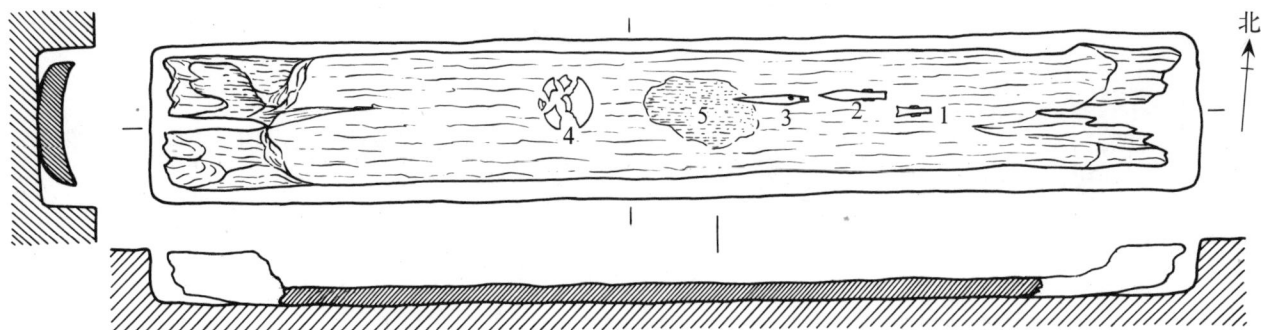

图四八　M70 平、剖面图

1、2. 铜矛　3. 铜剑　4. 陶器盖　5. 尸骨

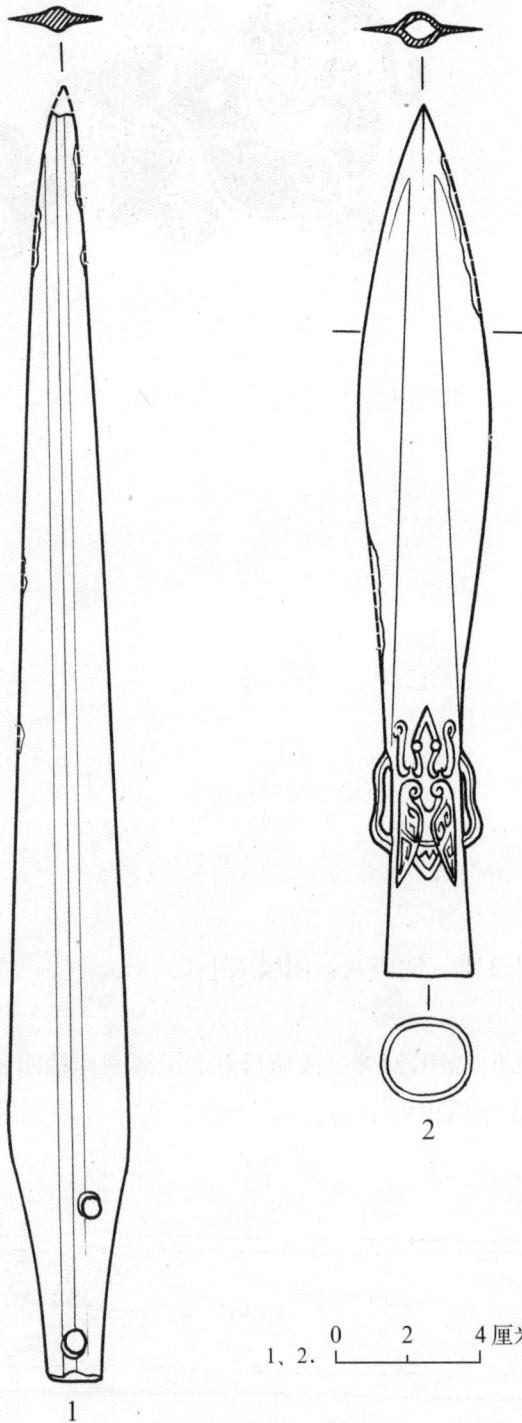

1、2.
　0　　2　　4厘米

图四九　M70 出土铜器
1.BⅢ式铜剑（M70:3）　2.BⅡ式铜矛（M70:2）

0　　1　　2厘米

图五〇　M70 出土铜矛（M70:2）拓片

③ 葬式

尸骨大部已朽腐，仅在舱室中部发现若干碎骨渣，葬式不明。

（2）随葬品种类及其放置情形

计有陶器和铜器两类。其中陶器置于人骨渣以东，铜器则置于人骨渣以西及周围（图四八）。

（3）随葬器物

计有陶器和铜器共4件。

① 陶器　仅器盖1件。

器盖　1件。残甚。

② 铜器　3件。计有矛2件，剑1件。

矛　2件。均为统一分型、式的B型。其中1件为BII式，另1件仅存骹部，式别不辨。

BII式　1件。标本M70:2，椭圆形骹口，刃部多处残损，骹部两面均铸饰蝉纹。通长23、骹长6、叶宽3.6厘米，骹长径2.5、短径2.2厘米（图四九，2；图五〇）。

剑　1件。为统一分型、式的BIII式。标本M70:3，锋部残失，刃部多处残损，茎上部一侧及下端中部各有圆穿一个，素面。残长33.6、茎长5、身宽3.2厘米（图四九，1；图版六九）。

（三）C类船棺墓

5座。分别为M29、M30、M31、M72和M91，按墓葬顺序号分述如下。

1. M29

（1）墓葬概况

① 墓室结构

圆角狭长方形竖穴土坑船棺墓，方向87°~267°。墓室大小与船棺基本相同，仅能容棺，墓口稍大于墓底，墓坑较浅，内填五花土。墓口长4.75、宽0.6米，墓坑深0.35米（图五一；图版七〇、七一）。

② 葬具

C类船棺，两头基本截齐，无舷，平舱，头、尾部制作明显且明显高于舱部，两端均凿有近长条形孔，底部圆弧。长4.68、宽约0.54、高（厚）0.3米（图五一；图版七〇、七一）。

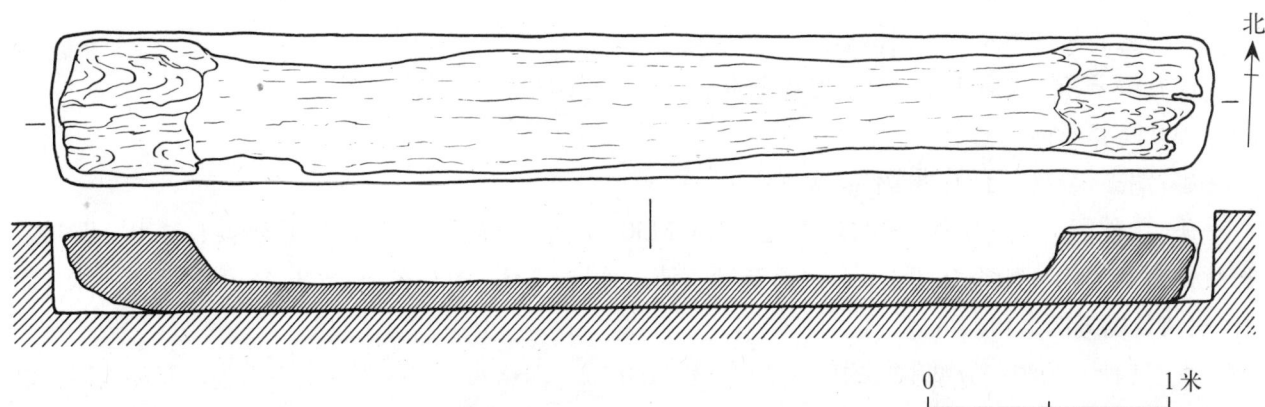

北

0　　　　　1米

图五一　M29平、剖面图

③ 葬式

尸骨已朽尽，葬式不明。

(2) 随葬品种类及其放置情形

未发现随葬品。

2. M30

(1) 墓葬概况

① 墓室结构

圆角狭长方形竖穴土坑船棺墓，方向87°～267°。墓室大小与船棺基本相同，仅能容棺。墓口稍大于墓底，墓坑较深，内填五花土。墓口长6.2、宽0.7米，墓坑深0.5米（图五二；图版七〇、七一）。

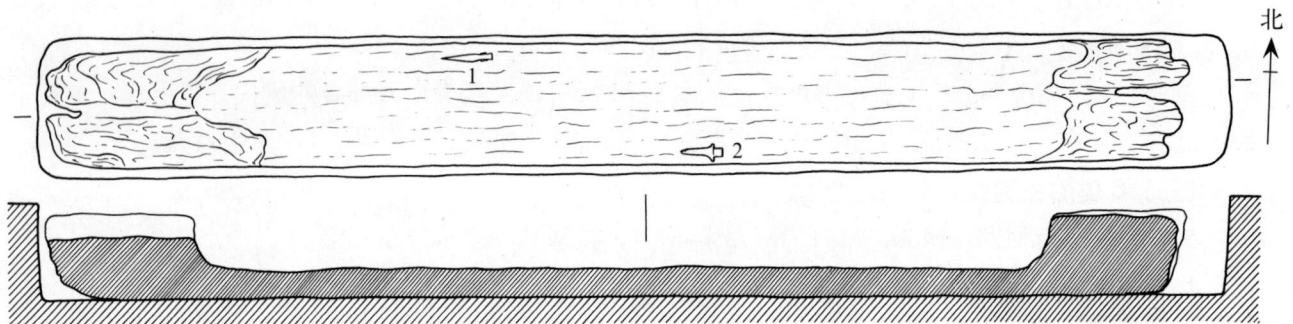

图五二　M30平、剖面图

1.铜矛　2.铜戈

② 葬具

C类船棺，两头基本截齐，无舷，平舱，头、尾部制作明显且明显高于舱部，两端均凿有近长条形孔，底部圆弧。长5.98、宽约0.62、高（厚）0.3米（图五二；图版七〇、七一）。

③ 葬式

尸骨已朽尽，葬式不明。

(2) 随葬品种类及其放置情形

仅有铜矛和铜戈各1件，分别置放于舱室中部的北侧和南侧（图五二）。

(3) 随葬器物

① 铜器　2件。计有矛1件，戈1件。

矛　1件。为统一分型、式的BⅠb式。标本M30:1，骹口饰雷纹一周，一面为蝉纹、"手"及"✕"形纹饰或符号构成的组合图案，另一面锈蚀不清。通长23.6、骹长6、叶宽3.2、骹径2.5厘米（图五三，1；图五四，1）。

戈　1件。为统一分型、式的Ⅲb式。标本M30:2，内略残，有阑，阑上下出齿，双胡内凹，援中起脊，内上一圆穿，援本二长方形穿，近援本处两面均铸有高浮雕变形凤鸟纹。残长21.2、援长17.2、内残长4厘米（图五三，2；图五四，2；图版七二）。

图五三 M30出土铜器

1.BIb式铜矛（M30：1）　2.Ⅲb式铜戈（M30：2）

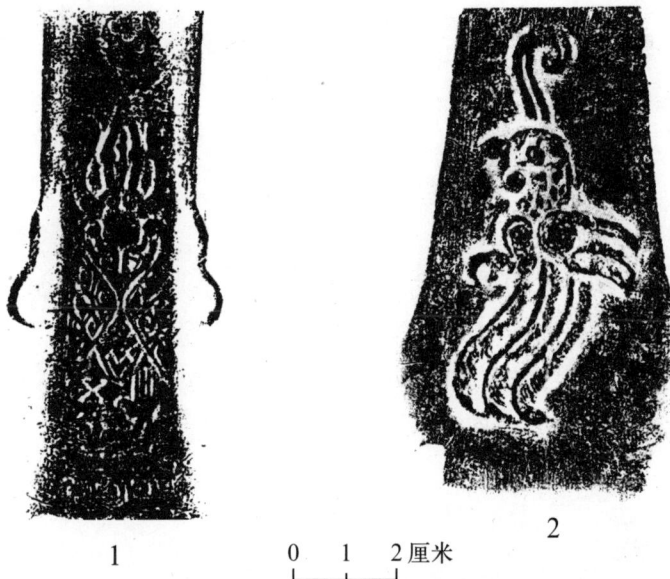

图五四 M30出土铜器拓片

1.铜矛（M30：1）　2.铜戈（M30：2）

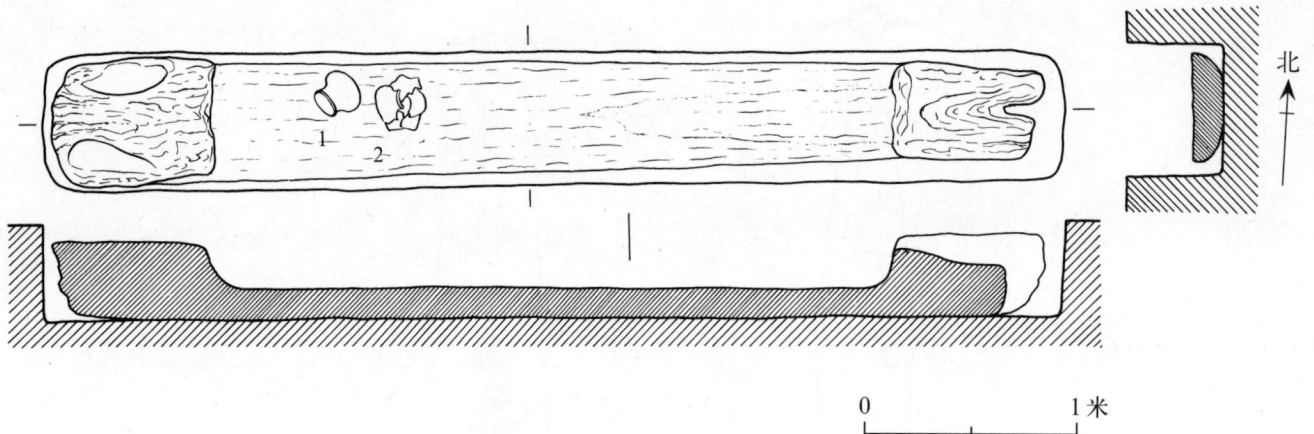

图五五　M31平、剖面图

1.陶釜　2.陶圆底罐

3. M31

(1) 墓葬概况

① 墓室结构

圆角狭长方形竖穴土坑船棺墓，方向87°～267°。墓室大小与船棺基本相同，仅能容棺。墓口稍大于墓底，墓坑较深，内填五花土。墓口长4.85、宽0.65米，墓坑深0.45米（图五五；图版七〇、七一）。

② 葬具

C类船棺，中部朽断，两头基本截齐，无舷，平舱，头、尾部制作明显，一端大一端小且明显高于舱部，两端均凿有近长条形孔，底部圆弧。长4.7、宽约0.5、高（厚）0.18米（图五五；图版七〇、七一）。

③ 葬式

尸骨已朽尽，葬式不明。

(2) 随葬品种类及其放置情形

仅有陶器两件，均置放于舱室西端（图五五）。

(3) 随葬器物

仅存陶器2件。计有圆底罐和釜各1件。

圆底罐　1件。为统一分型、式的AaⅡ式。标本M31：2，夹细砂红陶，中腹以下残失，斜方唇，颈下部饰凹弦纹及戳印纹各一周。口径13.8、残高8.4厘米（图五六，2）。

釜　1件。属统一分型、式的Bb型。标本M31：1，夹砂灰陶，肩以下遍饰竖状绳纹。口径26、腹径31.2、高19.2厘米（图五六，1；图版七三）。

4. M72

(1) 墓葬概况

① 墓室结构

狭长方形竖穴土坑船棺墓，方向85°～265°。墓口稍大于墓底，墓坑较浅，内填五花土。墓口长5.65、宽0.7米，墓坑深0.3米（图五七；图版六七）。

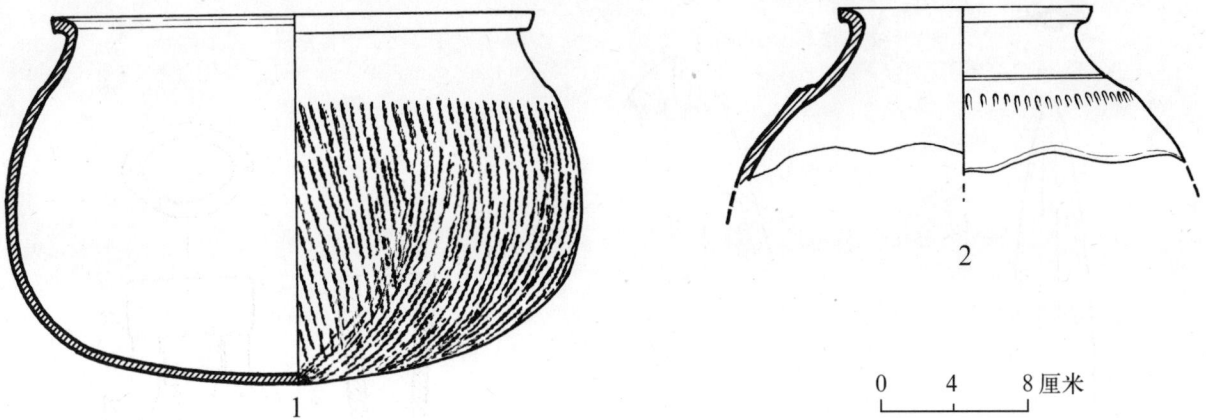

图五六　M31 出土陶器

1.Bb 型陶釜（M31：1）　2.AaⅡ式陶圜底罐（M31：2）

② 葬具

C 类船棺，西端残损较甚，两头基本截齐，无舷，平舱，头、尾部制作明显且明显高于舱部，头（东）部微上翘，顶部凿有近长条形孔。残长 5.4、残宽 0.5、高（厚）0.3 米（图五七；图版六七）。

③ 葬式

尸骨已朽尽，葬式不明。

（2）随葬品种类及其放置情形

计有铜器 7 件，分散放置于舱室中部（图五七）。

（3）随葬器物

铜器　7 件。计有矛 3 件，剑 1 件，戈 1 件，钺 1 件，鍪 1 件。

矛　3 件。分别为统一分型、式的 AⅡa 式，BⅡ式和 B 型，其中 1 件残甚。

AⅡa 式　1 件。标本 M72：6，骹两面均铸有卧象纹，骹口有圆箍。通长 24.5、骹长 11.4、叶宽 3、骹径 2.4 厘米（图五八，1；图五九；图版七四）。

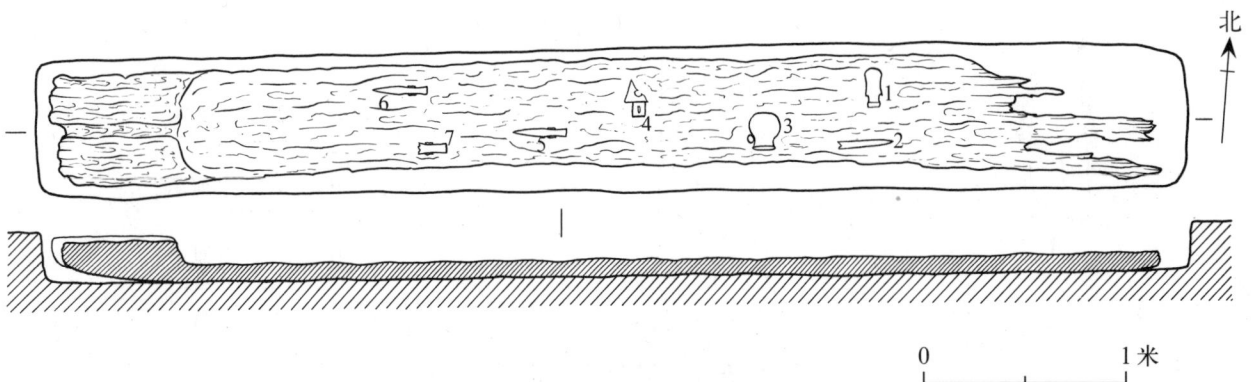

图五七　M72 平、剖面图

1.铜钺　2.铜剑　3.铜鍪　4.铜戈　5~7.铜矛

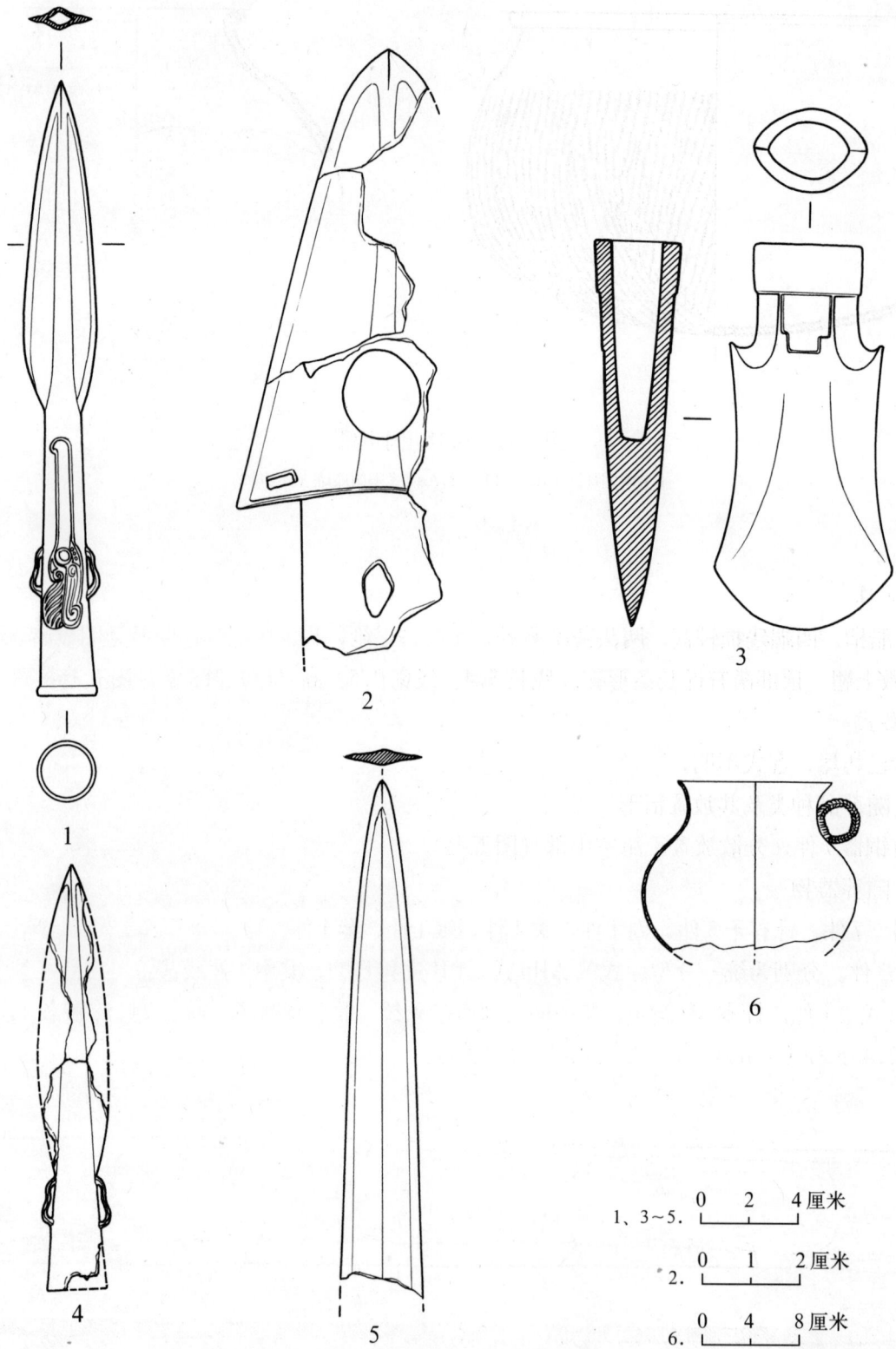

图五八　M72出土铜器

1.AⅡa式铜矛（M72:6）　2.Ⅰa式铜戈（M72:4）　3.AbⅠ式铜钺（M72:1）
4.BⅡ式铜矛（M72:5）　5.铜剑（M72:2）　6.Ⅱ式铜鍪（M72:3）

BⅡ式　1件。标本M72：5，骹口和叶部均有残损，素面。通长16.8、骹长4.6、骹径2.5厘米（图五八，4）。

剑　1件。标本M72：2，仅存剑身上半部，素面。残长20.6、宽3.4厘米（图五八，5）。

戈　1件。为统一分型、式的Ⅰa式。标本M72：4，残损较甚，内上一菱形穿，援近本处一大椭圆形穿，援本残留一长方形穿。残长12.1、援长8.8厘米（图五八，2）。

钺　1件。为统一分型、式的AbⅠ式。标本M72：1，椭圆形銎口，素面。通长15.2、刃宽7.2、肩宽6.2厘米，銎口长径4.7、短径3.3、深7.8厘米（图五八，3）。

鍪　1件。为统一分型、式的Ⅱ式。标本M72：3，底残，素面。口径12.8、腹径17.6、残高13.2厘米（图五八，6）。

5. M91

(1) 墓葬概况

① 墓室结构

圆角狭长方形竖穴土坑船棺墓，方向85°～265°。墓室西端已遭基建施工彻底破坏。墓口稍大于墓底，墓坑较浅，内填五花土。墓口残长4.95、宽0.8米，墓坑深0.4米（图六〇；图版七五）。

② 葬具

为C类船棺，西端残断，东头基本截齐，无舷，平舱，头（尾）部制作明显且明显高于舱部，残长4.65、宽0.45、高0.25米（图六〇；图版七五）。

③ 葬式

尸骨大部已朽，仅在舱室西端发现残肢骨一截，推测尸骨应放置于舱室西部，葬式不明。

(2) 随葬品种类及其放置情形

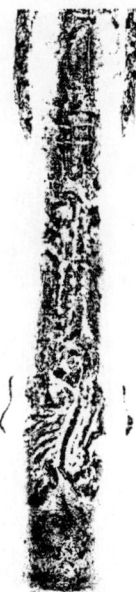

图五九　M72出土铜矛
（M72：6）拓片

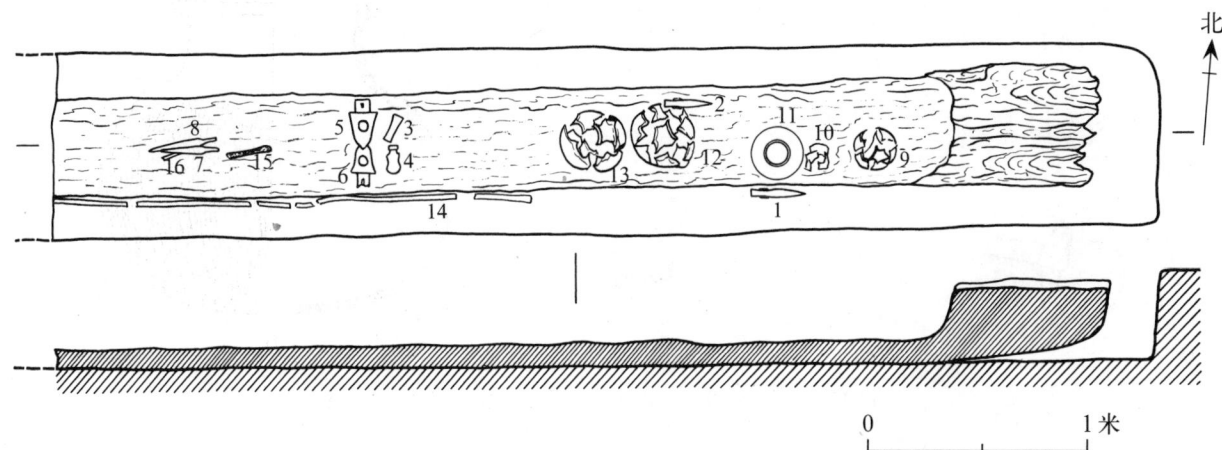

图六〇　M91平、剖面图

1、2.铜矛　3.铜斤　4.铜钺　5、6.铜戈　7、8.铜剑　9、11、12、13.陶圜底罐　10.残陶片　14.漆矛柲　15.尸骨　16.铜削

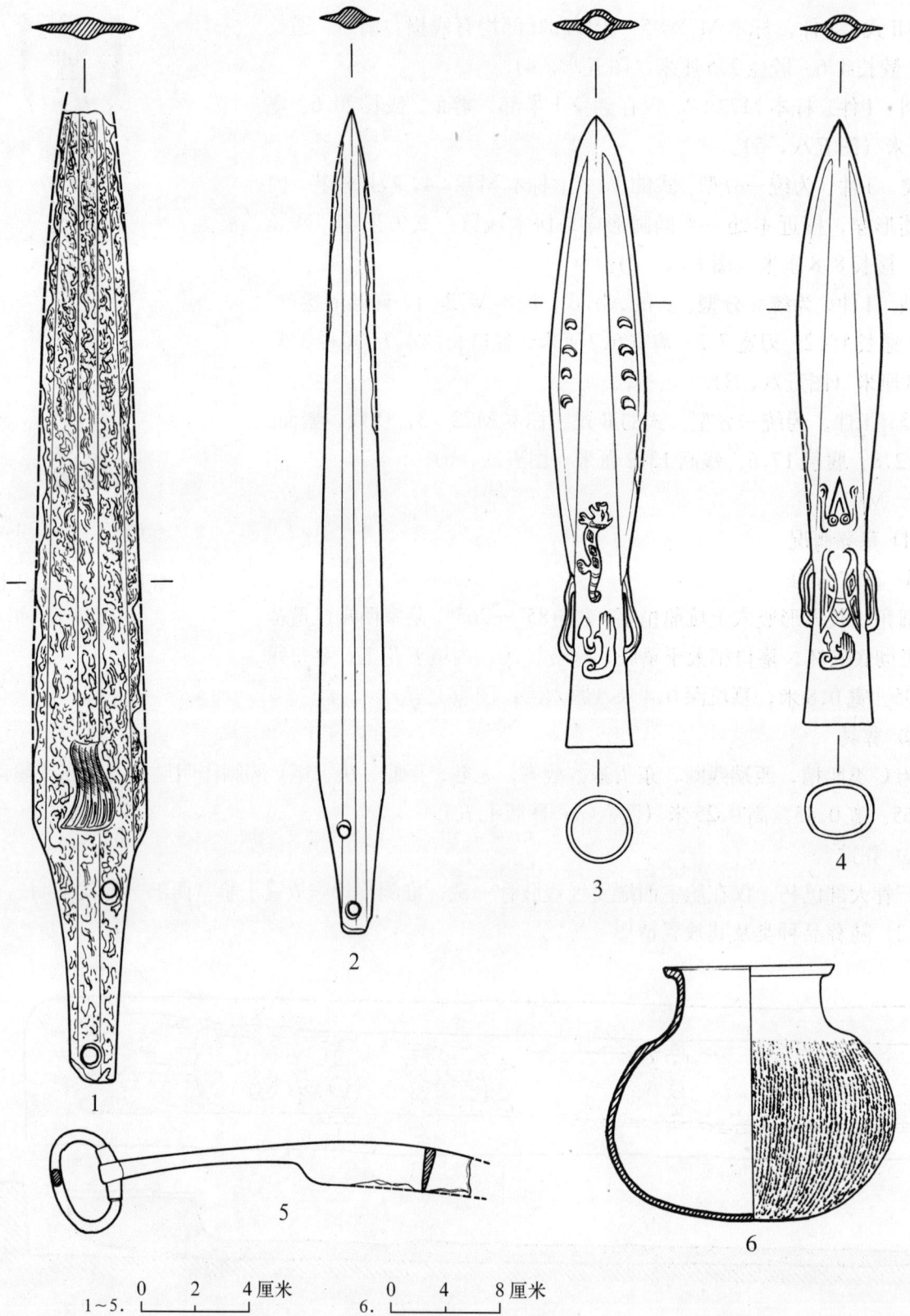

图六一　M91 出土器物

1.BⅣ式铜剑（M91：7）　2.BⅡ式铜剑（M91：8）　3.BⅡ式铜矛（M91：1）　4.BⅠb式铜矛（M91：2）
5.Aa 型铜削（M91：16）　6.AbⅠa式陶圜底罐（M91：11）

计有陶器、铜器和漆木器三类。陶器均放置于舱室东部，铜器中除两件铜矛外均摆放于舱室西部的尸骨周围（图六〇；图版七五）。

（3）随葬器物

计有陶器、铜器和漆木器共15件。

① 陶器　5件。计有圜底罐4件，不明器形的残陶器1件。

圜底罐　4件。均为统一分型、式的Ab型。其中2件为AbIa式，其余2件因残甚，不辨式别。

AbIa式　2件。标本M91：11，夹砂灰褐陶，制作不甚规整，左右不甚对称，肩以下遍饰竖状绳纹。口径12.6、腹径21.2、高18厘米（图六一，6）。

② 铜器　9件。计有矛2件，剑2件，戈2件，钺1件，斤1件，削1件。

矛　2件。分别为统一分型、式的BⅠb和BⅡ式。

BⅠb式　1件。标本M91：2，椭圆形骹，骹部一面饰蝉纹及“手”、“心”等纹饰或符号组成的图案，另一面锈蚀不清。通长21.6、骹长6、叶宽3、骹长径2.5厘米（图六一，4；图六三，2）。

BⅡ式　1件。标本M91：1，带柲矛，叶两侧中部各有四个逗点状圆穿，骹部一面铸饰高浮雕状奔虎纹及“手”、“心”等纹饰或符号组成的图案，另一面隐约可见“㘰”、“㘱”等纹饰或符号。通长22.6、骹长6、叶宽3.5、骹径2.5、木柲长215厘米（图六一，3；图六四；图版七六）。

剑　2件。分别为统一分型、式的BⅡ式和BⅣ式。

BⅡ式　标本M91：8，刃部多处残损，茎部上侧和下端中部各有圆穿一个，素面。通长29.7、茎长4.1、身宽2.4厘米（图六一，2）。

BⅣ式　标本M91：7，锋部残失，锈蚀较甚，剑身遍布锈斑，下部近茎处两面均可辨凤鸟纹尾部，余皆锈蚀不清，茎部残留明显的附加木柄痕迹，上侧和下端中部各有圆穿一个。残长35、茎长7.3、身宽4厘米（图六一，1；图六三，1）。

戈　2件。均残，均为统一分型、式的Ia式。

Ia式　2件。标本M91：6，内上一菱形穿。残长21.2厘米（图六二，1）。

标本M91：5，内上一菱形穿。残长17.4厘米（图六二，2）。

钺　1件。为统一分型、式的AaⅡ式。标本M91：4，素面。通长12.7、刃宽6.4、肩宽5.6厘米，銎口长径4.3、短径3.2、深7.4厘米（图六二，4；图版七七）。

斤　1件。为统一分型、式的Ⅱ式。标本M91：3，素面。通长12.2、刃宽5厘米，銎口长径3.6、短径2、深6.6厘米（图六二，3；图版七八）。

削　1件。为统一分型、式的Aa型。标本M91：16，锋残，素面。残长15.6、身宽1.6厘米（图六一，5）。

③ 漆木器　仅漆矛柲1件。

漆矛柲　1件。为M91：1，铜矛之柲。标本M91：14，柲已朽，仅存圆棍状漆皮，朱漆。残长215厘米（图六〇）。

（四）未分类船棺墓

12座。分别为M2、M3、M5、M14、M36、M41、M63、M69、M79、M82、M87和M101，按墓葬顺序号分述如下。

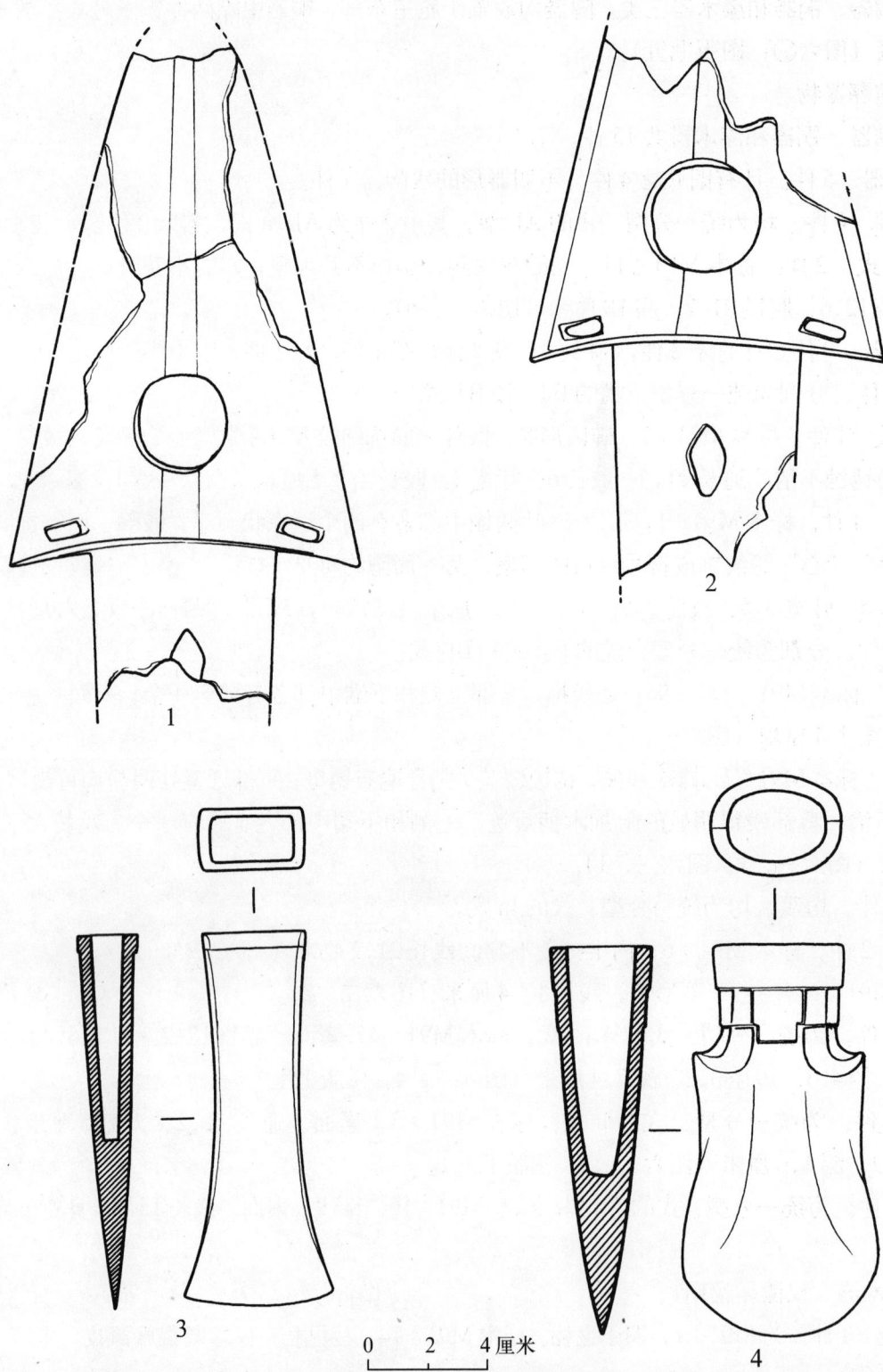

图六二　M91 出土铜器

1、2.Ⅰa式铜戈（M91∶6、5）　3.Ⅱ式铜斤（M91∶3）　4.AaⅡ式铜钺（M91∶4）

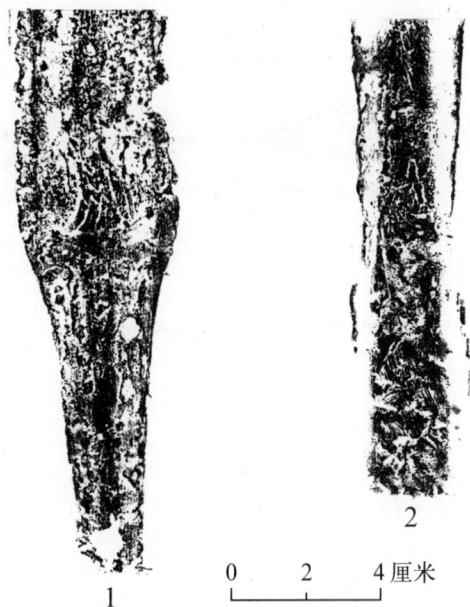

图六三　M91 出土铜器拓片
1. 铜剑（M91∶7）　2. 铜矛（M91∶2）

图六四　M91 出土铜矛（M91∶1）两面拓片

1. M2

（1）墓葬概况

① 墓室结构

圆角狭长方形竖穴土坑船棺墓，方向 86°～266°。墓室两端明显小于中部，墓口稍大于墓底，墓坑较深，内填五花土。墓口长 7.4、宽 0.84 米，墓坑深 0.59 米（图六五）。

② 葬具

Ⅴ类船棺，东段朽毁，中段遭基建施工挖断，残存部分呈薄木板状，弧底。残长 5.85、残宽约 0.52、高（厚）0.08 米。另在棺底发现木条 1 根（图六五）。

③ 葬式

尸骨大部已朽尽，仅在船棺中部残留一截肢骨，葬式不明。

（2）随葬品种类及其放置情形

残存随葬品有陶器和铜器两类，均置放于船棺中部。一部分器物虽位于现存船棺以外，但根据船棺的残损情况判断原均应置放于棺内（图六五；图版七九）。

（3）随葬器物

计有陶器和铜器共 9 件。

① 陶器　4 件。计有圜底罐、豆、器盖、缶各 1 件。

圜底罐　1 件。属统一分型、式的 Aa Ⅱ式。标本 M2∶2，夹砂红褐陶，短颈内束较甚，广肩，鼓

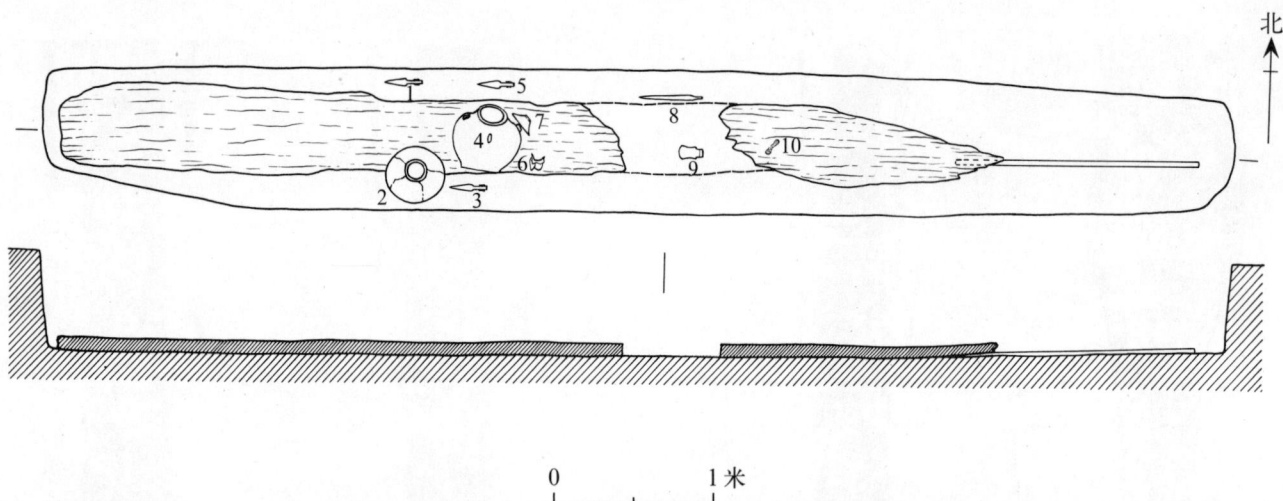

图六五　M2平、剖面图

1、3、5.铜矛　2.陶圜底罐　4.陶缶　6.陶豆　7.陶器盖　8.铜剑　9.铜钺　10.尸骨

腹。颈中部饰凹弦纹数周，上腹外壁留有椭圆形凹状修整痕迹。口径16.8、腹径30.4、高23.2厘米（图六六，5；图版八〇）。

豆　1件。属统一分型、式的Bb型，残甚。

器盖　1件。属统一分型、式的I式。标本M2∶7，夹细砂灰陶，纽部隆起，曲腹，盖沿外鼓。纽径4.6、口径17、高4.8厘米（图六七，2）。

缶　1件。标本M2∶4，夹砂红褐陶，通体轮制，附耳模制或手制，形体较矮胖，盖已失，子口，平唇，短颈，圆肩，圆腹，平底加矮圈足，肩部有对称宽附耳四个，四耳间饰圆涡纹四个及凹弦纹一周。口径20、圈足底径20.8、腹径35.2、高28.8厘米（图六七，1；图版八一）。

② 铜器　5件。均为兵器，计有矛3件，剑1件，钺1件。

矛　3件。其中2件为统一分型、式的AⅡa式，1件为BⅡ式。

AⅡa式　2件。双弓形耳，圆骹。标本M2∶1，刃部带血槽，圆凸脊，骹两面饰卧象纹，近口处饰雷纹一周。通长20.4、骹长9.4、叶宽2.8、骹径2.1厘米（图六六，3；图六八，2；图版八四）。

标本M2∶5，刃口稍残，刃部带血槽，圆凸脊，骹部两面饰卧象纹，近口处饰雷纹一周。通长18.5、骹长8、叶宽2.8、骹径2.5厘米（图六六，2；图版八二）。

BⅡ式　1件。叶较宽，弧刃。标本M2∶3，骹口饰雷纹一周，骹部两面均饰"心"、奔虎及"⏀"形纹饰或符号。通长22.8、骹长5.7、叶宽3.5、骹径2.7厘米（图六六，4；图六八，1；图版八三）。

剑　1件。为统一分型、式的AⅣa式。标本M2∶8，茎部上侧下中各有一圆穿，素面。通长38.3、茎长7.2、身宽3.8厘米（图六六，1；图版八五）。

钺　1件。为统一分型、式的AbⅡ式。标本M2∶9，体较长，器体厚重，刃部较宽，腰内束，平

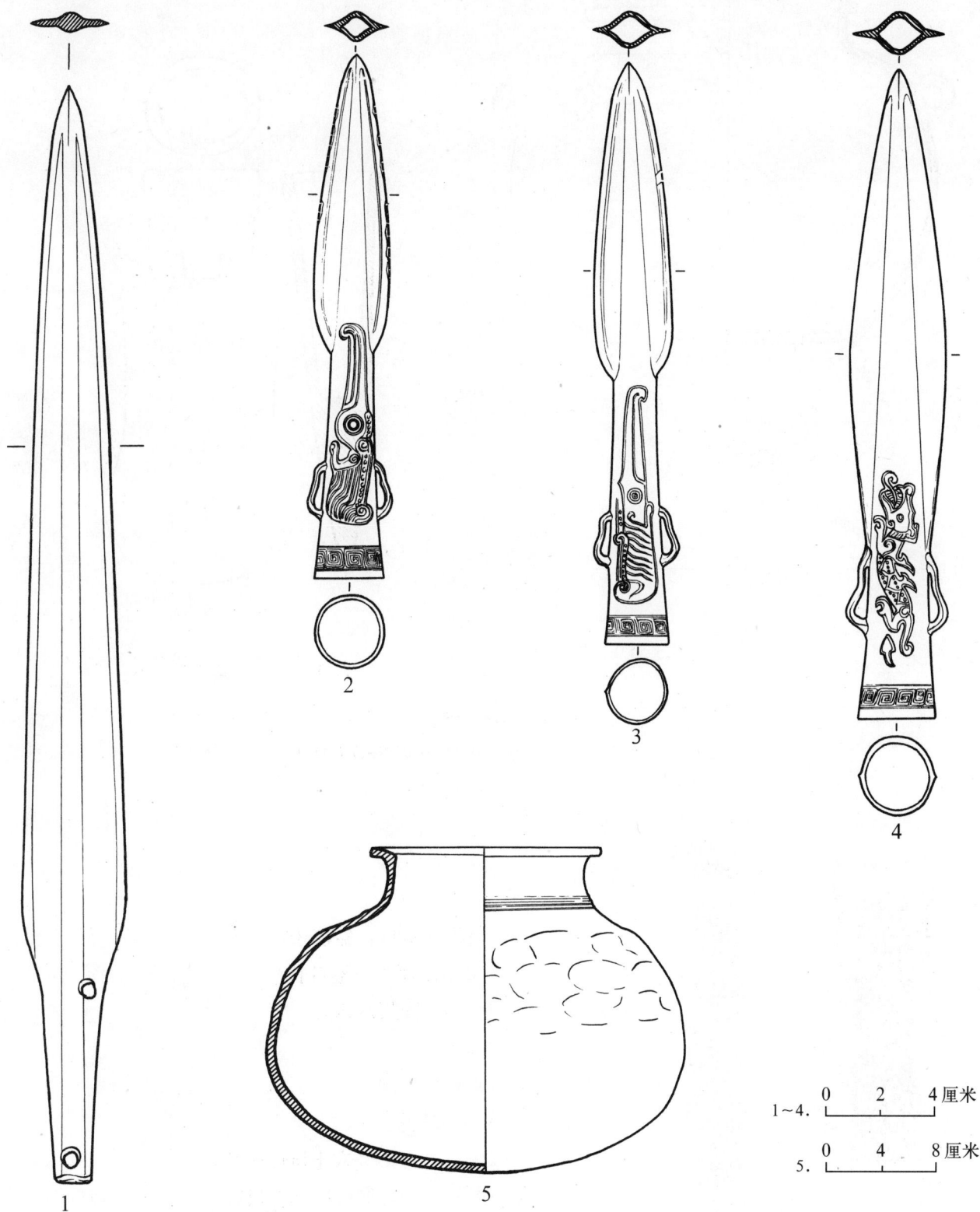

图六六　M2出土器物

1.AIVa式铜剑（M2∶8）　2、3.AⅡa铜矛（M2∶5、1）　4.BⅡ式铜矛（M2∶3）　5.AaⅡ式陶圜底罐（M2∶2）

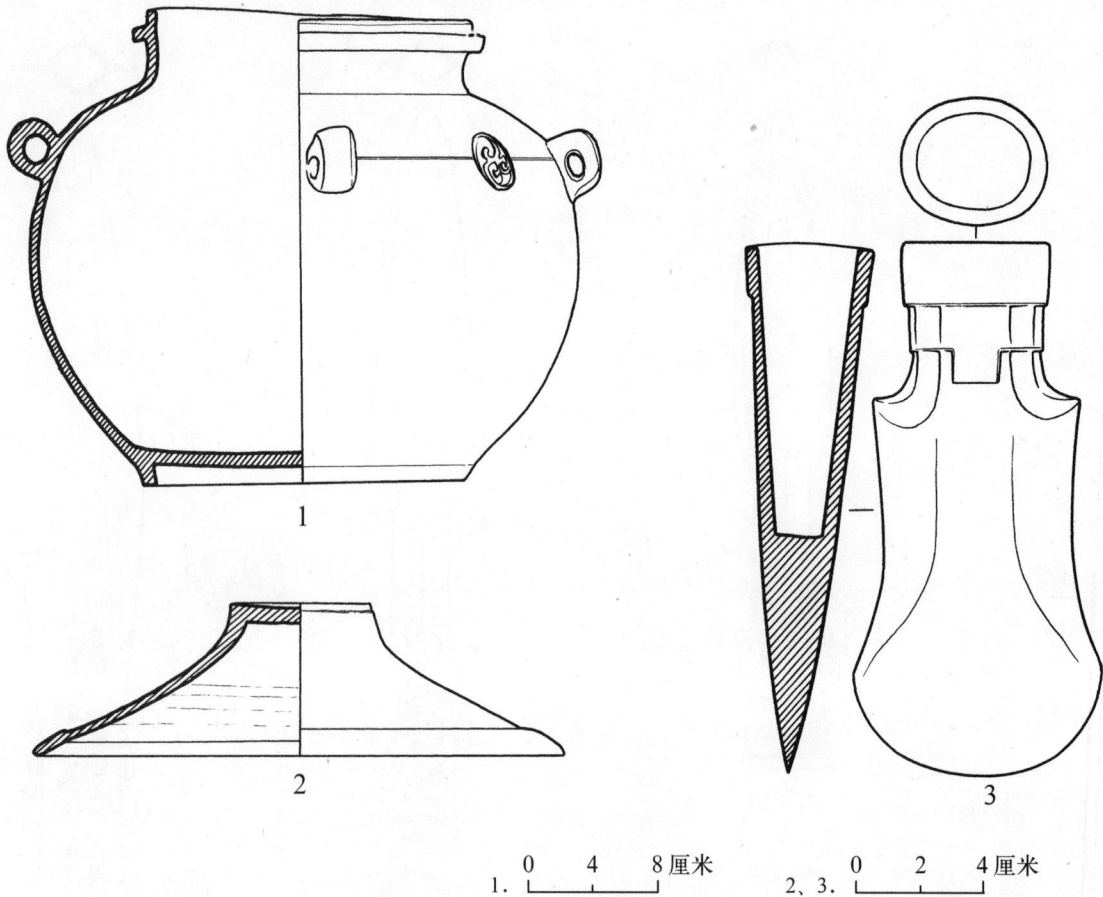

图六七　M2 出土器物

1.陶缶（M2：4）　2. I 式陶器盖（M2：7）　3.AbⅡ式铜钺（M2：9）

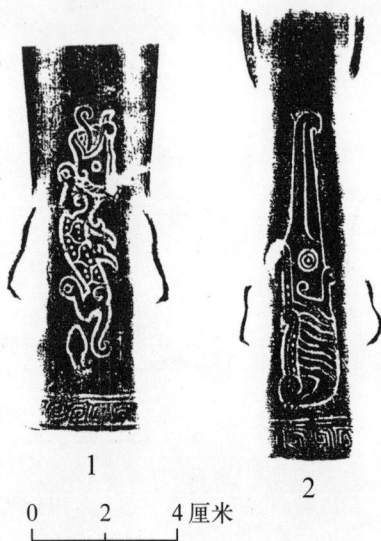

图六八　M2 出土铜矛拓片

1.M2：3　2.M2：1

折肩，椭圆形銎口，銎箍较宽，素面。通长 16.5、刃宽 7.8、肩宽 6.5 厘米，銎口长径 4.6、短径 3.9、深 9 厘米（图六七，3；图版八六）。

2. M3

（1）墓葬概况

① 墓室结构

圆角狭长方形竖穴土坑船棺墓，方向 89°～269°。墓室大部遭基建施工彻底破坏，仅存墓室东段。墓口稍大于墓底，墓坑较浅，内填五花土，墓底有一层厚约 1 厘米的黄膏泥。墓口残长 2.32、宽 0.6 米，墓坑深 0.4 米（图六九）。

②　葬具

Ｖ类船棺，船棺大部遭施工破坏，仅存东段一截板状棺木，底部圆弧。残长 1.5、残宽 0.42、厚 0.07 米（图六九）。

③　葬式

尸骨不存，葬式不明。

（2）随葬品种类及其放置情形

残存随葬品有陶器、铜器和料器三类。其中陶器置于墓室近东端处，铜器和料器集中放置于残存墓室的西端（图六九）。

（3）随葬器物

残存器物计有陶器、铜器和料器共 7 件。

①　陶器　仅圜底罐 1 件。为统一分型、式的 AbIb 式，残甚。

②　铜器　3 件。分别为剑、削、带钩各 1 件。

剑　1 件。为统一分型、式的 AI 式。剑身呈狭长条形，扁平，细窄，无脊，两刃平直，身柄分界不明显。标本 M3：4，茎部上下各有一圆穿，穿较大，剑身下部最宽处两面均铸有浅浮雕兽纹，兽作屈蹲状，利爪，鹰嘴，长尾。通长 31.2、茎长 5.2、身宽 2.3 厘米（图七〇，1；图七一；图版八七）。

削　1 件。为统一分型、式的 C 型。标本 M3：2，刃前段残失，直柄，直刃，直背，素面。残长 7.5、身宽 0.95 厘米（图七〇，2）。

带钩　1 件。为统一分型、式的 BaⅡ 式。标本 M3：3，器体较小，以卷云纹及三角纹勾勒蝉背。通长 4.3、腹宽 1.3 厘米（图七〇，3；图版八八）。

③　料器　料珠 3 件。

料珠　3 件。均为珠状，中有圆穿，残甚。标本 M3：5，浅灰色，一半残失。通径 1.7、穿径 0.3、高 0.6 厘米（图七〇，4）。

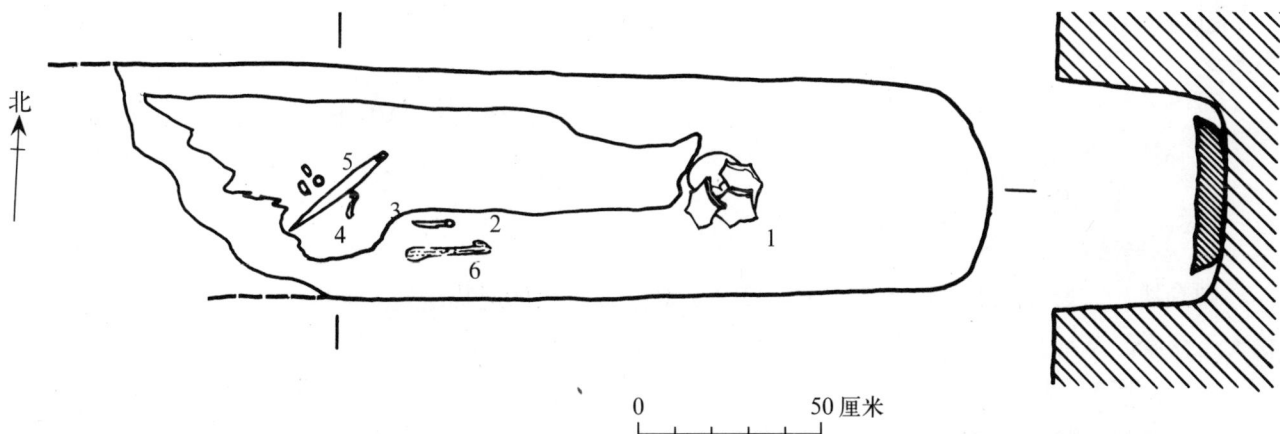

图六九　M3 平、剖面图

1.陶圜底罐　2.铜削　3.铜带钩　4.铜剑　5.料珠（3件）　6.尸骨

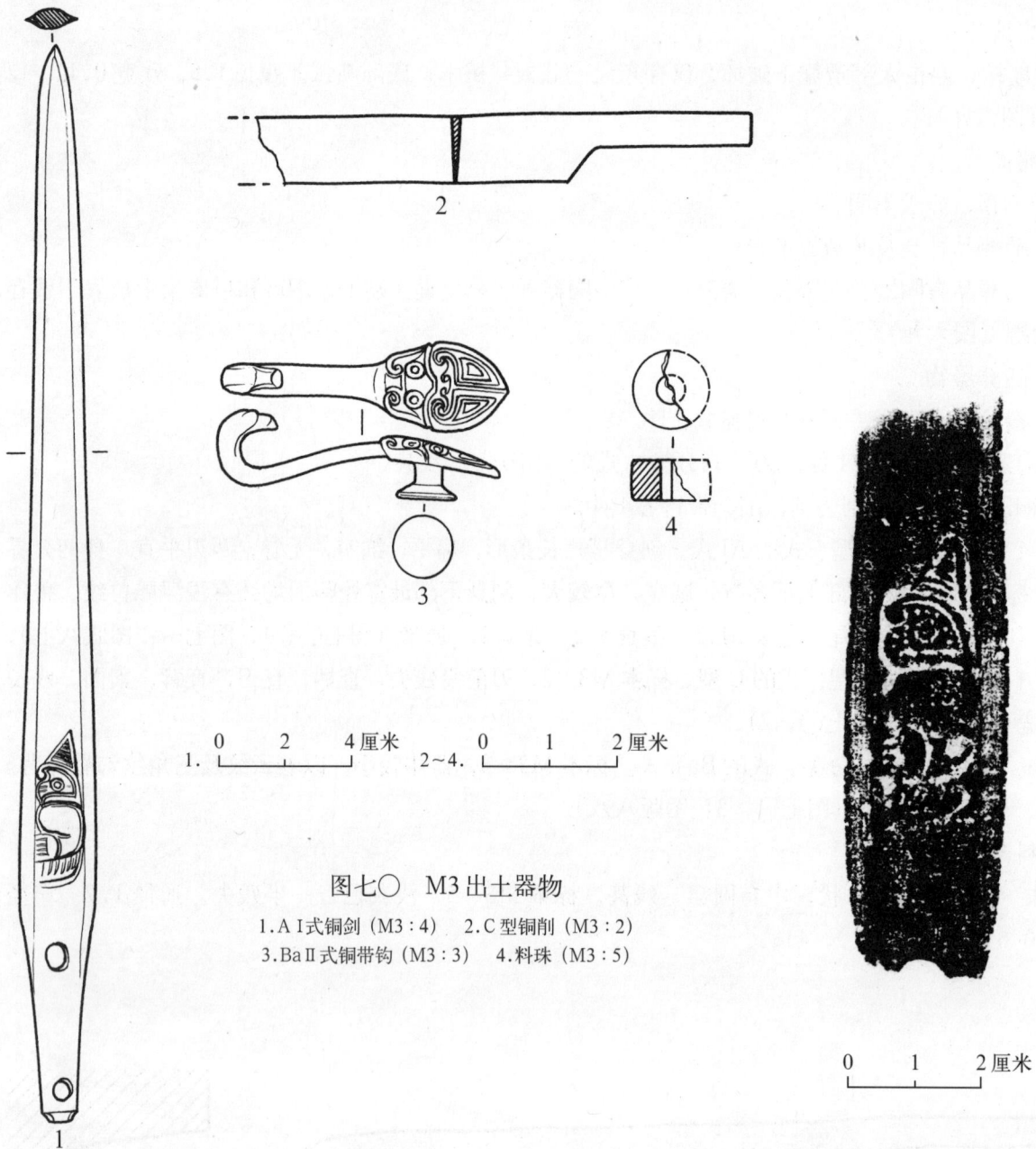

图七〇　M3出土器物

1.AＩ式铜剑（M3∶4）　2.C型铜削（M3∶2）
3.BaⅡ式铜带钩（M3∶3）　4.料珠（M3∶5）

图七一　M3出土铜剑（M3∶4）拓片

3. M5

（1）墓葬概况

① 墓室结构

圆角狭长方形竖穴土坑船棺墓，方向80°～260°。墓室大部遭基建施工彻底破坏，仅存西端。墓口稍大于墓底，墓坑极浅，内填五花土。墓口残长1.05、宽0.8米，墓坑深0.2米（图七二）。

② 葬具

Ⅴ类船棺，仅存西端部分残块。残长0.95、宽约0.54、高（厚）0.09米（图七二）。

③ 葬式

船棺残存部分未发现人骨，葬式不明。

（2）随葬品种类及其放置情形

仅存铜器 3 件，均位于棺内（图七二）。

（3）随葬器物

① 铜器 3 件。计有刻刀、带钩、镞各 1 件。

刻刀 1 件，为统一分型、式的 II 式。标本 M5：2，残，背末端一侧铸有"王"形符号。残长 11、宽 2.8 厘米（图七三，3；图七四，2）。

带钩 1 件。为统一分型、式的 BaII 式。器体较小，以卷云纹及三角纹勾勒蝉背。标本 M5：1，扣残失，图案呈浅浮雕状。通长 8.5、腹宽 2.5 厘米（图七三，1；图七四，1；图版八九）。

镞 1 件，为统一分型、式的 A 型。标本 M5：3，双翼，三棱，长铤式，镞身中脊隆起，两面各有凹槽四个，双翼展开呈倒刺状，铤呈菱形锥状。通长 5.3、翼尾宽 1.6 厘米（图七三，2）。

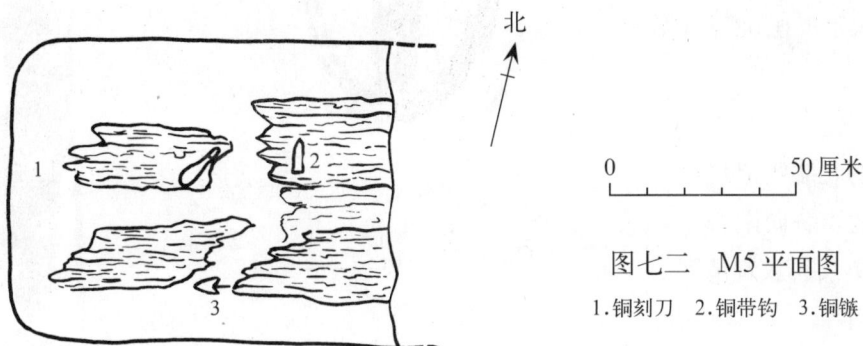

图七二 M5 平面图

1.铜刻刀 2.铜带钩 3.铜镞

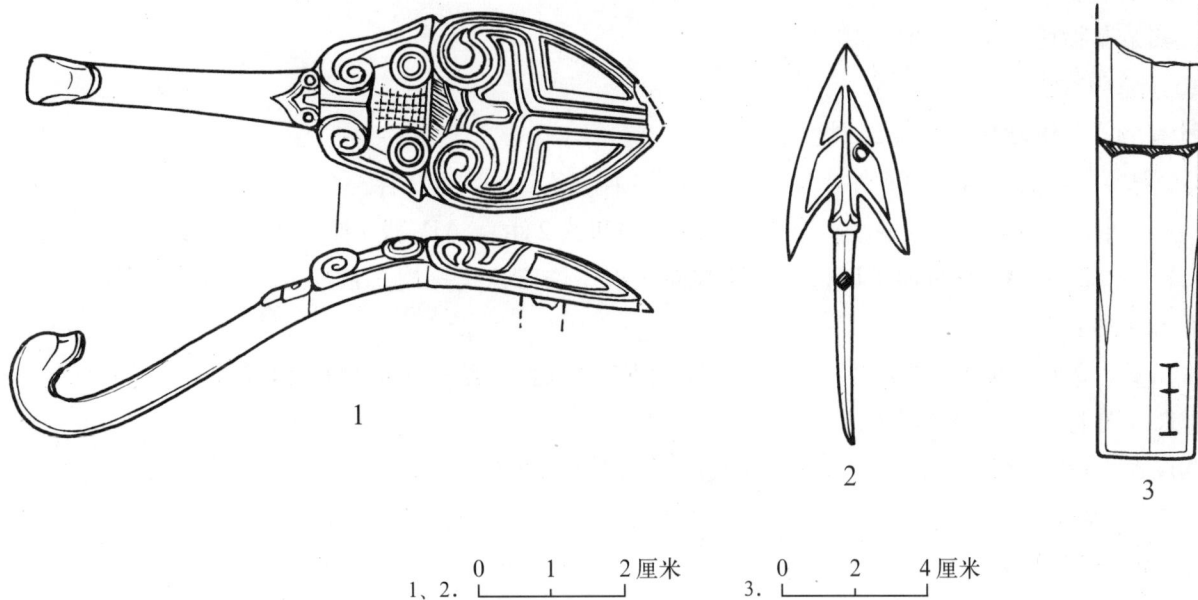

图七三 M5 出土铜器

1.BaII 式铜带钩（M5：1） 2.A 型铜镞（M5：3） 3.II 式铜刻刀（M5：2）

4.M14

（1）墓葬概况

① 墓室结构

圆角狭长方形竖穴土坑船棺墓，方向206°。墓室两端明显小于中部，墓口稍大于墓底，墓坑极浅，内填五花土。墓口长6.84、宽1.2米，墓坑深0.25米（图七五）。

② 葬具

V类船棺，船棺大部已朽，仅在墓室中部残留若干残木块。残存范围长4.9、宽0.6、残木块厚0.08米（图七五）。

③ 葬式

在墓室和船棺的北端残留尸骨下肢，系直肢，足向北，头向南。

（2）随葬品种类及其放置情形

M14随葬品较丰富，计有陶器、铜器和料器三类，以陶器和铜器为主。所有随葬品均集中置放于船棺中部，铜剑、铜削和铜带钩置放于尸骨上身，其余器物均堆放于尸骨头端（图七五）。

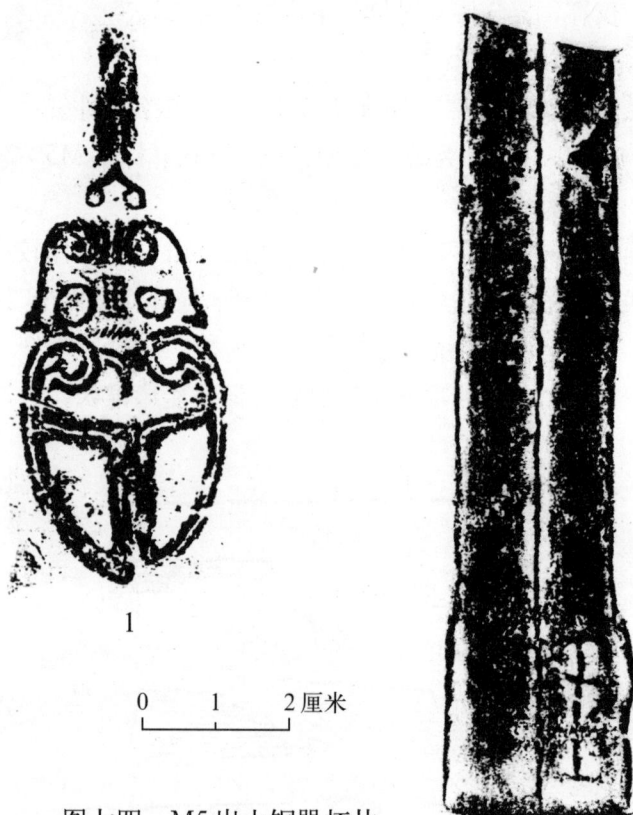

图七四　M5出土铜器拓片

1.铜带钩（M5：1）　2.铜刻刀（M5：2）

（3）随葬器物

计有陶器、铜器和料器共25件。

① 陶器　12件。计有豆6件，釜3件，釜甑1件，壶1件，盆1件。

豆　6件。其中属统一分型、式的AⅡ式2件，AⅢ式2件，AⅣ式1件，Bb型1件。

AⅡ式　2件。标本M14：17，夹砂深灰陶，沿下饰凹弦纹一周。口径13.7、圈足径7.2、高7.4厘米（图七六，1）。

AⅢ式　2件。标本M14：12，夹砂褐陶，沿下饰浅凹弦纹一周。口径14.2、圈足径6.3、高6.8厘米（图七六，2；图版九○）。

AⅣ式　1件。标本M14：14，夹砂深灰陶，制作不甚规整，沿下饰凹槽一周。口径14、圈足径5.9、高5.1厘米（图七六，3）。

Bb型　1件。残甚。

釜　3件。其中2件为统一分型、式的AⅡ式，1件属DⅠ式，复原2件。

AⅡ式　2件。复原1件。标本M14：20，夹砂灰褐陶，黑色陶衣部分脱落，肩以下遍饰竖状绳纹。口径14、腹径18.4、高16厘米（图七六，4）。

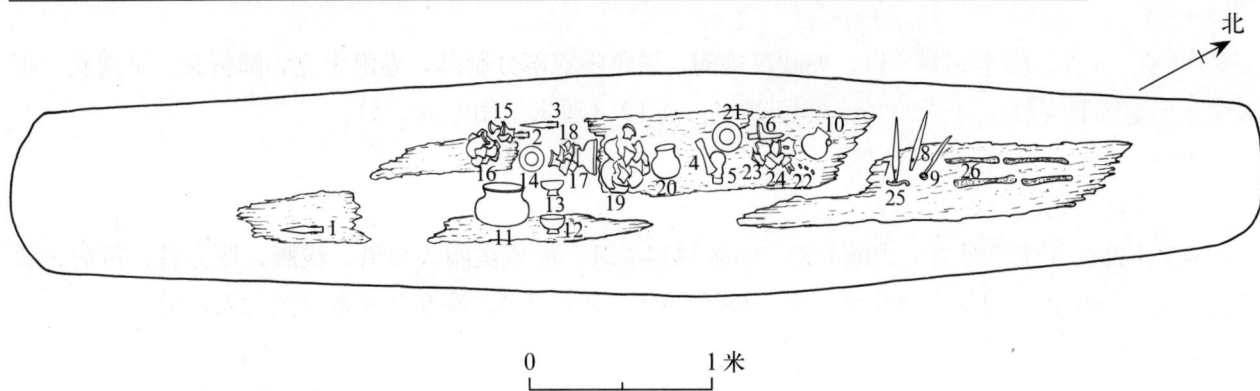

图七五　M14平面图

1～3.铜矛　4.铜斤　5.铜钺　6、24.铜戈　7、8.铜剑　9.铜削　10.铜鍪　11、20.陶釜
12～18.陶豆　19.陶釜甑　21.陶盆　22.料珠　23.陶壶　25.铜带钩　26.尸骨

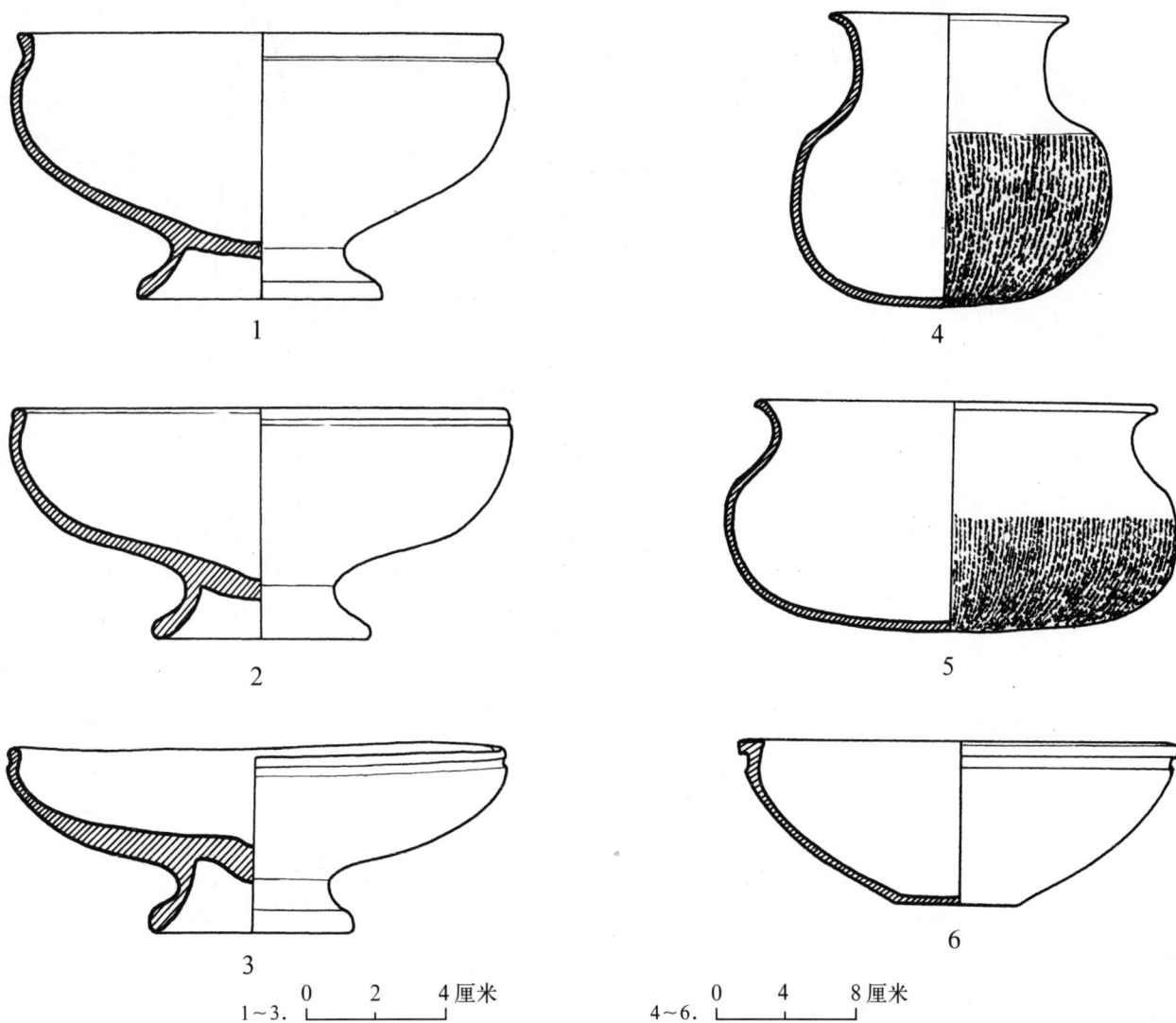

图七六　M14出土陶器

1.AⅡ式陶豆（M14∶17）　2.AⅢ式陶豆（M14∶12）　3.AⅣ式陶豆（M14∶14）
4.AⅡ式陶釜（M14∶20）　5.DⅠ式陶釜（M14∶11）　6.Ⅰ式陶盆（M14∶21）

DⅠ式 1件。标本M14:11，夹砂灰褐陶，黑色陶衣部分脱落，卷沿上立，圆折腹，平圜底，腹部及底部遍饰竖绳纹。口径23.6、腹径26.4、高12.8厘米（图七六，5）。

釜甑 1件。为Ab型，残甚。

壶 1件。残甚。

盆 1件。为统一分型、式的Ⅰ式。标本M14:21，泥质灰陶，窄沿，浅腹，厚方唇，折肩，斜弧腹急收，小平底，肩部饰凹弦纹一周。口径23.6、底径7.1、高9.2厘米（图七六，6）。

② 铜器

12件。计有矛3件，剑2件，戈2件，钺1件，斤1件，削1件，錾1件，带钩1件。

矛 3件。均为统一分型、式的BⅡ式。标本M14:1，骹口饰雷纹，骹上部两面均饰蝉纹。通长

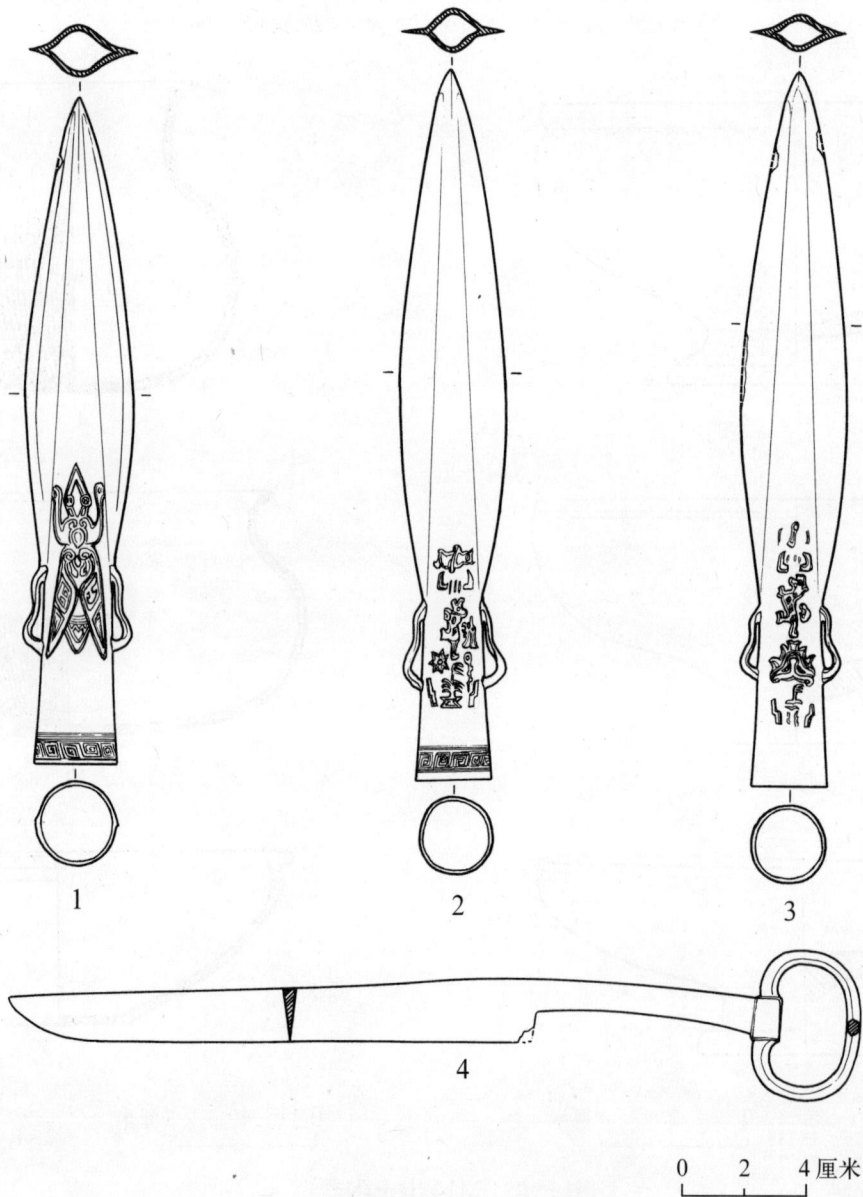

图七七 M14出土铜器

1~3.BⅡ式铜矛（M14:1、3、2） 4.AbⅡ式铜削（M14:9）

21、骹长 6、叶宽 3.6、骹径 2.7 厘米（图七七，1；图八一，1；图版九一）。

标本 M14：2，骹部一面铸饰由"手"、"心"、"米"（太阳？）"Ψ"、"牛"、奔鹿、"帀"等单个纹饰或符号构成的组合图案，另一面则饰由"μ"、"ㄖ"、"ᴚ"虎头、奔虎、虫（蚕？）、"ᴗ"及佩带（？）屈膝人像等单个纹饰或符号构成的组合图案，内容与 M23：9 大致相同。通长 22.5、骹长 5.8、叶宽 3.4、骹径 2.5 厘米（图七七，3；图八〇，2；图版九二）。

标本 M14：3，骹口饰雷纹一周，骹部一面图案与 M14：2 和 M23：9 大致相同，只是后两者虎头所在位置在 M14：3 上由"✸"（太阳？）及"ᶚ"（星座？）符号取代，另一面铸饰虎头、"手"、"心"及"Ψ"等单个纹饰或符号构成的组合图案（图八〇，1）。通长 22.4、骹长 5.6、叶宽 3.5、骹径 2.5 厘米（图七七，2）。

剑　2 件。分别为统一分型、式的 AⅢb 和 BⅢ式。

AⅢb 式　1 件。标本 M14：7，茎部残留附加木柄痕迹，上侧下中各有圆穿一个，剑身下部一面饰"心"纹，其余部分锈蚀，另一面能看清的纹饰或符号有"ᔓ"、"μ"、"✸"、"ᗐ"等。通长 33.5、茎长 3.8、身宽 3.5 厘米（图七八，2）。

BⅢ式　1 件。标本 M14：8，茎部上侧下中各有圆穿一个，素面。通长 42、茎长 6.8、身宽 3.5 厘米（图七八，1；图版九三）。

戈　2 件。分别为统一分型、式的 Ⅱa 式和 Ⅴa 式。

Ⅱa 式　1 件。标本 M14：24，残，无胡，无阑，援部略呈等腰三角形，上下刃内凹，援本较窄，锋呈弧状三角形，援本有二长方形穿，内上一长方形穿，援本向援部弯曲，援中脊两侧饰对称的菱形纹带，器体甚薄，应为明器。残长 22.2、援长 16.6、内长 5.6 厘米（图七八，3）。

Ⅴa 式　1 件。标本 M14：6，胡下端及内端残，援本有长方形穿三个，内上一长方形穿，器体甚薄，应为明器。残长 21、援长 15、内残长 6 厘米（图七八，5）。

钺　1 件。为统一分型、式的 AaⅤa 式。标本 M14：5，素面。通长 16.8、刃宽 8.1、肩宽 6.5 厘米，銎口长径 4.8、短径 3.6、深 10.8 厘米（图七九，1；图版九四）。

斤　1 件。为统一分型、式的 Ⅲ式。标本 M14：4，近方形銎口，銎面铸有曲尺纹。通长 18.5、刃宽 7.8、銎口径 4、深 11.2 厘米（图七九，2；图版九五）。

削　1 件。为统一分型、式的 AbⅡ式。标本 M14：9，背微曲，直刃，弧柄较短，素面。通长 28.2、身宽 1.9 厘米（图七七，4；图版九六）。

鍪　1 件。为统一分型、式的 Ⅰ式。标本 M14：10，上腹饰凹弦纹一周。口径 12、腹径 17.2、高 16.8 厘米（图七八，4）。

带钩　2 件。均为统一分型、式的 AⅠa 式。标本 M14：25，整体较细长，长颈，窄腹，腹部铸有精美的卷云纹。通长 12.5、腹宽 2.7 厘米（图七九，3；图八一，2；图版九七）。

③ 料器　料珠 1 件，残甚。

5．M36

（1）墓葬概况

① 墓室结构

圆角狭长方形竖穴土坑船棺墓，方向 90°～270°。墓室中西部遭基建施工彻底破坏，但西端尚存。

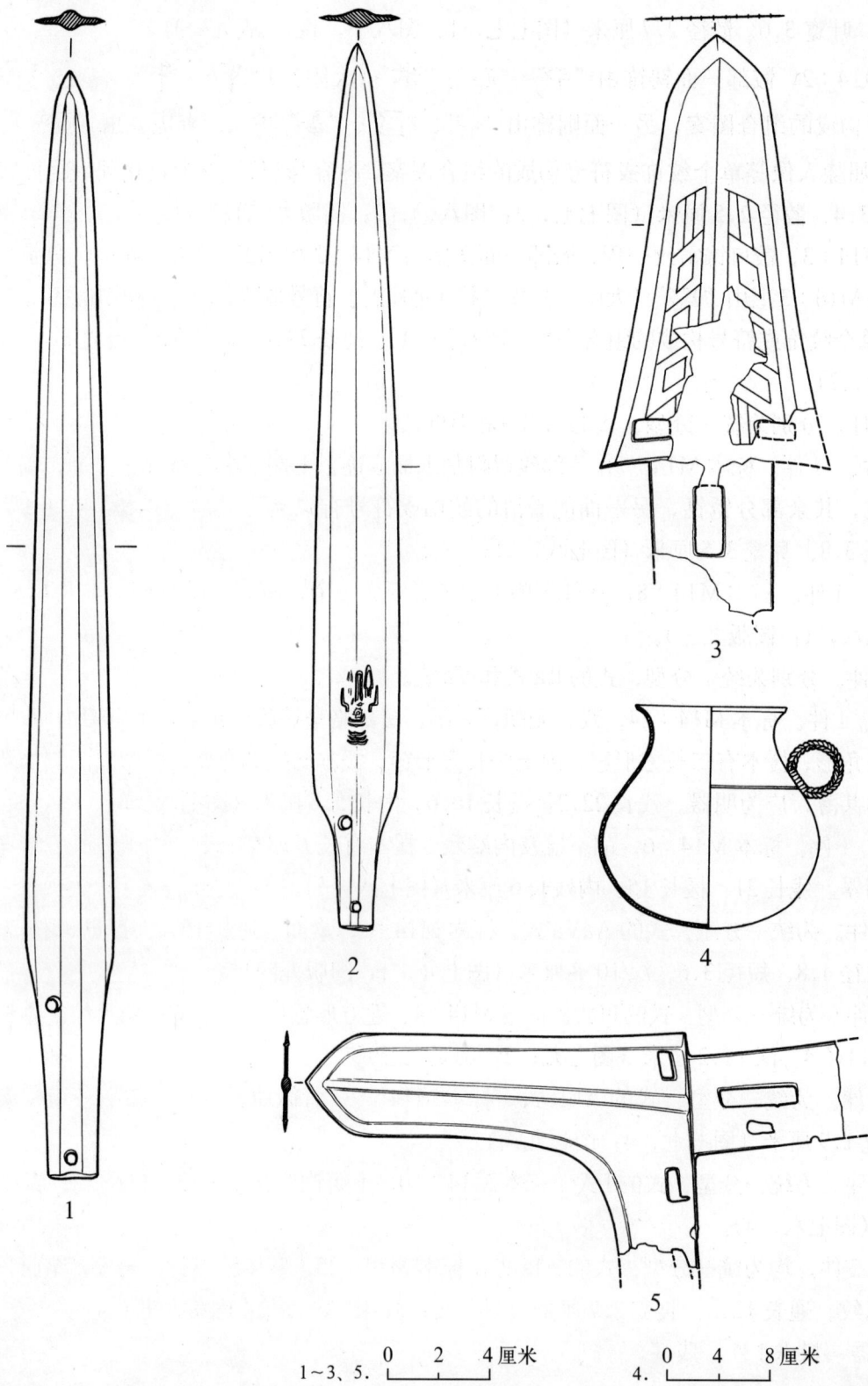

图七八　M14 出土铜器

1.BⅢ式铜剑（M14：8）　　2.AⅢb式铜剑（M14：7）　　3.Ⅱa式铜戈（M14：24）
4.Ⅰ式铜鍪（M14：10）　　5.Va式铜戈（M14：6）

1

2

3

0　　2　　4厘米　　　0　　1　　2厘米

1、2.　　　　　　　　3.

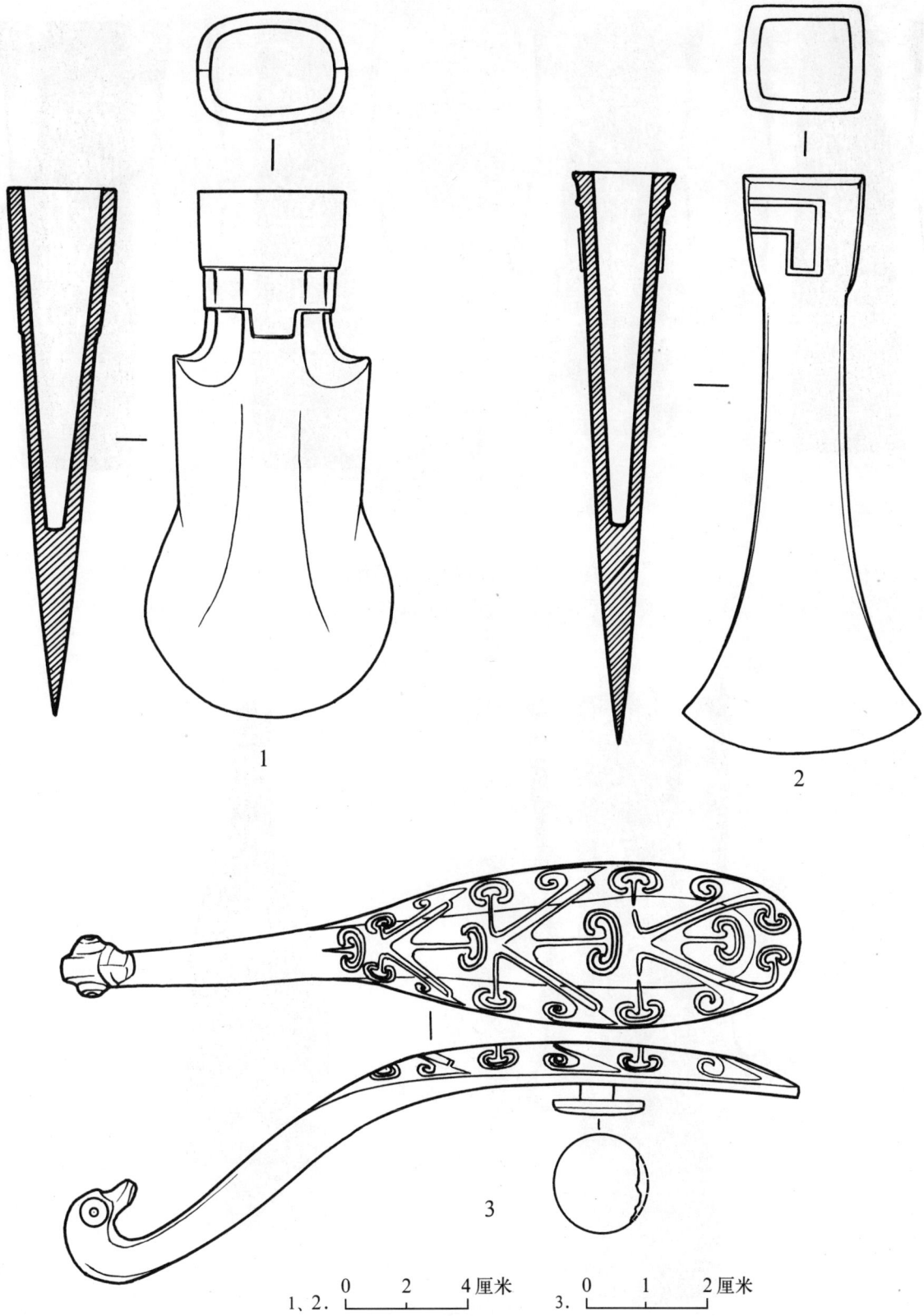

图七九　M14出土铜器

1.AaVa式铜钺（M14：5）　　2.Ⅲ式铜斤（M14：4）　　3.AⅠa式铜带钩（M14：25）

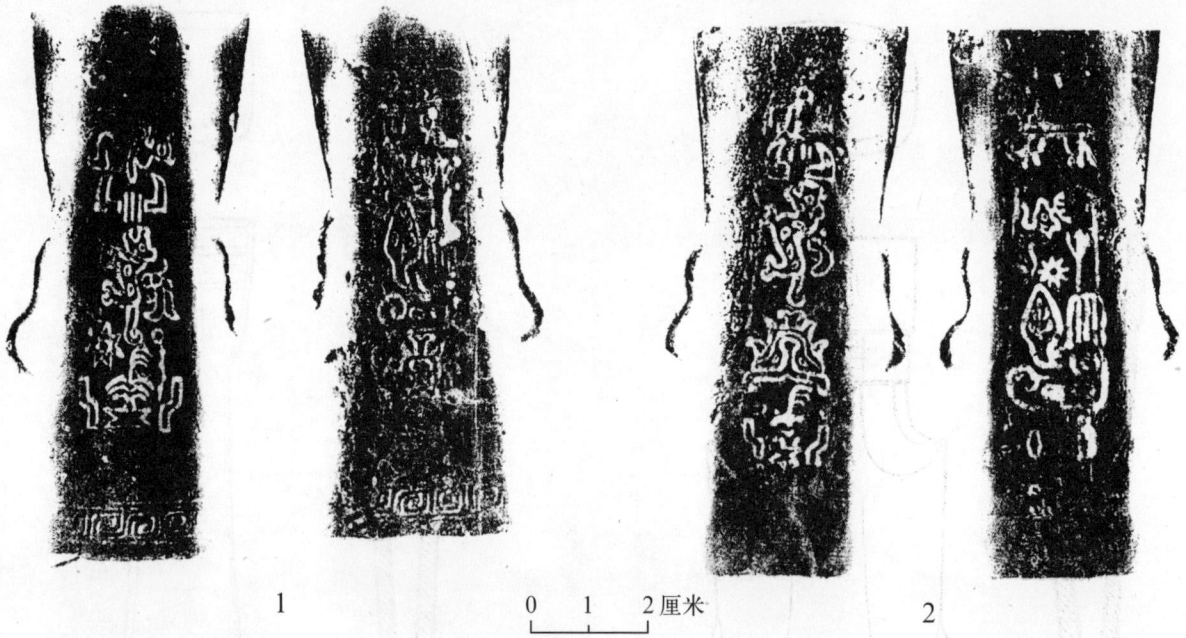

图八〇　M14 出土铜矛拓片
1.M14：3（两面）　2.M14：2（两面）

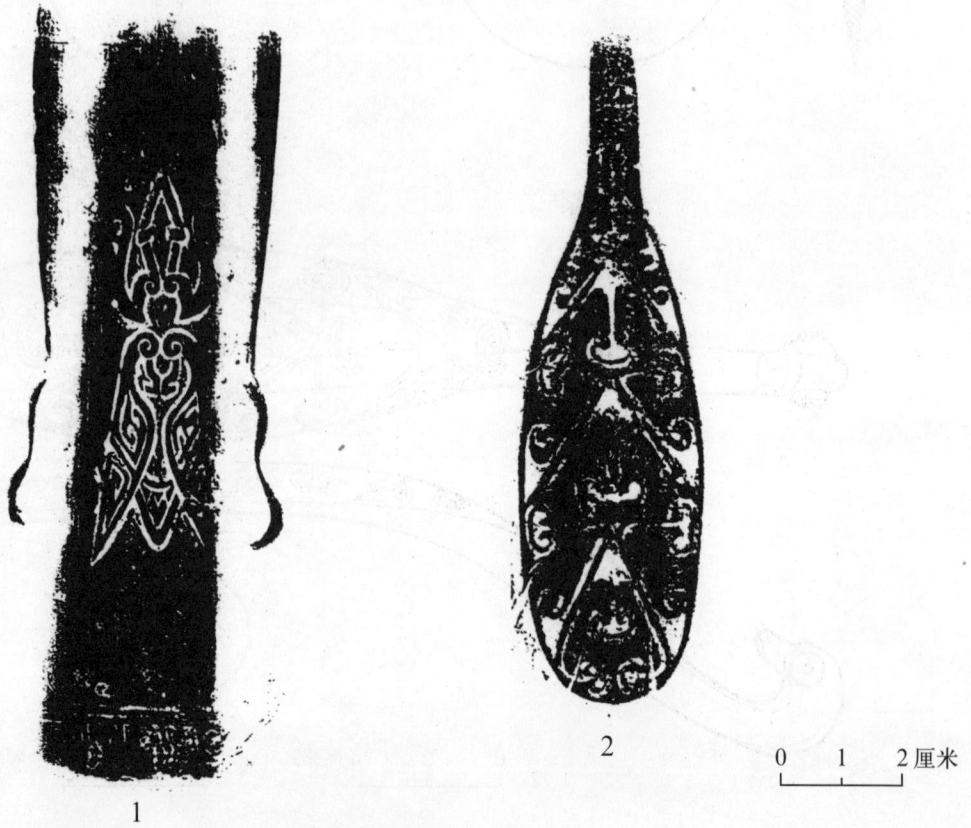

图八一　M14 出土铜器拓片
1.铜矛（M14：1）　2.铜带钩（M14：25）

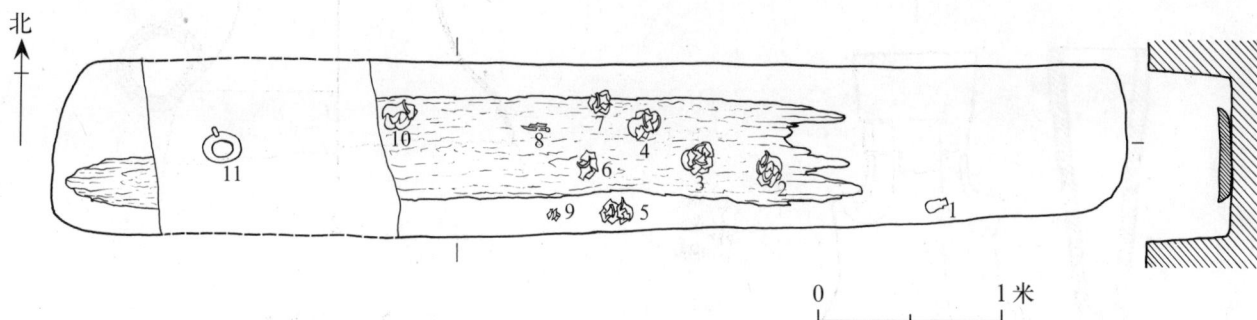

图八二 M36平、剖面图

1.铜钺 2~5.陶圜底罐 6、7.陶豆 8.铜削 9.残铜片 10.陶釜 11.铜鍪

墓口稍大于墓底，墓坑较深，内填五花土。墓口残长5.8、宽0.85米，墓坑深0.45米（图八二；图版九八）。

② 葬具

V类船棺，船棺中西部遭施工挖断，但西端尚存，残存部分朽腐较甚，呈近长方形木板状，残长4.26、残宽0.52、厚0.07米（图八二；图版九八）。

③ 葬式

尸骨不存，葬式不明。

（2）随葬品种类及其放置情形

残存随葬品计有陶器和铜器两类。陶器均置放于船棺中部，铜器则中部和两端均有放置（图八二）。

（3）随葬器物

计有陶器和铜器共11件。

① 陶器 7件。计有圜底罐4件，豆2件，釜1件。

圜底罐 4件，均为统一分型、式的Aa型，残甚。

豆 2件。分别为统一分型、式的A型和Bb型，残甚。

釜 1件。为统一分型、式的B型，残甚。

② 铜器 4件。计有钺1件，削1件，鍪1件，残铜片1件。

钺 1件。为统一分型、式的AaVa式。标本M36：1，素面。通长11.2、刃宽6、肩宽4.6厘米，銎口长径3.2、短径2.5、深7厘米（图八三，1）。

削 1件。为统一分型、式的AbⅢ式，残甚。

鍪 1件。为统一分型、式的Ⅰ式。标本M36：11，折肩，下腹及以下残失，素面。口径11.6、腹径18.8、残高9.6厘米（图八三，2）。

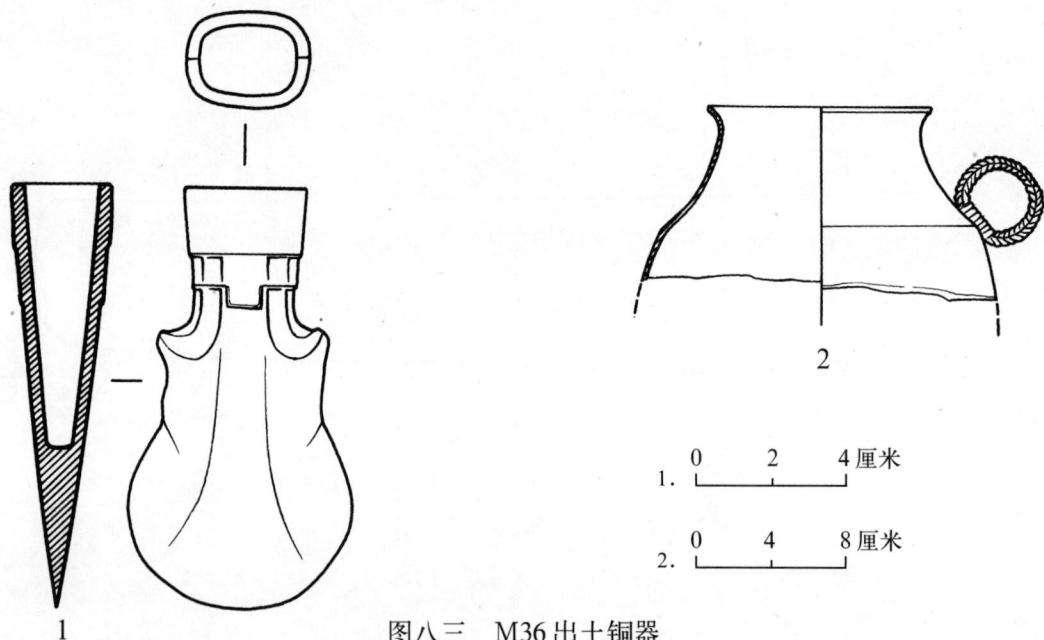

图八三　M36 出土铜器

1.AaVa 式铜钺（M36∶1）　　2.I 式铜鍪（M36∶11）

6．M41

（1）墓葬概况

① 墓室结构

圆角狭长方形竖穴土坑船棺墓，方向 50°～230°。墓口稍大于墓底，墓坑极浅，内填五花土。墓口长 5.6、宽 0.9 米，墓坑深 0.25 米。墓坑中部带棺坑，长 5、宽 0.6、深 0.22 米，棺坑四周形成生土二层台，棺坑底略微下凹呈弧形（图八四）。

② 葬具

V 类船棺，两端均有残损。长 4.85、宽 0.55、高（厚）0.2 米。东端微上翘，棺底微弧（图八四）。

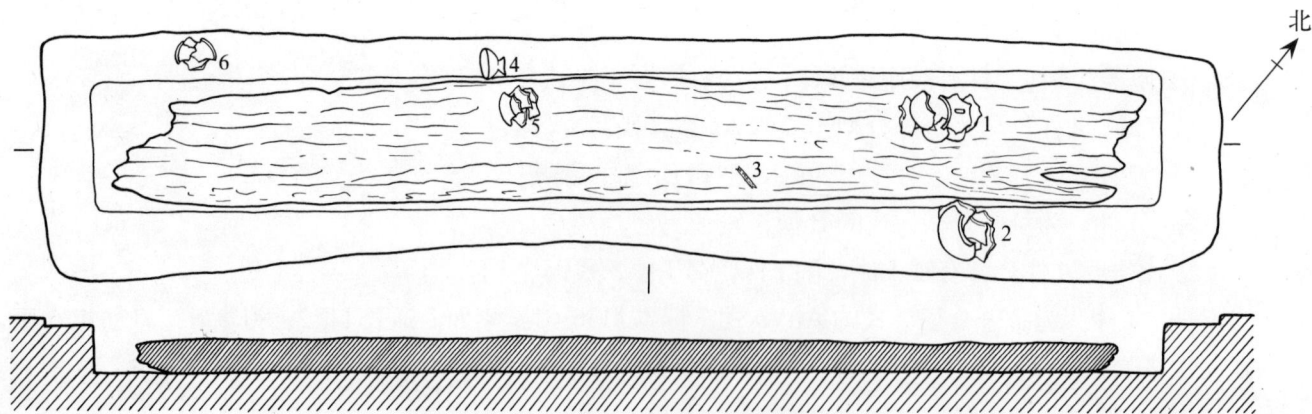

图八四　M41 平、剖面图

1.陶壶　2.陶圜底罐　3.尸骨　4、6.陶豆　5.陶钵

③ 葬式

尸骨大部已朽腐，仅在船棺中部南侧发现肢骨一截，葬式不明。

（2）随葬品种类及其放置情形

仅见陶器5件，其中两件置于棺内，3件分别置放于南北两侧的二层台上（图八四）。

（3）随葬器物

陶器　5件。分别为圜底罐1件，豆2件，壶1件，钵1件。

圜底罐　1件。为统一分型、式的AbⅠa式，残甚。

豆　2件。分别为统一分型、式的AⅡ式和Bb型。

AⅡ式　1件。标本M41：4，夹砂灰褐陶，沿下饰凹弦纹一周。口径29.6、圈足径13.6、高14.4厘米（图八五）。

Bb型　1件。残甚。

壶　1件。残甚。

钵　1件。残甚。

7．M63

（1）墓葬概况

① 墓室结构

圆角狭长方形竖穴土坑船棺墓，方向70°～250°。墓室西北部被基建施工彻底破坏。墓口稍大于墓底，墓坑极浅，内填五花土，墓底略微下凹呈弧形。墓口残长4.8、宽0.8米，墓坑深0.3米（图八六）。

② 葬具

Ⅴ类船棺，西段残失。残长4.4、残宽0.5、高（厚）0.1米。棺底微弧（图八六）。

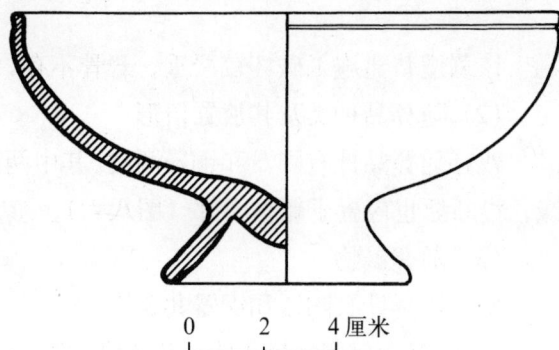

图八五　M41出土AⅡ式陶豆（M41：4）

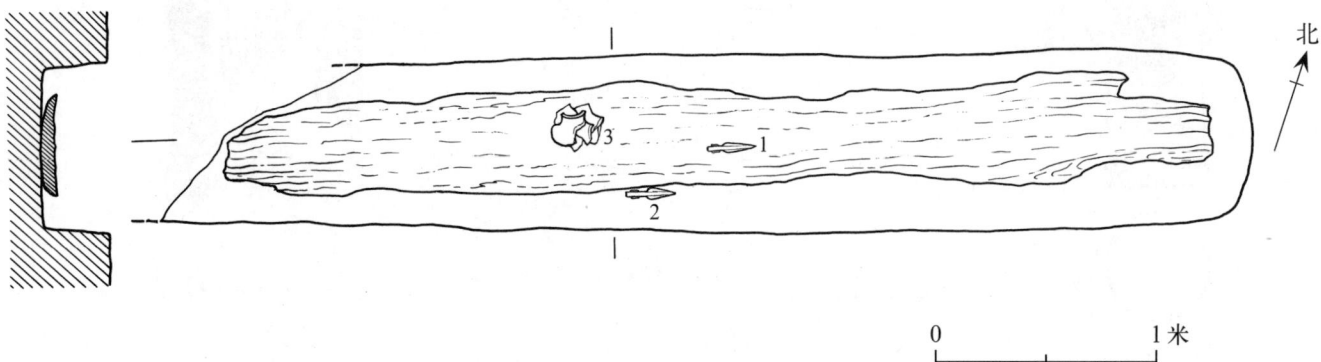

图八六　M63平、剖面图

1、2.铜矛　3.陶圜底罐

③ 葬式

该墓遭基建施工破坏较严重，尸骨不存，葬式不明。

（2）随葬品种类及其放置情形

残存随葬品计有陶器和铜器两类。其中两件置于船棺中部，1件位于船棺外但紧贴现存船棺中部边缘，推断原也应置于船棺中部（图八六）。

（3）随葬器物

残存器物计有陶器和铜器共3件。

① 陶器　仅圜底罐1件。为AbIa式，残甚。

② 铜器　2件。均为铜矛。

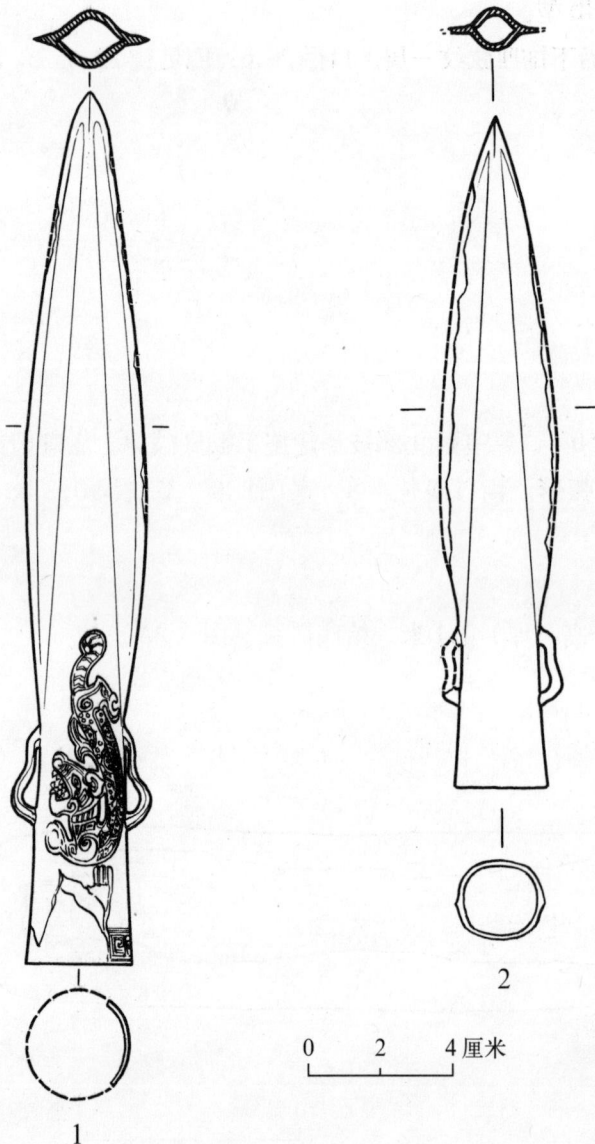

图八七　M63出土BⅡ式铜矛
1.M63：2　2.M63：1

图八八　M63出土铜矛（M63：2）拓片

矛　2件。均为统一分型、式的BII式。标本M63：2，骹口大部残失，残留雷纹一周，骹部两面均铸有浅浮雕状"手"纹及仰天长啸状卧虎图案（图八八）。通长22.9、骹长6、叶宽3.3、骹径2.9厘米（图八七，1）。

标本M63：1，刃部略残，一耳残失，椭圆形骹，素面。通长18.6、骹长4.2、叶宽3.2、骹长径2.3厘米（图八七，2）。

8. M69

（1）墓葬概况

① 墓室结构

圆角狭长方形竖穴土坑船棺墓，方向65°。墓室东端遭基建施工彻底破坏，墓口稍大于墓底，墓坑较深，内填五花土。墓口残长4.7、宽0.95米，墓坑深0.5米（图八九）。

② 葬具

V类船棺，船棺朽腐较甚，仅在墓底西南部残存若干长条形残木块（图八九）。

③ 葬式

该墓尸骨保存较好，葬式基本可辨。尸骨位于墓室中西部，仰身直肢，头向东，面向北，双手交

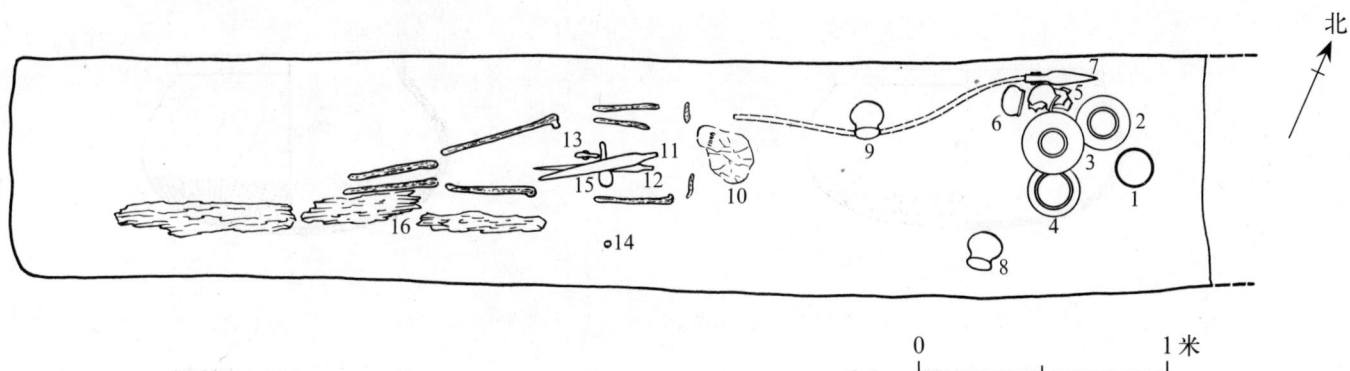

图八九　M69平面图

1.陶尖底盏　2~6、8、9.陶釜　7.铜矛　10.人头骨　11、12.铜剑　13、15.铜带钩　14.果核　16.棺木

叉置于腹部（图八九）。

（2）随葬品种类及其放置情形

残存随葬品计有陶器、铜器和果核共三类。其中所有陶器和1件铜矛置放于墓主头端，两件铜剑和两件铜带钩均摆放于墓主上身，铜剑似用双手握置，果核置放于墓主左侧（图八九）。

（3）随葬器物

计有陶器、铜器和果核共14件。

① 陶器　8件。计有尖底盏1件，釜6件，不明器形的残陶器1件。

尖底盏　1件。属统一分型、式的I式。标本M69：1，夹砂灰褐陶，素面。口径14.4、高4.4厘米（图九〇，7）。

釜　6件。其中属统一分型、式的AII式、CIII式和CIV式各2件。

AII式　2件。标本M69：2，夹砂深灰陶，陶色不甚均匀，肩以下遍饰竖状绳纹。口径11.6、腹

径16.8、高14.8厘米（图九〇，2）。

标本M69：3，夹砂深灰陶，陶色不甚均匀，肩以下遍饰竖状绳纹。口径13.6、腹径22.8、高17.6厘米（图九〇，1）。

CⅢ式　2件。标本M69：4，夹砂灰褐陶，火候较低，底部饰绳纹。口径15.2、腹径17.6、高8.4厘米（图九〇，3）。

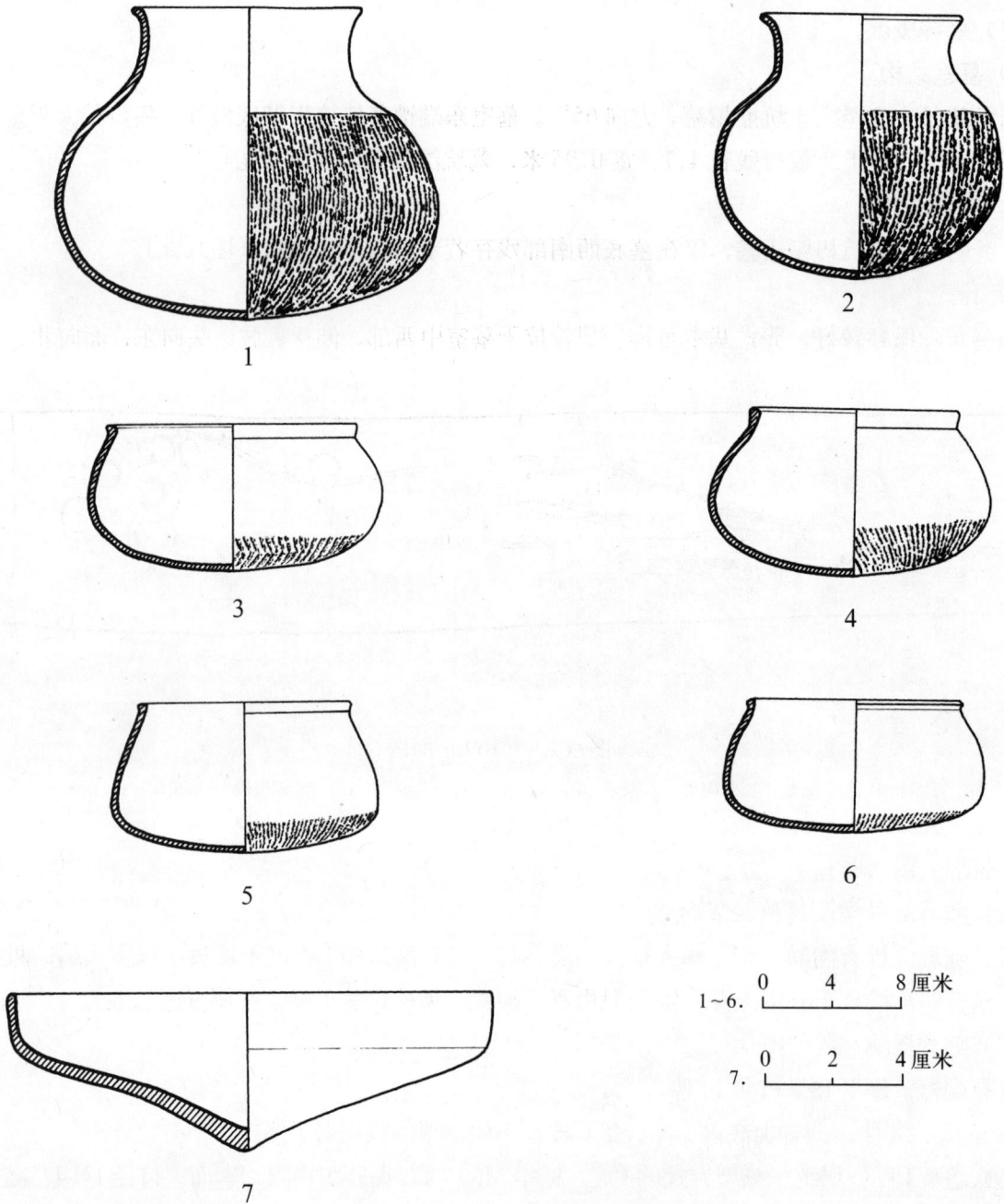

图九〇　M69出土陶器

1、2.AⅡ式陶釜（M69：3、2）　3、6.CⅢ式陶釜（M69：4、6）　4、5.CⅣ式陶釜（M69：8、9）　7.Ⅰ式陶尖底盏（M69：1）

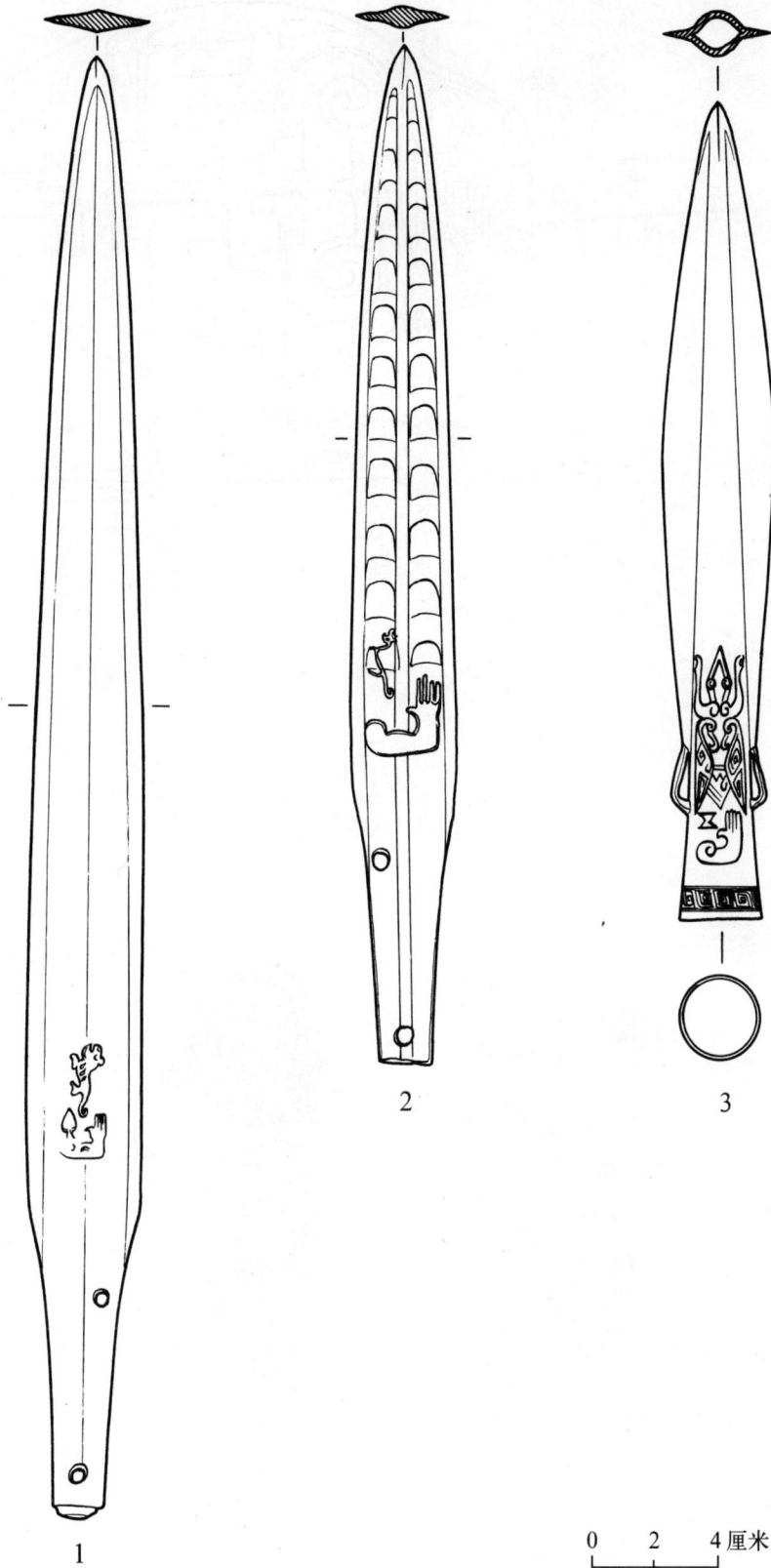

图九一　M69 出土铜器

1.AⅡ式铜剑（M69∶12）　2.BⅡ式铜剑（M69∶11）　3.BⅡ式铜矛（M69∶7）

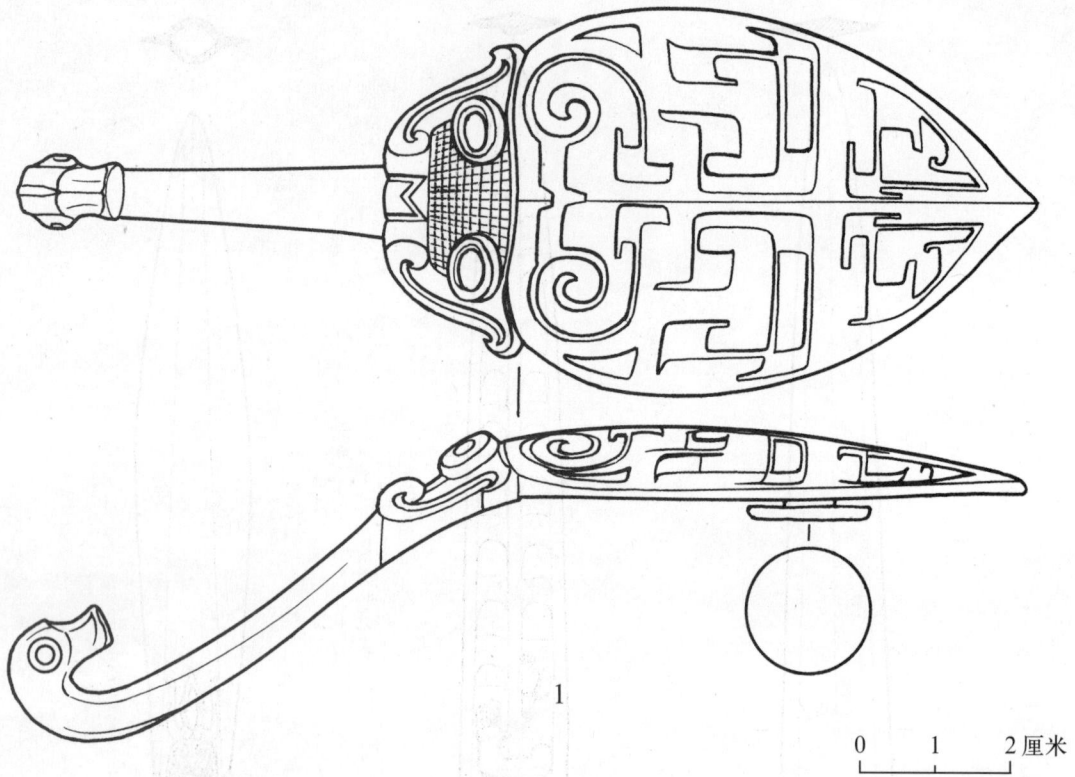

图九二　M69 出土 BaI 式铜带钩（M69：15）

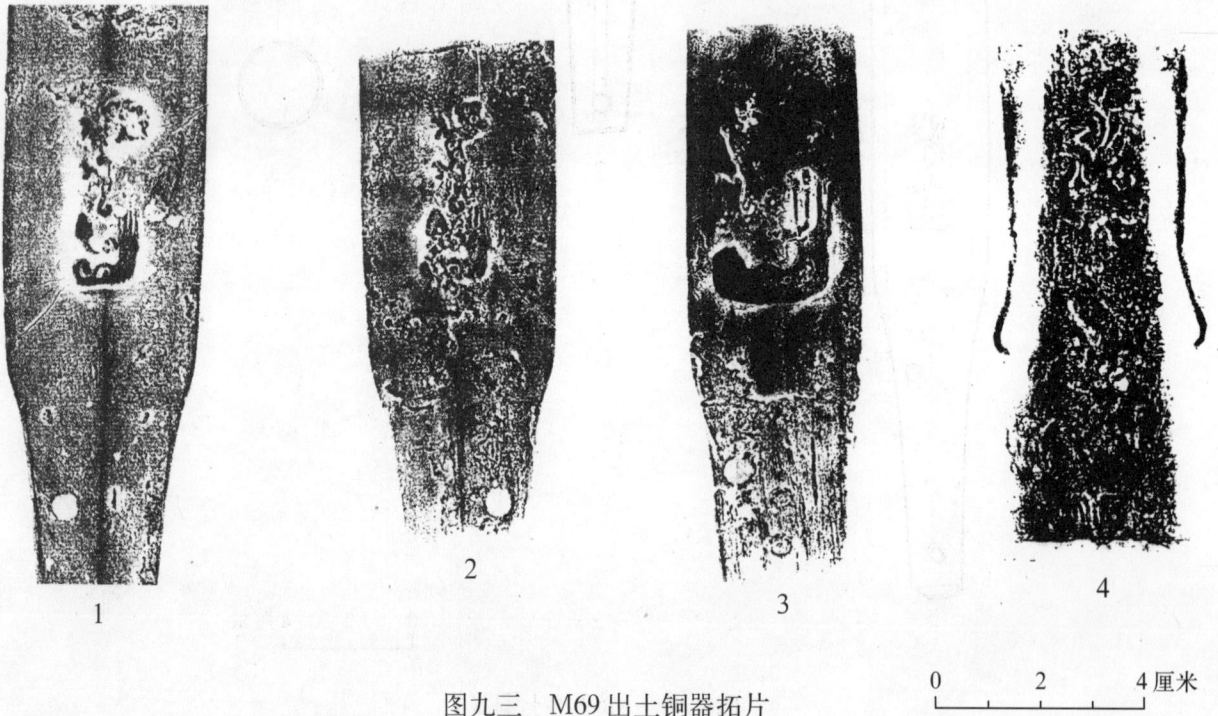

图九三　M69 出土铜器拓片

1、2.铜剑（M69：12）拓片（两面）　3.铜剑（M69：11）　4.铜矛（M69：7）

标本M69：6，夹砂红褐陶，火候较低，底部饰绳纹。口径12.5、腹径15.4、高7.4厘米（图九〇，6）。

CIV式　2件。立领较高，口变小，深垂腹，圜底较甚，底部饰绳纹。标本M69：8，夹砂红褐陶，底部饰绳纹。口径12.4、腹径16.6、高9.6厘米（图九〇，4；图版九九）。

标本M69：9，夹砂深灰陶，底部饰绳纹。口径12.5、腹径15.8、高8.4厘米（图九〇，5；图版一〇〇）。

② 铜器　5件。计有矛1件，剑2件，带钩2件。

矛　1件。为统一分型、式的BII式。标本M69：7，骹口饰雷纹一周，骹上部一面饰鸟、"I"、"ꓱ"等纹饰或符号，另一面饰由"手"、蝉及"Σ"等单个纹饰或符号构成的组合图案。通长24.8、骹长5、叶宽3.5、骹径2.5厘米（图九一，3；图九三，4）。

剑　2件。分别为统一分型、式的AII式和BII式。

AII式　1件。标本M69：12，茎部上侧下中各有一圆穿，剑身下部两面均铸有高浮雕"手"、"心"、奔虎图案。通长44.4、茎长7.6、身宽3.8厘米（图九一，1；图九三，1、2；图版一〇一）。

BII式　1件。标本M69：11，茎部残留明显的附加木柄痕迹，上侧下中各有一圆穿，剑身上部中脊与双刃之间遍饰对称的鳞甲状斑纹，下部两面均铸有高浮雕状"手"纹，手纹上部阴刻线状奔兽（虎？）图案。通长30.8、茎长6.6、身宽3.4厘米（图九一，2；图九三，3；图版一〇二）。

带钩　2件。分别为统一分型、式的BaI式和BaII式，其中BaII式残甚。

BaI式　1件。标本M69：15，腹体（蝉背）饰有精美的卷云纹及窃曲纹，蝉双眼突出，面部遍饰细密的乳钉纹。通长14.2、腹宽5.2厘米（图九二、九四；图版一〇三）。

③ 果核　1件。为桃核。

9. M79

（1）墓葬概况

① 墓室结构

圆角狭长方形竖穴土坑船棺墓，方向118°～298°。墓室东北角遭基建施工彻底破坏。墓口稍大于墓底，墓坑极浅，墓底直接叠压于河床之上，其下可见卵石堆积。墓口长约5.9、宽1米，墓坑深0.3米（图九五；图版一〇四）。

② 葬具

船棺系直接放置于沙砾层上，已基本朽毁，仅在墓室中西部残留有长约1.2、宽近0.4、厚0.06米的棺木残痕，类别不辨（图九五；图版一〇四）。

0　　1　　2厘米

图九四　M69出土铜带钩（M69：15）拓片

③ 葬式

人骨架不存，葬式不明。

（2）随葬品种类及其放置情形

计有陶器和铜器两类，均集中放置于舱室中部，陶、铜器杂置（图九五；图版一〇五）。

（3）随葬器物

计有陶器和铜器18件。

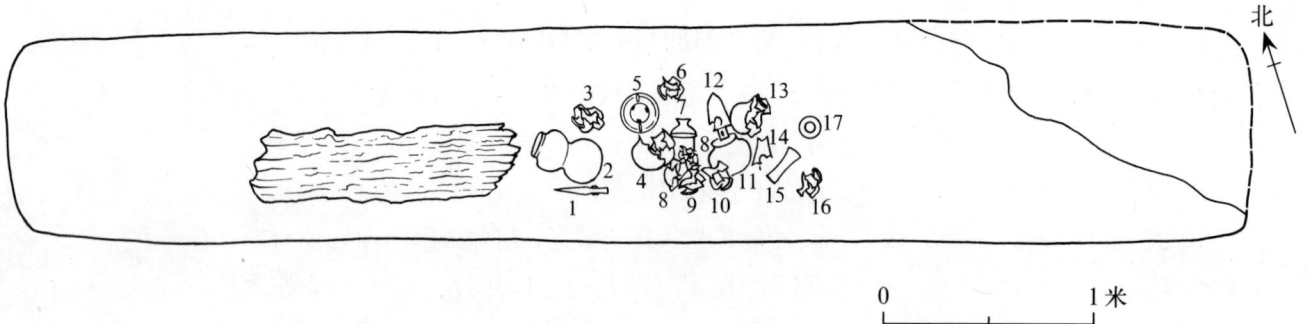

图九五　M79平面图

1.铜矛　2.陶釜甑　3、6～10、16～18.陶豆　4、11、13.陶釜　5.铜三足盘　12、14.铜戈　15.铜斤

① 陶器　13件。计有豆9件，釜3件，釜甑1件。

豆　9件。计有统一分型、式的A型8件，B型1件。

A型　3件。计有AⅡ式3件，其余5件因残甚，式别不辨。

AⅡ式　3件。标本M79：7，夹砂灰黑陶，圆唇较厚，素面。口径14.4、圈足径6.3、高7.3厘米（图九六，1）。

标本M79：18，夹砂褐陶，制作不甚规整，圆唇较厚，沿下饰凹弦纹一周，座沿起阶。口径13.3、圈足径6.9、高6.2厘米（图九六，2）。

B型　1件。为BbⅡ式。标本M79：17，夹砂灰陶，素面。口径10.8、圈足径7.9、高4.6厘米（图九六，3；图版一〇六）。

釜　3件。均为统一分型、式的AⅡ式。标本M79：11，夹砂灰黑陶，口较小，肩以下遍饰竖状绳纹。口径9.2、腹径14.8、高14厘米（图九六，4）。

釜甑　1件。为统一分型、式的AbⅠ式。标本M79：2，夹砂灰褐陶，火候较低。甑部方唇内凹，卷沿，圆弧腹，甑箅一半残损，残留圆形箅孔9个。釜腹圆鼓，左右不甚对称，圜底外凸较甚，甑腹及釜肩以下遍饰竖状绳纹。口径24.2、甑腹径24.8、釜腹径26.4、箅径16.6、高32.4厘米（图九六，5）。

② 铜器　5件。计有矛1件，戈2件，斤1件，三足盆1件。

矛　1件。为统一分型、式的AⅡa式。标本M79：1，残损，骹口饰雷纹一周，骹上部两面均饰卧象纹。通长20.4、骹长9.2、叶宽约2.8、骹径2.3厘米（图九七，4）。

戈　2件。分别为统一分型、式的Ⅰb式和Ⅱ式。

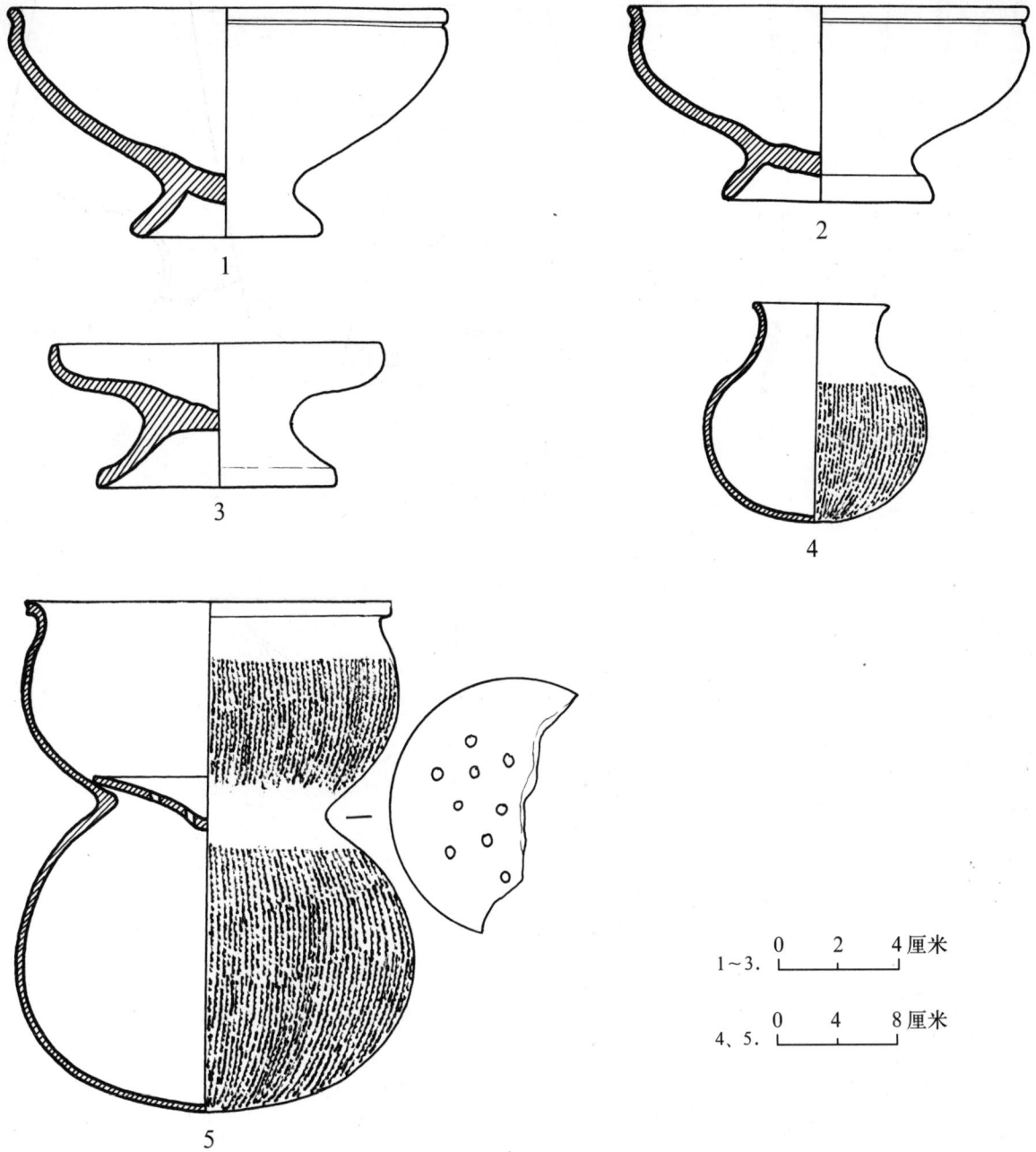

图九六 M79 出土陶器

1、2.AⅡ式陶豆（M79：7、18）　　3.BbⅡ式陶豆（M79：17）　　4.AⅡ式陶釜（M79：11）　　5.AbI式陶釜甑（M79：2）

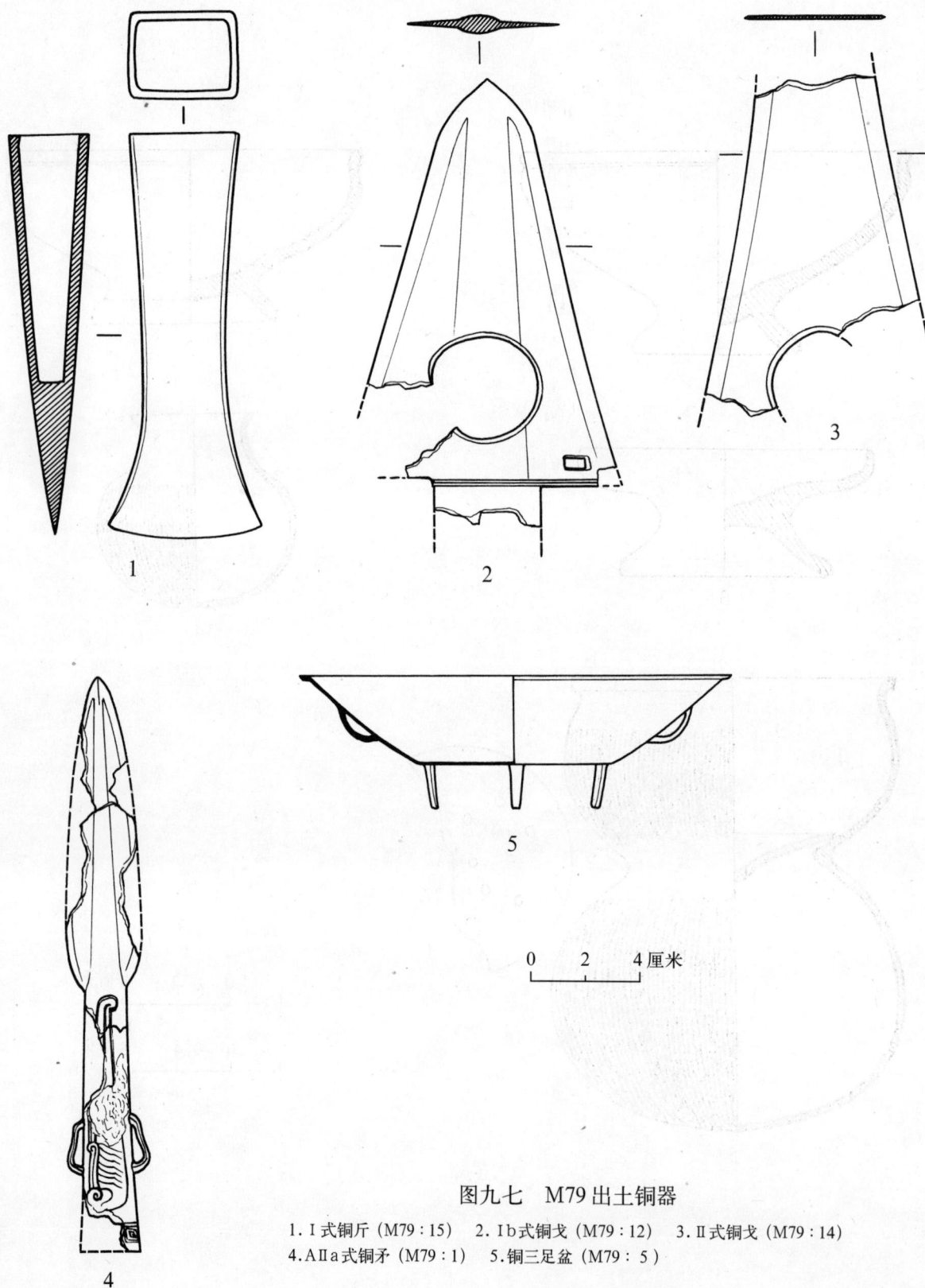

图九七　M79 出土铜器

1. I 式铜斤（M79∶15）　2. I b 式铜戈（M79∶12）　3. II 式铜戈（M79∶14）
4. A II a 式铜矛（M79∶1）　5. 铜三足盆（M79∶5）

Ib式　1件。标本M79：12，残损，直内，援中部起宽脊，近本处一大圆穿，援本一侧残留一长方形穿。残长15.9、援长14.5厘米（图九七，2）。

II式　1件。标本M79：14，残损较甚，援近本处一大圆穿，素面，器体甚薄，应为明器。援残长12.2、厚0.16厘米（图九七，3）。

斤　1件。为统一分型、式的I式。标本M79：15，长方形銎口，素面。通长14.4、刃宽5.7厘米，銎长径4、短径3.2、深8.8厘米（图九七，1；图版一〇七）。

三足盆　1件。标本M79：5，大敞口，窄平折沿，斜方唇，斜直腹较浅，平底，下接三细锥状足，腹中部有对称的半环耳一对。口径15.9、底径6.9、腹深3.1、通高4.8厘米（图九七，5）。

10. M82

(1) 墓葬概况

① 墓室结构

圆角狭长方形竖穴土坑船棺墓，方向60°～240°。墓室东端及东南部遭基建施工彻底破坏。墓口稍大于墓底，墓坑极浅，内填五花土。墓口残长6、宽1.15米，墓坑深0.2米（图九八）。

② 葬具

V类船棺，船棺朽腐较甚，仅在墓底中部残存近长方形板状棺木以及在墓底西端残留棺木朽腐痕迹。棺木残长3.9、残宽0.5、厚0.07米（图九八）。

③ 葬式

尸骨已基本朽腐，仅在墓底东南侧发现一残肢骨，葬式不明（图九八）。

(2) 随葬品种类及其放置情形

计有陶器和铜器两类。两件铜器均位于墓底北侧，陶器则分散摆放于墓底中部和东部（图九八）。

(3) 随葬器物

计有陶器和铜器6件。

① 陶器　4件。计有圜底罐1件，豆1件，釜2件。

圜底罐　1件。为Ab型，残甚。

豆　1件。残甚。

釜　2件。残甚。

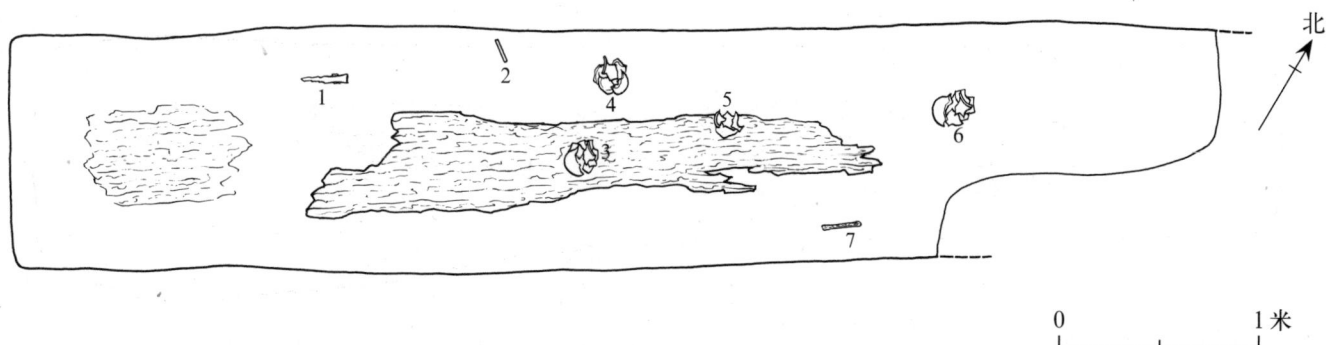

图九八　M82平面图

1.铜矛　2.铜雕刀　3、4.陶釜　5.陶豆　6.陶圜底罐　7.尸骨

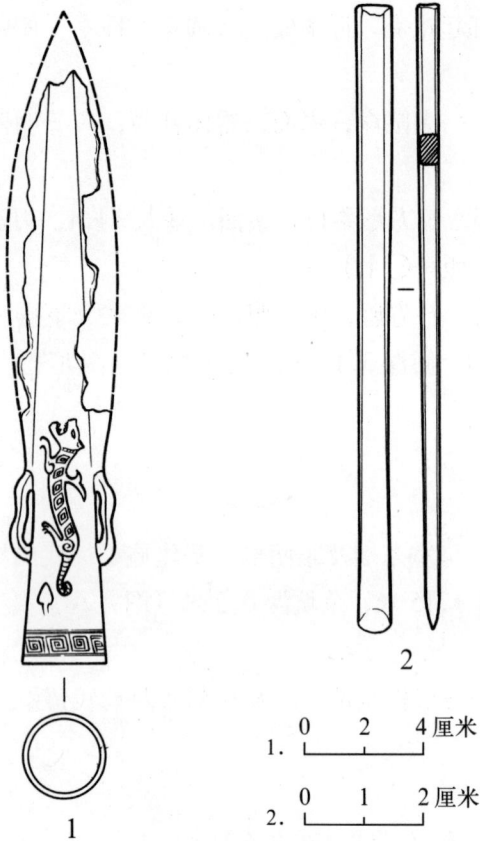

图九九　M82出土铜器

1.BⅡ式铜矛（M82：1）　2.A型铜雕刀（M82：2）

② 铜器　2件。分别为矛1件，雕刀1件。

矛　1件。为统一分型、式的BⅡ式。标本M82：1，叶部残损，骹口饰雷纹一周，骹上部一面铸有奔虎及"心"纹，另一面锈蚀不清。残长18.9、骹长5.8、叶宽约3.5、骹径2.7厘米（图九九，1）。

雕刀　1件。为统一分型、式的A型。标本M82：2，器体上部呈扁状六棱体，下部近端部分为扁长方体，上端近平，下端弧刃，素面。长10.1、刃宽0.55、体厚0.3厘米（图九九，2）。

11. M87

（1）墓葬概况

① 墓室结构

圆角狭长方形竖穴土坑船棺墓，方向110°～290°。墓室东端明显大于西端，墓口稍大于墓底，墓坑极浅，内填五花土。墓口长7.2、宽1.09～1.45米，墓坑深0.3米（图一〇〇）。

② 葬具

Ⅴ类船棺，船棺朽腐较甚，仅在墓底中部存两块近长方形状板状棺木，残长4.7、残宽0.52、厚0.08米（图一〇〇）。

③ 葬式

尸骨不存，葬式不明。

（2）随葬品种类及其放置情形

计有陶器、铜器和漆器三类。其中两件陶器均置放于船棺西部，两件铜器均位于船棺东部，漆器

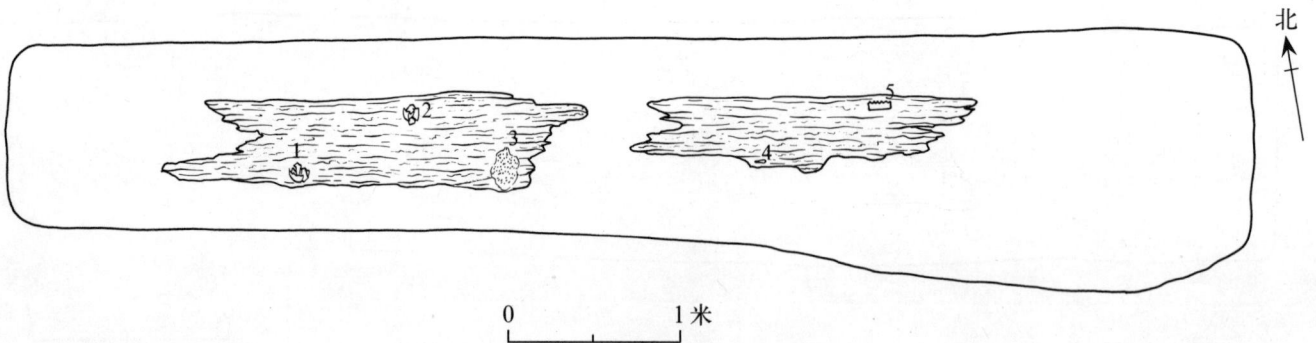

图一〇〇　M87平面图

1、2.陶圜底罐　3.漆皮　4.铜带钩　5.铜锯

则放置于船棺中部（图一〇〇）。

(3) 随葬器物

残留随葬器物计有陶器、铜器和漆器共5件。

① 陶器 2件。均为圆底罐。

圆底罐 2件。均为统一分型、式的Ab型，残甚。

② 铜器 2件。分别为带钩、锯各1件。

带钩 1件。为统一分型、式的BaII式。标本M87：4，器体甚小，腹体（蝉背）饰卷云纹、三角纹和乳钉纹。通长4.55、腹宽1.5厘米（图一〇一，2、3）。

锯 1件。为统一分型、式的B型。标本M87：5，一端残失，一端有长方形穿一个。残长20、宽4.2、厚0.15厘米（图一〇一，1）。

③ 漆器残片 1件。仅存近长方形朱漆片。

12. M101

(1) 墓葬概况

① 墓室结构

圆角狭长方形竖穴土坑船棺墓，方向85°～265°。墓口稍大于墓底，墓坑极浅，内填五花土。墓口长6.6、宽1.2米，墓坑深0.25米。墓室中部放置船棺，无棺坑（图一〇二；图版一〇八、一〇九）。

② 葬具

船棺大部已朽，未能分类，仅在墓室东半部残留长3.45、宽0.5、厚约0.08米的船棺底板（图一〇二；图版一〇八、一〇九）。

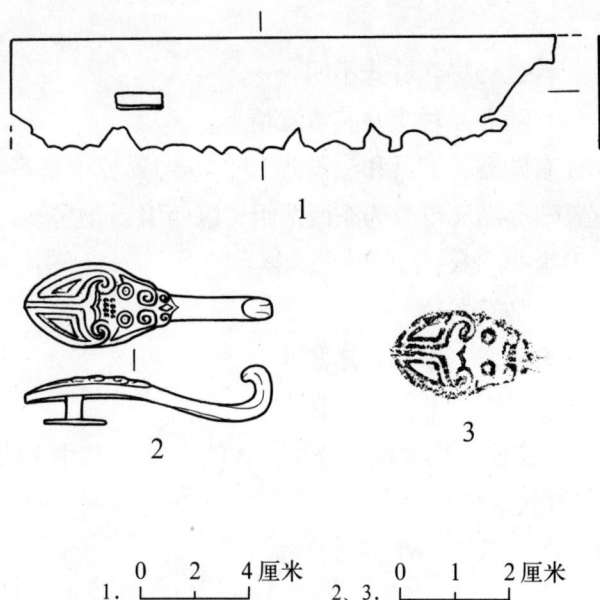

图一〇一 M87出土铜器

1.B型铜锯（M87：5） 2.BaII式铜带钩（M87：4）
3.BaII式铜带钩（M87：4）拓片

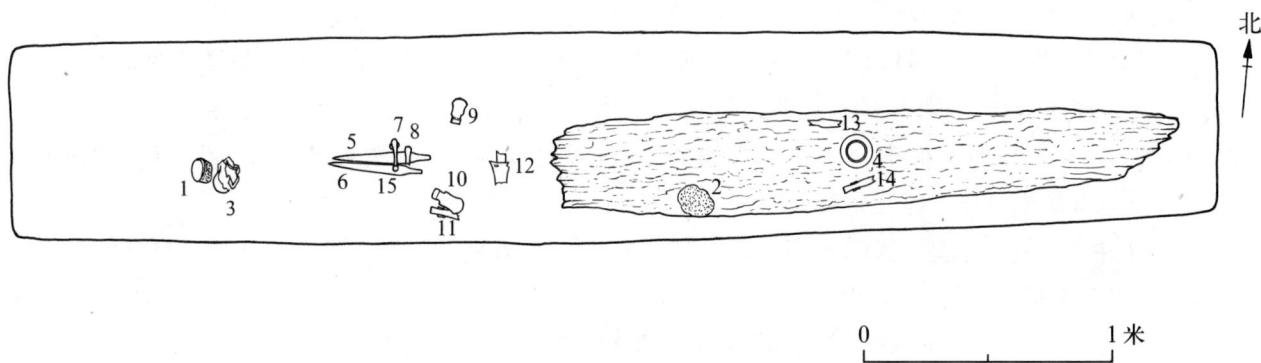

图一〇二 M101平面图

1.漆盆 2.漆皮 3、4.陶釜 5、6.铜剑 7、8.铜带钩 9、10.铜钺 11~14.铜矛 15.铜削（铜剑下）

③ 葬式

尸骨已朽尽，葬式不明。

（2）随葬品种类及其放置情形

计有陶器、铜器和漆器共15件，均置放于墓室中部亦即船棺的舱室部位，墓室两端未见随葬品。按位置随葬品又可分为东西两组，以西组器物居多，铜器中除两件铜矛外均摆放于舱室西部（图一〇二；图版一〇八、一〇九）。

（3）随葬器物

计有陶器、铜器和漆器共15件。

① 陶器　2件。均为陶釜。

釜　2件。均为统一分型、式的A型，其中1件可辨式别，为AII式。

AII式　1件。标本M101：4，夹砂深灰陶，肩以下遍饰竖状绳纹。口径11.8、腹径17.8、高16.2厘米（图一〇三，8）。

② 铜器　11件。计有矛3件，剑2件，戈1件，钺2件，削1件，带钩2件。

矛　3件。其中2件为统一分型、式的A型，1件为B型。

A型　2件。其中1件为AIIa式，另1件因锈蚀残损过甚，不辨式别。

AIIa式　1件。标本M101：13，残，仅存叶下部。残长8.4、叶宽2.6厘米（图一〇三，6）。

B型　1件。为BIa式。标本M101：14，锋部残失，素面。残长12.6、骹长4.2、叶宽2.2、骹径1.8厘米（图一〇三，5）。

剑　2件。均为统一分型、式的BII式。

BII式　2件。标本M101：6，茎首端略残，茎下端中部残留圆穿一个，剑身下部一面铸有"手"、"心"纹，另一面锈蚀不清。通长39.5、茎残长4.2、身宽3.3厘米（图一〇四，1）。

标本M101：5，茎部及锋部残失，素面。残长33.4、身宽4.2厘米（图一〇四，2）。

戈　1件。为统一分型、式的IIa式。标本M101：12，残甚，援本二长穿，器体甚薄，应为明器。残长7.9厘米（图一〇三，3）。

钺　2件。分别为统一分型、式的AbII式和AaIII式。

AbII式　1件。标本M101：9，素面。通长9.3、刃宽6.2、肩宽5厘米，銎口长径3.5、短径2.8、深5.2厘米（图一〇三，2；图版一一〇）。

标本AaIII式　1件。标本M101：10，素面。通长12、刃宽6、肩宽4.8厘米，銎口长径3.6、短径2.8、深6.2厘米（图一〇三，1；图版一一一）。

削　1件。为统一分型、式的B型。标本M101：15，兽首锈蚀较甚，推测为羊头，锋部稍残。通长25、身宽1.4厘米（图一〇四，3）。

带钩　2件。分别为统一分型、式的AIb式和AII式。

AIb式　1件。标本M101：8，腹正面与侧面转折起棱，腹体较厚，腹上阴刻卷云纹、勾连纹及蝉纹，圆饼状钩体刻圆圈纹、卷云纹及勾连纹带，扣体较大，表面阴刻幼崽状动物纹。通长7、腹宽1.5、扣径1.8、钩径1.5厘米（图一〇三，4）。

AII式　1件。标本M101：7，残，腹体以金丝镶嵌及减地法凿刻而成卷云纹及勾连纹。残长4.4、

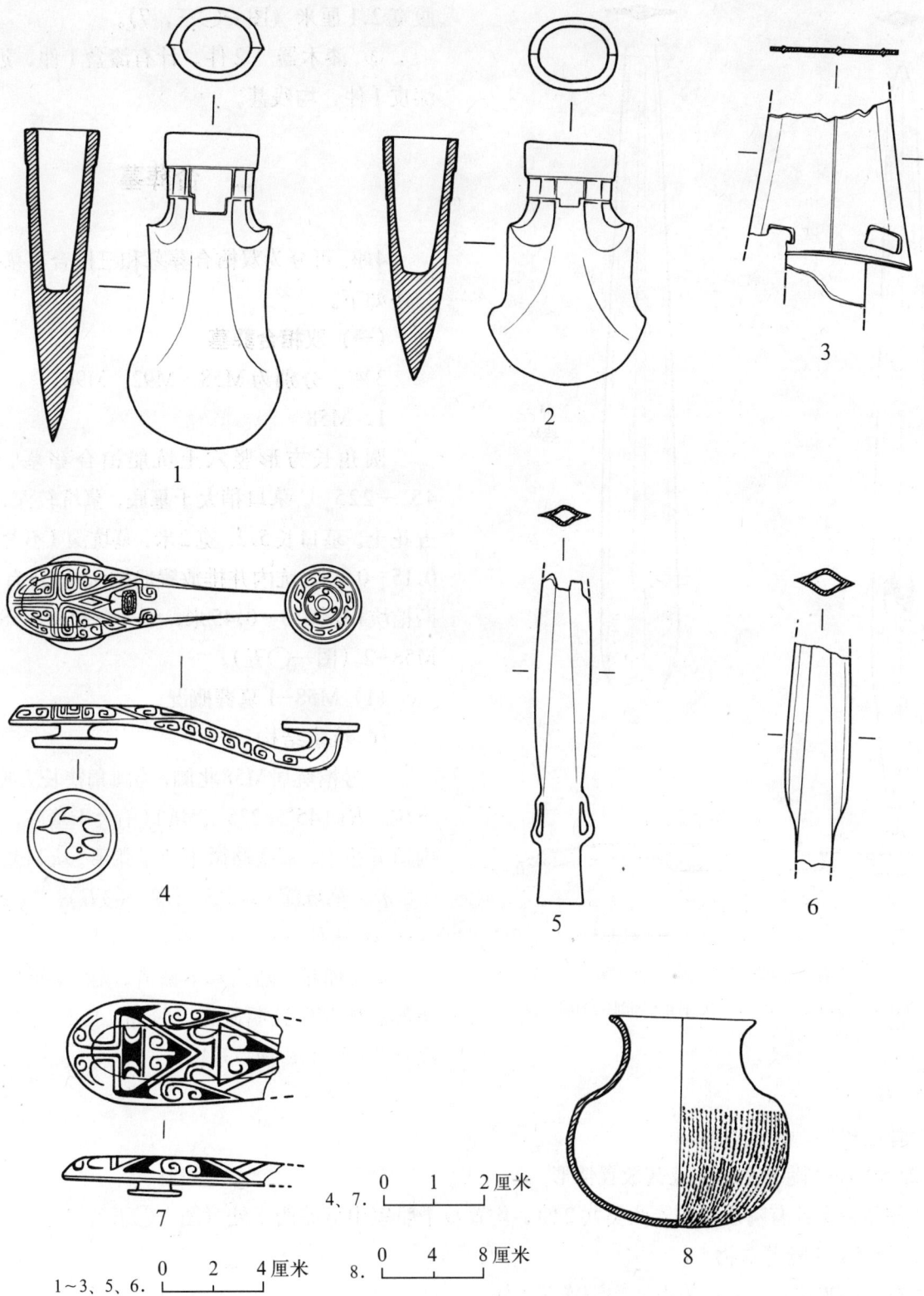

图一〇三 M101 出土器物

1.AaⅢ式铜钺 (M101：10)　2.AbⅡ式铜钺 (M101：9)　3.Ⅱa式铜戈 (M101：12)　4.AIb式铜带钩 (M101：8)
5.BIa式铜矛 (M101：14)　6.AⅡa式铜矛 (M101：13)　7.AⅡ式铜带钩 (M101：7)　8.AⅡ式陶釜 (M101：4)

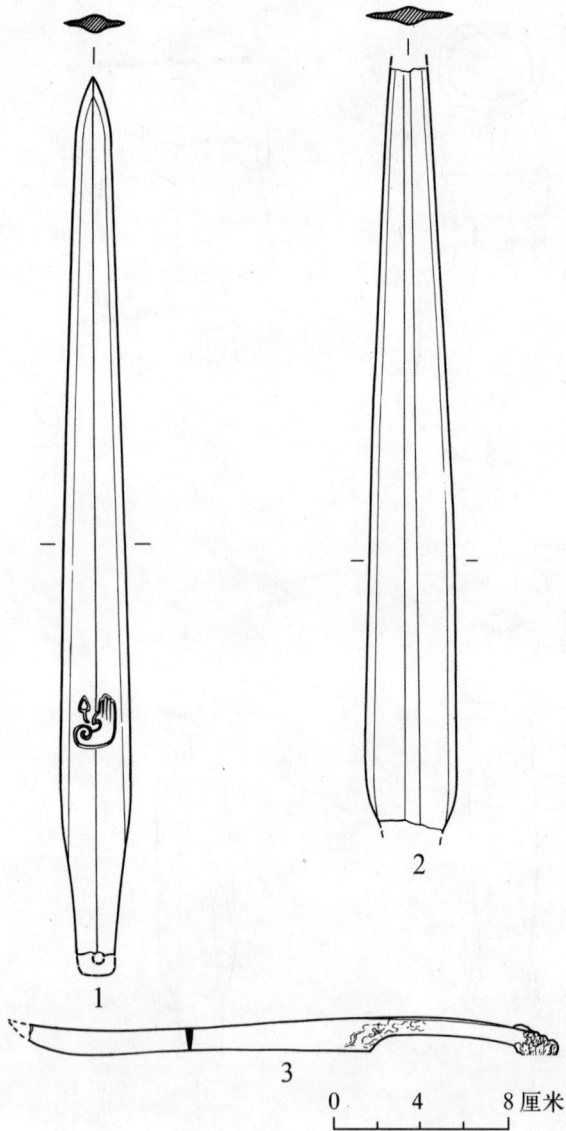

图一〇四　M101 出土铜器

1. B Ⅱ 式铜剑 (M101 : 6)　2. B Ⅱ 式铜剑 (M101 : 5)
3. B 型铜削 (M101 : 15)

③ 葬式

尸骨已朽尽，葬式不明。

(2) M58-1 随葬品种类及其放置情形

随葬品种类计有陶器和铜器两类共 2 件，均置放于舱室中部偏西南处（图一〇五）。

(3) M58-1 随葬器物

共有 2 件随葬品，分别为陶器和铜器各 1 件。

① 陶器　仅圆底罐 1 件，为统一分型、式的 Aa 型，残甚。

② 铜器　仅铜削 1 件，残甚。

(4) M58-2 墓葬概况

腹宽 2.1 厘米（图一〇三，7）。

③ 漆木器　2 件。计有漆盒 1 件，近圆形漆皮 1 件，均残甚。

二　合葬墓

4 座。可分为双棺合葬墓和三棺合葬墓两类，分述如下。

（一）双棺合葬墓

3 座。分别为 M58、M92、M96。

1. M58

圆角长方形竖穴土坑船棺合葬墓，方向 45°～225°。墓口稍大于墓底，墓坑较深，内填五花土。墓口长 5.2、宽 2 米，墓坑深（不含棺坑）0.15～0.2 米。坑内并排放置船棺两具，皆有棺坑。两棺坑相距 0.3～0.45 米，编号分别为 M58-1 和 M58-2（图一〇五）。

(1) M58-1 墓葬概况

① 坑室结构

一号棺坑居 M58 北侧，为圆角狭长方形竖穴土坑。方向 45°～225°。坑口稍大于墓底，较深，内填五花土，墓底略微下凹呈弧形。坑口长 4、宽 0.5 米，墓坑深 0.45 米（图一〇五）。

② 葬具

C 类船棺，两头基本截齐，无舷，平舱，头、尾部制作明显且明显高于舱部，长 3.8、宽 0.4、高 0.25 米（图一〇五）。

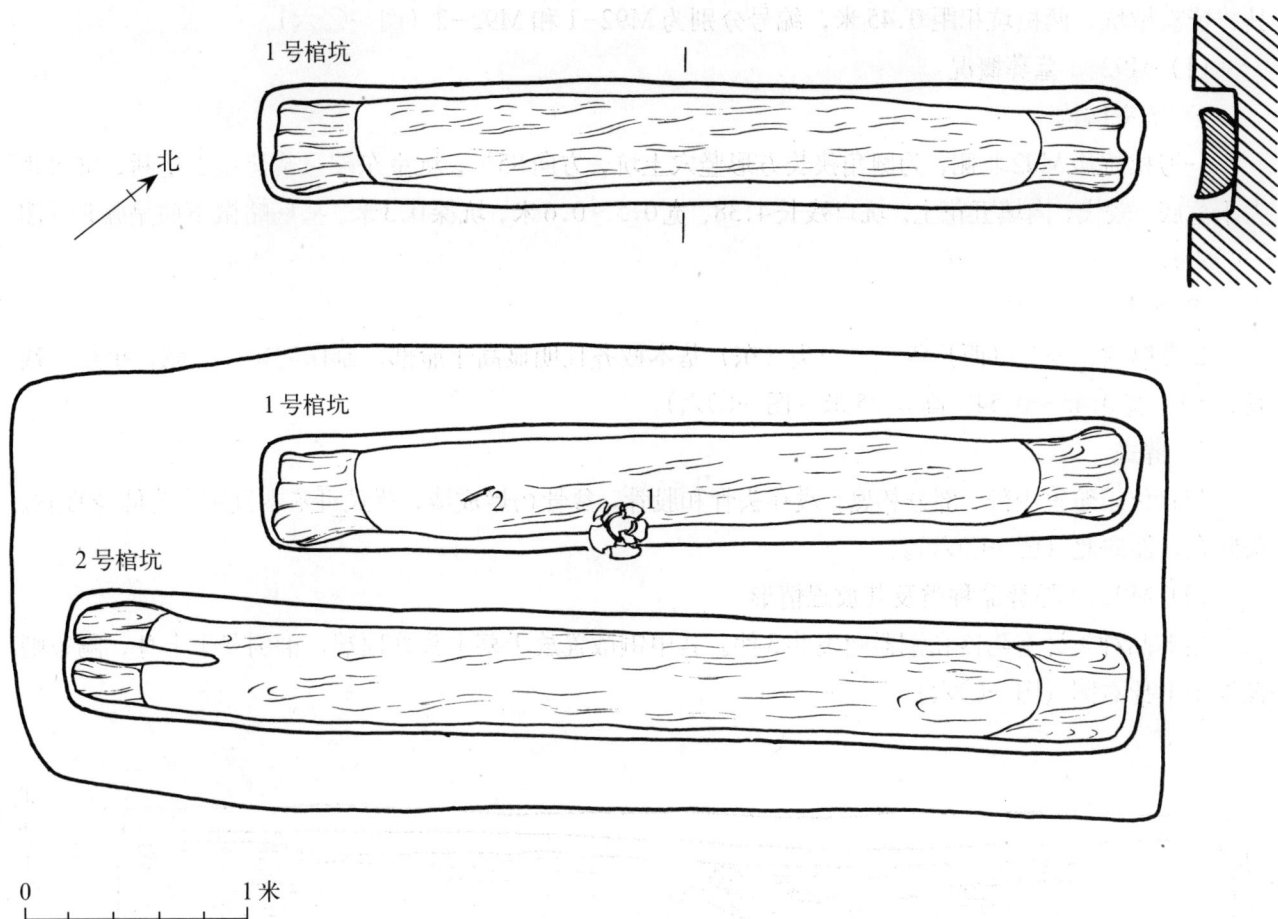

图一〇五 M58平面图和1号棺坑平、剖面图
1.陶圆底罐 2.铜削

① 坑室结构

二号棺坑居M58南侧,为圆角狭长方形竖穴土坑。方向45°～225°。坑口稍大于墓底,较深,内填五花土,墓底略微下凹呈弧形。坑口长4.85、宽0.5米,坑深0.4米(图一〇五)。

② 葬具

C类船棺,两头基本截齐,无舷,平舱,头、尾部制作明显且明显高于舱部,长4.6、宽0.4、高0.22米(图一〇五)。

③ 葬式

尸骨已朽尽,葬式不明。

(5)M58-2随葬品种类及其放置情形

未发现随葬品。

2. M92

圆角长方形竖穴土坑船棺合葬墓,方向85°。墓室东北角已遭基建施工彻底破坏。墓口稍大于墓底,墓坑极浅,内填五花土。墓口长4.65、宽2米,墓坑深(不含棺坑)0.2米。坑内并排放置船棺两具，皆有棺坑，两棺坑相距 0.45 米，编号分别为 M92-1 和 M92-2（图一〇六）。

（1）M92-1 墓葬概况

① 坑室结构

一号棺坑居 M92 北侧，为圆角狭长方形竖穴土坑，方向 85°。坑室东端被基建施工挖断，坑口稍大于墓底，较浅，内填五花土。坑口残长 4.38、宽 0.5~0.6 米，坑深 0.3 米。墓底略微下凹呈弧形（图一〇六）。

② 葬具

C 类船棺，一头（西）残断，一头（东）基本截齐且明显高于舱部，制作明显，无舷，平舱，残长 3.65、宽 0.45~0.54、高 0.25 米（图一〇六）。

③ 葬式

尸骨位于舱室中部，部分朽腐，残存头骨和股骨，盆骨朽烂成渣，葬式可基本确定，为仰身直肢。头向东，面向北（图一〇六）。

（2）M92-1 随葬品种类及其放置情形

随葬品种类计有陶器和铜器两类共 3 件。其中铜钺置放于墓主头骨顶端，铜剑置于上身，陶釜则摆放于上身右侧（图一〇六）。

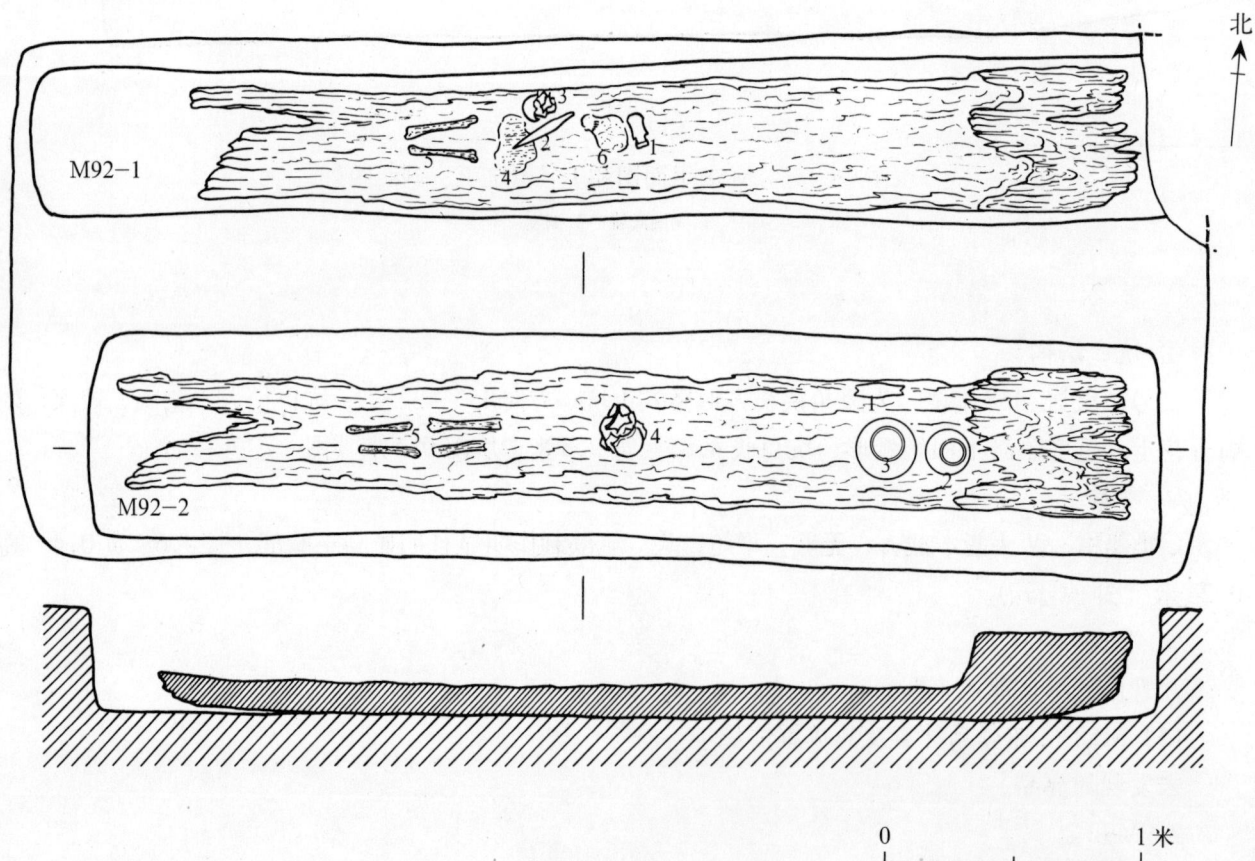

图一〇六　M92 平、剖面图

M92-1：1.铜钺　2.铜剑　3.陶釜　4~6.尸骨　　M92-2：1.铜矛　2.陶器盖　3.陶圜底罐　4.陶釜　5.尸骨

（3）M92-1随葬器物

共有3件随葬品，其中陶器1件，铜器2件。

① 陶器　仅釜1件，为统一分型、式的A型，残甚。

② 铜器　2件，计有剑、钺各1件。

剑　1件。为统一分型、式的BII式。标本M92-1∶2，茎中部上下端各有圆穿一个，剑身下部一面阴刻长嘴飞鸟（鱼凫？）、"心"、"Λ"及"⌂"等纹饰和符号，另一面可见"手"纹。通长31.7、茎长5、身宽3厘米（图一〇七，1；图一〇八；图版——二）。

钺　1件。为统一分型、式的AbII式。标本M92-1∶1，素面。通长11.6、刃宽6、肩宽5.2厘米，銎口长径3.8、短径2.9、深7厘米（图一〇七，2）。

（4）M92-2墓葬概况

① 坑室结构

二号棺坑居M92南侧，为圆角狭长方形竖穴土坑，方向85°。坑口稍大于墓底，较浅，内填五花土。坑口长4.15、宽约0.8米，坑深0.4米。墓底略微下凹呈弧形（图一〇六）。

② 葬具

C类船棺，一头（西）稍残，一头（东）基本截齐且明显高于舱部，制作明显，无舷，平舱，长3.9、宽0.4~0.55、高0.3米（图一〇六）。

③ 葬式

尸骨大部分已朽腐，仅存下肢骨位于舱室中西部，下肢直肢，头向东（图一〇六）。

（5）M92-2随葬品种类及其放置情形

随葬品种类计有陶器和铜器两类共4件。其中2件陶器和1件铜矛置放于舱室东端，另1件陶器则位于舱室中部近头骨位置处（图一〇六）。

（6）M92-2随葬器物

计有陶器和铜器共4件。

① 陶器　3件。计有圆底罐1件，釜1件，器盖1件。

圆底罐　1件。为统一分型、式的AbIa式。标本M92-2∶3，夹砂灰陶，底残，颈部饰凹弦纹一周，肩以下遍饰竖状绳纹。口径11.4、腹径21.2、残高12.2厘米（图一〇九，3）。

釜　1件。为统一分型、式的A型，残甚。

器盖　1件。为统一分型、式的II式。标本M92-2∶2，夹砂灰陶，素面。纽径8.2、口径26.4、高7.2厘米（图一〇九，2）。

② 铜器　仅矛1件。

矛　1件。残甚，为统一分型、式的B型。标本M92-2∶1，残长10.4、叶宽3.8厘米（图一〇九，1）。

3．M96

（1）墓葬概况

① 墓室结构

圆角长方形竖穴土坑船棺合葬墓，方向97°~277°。该墓遭基建施工严重破坏和扰乱，墓室东南

图一〇七　M92-1 出土铜器
1.BⅡ式铜剑（M92-1：2）　2.AbⅡ式铜钺（M92-1：1）

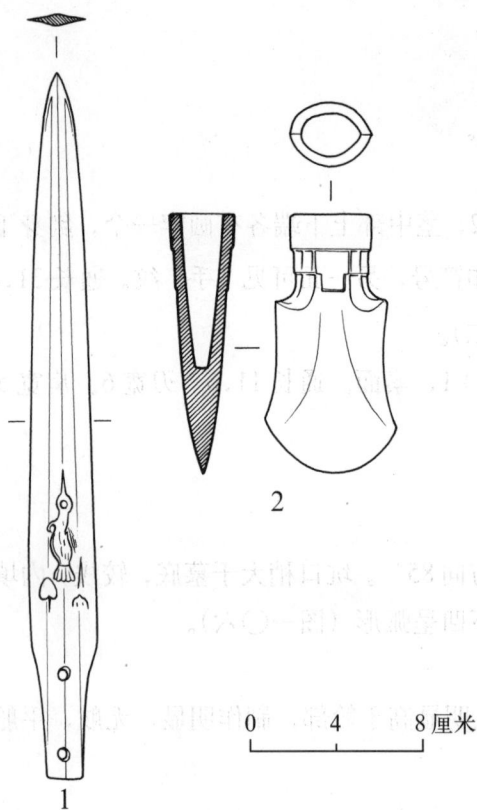

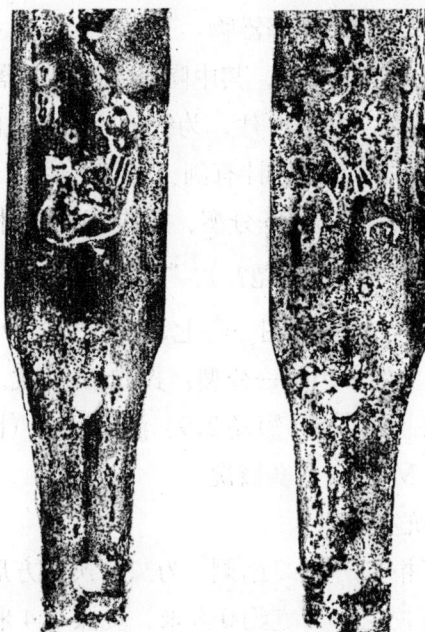

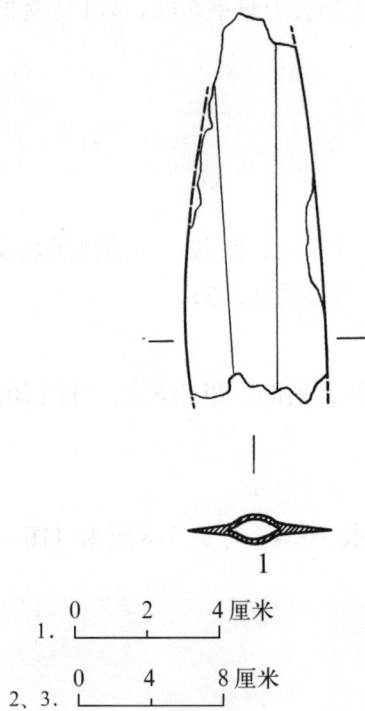

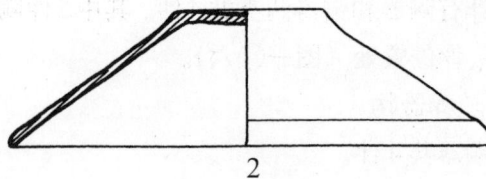

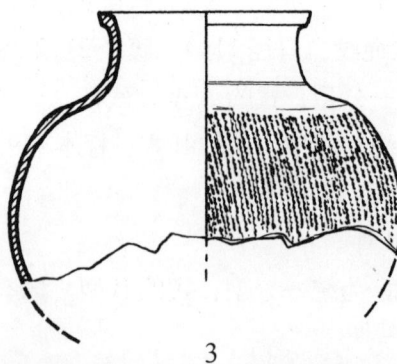

图一〇八　M92-1 出土铜剑（M92-1：2）两面拓片

图一〇九　M92-2 出土器物
1.B型铜矛（M92-2：1）　2.Ⅱ式陶器盖（M92-2：2）　3.AbⅠa式陶圜底罐（M92-2：3）

角已被挖掉。墓坑较深，内填五花土，墓口稍大于墓底。墓口长4.9、宽2米，墓坑深0.56米。坑内并排放置船棺两具，无棺坑，两棺相距0.12米（图一一○；图版一一三）。

② 葬具

墓室底部并排放置船棺两具，均为B类。其中一号棺位于墓底北侧，船棺中部残损，残存部分呈

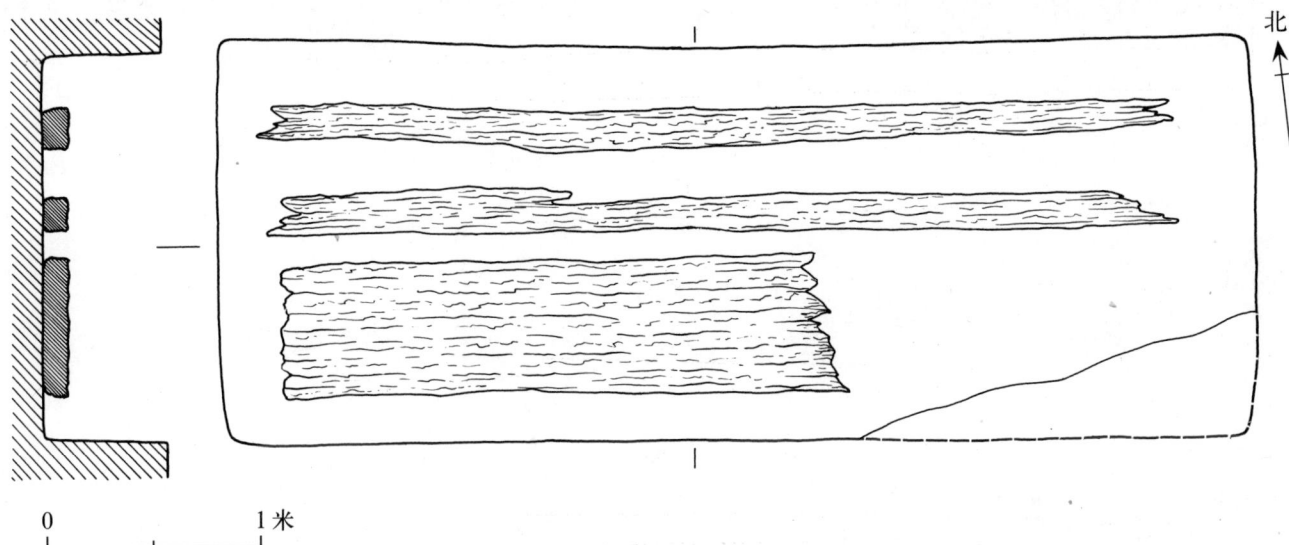

图一一○　M96平、剖面图

长方形木板状，残长4.3、宽0.6、厚0.15米。二号棺位于墓底南侧，船棺东部被基建施工挖断，残存部分亦呈长方形木板状，残长2.66、宽0.65、厚0.14米（图一一○；图版一一三）。

③ 葬式

尸骨不存，葬式不明。

（2）随葬品种类及其放置情形

未发现随葬品。

（二）三棺合葬墓

1座。即M90。

M90北壁被狭长方形土坑墓M89打破，墓室西南角已遭基建施工彻底破坏。为圆角近方形竖穴土坑船棺合葬墓，方向260°。墓室不甚规整，东壁自北向南内曲，墓坑极浅，内填五花土。墓口稍大于墓底。墓口长6.2~6.8、宽3.9米，墓坑深（不含棺坑）0.2米。坑内并排放置船棺3具，皆有棺坑。自北向南编号分别为M90-1、M90-2和M90-3。其中M90-1和M90-2两棺坑相距较近，间距约0.25米，M90-2和M90-3两棺坑相距较远，间距约0.65~0.8米（图一一一；图版一一四、一一五）。

1. M90-1

（1）墓葬概况

① 坑室结构

一号棺坑居M90北侧，是3座棺坑中形制最大的一座，为圆角狭长方形竖穴土坑，方向260°。坑

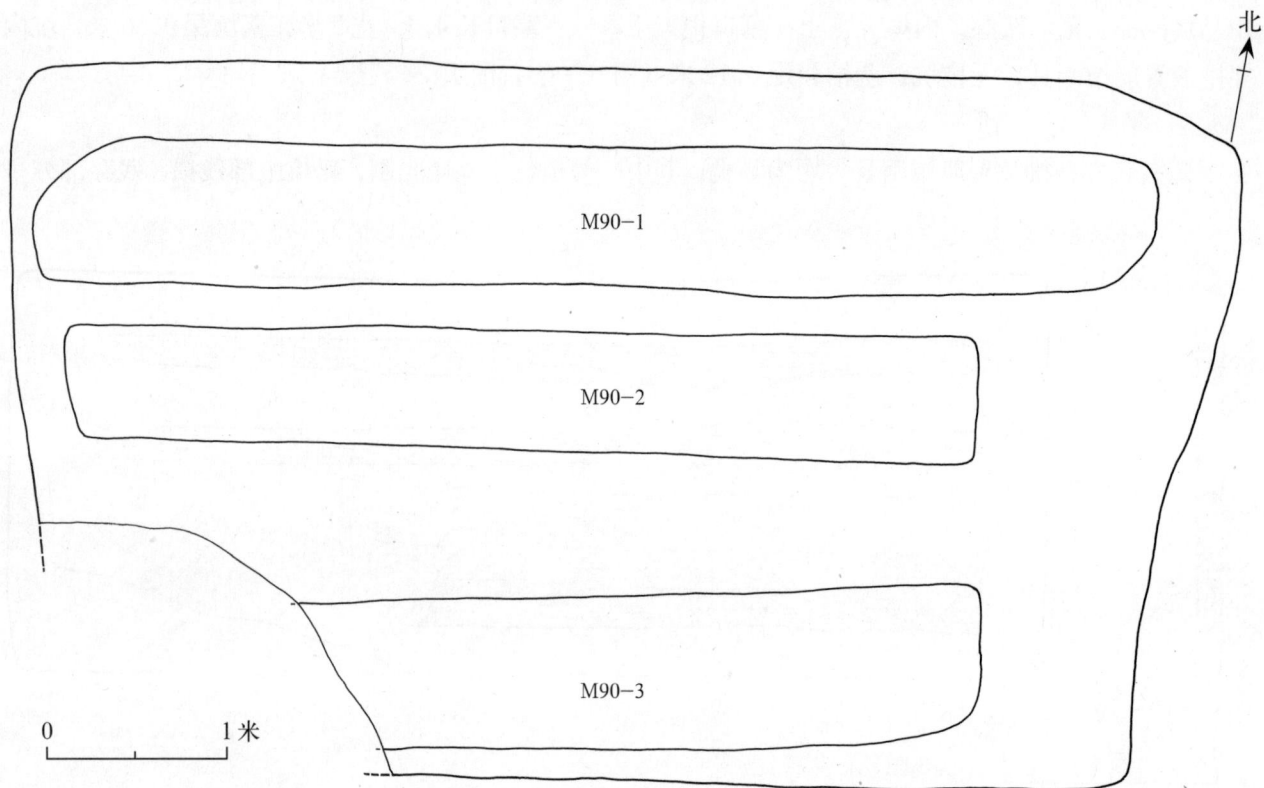

图一一一　M90墓坑平面图

口稍大于墓底，较浅，内填五花土。坑口长6.4、宽0.75米，坑深0.35米。墓底略微下凹呈弧形（图一一二；图版一一六）。

②　葬具

船棺大部已朽腐，仅在坑底的东端和中部残存部分残木块（图一一二）。

③　葬式

尸骨大部已朽尽，仅在坑底东北部发现残肢骨一截，葬式不明（图一一二）。

（2）随葬品种类及其放置情形

M90-1随葬品种类和数量均较为丰富，计有陶器、铜器和漆器三类共35件（片），以铜器为主。均较集中地置放于坑底中部，可分为西、中、东三组，每组器物均以铜兵器为主，掺杂少量铜工具、铜炊器、陶器以及少量漆器（图一一二；图版一一六）。

（3）随葬器物

计有陶器、铜器和漆木器共35件（片）。

①　陶器　8件。计有尖底盏2件，圜底罐3件，器盖2件，不明器形的残陶器1件。

尖底盏　2件。均为统一分型、式的Ⅱ式。标本M90-1∶34，夹砂灰陶，素面。口径12、高3.7厘米（图一一三，5）。

圜底罐　3件。均为统一分型、式的 Ab 型，残甚，其中1件可辨式别，为 AbIa 式。

AbIa 式　1件。标本 M90-1：23，夹砂灰陶，仅存上部，斜方唇。口径11.4、残高8.8厘米（图一一三，6）。

器盖　2件。残甚。

② 铜器　25件。计有矛8件，剑4件，戈4件，钺1件，斤1件，凿2件，雕刀1件，刻刀1件，刀1件，锯片1件，鏊1件。

矛　8件。计有统一分型、式的 A 型3件，B 型5件。

A 型　3件。计有 AI 式1件，AIIa 式2件。

AI 式　1件。标本 M90-1：4，双耳残失，素面。通长29、骹长14、叶宽2.6、骹径2.8厘米（图一一四，2）。

AIIa 式　2件。标本 M90-1：1，锋部及刃部多处残损。骹部两面均铸饰"手"、"心"及虎面纹。残长25、骹长11、叶宽3、骹径2.6厘米（图一一四，3；图一一九，1；图版一一七）

标本 M90-1：6，锋略残，双耳间铸饰一浅浮雕虎像，骹一面铸虎头及前躯，虎身绕骹侧向上，至骹部另一面伸展其下肢及卷状长尾，骹侧铸虎口及虎腰，虎头硕大，虎口大张，身长如龙，后双腿匍匐，尾尖伸至近叶部。通长27.6、骹长13、叶宽3.4、骹径2.9厘米（图一一四，1；图一一八；图版一一八）。

B 型　5件。计有 BIb 式1件，BII 式2件，BIIIa 式2件。

BIb 式　1件。标本 M90-1：2，骹口饰雷纹一周，雷纹以上两面均饰由蝉纹、"手"及"Ɀ"等单个纹饰或符号构成的组合图案。通长23.2、骹长6、叶宽3.3、骹径2.6厘米（图一一五，4；图一一九，2；图版一一九）。

BII 式　2件。标本 M90-1：30，骹口饰雷纹一周，雷纹以上两面均饰由蝉纹、"手"及"Ɀ"等单个纹饰或符号构成的组合图案，与 M90-1：2基本相同。通长22.4、骹长5.8、叶宽3.7、骹径2.4厘米（图一一五，2；图一一九，4；图版一二〇）。

标本 M90-1：3，椭圆形骹，骹口饰雷纹一周，雷纹以上两面均饰由蝉纹、"手"、"心"等单个纹饰或符号构成的组合图案。通长25、骹长6.5、叶宽3.8、骹长径2.8厘米（图一一五，1）。

BIIIa 式　2件。M90-1：5，骹部锈蚀较甚，一面可辨认"心"等纹饰，另一面锈蚀不清。通长22、骹长5.8、叶宽3.9、骹径2.5厘米（图一一三，4；图一一九，3）。

标本 M90-1：31，椭圆形骹，骹部一面饰奔虎纹，虎头部锈蚀不清，另一面锈蚀不清。通长22.5、骹长6.2、叶宽4厘米，骹长径3、短径2.3厘米（图一一五，3）。

剑　4件。其中1件为统一分型、式的 AII 式，1件为 BIV 式，2件为 BII 式。

AII 式　1件。标本 M90-1：22，刃部多处残缺，茎部上侧和下端中部各有圆穿一个，素面。通长30.6、茎长4.9、身宽3厘米（图一一三，3）。

BII 式　2件。标本 M90-1：19，刃部稍残，茎部上侧和下端中部各有圆穿一个，素面。通长31.3、茎长4.5、身宽2.7厘米（图一一三，2）。

标本 M90-1：15，仅存茎部和身下部，茎下端中部有圆穿一个，素面。残长12、茎长5、身宽3厘米（图一一六，6）。

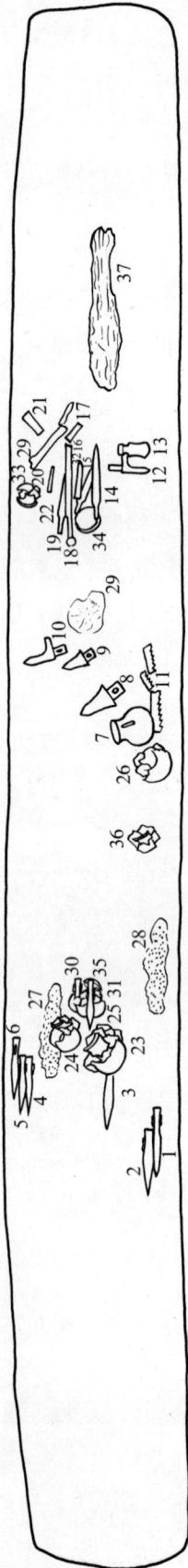

图一一二　M90-1 平面图

1～6、30、31.铜矛　7.铜錾　8～10、12.铜戈　11.铜锯　13.铜钺　14、15、19、22.铜剑　16.铜刻刀　17、20、32.铜锯　18.铜刀　21.铜斤　23～25.陶圜底罐　26、35.陶器盖　27、28.漆器　29.尸骨　33、34.陶尖底盏　36.残陶片　37.棺木

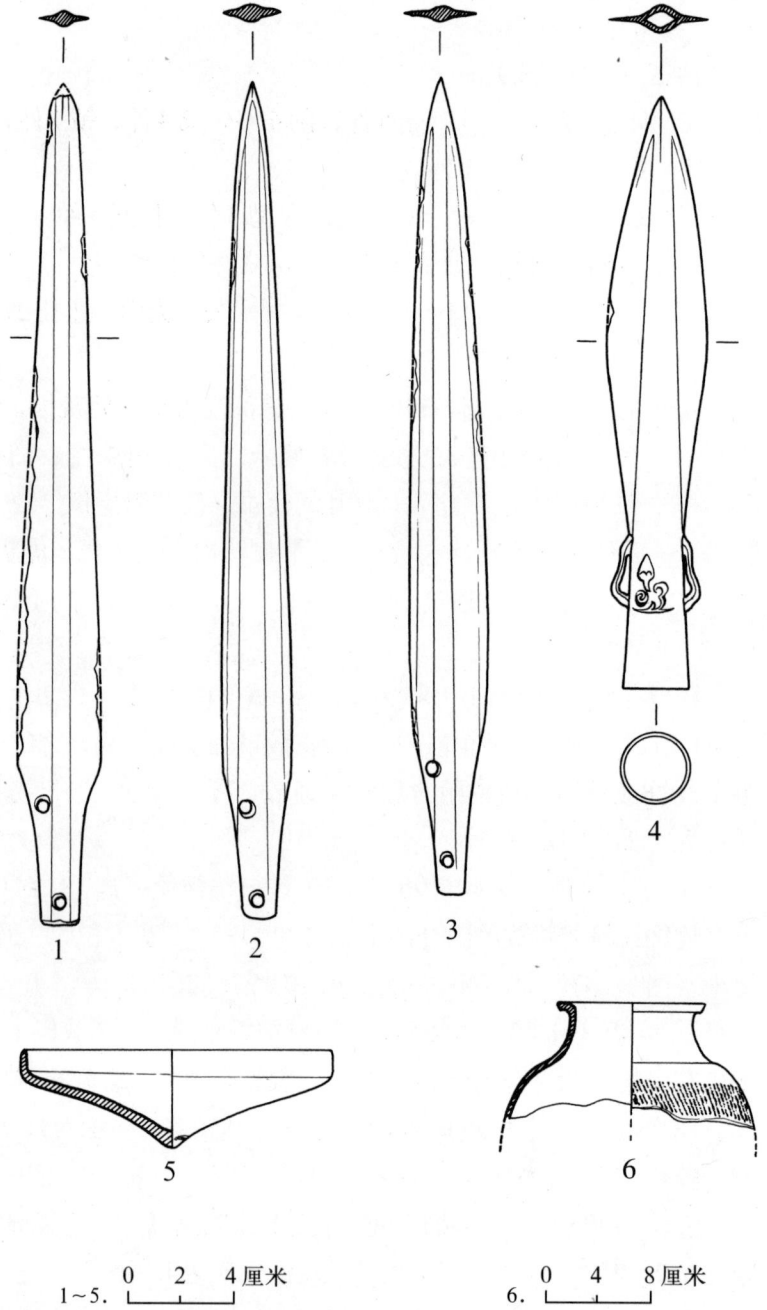

图一一三　M90-1 出土器物

1.BⅠ式铜剑（M90-1:14）　2.BⅡ式铜剑（M90-1:19）　3.AⅡ式铜剑（M90-1:22）　4.BⅢa式铜矛（M90-1:5）　5.Ⅱ式陶尖底盏（M90-1:34）　6.AbⅠa式陶圜底罐（M90-1:23）

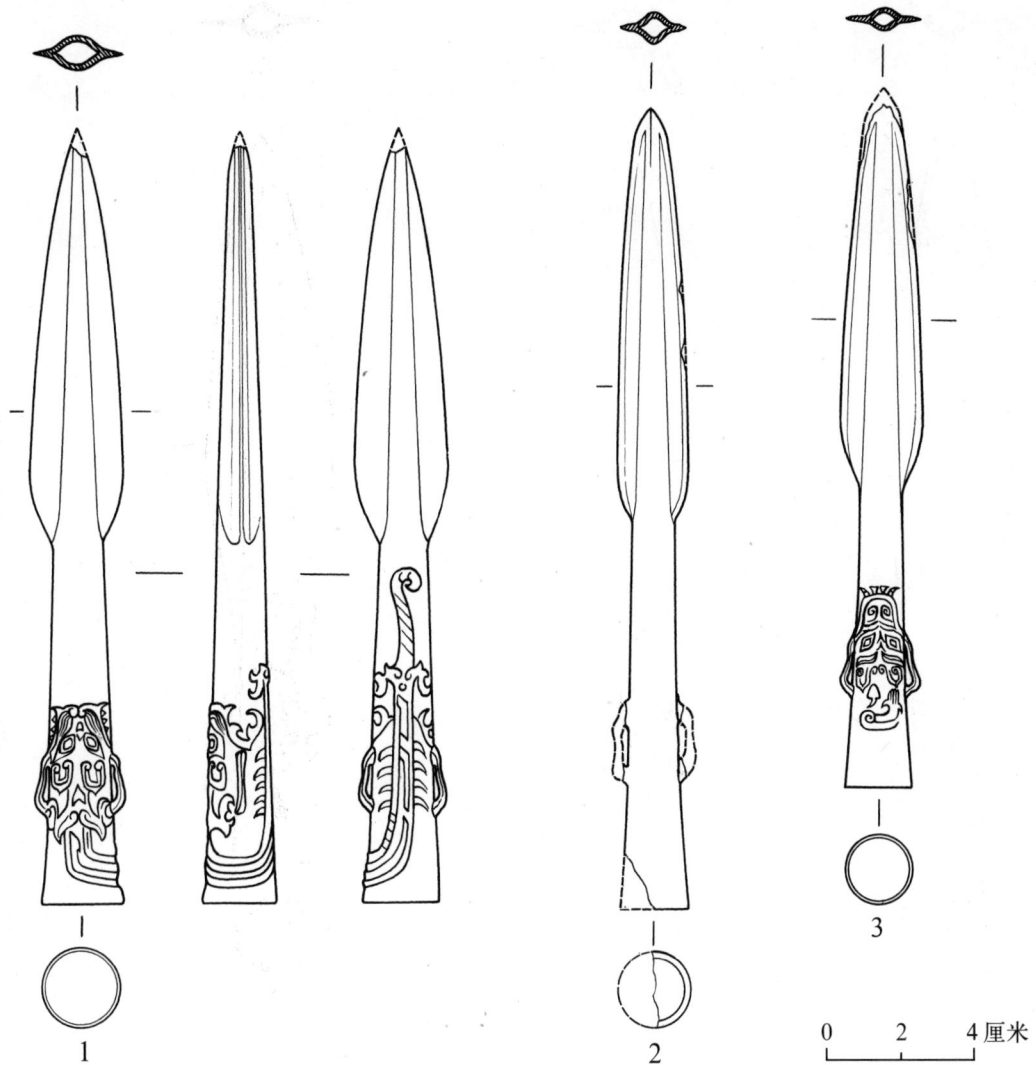

图一一四　M90-1 出土铜矛

1.AⅡa式铜矛（M90-1：6）　2.AⅠ式铜矛（M90-1：4）　3.AⅡa式铜矛（M90-1：1）

BIV式　1件。标本M90-1：14，刃部多处残缺，茎部上侧和下端中部各有圆穿一个，素面。通长31.5、茎长4.9、身宽3厘米（图一一三，1）。

戈　4件。分别为统一分型、式的Ib式，IIa式，IV式和Vb式。

Ib式　1件。标本M90-1：8，援近本两侧残缺，援部和内部各有一小圆穿，内上饰竖直凸筋四道。通长22.8、援长15.8、内长7厘米（图一一六，1）。

IIa式　1件。标本M90-1：9，援本向援部略微弯曲，援本二长方形穿，近援本处两面均铸有高浮雕变形凤鸟纹，内上一圆穿，竖直凸筋四道。通长16.8、援长11.5、内长5.3厘米（图一一六，4；图一二〇；图版一二一）。

IV式　1件。标本M90-1：10，弧背，圆弧状三角形锋，阑侧三穿，其中上穿为圆穿，下二穿为长方形穿，内上一长方形穿，竖直凸筋四道，援近阑处一面铸高浮雕状"手"、"心"及奔虎图案，另

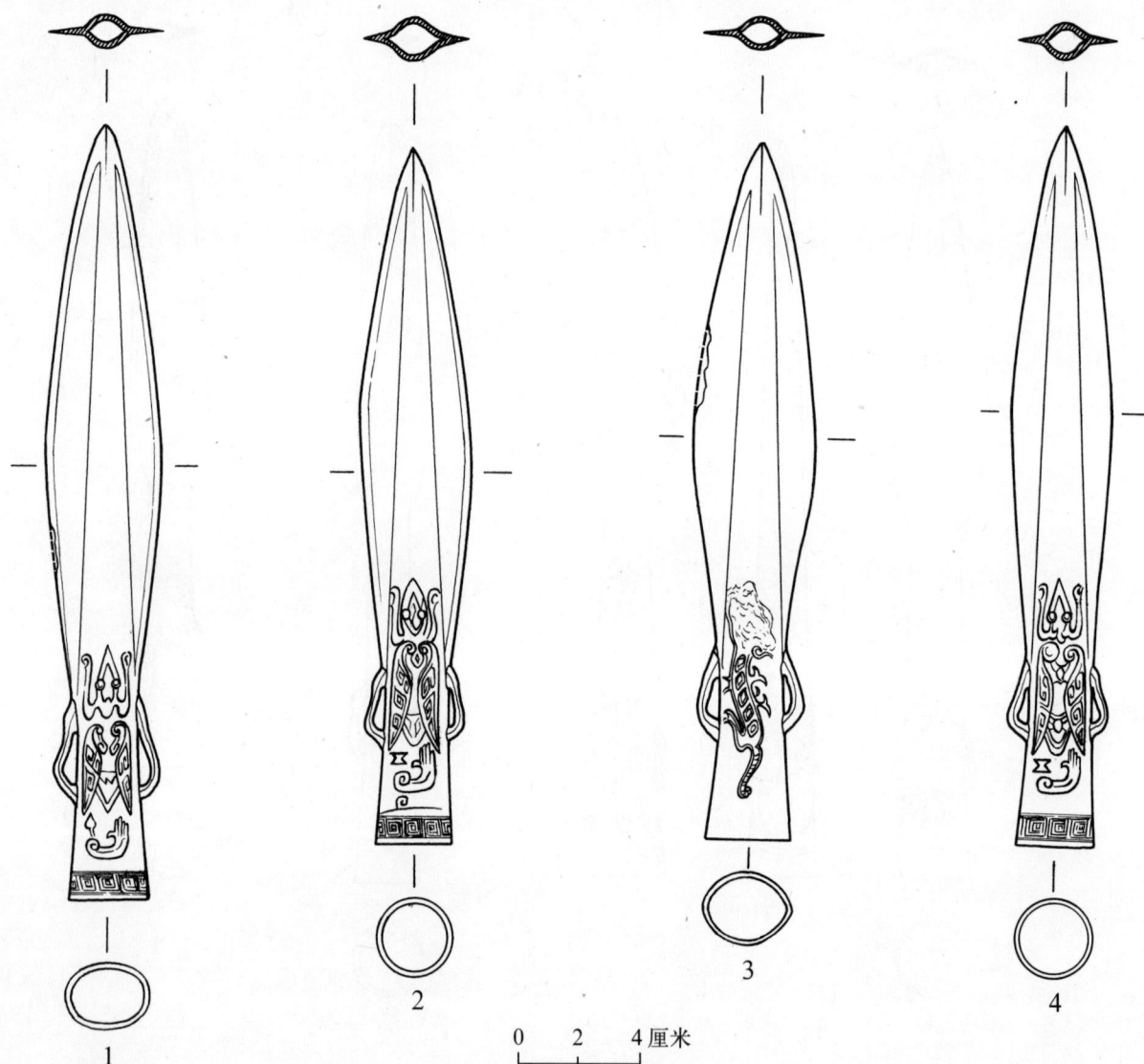

图一一五　M90-1 出土铜矛

1、2.BⅡ式铜矛（M90-1：3、30）　3.BⅢa式铜矛（M90-1：31）　4.BⅠb式铜矛（M90-1：2）

一面锈蚀不清。通长18.2、援长12.2、内长6厘米（图一一六，3；图一二一；图版一二二）。

Vb式　1件。标本M90-1：12，曲背，蛇头状锋，阑侧三穿，其中上穿为半圆穿，下二穿为长方形穿，内上一近长方形穿，竖直凸筋四道。通长20.2、援长14.2、内长6厘米（图一一六，2；图版一二三）。

钺　1件。为统一分型、式的AbⅠ式。标本M90-1：13，刃部数处残缺，素面。通长16、刃宽7.5、肩宽6.2厘米，銎口长径4.8、短径3.9、深7.9厘米（图一一七，1；图版一二四）。

斤　1件。为统一分型、式的Ⅰ式。标本M90-1：21，长方形銎口，素面。通长12.2、刃宽4.7厘米，銎口长径3.8、短径2.2、深6.6厘米（图一一七，2；图版一二五）。

凿　2件。计有统一分型、式的AⅠ式1件，C型1件。

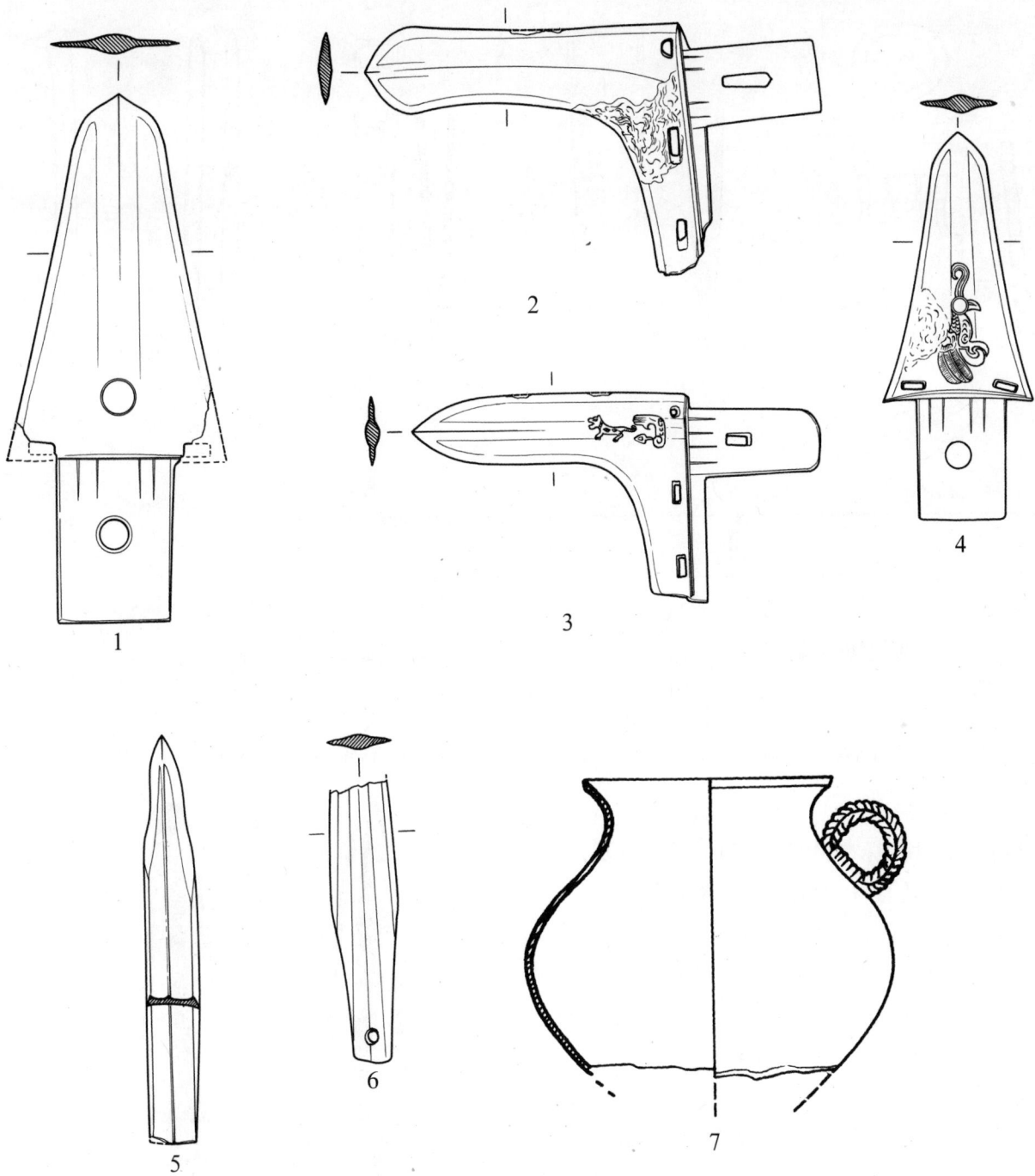

图一一六　M90-1出土铜器

1. Ib式铜戈（M90-1：8）　　2. Vb式铜戈（M90-1：12）　　3. IV式铜戈（M90-1：10）　　4. IIa式铜戈（M90-1：9）

5. I式铜刻刀（M90-1：16）　　6. BII式铜剑（M90-1：15）　　7. II式铜鍪（M90-1：7）

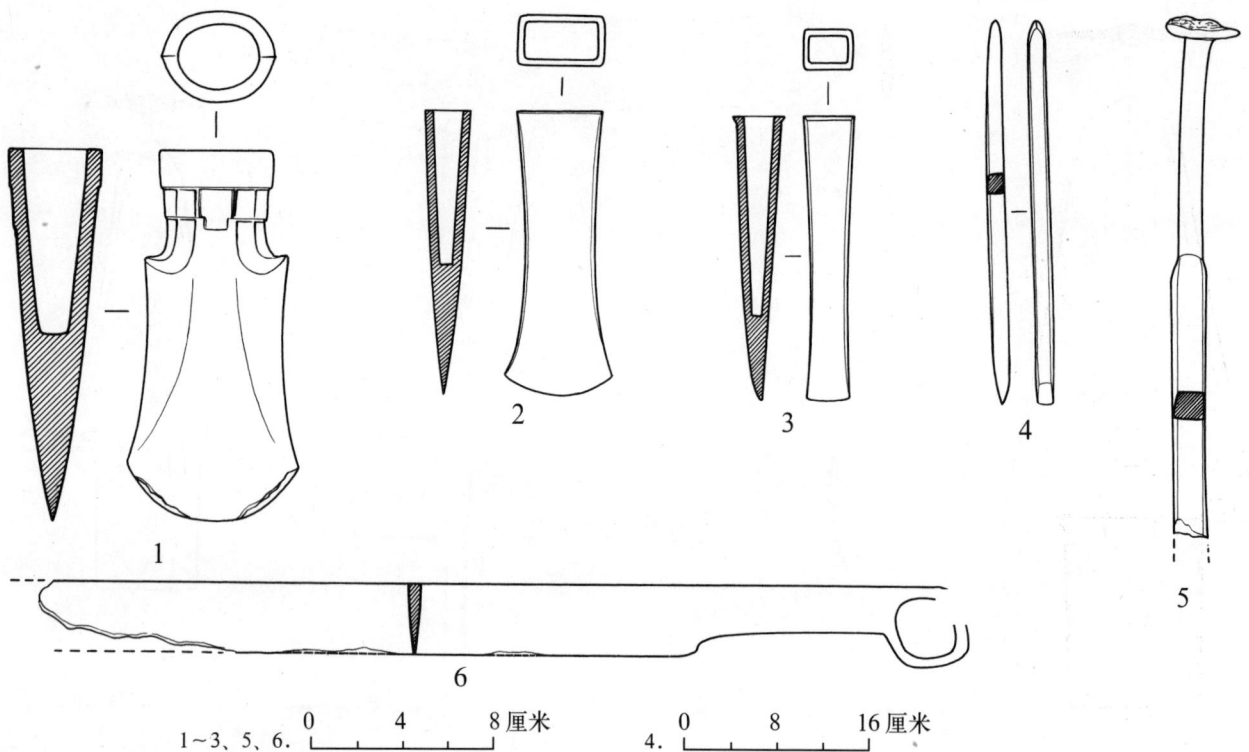

图一一七　M90-1 出土铜器

1.Ab I 式铜钺 (M90-1：13)　2. I 式铜斤 (M90-1：21)　3.C 型铜凿 (M90-1：17)
4.铜雕刀 (M90-1：32)　5.A I 式铜凿 (M90-1：20)　6.铜刀 (M90-1：18)

A I 式　1件。标本 M90-1：20，铃形首及下端残，素面。残长11.1、体厚1.4厘米（图一一七，5）。

C 型　1件。标本 M90-1：17，长方形銎口，素面。长12.2、刃宽1.8厘米，銎口长径2.1、短径1.7、深8.6厘米（图一一七，3）。

雕刀　1件。为统一分型、式的 B 型。标本 M90-1：32，一端为弧刃，一端为尖刃，素面。长8.3、弧刃宽0.3、体厚0.4厘米（图一一七，4）。

刻刀　1件。属统一分型、式的 I 式。标本 M90-1：16，柳叶形体，锋部较长，身部较短，锋与身转折较缓，背部起脊，腹部微内凹，素面。通长17.6、身宽2.4厘米（图一一六，5）。

刀　1件。标本 M90-1：18，残，近方形环首、直柄、直背、直刃，素面。残长40.5、柄长8、身宽3厘米（图一一七，6）。

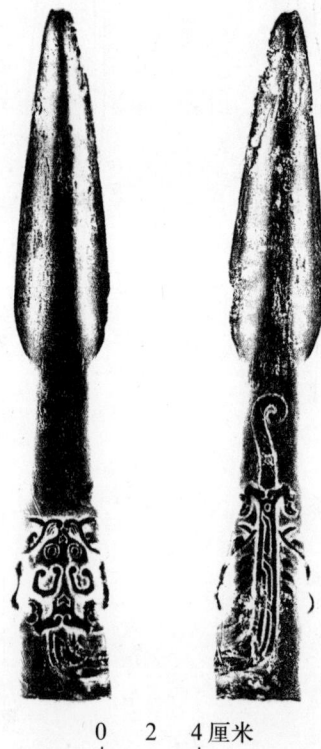

图一一八　M90-1 出土铜矛 (M90-1：6) 拓片

鍪 1件。为统一分型、式的Ⅱ式。标本M90–1∶7，底残，素面。口径11.2、残高12.8厘米（图一一六，7）。

③ 漆木器 仅在船棺内发现两块近长方形朱漆痕迹。

2．M90–2

（1）墓葬概况

① 坑室结构

二号棺坑位于M90中部，为圆角狭长方形竖穴土坑，方向260°。坑口稍大于墓底，较浅，内填五花土。坑口长4.95、宽0.8米，坑深0.35米。墓底略微下凹呈弧形（图一二二；图版一二六）。

② 葬具

船棺朽烂较甚，但保存较M90–1稍好，残存部分呈近狭长方形木板状，未能分类，残长3.96、残宽0.2～0.45、残厚0.08米（图一二二；图版一二六）。

③ 葬式

尸骨已朽尽，葬式不明。

（2）随葬品种类及其放置情形

随葬品种类计有陶器和铜器两类，以铜器为主，均较分散地置放于残存船棺及坑底的中部（图一二二；图版一二六）。

（3）随葬器物

计有陶器和铜器16件。

① 陶器 6件。计有平底罐2件，圜底罐1件，缶1件，不明器形的残陶器2件。

平底罐 2件。均为统一分型、式的A型。标本M90–2∶11，夹砂褐陶，侈口，斜方唇，长颈，圆鼓肩，斜直腹，平底，肩部饰凹弦纹一周。口径11、肩径17.6、底径9.6、高17.6厘米（图一二三，5）。

标本M90–2∶12，夹砂褐陶，侈口，斜方唇较厚，长颈，圆鼓腹，下腹斜直，平底，肩部饰凹弦纹一周。口径9.4、肩径16.4、底径9、高16.2厘米（图一二三，4）。

圜底罐 1件。为统一分型、式的Ab型，残甚。

缶 1件。残甚。

② 铜器 10件。计有矛2件，剑2件，戈3件，钺1件，鍪1件，鍪耳1件。

矛 2件。均为统一分型、式的BⅡ式。标本M90–2∶1，叶两侧中部各有四个逗点状圆形穿，骹部一面铸饰高浮雕状“手”、“心”、奔虎纹饰符号，另一面铸饰由“”、“”、“”（罍？）、“”、“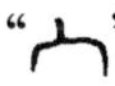”等单个纹饰或符号构成的组合图案。通长22.8、骹长5.2、叶宽3.8、骹径2.4厘米（图一二四，3；图一二五，2；图版一二七）。

标本M90–2∶2，双耳残失一只，锈蚀较甚，骹部一面饰奔虎纹和变形蝉纹，另一面锈蚀不清。通长21.4、骹长6.2、叶宽3.4、骹径2.5厘米（图一二四，4）。

剑 2件。均为统一分型、式的BⅡ式。标本M90–2∶8，锋部稍残，茎部上下端中部各有圆穿一个，素面。残长20.8、茎长3.5、身宽2厘米（图一二四，1）。

标本M90–2∶7，残，茎部上下端中部各有圆穿一个，素面。残长18.2、茎长3.7、身宽2.4厘米（图一二四，2）。

0　　　2　　　4厘米

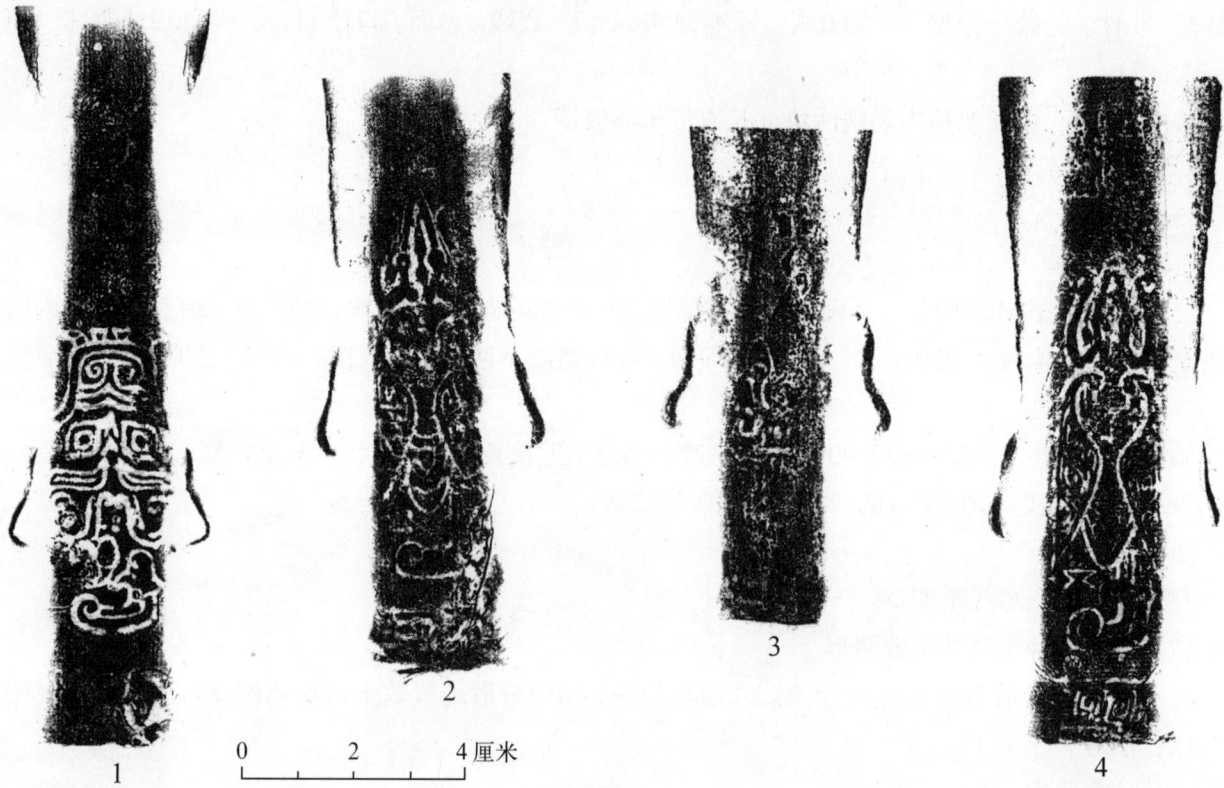

图一一九　M90-1出土铜矛拓片

1.M90-1:1　2.M90-1:2　3.M90-1:5　4.M90-1:30

0　　2　　4厘米

0　　　2　　　4厘米

图一二〇　M90-1出土铜戈（M90-1:9）拓片　　　　图一二一　M90-1出土铜戈（M90-1:10）拓片

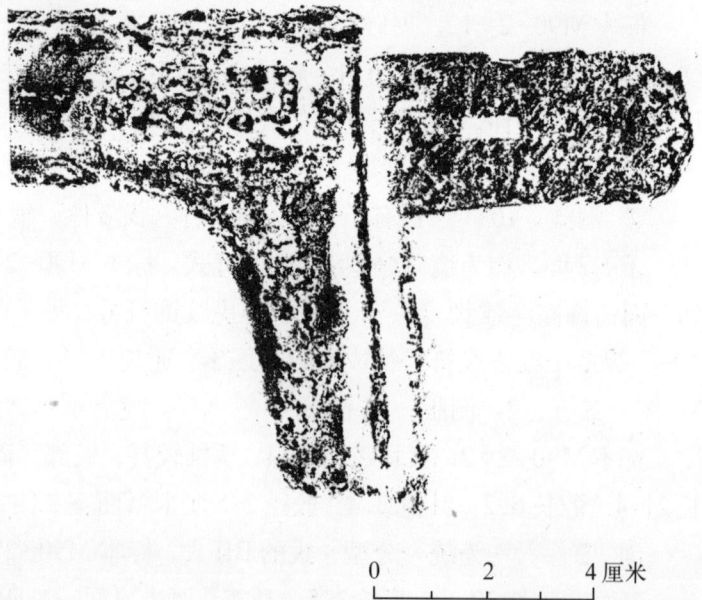

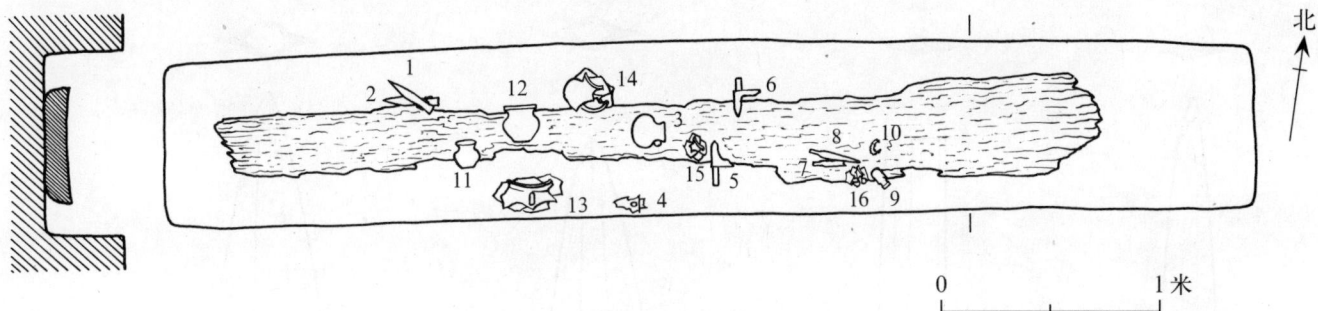

图一二二　M90-2平、剖面图

1、2.铜矛　3.铜鍪　4～6.铜戈　7、8.铜剑　9.铜钺　10.铜鍪耳　11、12.陶平底罐　13.陶缶　14.陶圜底罐　15、16.残陶片

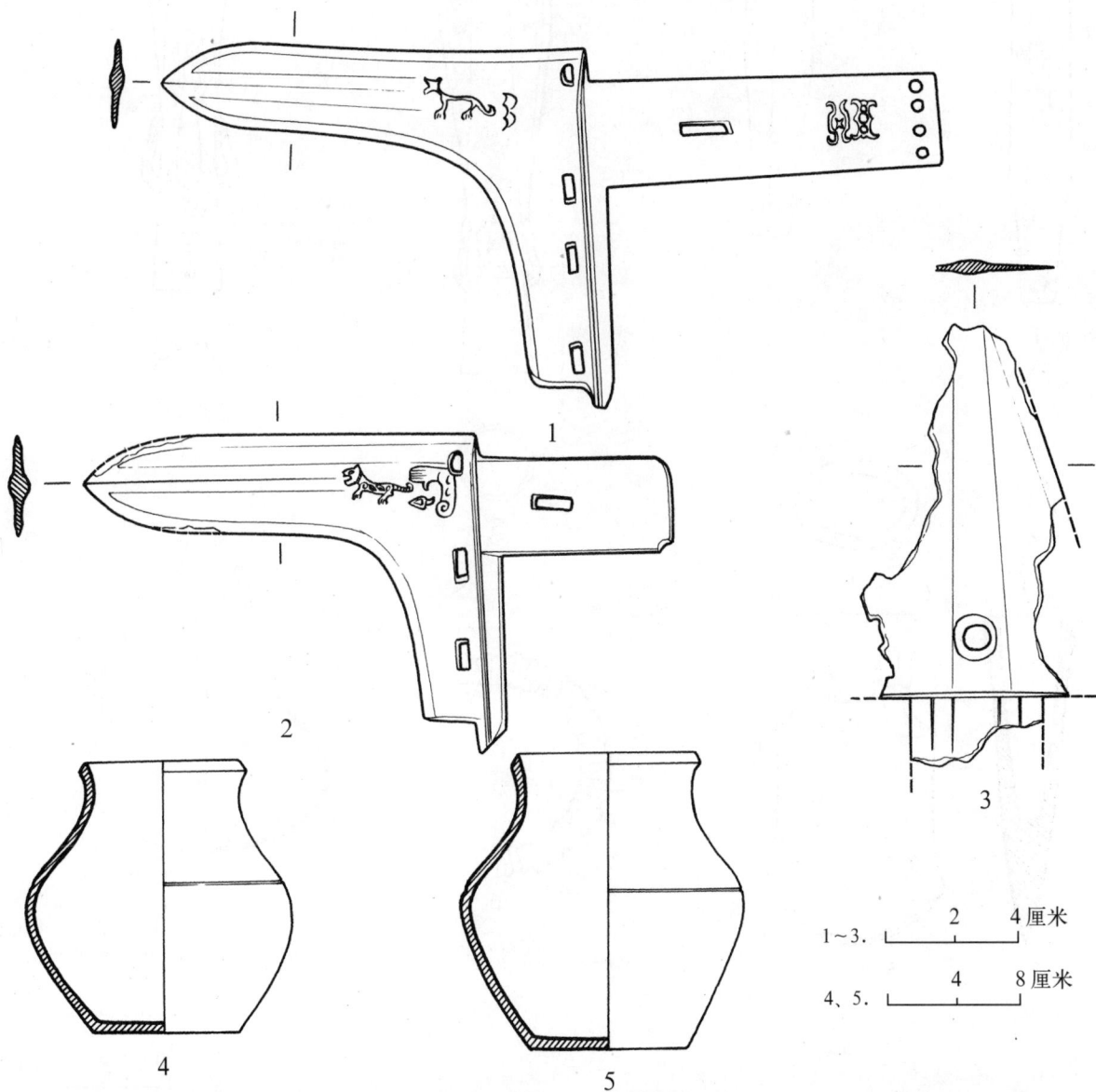

图一二三　M90-2出土器物

1.Vc式铜戈（M90-2：5）　2.Ⅳ式铜戈（M90-2：6）　3.Ib式铜戈（M90-2：4）　4、5.A型陶平底罐（M90-2：12、11）

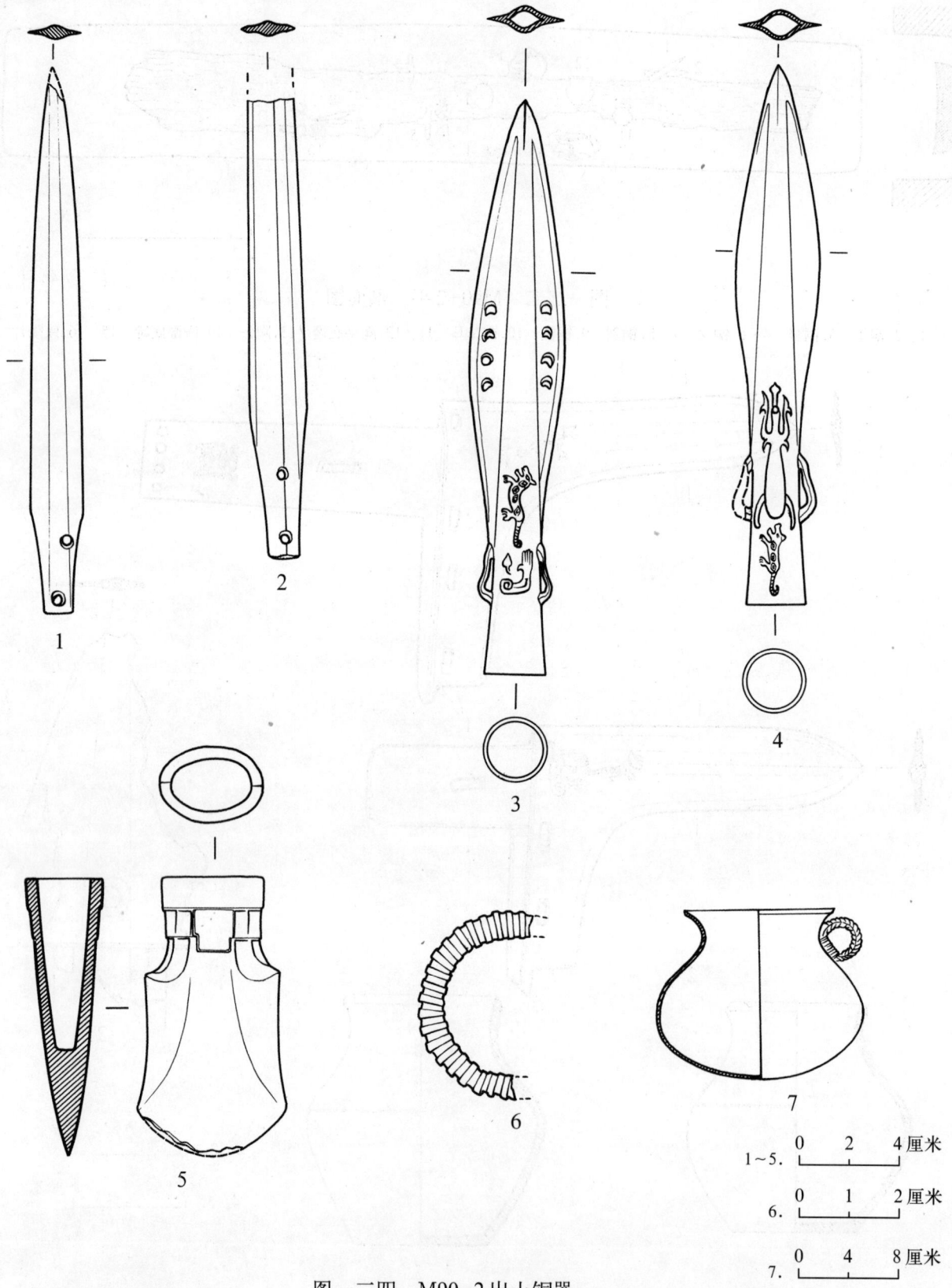

图一二四　M90-2出土铜器

1、2.BⅡ式铜剑（M90-2：8、7）　　3、4.BⅡ式铜矛（M90-2：1、2）　　5.AbⅠ式铜钺（M90-2：9）
6.铜鍪耳（M90-2：10）　　7.Ⅱ式铜鍪（M90-2：3）

戈　3件。分别为统一分型、式的Ib式，Ⅳ式和Vc式。

Ib式　1件。标本M90-2：4，残损较甚，援近本处可见一圆穿，直内，内上可见竖直凸筋四道。残长13.3厘米（图一二三，3）。

Ⅳ式　1件。标本M90-2：6，直背，圆弧状三角形锋，阑侧三穿，其中上穿为半圆穿，下二穿为长方形穿，内上一长方形穿，内下角凹缺，援近阑处一面铸饰高浮雕状"手"、"心"及奔虎图案，另一面铸饰由"〰"、"⌣"、"〇"（罍?）、"Ⴀ"等单个纹饰或符号构成的组合图案，内容与M90-2：1铜矛骹部的一面纹饰相同。通长18、援长12、内长6厘米（图一二三，2；图一二五，1；图版一二八）。

Vc式　1件。标本M90-2：5，圆弧状三角形锋，阑侧四穿，其中最上一穿为半圆穿，其下三穿为长方形穿，超长内，内上五穿，前部一穿为长方形穿，后端四穿为小圆穿，自上而下呈一字形排列，戈体一面在援近本处阴刻有线状奔虎等纹饰，在内近圆穿处则阴刻有"⚘"和"⚎"符号，另一面为素面。通长24、援长13.3、内长10.7厘米（图一二三，1；图一二六；图版一二九）。

钺　1件。为统一分型、式的AbⅠ式。标本M90-2：9，刃部稍残，素面。通长11、刃宽6、肩宽5.4厘米，銎口长径4.2、短径3、深6.8厘米（图一二四，5；图版一三〇）。

鍪　1件。为统一分型、式的Ⅱ式。标本M90-2：3，素面。口径12、腹径16.4、高13.6厘米（图一二四，7；图版一三一）。

鍪耳　1件。标本M90-2：10，残损，辫索状。直径3.5厘米（图一二四，6）。

3．M90-3

（1）墓葬概况

① 坑室结构

三号棺坑位于M90南侧，西段被基建施工挖掉，残存部分为圆角狭长方形竖穴土坑，方向260°。坑口稍大于墓底，较浅，内填五花土。坑口残长3.7、宽0.92米，坑深0.35米（图一二七）。

② 葬具

船棺朽烂较甚，西段被基建施工挖断，保存状况较M90-1稍好，但较M90-2差，残存部分呈不规则狭长方形木板状，未能分类，残长2.96、残宽0.4、残厚0.07米（图一二七）。

③ 葬式

尸骨大部已朽尽，头骨尚存，位于船棺中部，头向西，面向南。

（2）随葬品种类及其放置情形

随葬品仅陶器一类共5件，其中4件置放于残存船棺的西端，亦即尸骨的头端，另1件则置放于残存船棺的东部近端处（图一二七）。

（3）随葬器物

① 陶器　5件。计有圜底罐2件，釜1件，钵1件，不明器形的残陶器1件。

圜底罐　2件。均为统一分型、式的Ab型，其中1件为AbⅠa式，另一件残甚，式别不辨。

AbⅠa式　1件。标本M90-3：5，夹砂灰褐陶，肩以下遍饰竖状绳纹。口径11.6、腹径21、高18厘米（图一二八，2）。

釜　1件。为统一分型、式的A型，残甚。

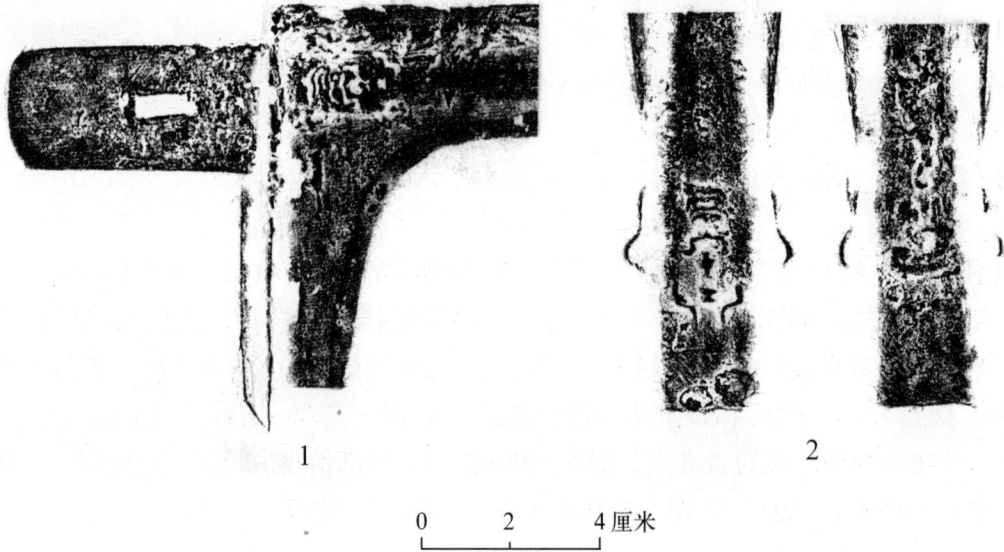

图一二五　M90-2出土铜器拓片

1.铜戈（M90-2：6）　2.铜矛（M90-2：1）两面

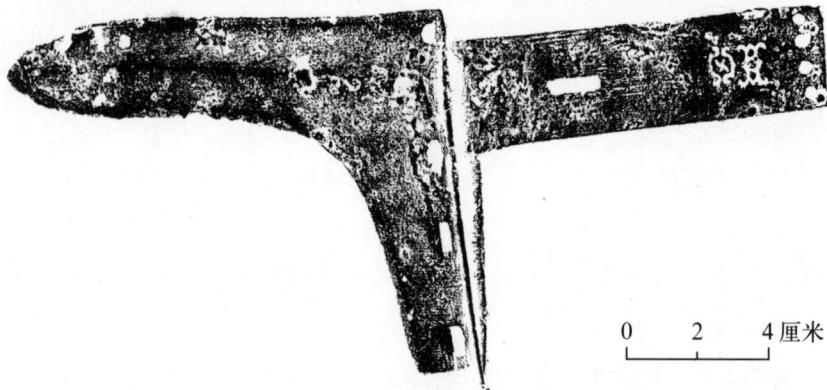

图一二六　M90-2出土铜戈（M90-2：5）拓片

钵　1件。为统一分型、式的B型。标本M90-3：1，夹砂褐陶，敛口，圆唇，鼓肩，斜腹微内曲，平底内凹，肩部饰尖状一对。口径17.6、底径9.6、肩径20.6、高12厘米（图一二八，1；图版一三二）。

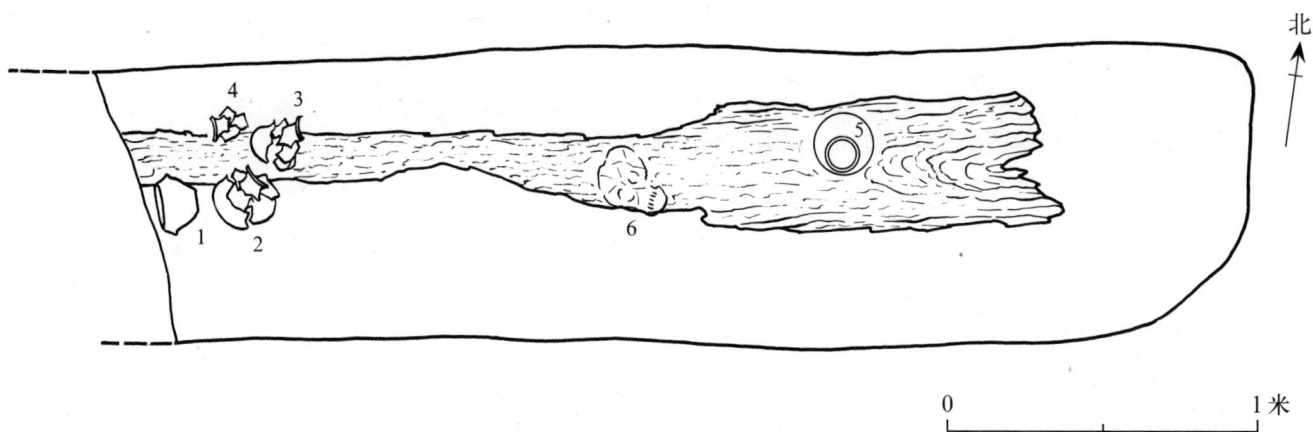

图一二七 M90-3平面图

1.陶钵 2.5.陶圜底罐 3.陶釜 4.残陶片 6.人头骨

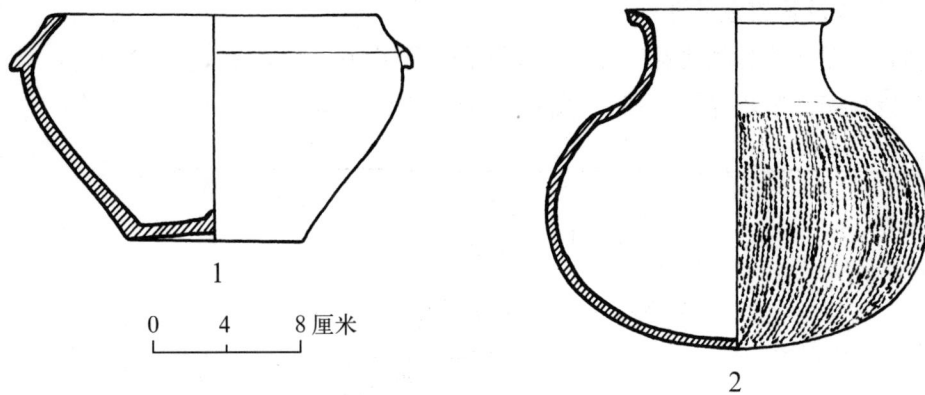

图一二八 M90-3出土陶器

1.B型陶钵（M90-3：1） 2.AbⅠa式陶圜底罐（M90-3：5）

第二节　木板墓

共清理 3 座，分别为 M50、M60、M81。逐一介绍如下。

一　M50

（一）墓葬概况

1．墓室结构

近狭长方形竖穴土坑木板墓，方向 115°～295°。墓室东北部已遭基建施工彻底破坏。墓坑极浅，内填五花土，坑壁近直，墓底近平，墓坑拐角基本上为直角。墓口长 5、宽 1.72 米，坑深 0.3 米（图一二九；图版一三三）。

2．葬具

葬具朽腐较甚，仅在墓室南侧中段残存近长条形木板一块，残长 3.4、残宽 0.35、厚约 0.06 米（图一二九）。

3．葬式

尸骨大部已朽烂，仅在墓底西北部发现人牙数枚，葬式不明。

（二）随葬品种类及其放置情形

残存随葬品有陶器、铜器和铁器三类，以陶器和铜器为主。铜器多位于墓底北部，陶器则多集中置放于西部，少数与铜器杂处置放于墓底北部，铁器仅 1 件，位于墓底西南部（图一二九）。

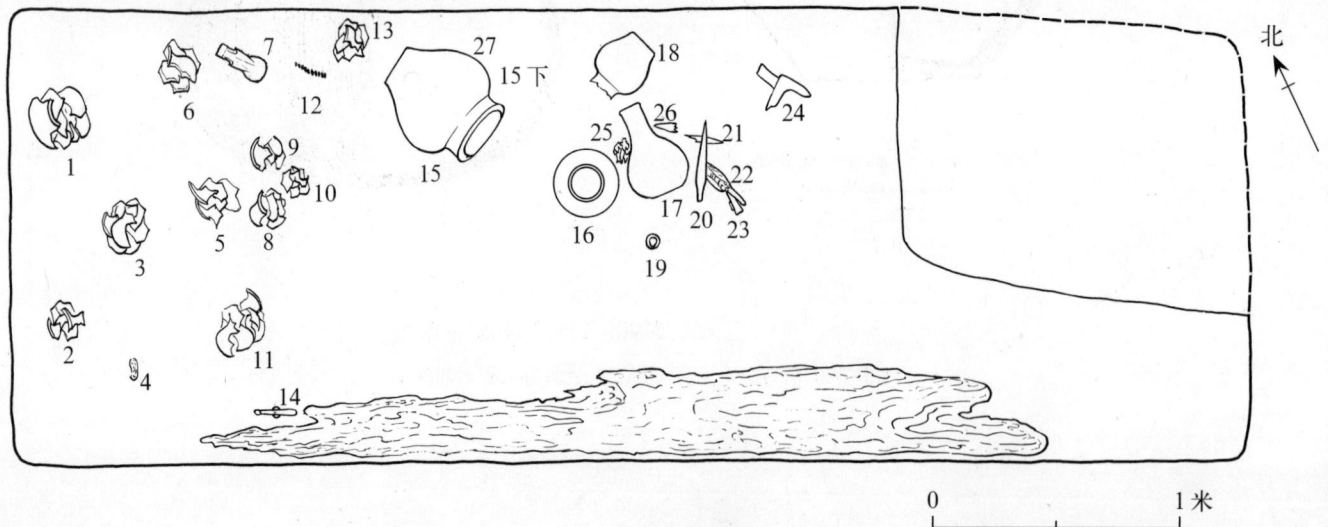

图一二九　M50 平面图

1、16.陶圜底罐　2、8～10、13、27.陶豆　3、6、11.陶釜　4.铁器　5.铜盘　7.铜钺　12.人牙　14、22.铜带钩　15.陶大口瓮　17.陶瓶　18.陶小口瓮　19.铜环　20.铜剑　21、23、26.铜矛　24.铜戈　25.残铜片

（三）随葬器物

计有陶器、铜器和铁器共 26 件。

1. 陶器　14 件。计有圜底罐 2 件，豆 6 件，釜 3 件，大口瓮 1 件，小口瓮 1 件，瓶 1 件。

圜底罐　2 件。均为统一分型、式的 AbII 式。标本 M50：16，夹砂灰褐陶，口小腹大，颈部饰凹弦纹一周，肩以下遍饰竖状绳纹。口径 12.4、腹径 27.6、高 23.2 厘米（图一三〇，4）。

豆　6 件。计有统一分型、式的 A 型 5 件，Bb 型 1 件。

A 型　5 件。计有 AIV 式 4 件，1 件因残甚式别不辨。

A IV 式　4 件。标本 M50：27，夹砂红褐陶，圆方唇较厚，沿下饰凹槽一周，下腹饰凹弦纹一周。口径 14、圈足径 5.5、高 5.2 厘米（图一三〇，3）。

Bb 型　1 件。残甚，式别不辨。

釜　3 件。均为统一分型、式的 A 型，残甚。

大口瓮　1 件。为统一分型、式的 I 式。标本 M50：15，夹砂灰褐陶，直口，立领较高，方唇内斜，圆肩较窄，深圆腹内收较甚，平底较小，肩腹部遍饰竖绳纹。口径 26、底径 11.4、腹径 37.2、通高 36 厘米（图一三〇，2；图版一三四）。

小口瓮　1 件。为统一分型、式的 I 式。标本 M50：18，口部残，短颈近直，圆肩，弧腹内收，平底，肩部饰凹带纹三周。底径 12.4、肩径 23.6、残高 24 厘米（图一三〇，5）。

瓶　1 件。M50：17，泥质褐胎黑皮陶，陶质松软，火候极低，变形较严重，侈口，尖唇，细长颈内曲，深鼓腹，平底，素面。口径 11、底径 16、腹径 26.8、高 34 厘米（图一三〇，1）。

2. 铜器　11 件。计有矛 3 件，剑 1 件，戈 1 件，钺 1 件，盘 1 件，带钩 2 件，环 1 件，器形不明的残铜器 1 件。

矛　3 件。均为统一分型、式的 B 型，其中 1 件为 BIIIa 式，另 2 件式别不辨。

BIIIa 式　1 件。标本 M50：26，仅存叶部前半部。残长 14.9、叶宽 3.8 厘米（图一三一，2）。

B 型　2 件。均残甚，标本 M50：23，仅存骹部，骹口铸有雷纹一周，骹上有模糊不清的纹饰。残长 7.4、骹长 5.2、骹径 2.3 厘米（图一三一，3）。

剑　1 件。属统一分型、式的 AIIIa 式。标本 M50：20，形制较大，茎部上侧下中各有圆穿一个，剑身中脊与双刃之间遍饰虎斑纹，下部一面阴刻"Σ"、"≋"及"𗀛"符号，另一面锈蚀不清。通长 43.5、茎长 8.2、身宽 4.2 厘米（图一三二，1；图版一三五）。

戈　1 件。属统一分型、式的 VII 式。标本 M50：24，窄长援微上翘，末端较宽，两刃前聚成锋，较尖锐，隆脊，阑下出齿，内也上翘，内下缘呈弧形并作刃，上缘及端部也作刃，长胡，援本三长方形穿，内部一长方形穿，素面。通长 22.5、援长 14.3、内长 8.2 厘米（图一三二，3）。

钺　1 件。为统一分型、式的 AaVa 式。标本 M50：7，圆角长方形銎口，銎下箍阴刻倒"v"字纹。通长 19.2、刃宽 8.8、肩宽 7 厘米，銎口长径 5.2、短径 4.2、深 11 厘米（图一三一，1）。

盘　1 件。标本 M50：5，严重残损，仅能看出大致器形，折沿，大口，浅腹，口沿上阴刻"王"形纹（图一三三，2）。

带钩　2 件。分属统一分型、式的 Bb 型和 D 型。

Bb 型　1 件。标本 M50：22，展翼蝉形，蝉尾露出，蝉鼻不显，蝉身前部及双翼均由银丝镶嵌出

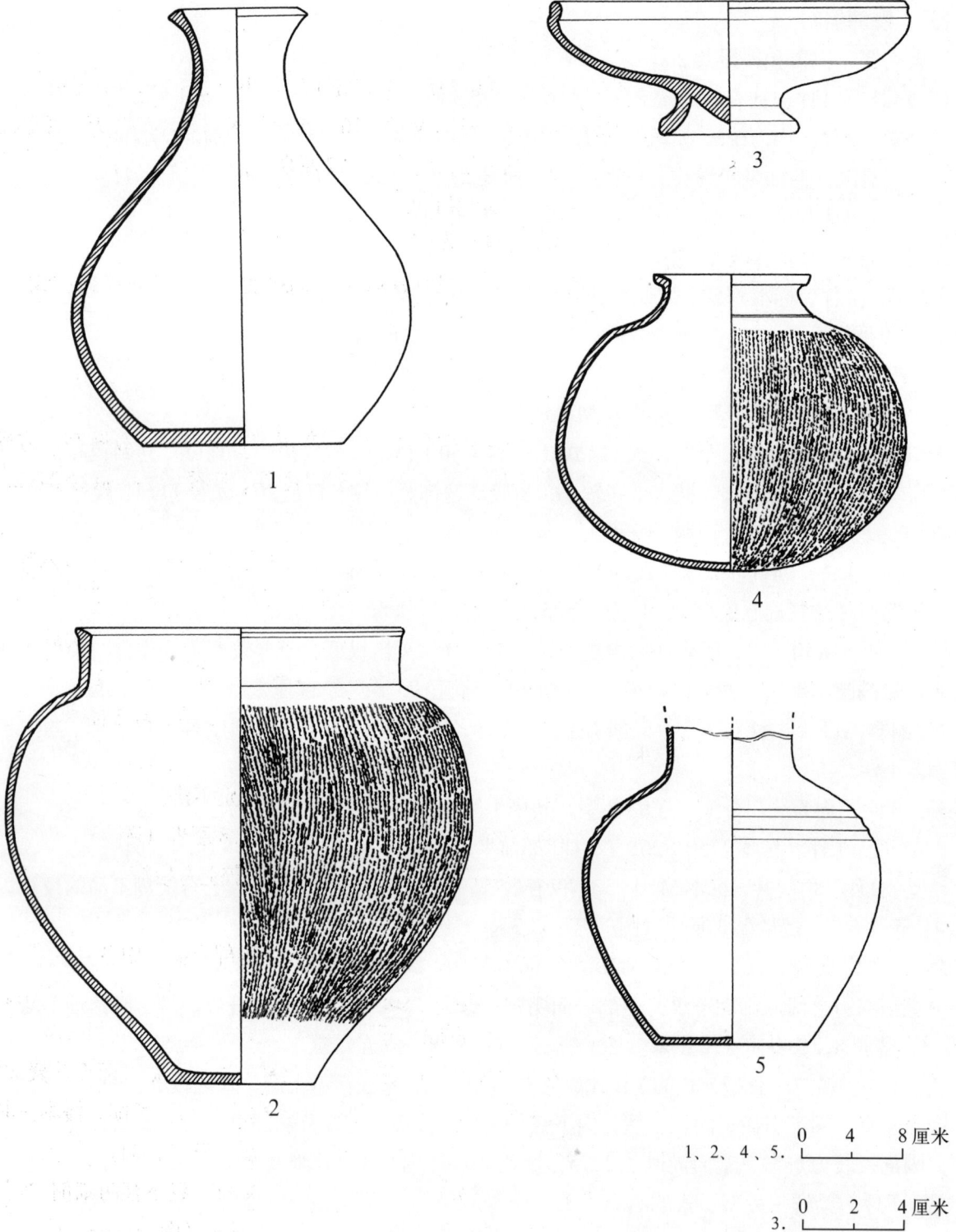

图一三〇　M50 出土陶器

1.陶瓶（M50:17）　2.Ⅰ式陶大口瓮（M50:15）　3.AⅣ式陶豆（M50:27）
4.AbⅡ式陶圜底罐（M50:16）　5.Ⅰ式陶小口瓮（M50:18）

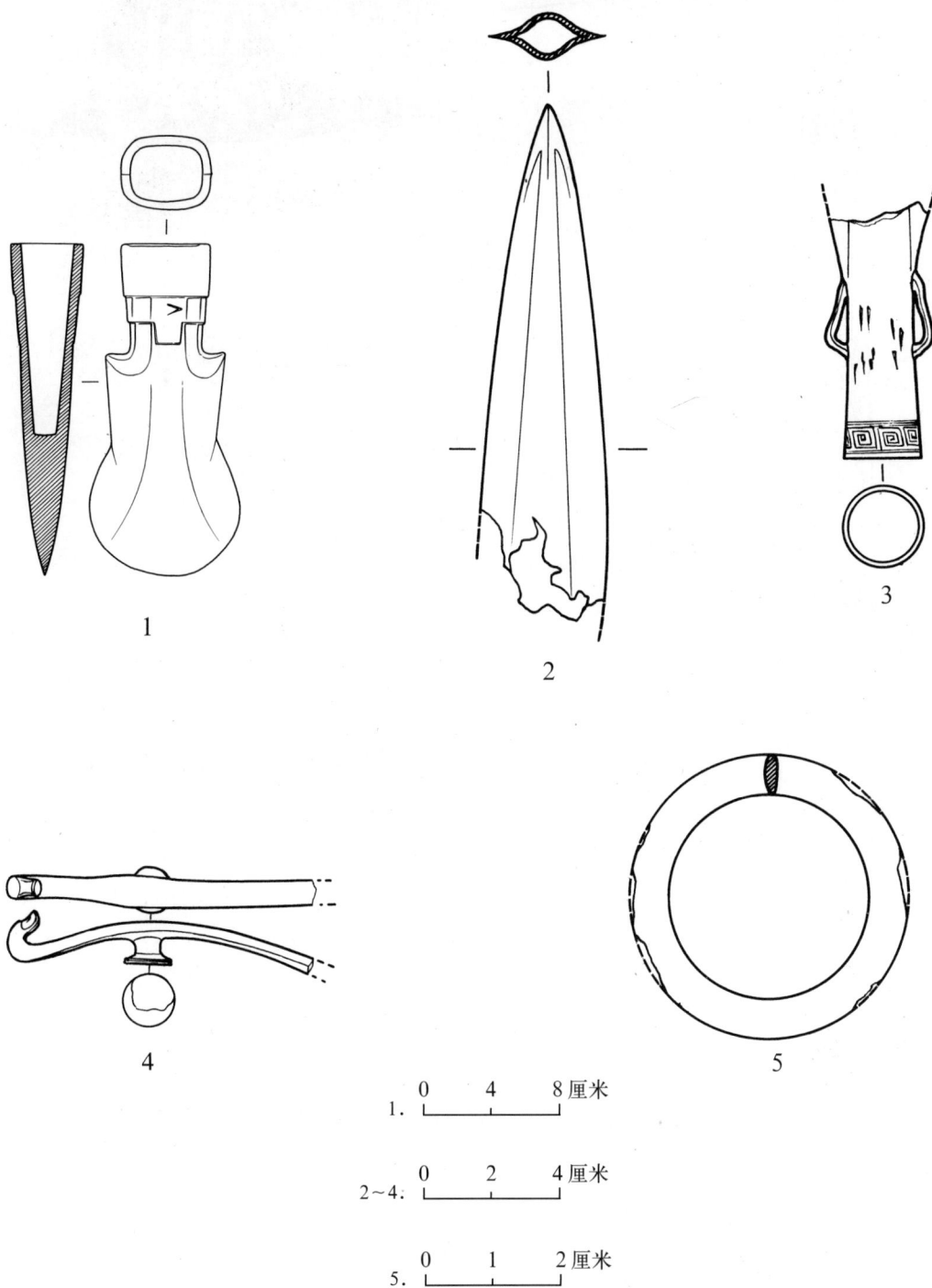

图一三一　M50 出土铜器

1.AaVa式铜钺（M50∶7）　2.BⅢa式铜矛（M50∶26）　3.B型铜矛（M50∶23）
4.D型铜带钩（M50∶14）　5.铜环（M50∶19）

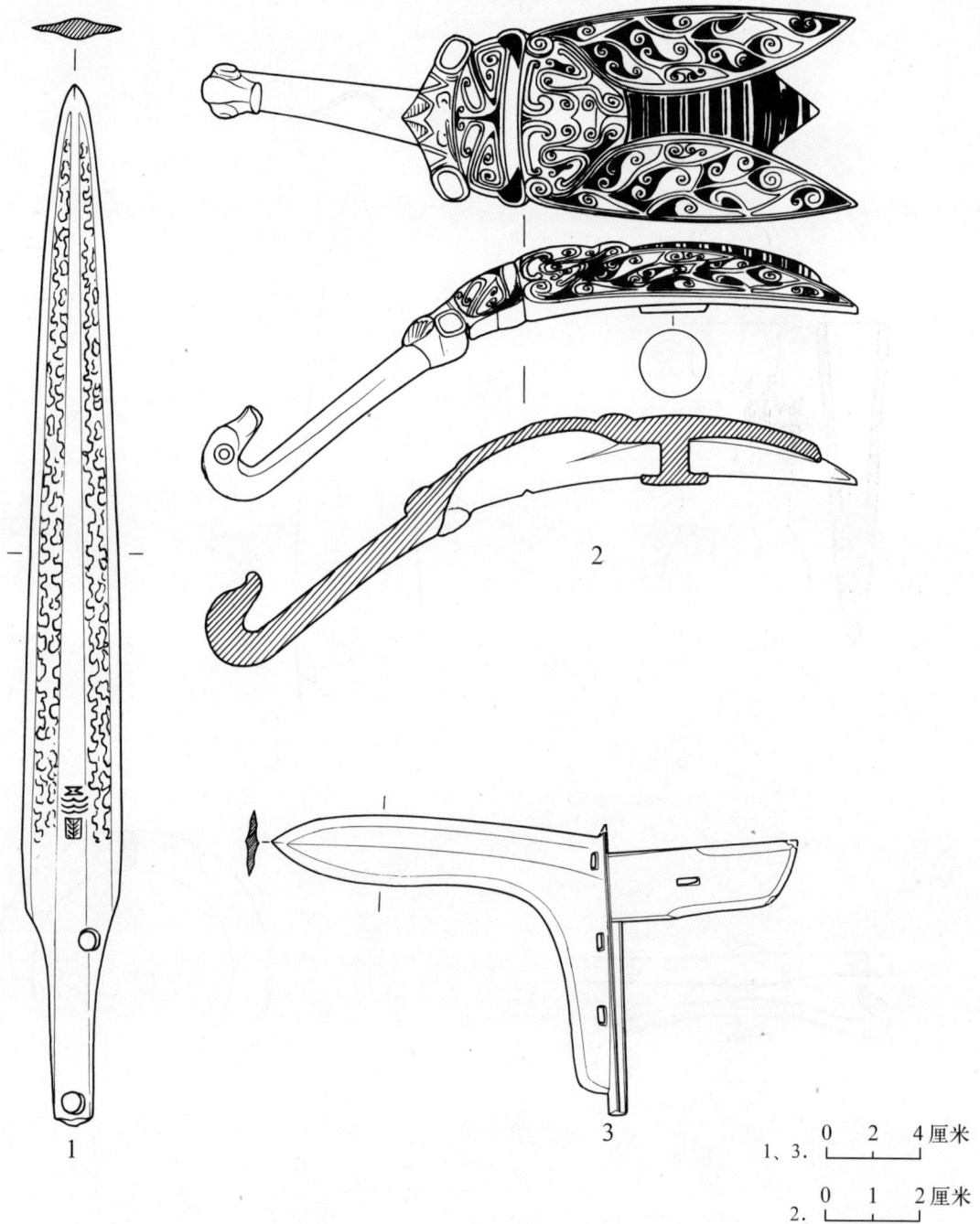

图一三二　M50 出土铜器

1.AⅢa 式铜剑（M50：20）　　2.Bb 型铜带钩（M50：22）　　3.VⅡ 式铜戈（M50：24）

勾连卷云纹。通长 14.5、腹宽 4.5 厘米（图一三二，2；图一三三，1；图版一三六）。

　　D 型　1 件。标本 M50：14，条柱式，尾端残失，素面。残长 9、腹宽 0.9 厘米（图一三一，4）。

　　环　1 件。标本 M50：19，体扁薄，素面。外径 4.1、宽 0.5 厘米（图一三一，5）。

　　3．铁器　1 件。锈蚀较甚，不明器形。

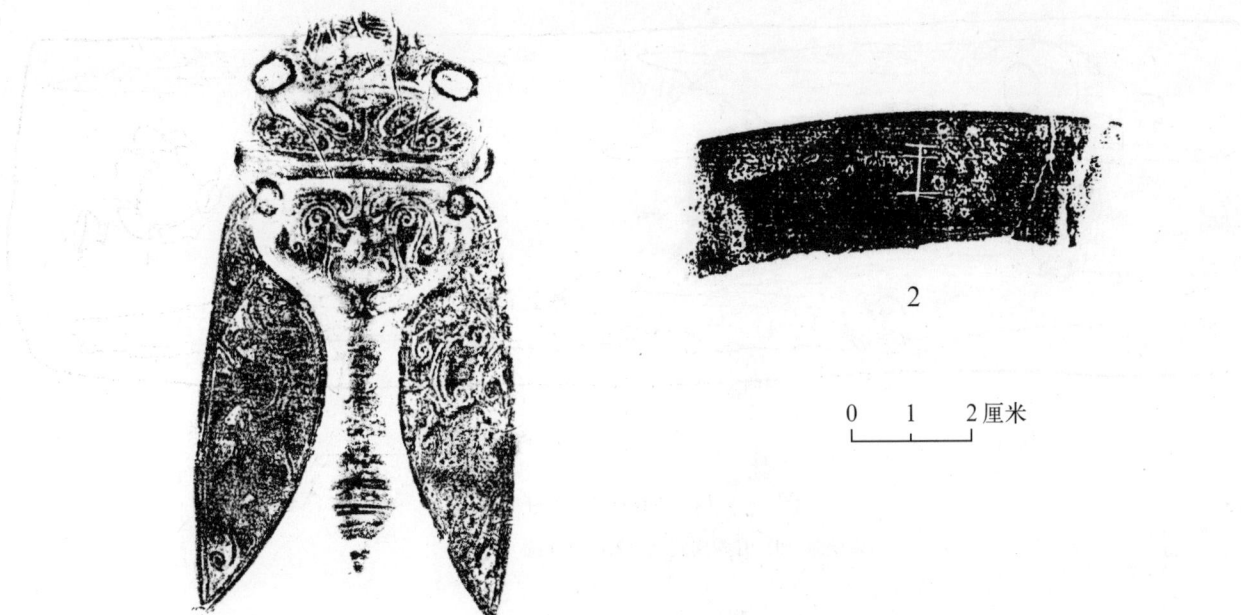

图一三三　M50 出土铜器拓片

1. 铜带钩（M50：22）　2. 铜盘（M50：5）

二　M60

（一）墓葬概况

M60 打破长方形竖穴土坑墓 M59。

1. 墓室结构

长方形竖穴土坑木板墓，方向95°～275°。墓口与墓底大小基本相等，墓坑极浅，内填五花土。坑壁近直，坑底近平，墓坑拐角基本上为直角。墓口长4.35、宽1.2米，坑深0.3米（图一三四；图版一三七、一三八）。

2. 葬具

沿墓室长边在墓底铺置一长方形木板，朽毁较甚，表面凹凸不平，与船棺表面类似。从残存痕迹观察，M60 木板长宽尺寸与墓室基本相等，长4.15、宽1.05、厚0.1米（图一三四；图版一三七）。

3. 葬式

尸骨均已朽烂，葬式不明。

（二）随葬品种类及放置情形

随葬品均为陶器，分别置放于木板两端，放置方式与船棺墓有些类似，其中东端2件，西端3件（图一三四；图版一三七）。

（三）随葬器物

1. 陶器　5件。计有圜底罐2件，豆1件，釜甑1件，平底罐1件。

圜底罐　2件。均为统一分型、式的 AbⅢ式。标本 M60：2，夹砂褐陶，圆唇较厚，颈部饰浅凹

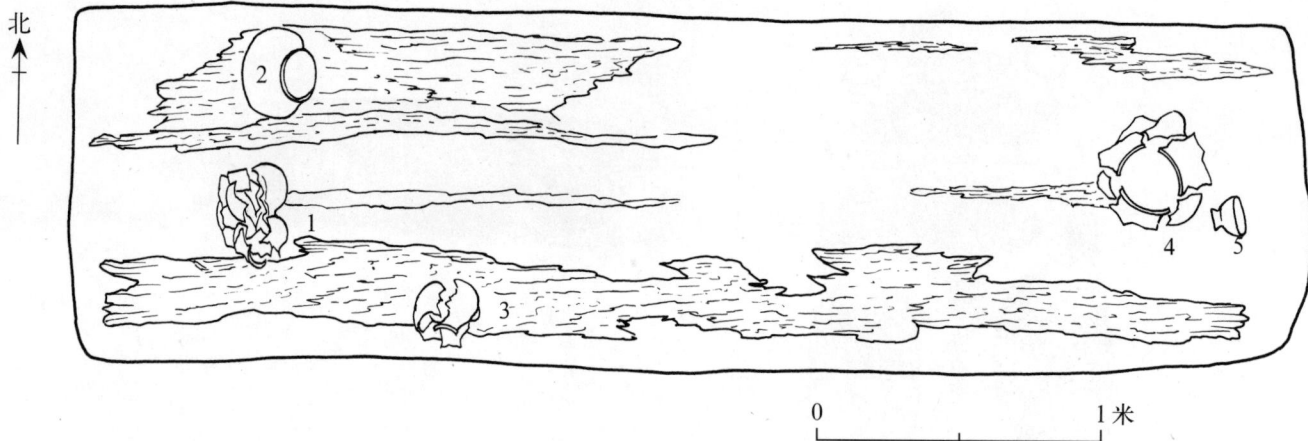

图一三四　M60 平面图

1.陶釜甑　2、3.陶圜底罐　4.陶平底罐　5.陶豆

弦纹两周，肩以下遍饰竖状绳纹。口径 13.2、腹径 26.4、高 22.8 厘米（图一三五，1）。

豆　1件。为统一分型、式的 AV 式。标本 M60：5，夹细砂深灰陶，圆唇较厚，素面。口径 12.8、圈足径 4.8、高 4.3 厘米（图一三五，2）。

釜甑　1件。为统一分型、式的 AbI 式，残甚。

平底罐　1件。为统一分型、式的 BaI 式。标本 M60：4，夹砂褐陶，侈口，卷沿，圆唇内斜，广肩，以下残，肩腹部施有竖绳纹。口径 14.4、残高 6 厘米（图一三五，3）。

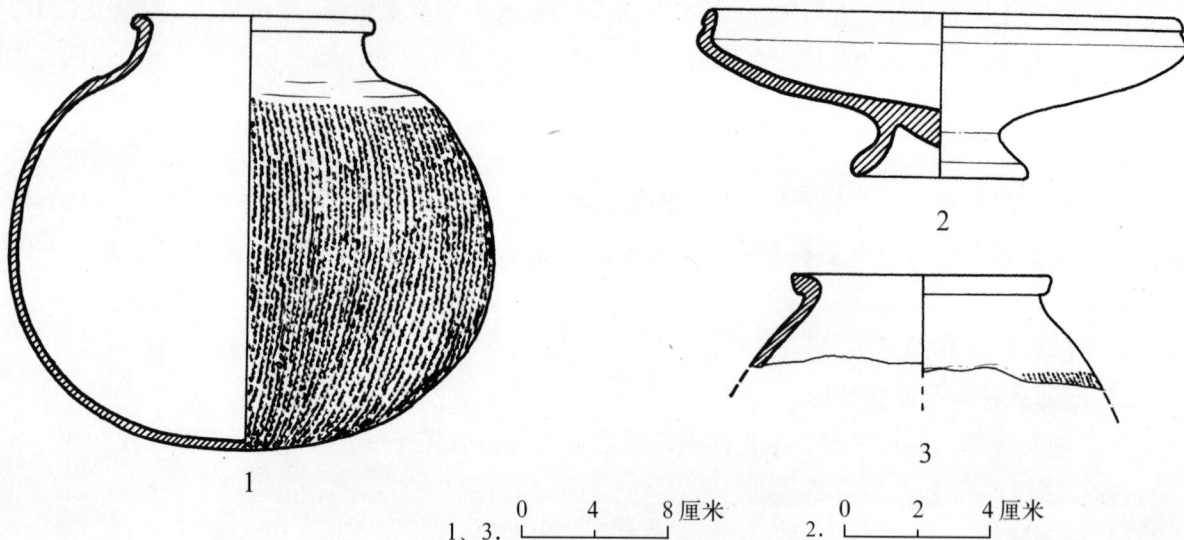

图一三五　M60 出土陶器

1.AbⅢ式陶圜底罐（M60：2）　2.AV式陶豆（M60：5）　3.BaI式陶平底罐（M60：4）

三　M81

（一）墓葬概况

1. 墓室结构

长方形竖穴土坑木板墓，方向 50°～230°。墓室西北部已遭基建施工彻底破坏。墓口与墓底大小基本相等，墓坑极浅，内填五花土。坑壁近直，坑底近平，墓坑拐角基本上为直角。墓口长 3.65、宽 1.54 米，坑深 0.2 米（图一三六）。

2. 葬具

长方形木板铺置于墓底中部，大部朽毁，仅东段存有三块木板残块，木板残长 0.9、宽 0.72、厚 0.07 米（图一三六）。

3. 葬式

尸骨大部已朽烂，仅在墓底西南角残存肢骨一截，葬式不明。

（二）随葬品种类及放置情形

残存随葬品种类计有陶器、铜器和铁器三类，其中 3 件（陶、铜、铁器各 1 件）置于木板朽腐范围内，1 件铜削则位于木板以外（图一三六）。

（三）随葬器物

计有陶器、铜器和铁器共 4 件。

1. 陶器　仅釜甑 1 件。

釜甑　1 件。为统一分型、式的 AbI 式。标本 M81：1，夹砂褐陶，火候较低，甑部方唇内凹，卷沿，圆弧腹，箅残失，釜腹圆鼓，左右不甚对称，平圜底，甑腹及釜肩以下遍饰竖状绳纹。口径 23.2、

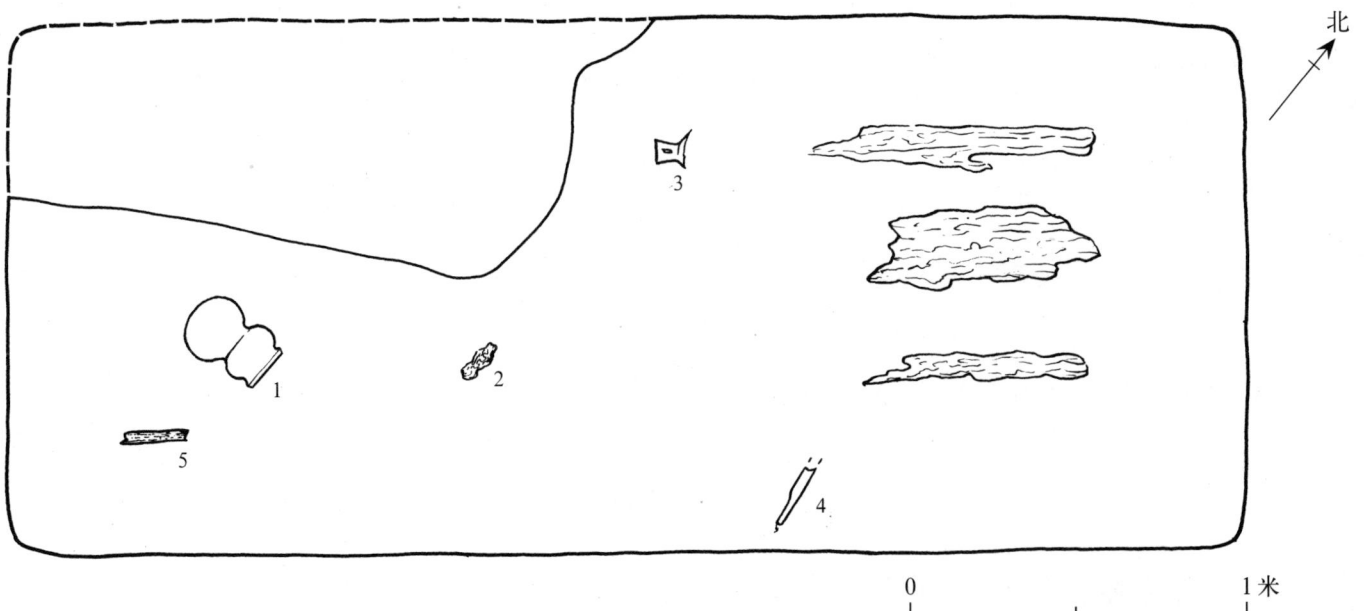

图一三六　M81 平面图

1.陶釜甑　2.铁器　3.铜铃　4.铜削　5.尸骨

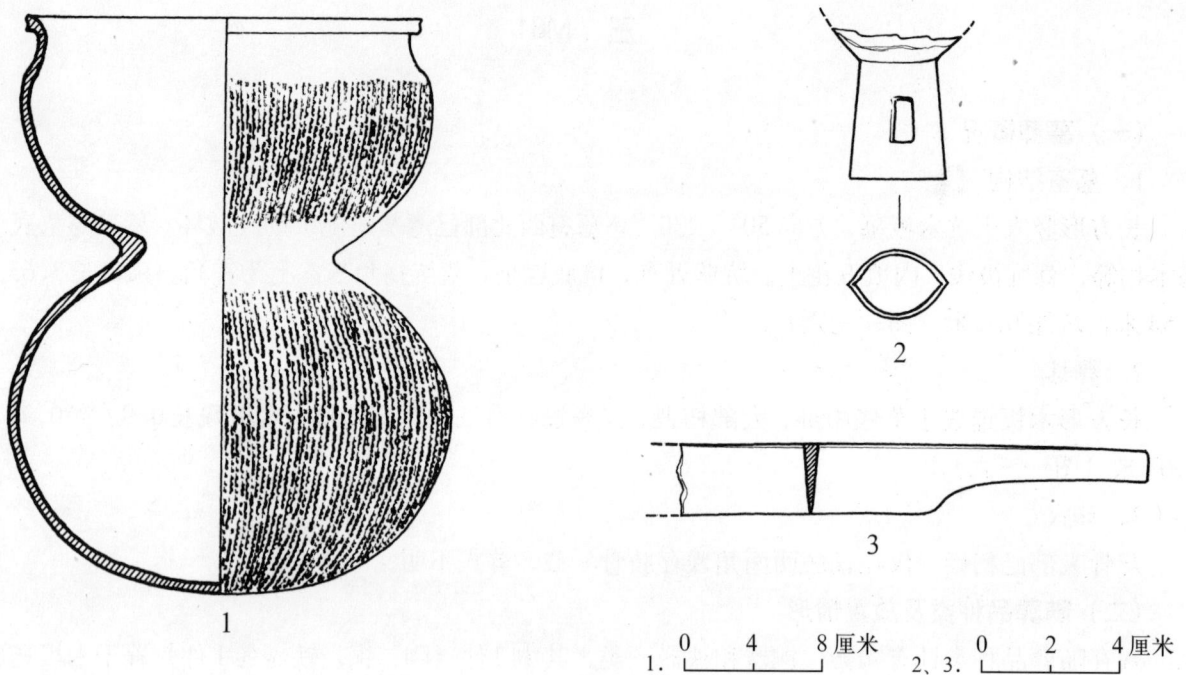

图一三七   M81出土器物

1.AbI式陶釜甑（M81：1）   2.铜銮铃（M81：3）   3.C型铜削（M81：4）

甑腹径24、釜腹径26、高32.8厘米（图一三七，1）。

2．铜器   2件。分别为削1件，銮铃1件。

削   1件。为统一分型、式的C型。标本M81：4，前端残，无首，直柄，素面。残长13.8、柄长5.5、身宽2厘米（图一三七，3）。

銮铃   1件。残甚。标本M81：3，铎铃大部残失，椭圆形銮，上细下粗，正背两壁均有相互对称的长方形穿。残高4.2、銮高3.3厘米，銮长径2.9、短径2厘米（图一三七，2）。

3．铁器   1件。严重锈蚀，器形不明。

第三节   木椁墓

共清理3座，分别为M66、M67、M85。以下逐一介绍。

一   M66

（一）墓葬概况

1．墓室结构

近方形竖穴土坑木椁墓，方向74°。墓口与墓底大小基本相等，墓坑较浅，坑壁近直，坑底平坦，墓坑拐角基本上为直角，坑内填五花土。墓室长3.9、宽3.5米，墓坑残深0.4米（图一三八；图版一三九）。

2．葬具

有椁无棺。椁室由四周共6块墙板和12块底板组成，盖板不存，南北总长3.8、东西总宽3.4、残高0.35米。底板分南北两排，每排沿东西向并列6块，每块底板长度大致相同，约1.7米，宽度0.4~0.9米不等，但多在0.5米左右，厚度均在0.08米上下。东西墙板各有两块，每块长度和单块底板相同，南北方向的墙板分别只有一块，长3.2米左右，墙板的厚度与底板相同，残高0.28米，底板与墙板皆制作规整。南排底板由西向东的第二块底板南端存有一直径0.35、深0.15米的烧凿痕迹，但未凿透（此块底板体积较大，或许是用于制作船棺，欲凿洞系绳，悬板安放，但又因何故半途而废，目前尚不得知）。椁室周围及底部各填充有厚5~8厘米的青膏泥，椁内未见棺木（图一三八）。

3．葬式

尸骨大部已朽烂，仅在椁室东南部发现股骨和胫骨各一根，直肢，其中紧靠股骨一侧有一铜剑镞，想必墓主生前或曾有过箭伤（图一三八）。

（二）随葬品种类及其放置情形

M66早年被盗，残存随葬品计有陶器、铜器和漆器三类，分布于椁室东南、东北和西北角。其中陶器与铜器于三处均有分布，仅有的1件漆盘放置于椁室东南角（图一三八）。

（三）随葬器物

残存器物计有陶器，铜器和漆器共21件。

1．陶器　13件。计有圜底罐4件，豆7件，算1件，器形不明的残陶器1件。

圜底罐　4件。其中2件属统一分型、式的AbⅢ式，2件为AbⅣ式，均残甚。

豆　7件。皆为统一分型、式的A型，计有AⅣ式4件，AⅤ式3件。

AⅣ式　4件。标本M66：9，夹细砂深灰陶，沿下饰凹旋纹一周。口径14.5、圈足径6.2、高5.2厘米（图一三九，1）。

标本M66：8，夹细砂灰黑陶，沿下饰凹弦纹一周，腹部起凸棱两周。口径13、圈足径5.6、高5.4厘米（图一三九，2；图版一四二）。

（釜甑）算　1件。属统一分型、式的A型。标本M66：12，夹砂灰陶，仅存圆形甑算，断面似尖底盏，器体中部有圆形算孔九个。算径12.8、高1.8厘米（图一三九，7）。

2．铜器　7件。计有矛1件，钺2件，镈1件，镞1件，（釜甑）算格1件，器形不明的残铜器1件。

矛　1件。属统一分型、式的BⅣ式。标本M66：25，形体极小，器壁极薄，整个形制与风格与前三式迥异，双叶极窄，椭圆骹，无耳，素面。通长7.2、骹长1.9、叶宽2厘米，骹长径2.1、短径1.7厘米（图一三九，8；图版一四〇）。

钺　2件。均属统一分型、式的AaⅤⅢ式。器体轻小，双肩极窄且向上突出成倒刺状，横椭圆形刃身极宽，扁圆形銎口，銎内残存木柲，銎箍消失。标本M66：2，出土时銎内残存木柲，柲下垂直置放一长木柄，残长30厘米。钺通长9.7、刃宽5.7、肩宽3.6厘米，銎口长径3、短径1.8、深6.9厘米（图一三九，4；图版一四一）。

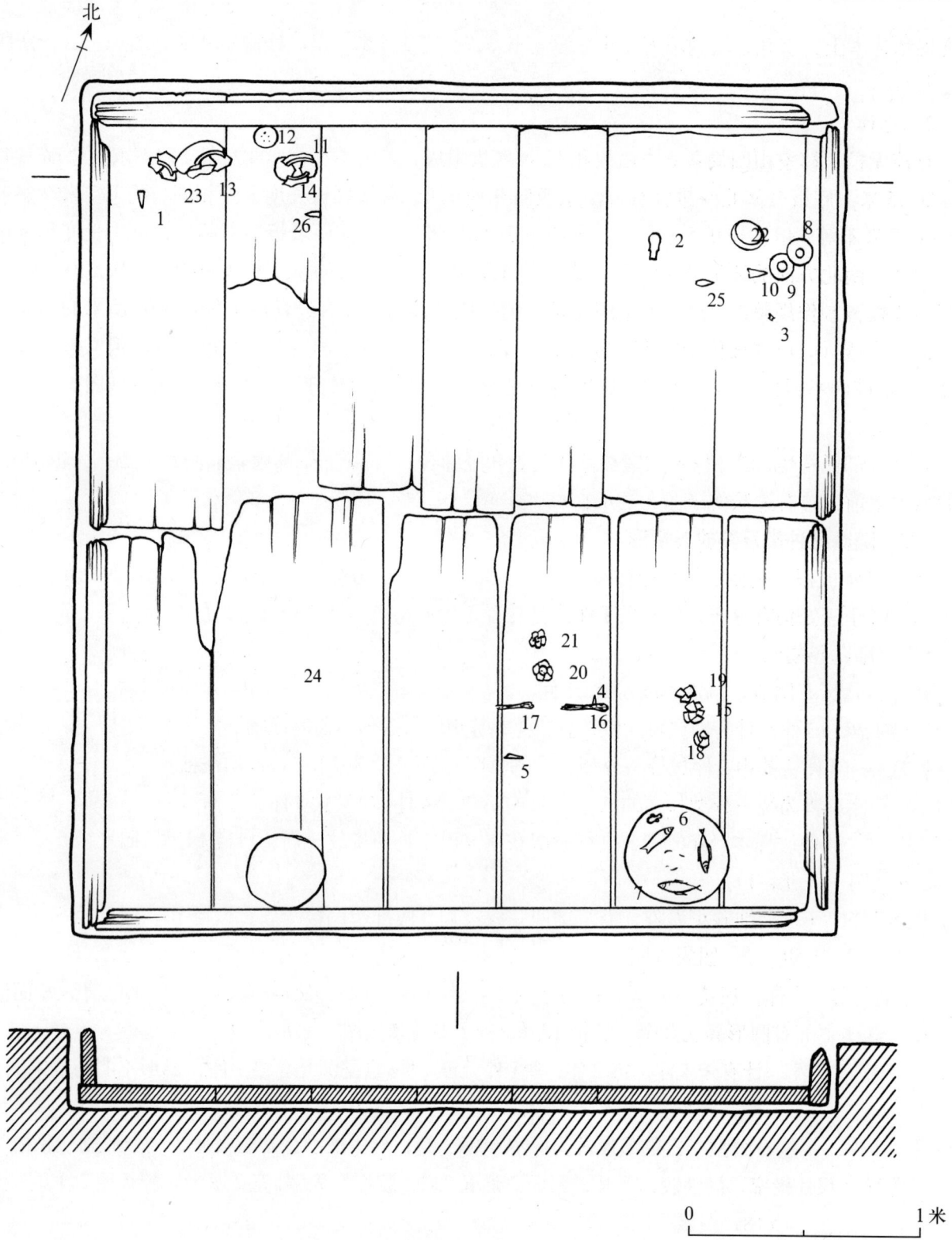

图一三八　M66 平、剖面图

1、5.残铜片　2、6.铜钺　3.铜釜甑箅格　4.铜簇　7.漆盘　8～10、15、20～22.陶豆

11、13、14、23.陶圜底罐　12.陶箅　16、17.尸骨　18、19.残陶器　24.榫板　25.铜矛　26.铜镈

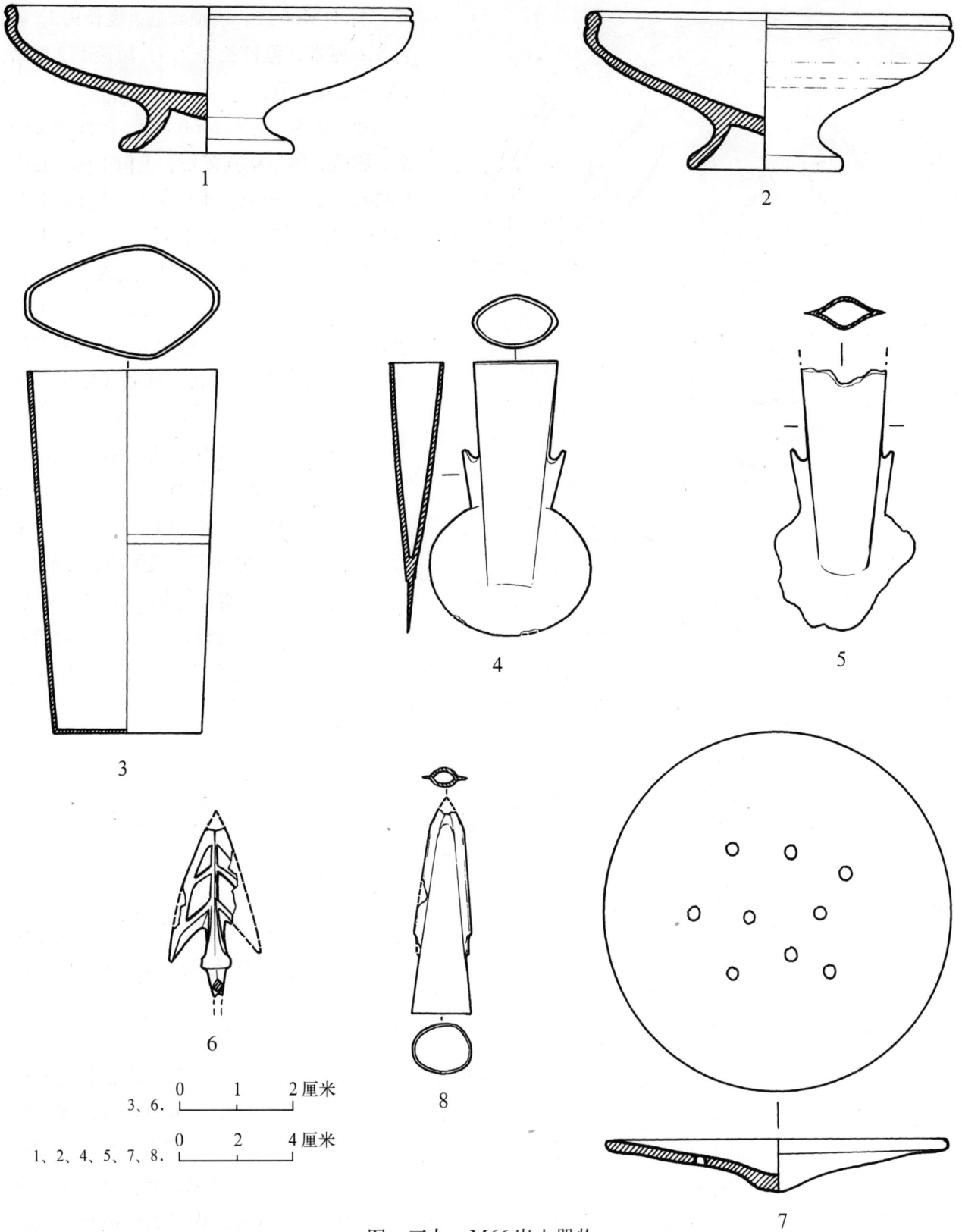

图一三九 M66 出土器物

1、2.AⅣ式陶豆（M66：9、8） 3.铜镈（M66：26） 4、5.AaⅧ式铜钺（M66：2、6）
6.A型铜镞（M66：4） 7.A型陶釜甑箅（M66：12） 8.BⅣ式铜矛（M66：25）

图一四〇　M66 出土漆盘（M66：7）

标本 M66：6，残损较甚。残长 9.2、肩宽 3.6 厘米，銎口长径 2.8、短径 1.2 厘米（图一三九，5）。

鐏　1件。标本 M66：26，断面为扁圆形，稍残，体呈扁圆筒形，上粗下细，腹中部饰浅凹旋纹一周。通长 6.5、口长径 3.4、短径 1.9、底径 2.2 厘米（图一三九，3）。

镞　1件。为统一分型、式的 A 型。标本 M66：4，残，双翼，三棱，长铤，镞身中脊隆起，两面各有凹槽四个，双翼展开呈倒刺状，铤呈菱形锥状。残长 3 厘米（图一三九，6）。

（釜甑）箅格　1件，为十字架形。

3. 漆器　仅漆盘1件。

漆盘　1件。标本 M66：7，朽甚，木胎，圆形，敞口，窄平沿，浅弧腹，大平底。口沿及腹内壁髹黑漆，上朱绘勾点纹带，底内壁以朱漆髹地，再以黑漆描绘凤头四蹄足带翼神兽及三鱼图案，三鱼围绕神兽游弋。器外壁除沿外壁为黑地朱绘勾点纹带以外，余均髹黑漆，间以粗细两条朱绘弦纹，一条位于沿下，一条位于腹底之际。口径 45.8、高约 4 厘米（图一四〇）。

二　M67

（一）墓葬概况

1. 墓室结构

长方形竖穴土坑木椁墓，方向 72°。墓口与墓底基本相等，墓坑较浅，坑壁近直，坑底平坦，墓坑拐角基本上为直角，坑内填五花土。墓室长 3.75、西宽 2、东宽 1.85 米，墓坑残深 0.45 米（图一四一；图版一四三、一四四）。

2. 葬具

有椁无棺。椁室由 4 块墙板、7 块底板以及 1 块塌陷的盖板组成，东西总长 3.65、南北总宽 1.8、残高 0.4 米。仅存的一块盖板塌于椁室北侧随葬器物之上，残长 3.2、宽 0.5、厚 0.08~0.1 米。底板沿东西向竖列 7 块，每块长约 1.75 米，西部 4 块较窄，宽 0.38 米左右，东部 3 块较宽，宽度 0.65~0.8 米不等，厚度均在 0.08 米左右。南北墙板长度均为 3.2 米，厚 0.1~0.12 米，残高 0.3 米。东墙板长 1.75、厚 0.1、残高 0.32 米。西墙板长 1.85、厚 0.16、残高 0.16 米。M67 的墙板及底板较 M66 更为规整，拼排更为细致、讲究。椁室周围及底部分别填有厚 4~6 厘米的青膏泥。椁室内未见棺木（图一四一；图版一四三、一四四）。

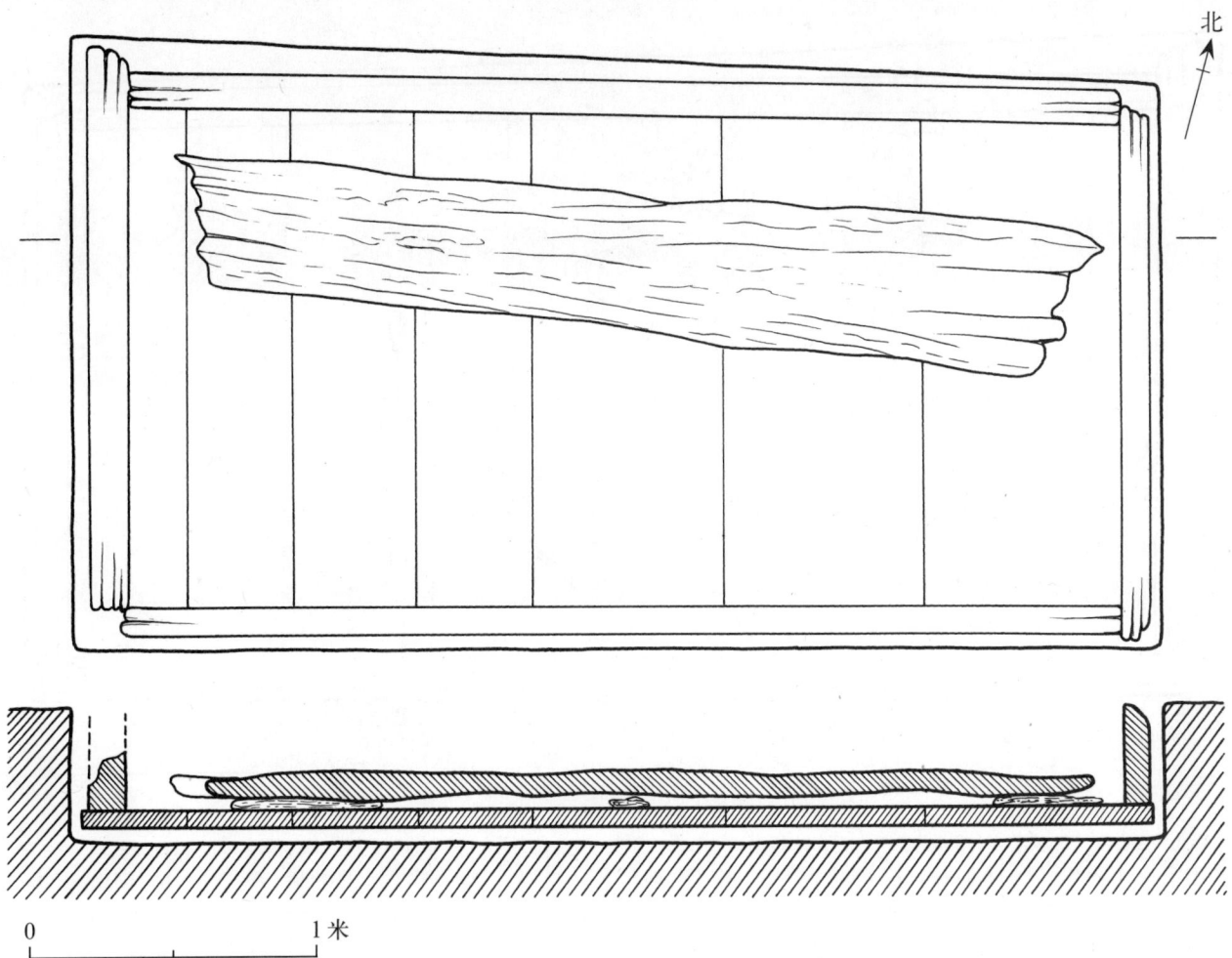

图一四一　M67墓坑及椁室平、剖面图

3. 葬式

尸骨不存，葬式不明。

（二）随葬品种类及其放置情形

M67随葬品种类较为丰富，计有陶器、铜器、铁器、漆器、木器、兽骨和果核等。主要集中于椁室西半部，少量位于东北角，各类器物交织杂处，无相对集中的分布区域（图一四二；图版一四三、一四四）。

（三）随葬器物

出土随葬品较为丰富，计有陶器、铜器、铁器、漆木器、兽骨、果核共30件。

1. 陶器　15件。分别为圜底罐2件，豆6件，釜1件，平底罐1件，大口瓮4件，钵1件。

圜底罐　2件。分属统一分型、式的AbⅢ式和AbⅣ式，均残甚。

豆　6件。均属统一分型、式的AV式。斜折腹，盘极浅，盘底较平，多为黑皮灰陶，其中4件豆盘内有字体介于篆、隶之间的"亭"字戳记。标本 M67：22，制作不甚规整，夹细砂黑皮灰陶，胎较厚，侈口，圆唇较厚，盘内壁有"亭"字戳记。口径13.2、圈足径4.8、高4.6厘米（图一四三，1；图版一四五）。

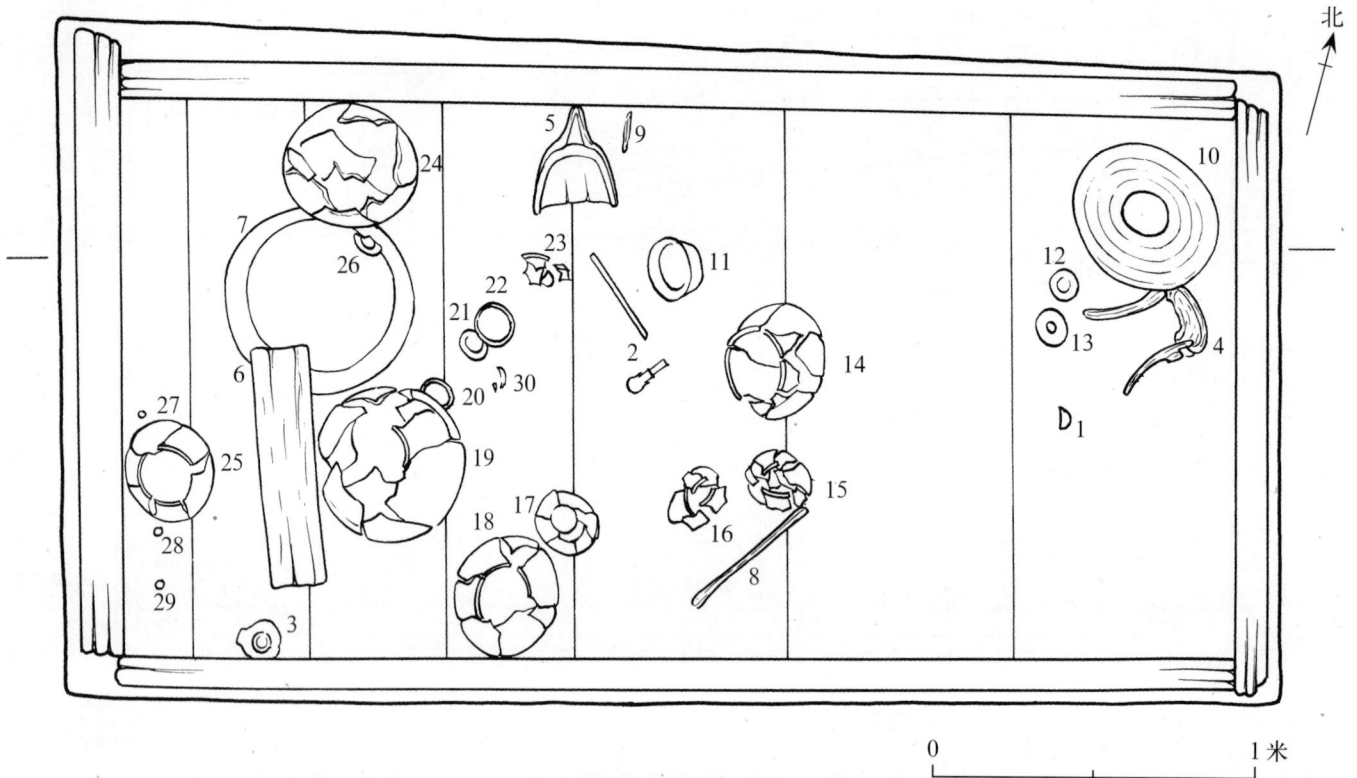

图一四二　M67平面图

1.铜戈　2.铜钺　3.铁錾　4.木几　5.木勺　6.木板形器　7.木盖形器　8.木杖形器　9.木竹节形器　10.漆盘　11.漆奁　12、13、20～22、26.陶豆　14.陶釜　15、17.陶圜底罐　16.陶平底器　18、19、24.陶大口瓮　23.陶钵　27～29.桃核　30.猪下颚骨

标本 M67：21，夹细砂黑皮灰陶，圆唇较厚，盘内壁有"亭"字戳记。口径13、圈足径5、高4.2厘米（图一四三，2）。

标本M67：20，圈足残失，夹细砂深灰陶，圆唇较厚，盘内壁有"亭"字戳记。口径15、残高3.2厘米（图一四三，4；图一四六，1）。

釜　1件。属统一分型、式的BaⅢ式。M67：14，夹砂深灰陶，肩以下遍饰竖状绳纹。口径24、腹径30.4、通高16.4厘米（图一四三，6；图版一四六）。

大口瓮　4件。其中3件为统一分型、式的Ⅱ式，1件为Ⅲ式。

Ⅱ式　3件。灰陶，敛口，斜领，圆唇，领上部内壁内凹，广肩，深鼓腹，腹部遍饰竖绳纹。标本M67：18，口径20、底径10.8、腹径35.2、通高35.2厘米（图一四四，2）。

标本M67：24，下腹曲内收。口径22、底径9.8、腹径35.5、通高35厘米（图一四四，1；图版一四七）。

标本M67：19，下腹曲内收。口径22、底径12.8、腹径38.4、通高35.2厘米（图一四四，3）。

Ⅲ式　1件。标本M67：25，灰陶，领近直，圆唇，领上部内壁内凹较甚，圆肩，扁鼓腹。腹部变浅，下腹曲内收较甚，肩部饰凹弦纹一周，腹部遍饰竖绳纹。口径14.8、底径9.4、腹径26.2、通高22.6厘米（图一四四，4）。

平底罐　1件。残甚。

钵　1件。属统一分型、式的Ⅱ式。标本M67：23，泥质黑皮灰陶，火候较高，敞口，厚唇外凸，折腹，上下腹均内曲较甚，平底微外凸。底内壁有一隶体"亭"字戳记，"亭"字上部较为清晰，下部不清（图一四六，2）。口径14.2、底径10、腹径12.2、高5.2厘米（图一四三，3）。

2．铜器　2件。分别为戈1件，钺1件。

戈　1件。残甚。

钺　1件。属统一分型、式的AaⅧ式。标本M67：1，刃部有残损，素面。通长9、刃宽4.8、肩宽3.5厘米，銎口长径3、短径1.7、深7.3厘米（图一四三，5）。

3．铁器　仅铁鍪1件。

鍪　1件。锈蚀较甚，与Ⅱ式铜鍪形制略似。

4．漆木器　8件。分别为漆盘1件，漆奁1件，木几1件，木勺1件，木杖形器1件，木盖形器

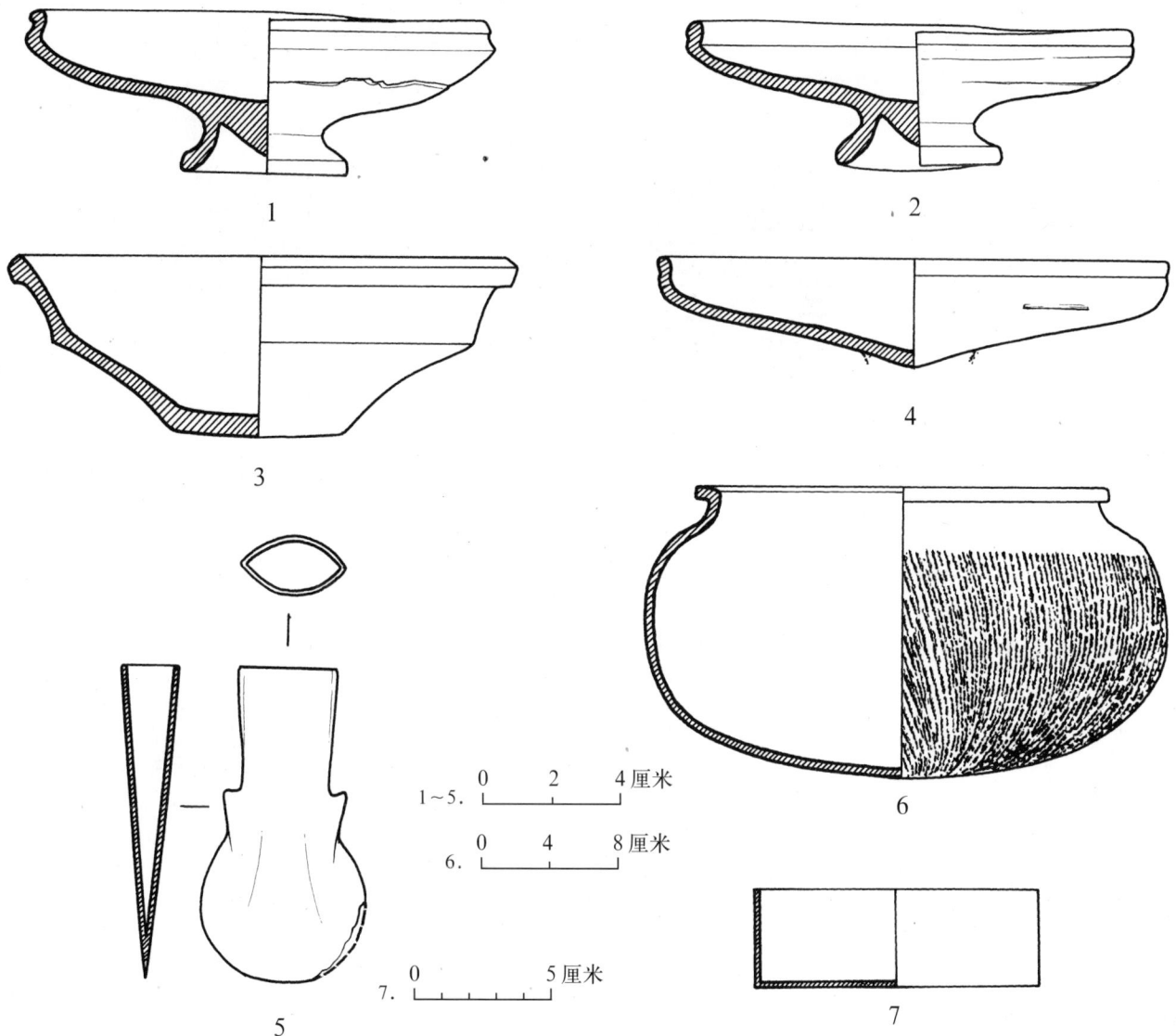

图一四三　M67 出土器物

1、2、4.AV式陶豆（M67：22、21、20）　3.Ⅱ式陶钵（M67：23）　5.AaⅧ式铜钺（M67：1）
6.BaⅢ式陶釜（M67：14）　7.漆奁（M67：11）

1件，木板形器1件，木竹节形器1件。

漆盘　1件。标本M67：10，木胎，圆形，敞口，斜折沿，沿面下凹，厚圆唇，唇下缘下垂，束颈，斜折肩，浅弧腹，平底。器内壁口沿沿面及上腹均髹黑漆，上朱绘宽窄不一的弦纹五周，又以两周较宽的朱绘弦纹将图案分为三圈，最上一圈（沿面外侧）为朱黑相间的素面带，中间一圈（沿面内侧）为点纹和"S"纹带，下面一圈（上腹）为勾点纹，曲折纹带。下腹及腹底之际均髹朱漆，无纹饰。器底正中部残留黑漆地朱绘弦纹及勾点纹。器外壁均髹黑漆，上朱绘弦纹四周，上腹朱绘勾点纹及曲折纹带一周。口径48、底径28、高7厘米（图一四七，1、2）。

漆奁　1件。标本M67：11，木胎，圆形，无盖，直壁，平底。内壁髹朱漆，外壁为黑漆，素面。口径及底径21.2、高7.2厘米（图一四三，7）。

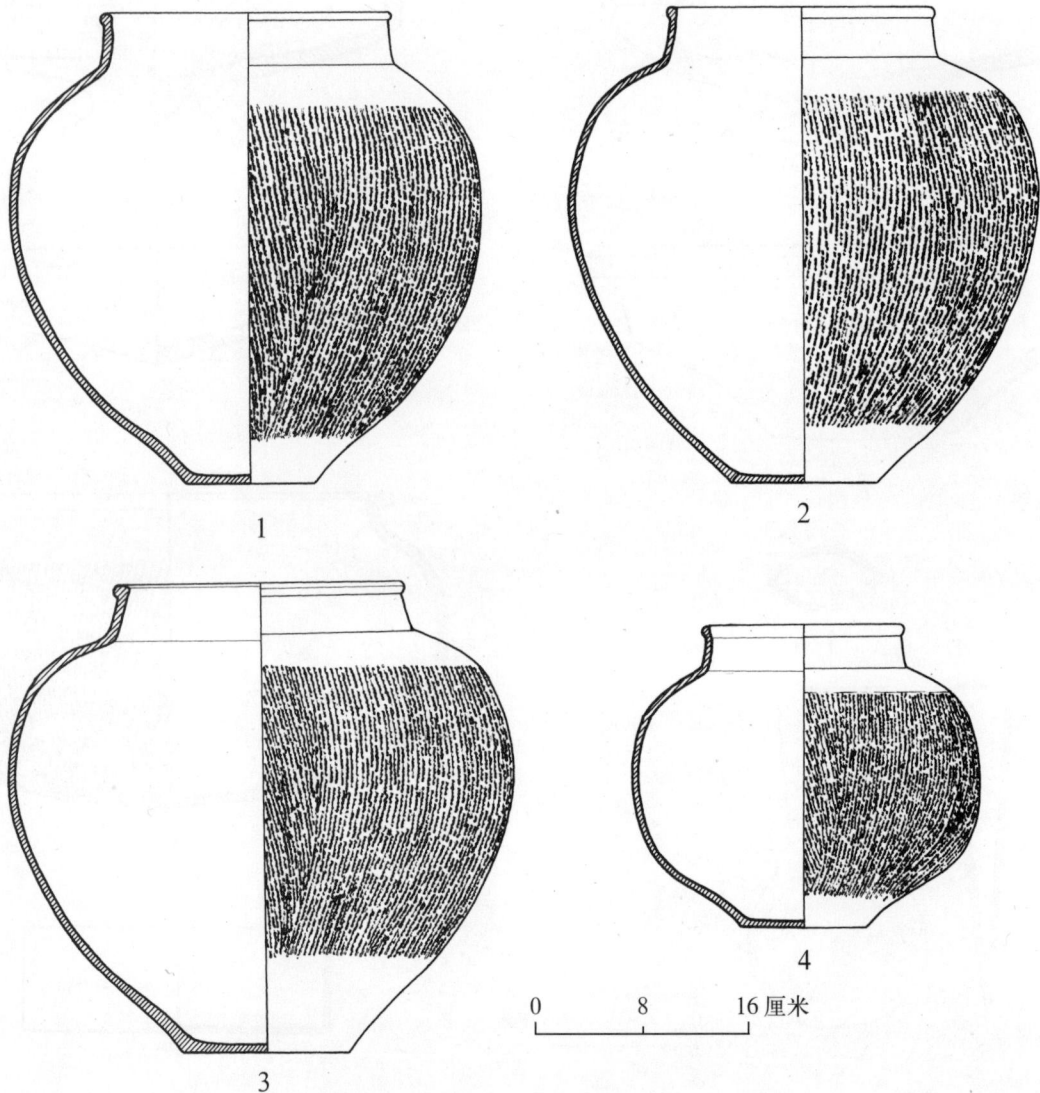

图一四四　M67出土陶器

1~3.Ⅱ式陶大口瓮（M67：24、18、19）　4.Ⅲ式陶大口瓮（M67：25）

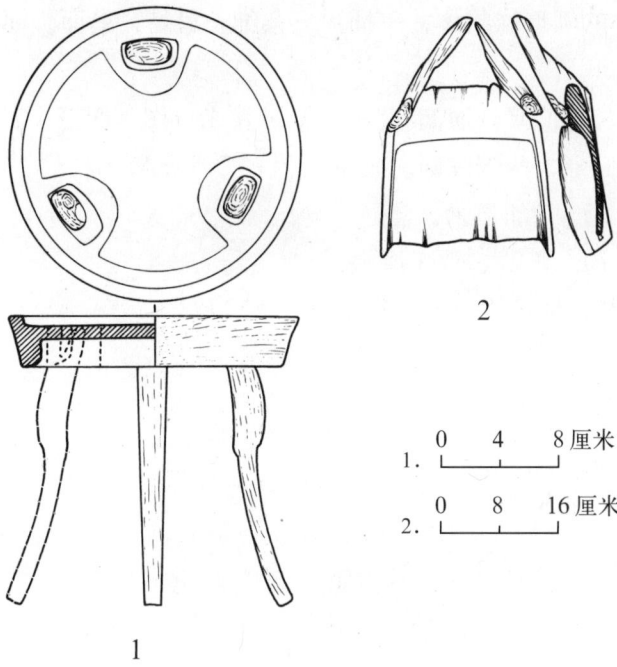

图一四五　M67 出土木器

1.木几（M67：4）　2.木勺（M67：5）

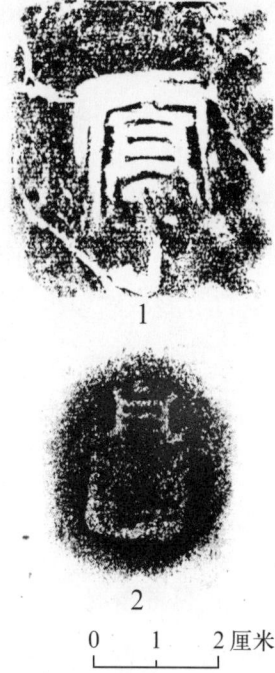

图一四六　M67 出土陶器戳记拓片

1.陶豆（M67：20）　2.陶钵（M67：23）

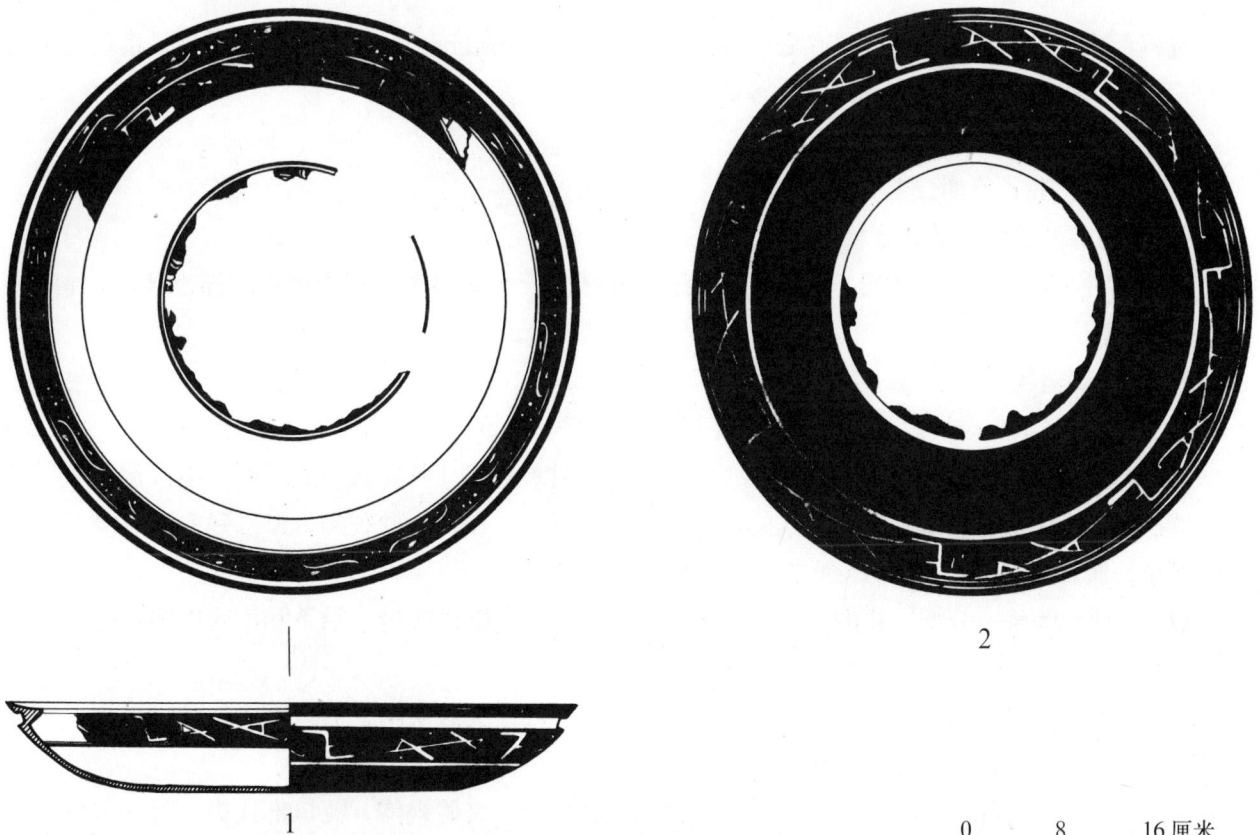

图一四七　M67 出土漆盘

1.M67：10内壁及立视图　2.M67：10外壁俯视图

木几　1件。标本 M67：4，几面呈上大下小的圆形梯状体，下插置三条细长兽足，素面。面径20、通高20、足高16.2厘米（图一四五，1）。

木勺　1件。标本 M67：5，握手呈三角形，勺身似箕。通高32、下宽24厘米（图一四五，2）。

木杖形器　1件。标本 M67：8，截面略呈椭圆形，两端浑圆。长46、直径2.5厘米。

木盖形器　1件。标本 M67：7，圆形。直径56、厚1厘米。

木板形器　1件。标本 M67：6，长条形。长70、宽18、厚1厘米。

木竹节形器　1件。M67：9，器身残，分三节，呈扁竹节状。残长10、宽2厘米。

5.兽骨　1件。为猪下颌骨。

6.果核　3件。均为桃核。

三　M85

（一）墓葬概况

1.墓室结构

长方形竖穴土坑木椁墓，方向175°～355°。墓口与墓底基本相等，墓坑极浅，坑壁近直，坑底平坦，墓坑拐角基本上为直角，坑内填五花土。墓室长3.3、宽1.9米，墓坑深0.2米（图一四八）。

2.葬具

有椁无棺。椁室朽腐较甚，仅存底板的腐朽痕迹。从腐朽痕迹可辨木椁底板为单排，系垂直于墓坑的长边纵向排列满铺于墓底，单块木椁底板宽约0.3米（图一四八）。

3.葬式

尸骨不存，葬式不明。

（二）随葬品种类及其放置情形

随葬品种类计有陶器、铜器、铁器、铜钱币和兽牙等。绝大多数放置于椁板北部，只有1件陶器位于南部（图一四八）。

（三）随葬器物

计有陶器、铜器、铁器、钱币、兽骨共12件。

1.陶器　7件。分别为圜底罐2件，豆1件，釜1件，釜甑1件，大口瓮1件，小口瓮1件。

圜底罐　2件。均为统一分型、式的 Ab 型。标本 M85：10，夹砂灰陶，口部残失，肩以下遍饰竖状绳纹。腹径22.4、残高16.4厘米（图一四九，4）。

豆　1件。为统一分型、式的 AIV 式。标本 M85：8，夹细砂灰陶，沿下和中腹均饰有凹弦纹一周。口径14.4、圈足径5.2、高6厘米（图一四九，6）。

釜　1件。为统一分型、式的 BaIII 式。标本 M85：12，夹砂灰陶，肩以下遍饰竖状绳纹。口径20.4、腹径23.6、高11.2厘米（图一四九，5）。

釜甑　1件。为统一分型、式的 AbII 式。标本 M85：6，夹砂褐陶，甑口部残失，甑腹圆鼓，16孔圆箅，釜腹圆垂，左右不甚对称，平圜底，甑腹部及釜肩以下遍饰竖状绳纹。甑腹径24、釜腹径29.6、箅径13.6、残高33.6厘米（图一四九，1）。

图一四八　M85平面图

1.铜剑首　2.铜半两　3.铜钺　4.兽牙　5.陶大口瓮　6.陶釜甑　7.铁犁　8.陶豆　9、10.陶圜底罐　11.陶小口瓮　12.陶釜

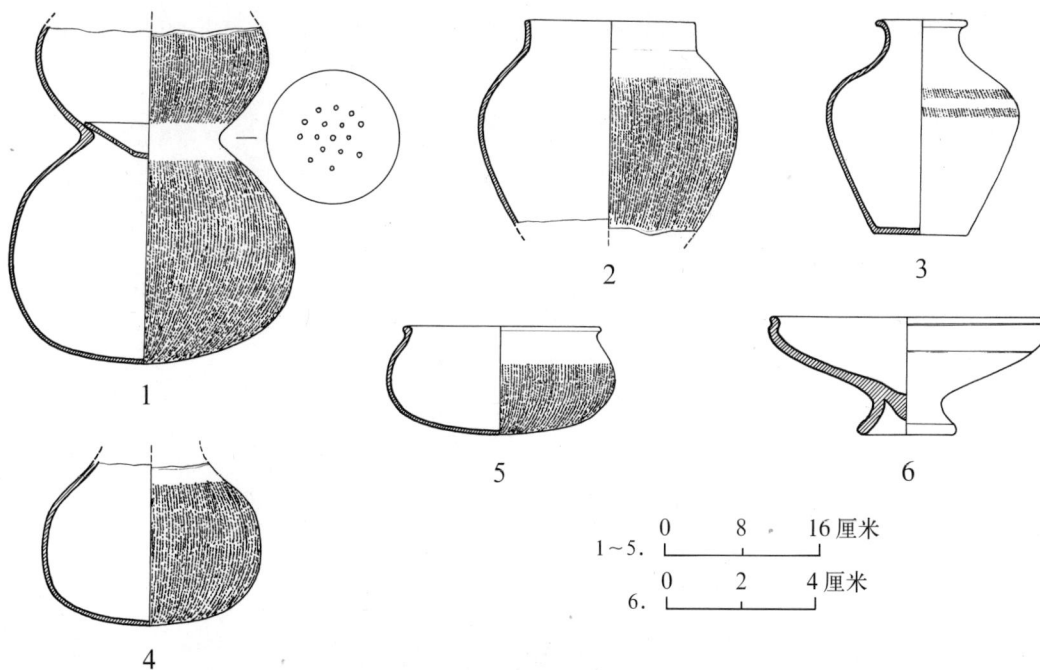

图一四九　M85出土陶器

1.AbⅡ式陶釜甑（M85：6）　2.Ⅰ式陶大口瓮（M85：5）　3.Ⅱ式陶小口瓮（M85：11）
4.Ab型陶圜底罐（M85：10）　5.BaⅢ式陶釜（M85：12）　6.AⅣ式陶豆（M85：8）

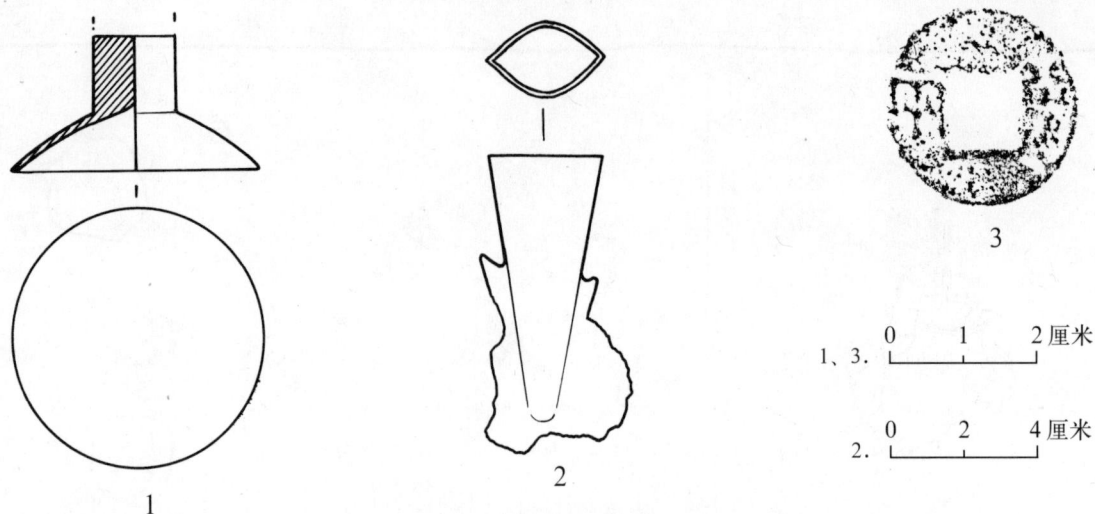

图一五〇　M85 出土器物

1.C 型铜剑首（M85：1）　2.AaⅦ式铜钺（M85：3）　3.铜"半两"（M85：2）拓片

大口瓮　1件。为统一分型、式的Ⅰ式。标本 M85：5，夹砂深灰陶，底部残失。口径17.8、肩径26.6、残高21厘米（图一四九，2）。

小口瓮　1件。为统一分型、式的Ⅱ式。标本 M85：11，夹细砂浅灰陶，肩部饰间断绳纹两周，口径9.6、肩径20、底径10、高21.8厘米（图一四九，3）。

2．铜器　2件。分别为剑、钺各1件。

剑　1件。为统一分型、式的 C 型。仅存剑首下部。标本 M85：1，圆首内凹，纳茎部残失，素面。首径3.4、残长1.8厘米（图一五〇，1）。

钺　1件。为统一分型、式的 AaⅦ式。标本 M85：3，肩部和刃部残损较甚，素面。残长7.8厘米，銎口长径3.2、短径2、深6.8厘米（图一五〇，2）。

3．铁器　仅铁犁1件。严重锈蚀，无法采集。

4．钱币　铜"半两"1枚。标本 M85：2，方穿，肉薄。钱径2.5、穿边长1、厚0.1厘米，重3.62克，应为"八铢半两"（图一五〇，3）。

5．兽骨（压）　仅兽牙1枚，为啮齿类兽牙。

第四节　土坑墓

共清理43座，保存较好的有34座。

一　狭长方形土坑墓

共清理21座。保存较好的有14座，除 M74 为合葬墓外，其余均为单人葬墓，分述如下。

（一）单人葬墓

13座。分别为M16、M17、M38、M39、M49、M52、M54、M68、M71、M88、M89、M93和M100。按墓葬顺序号分述如下。

1. M16

（1）墓葬概况

① 墓室结构

圆角狭长方形竖穴土坑墓，方向33°～213°。此墓遭基建施工严重破坏，仅存墓室东北部。墓口稍大于墓底，墓坑极浅，内填五花土。墓口残长2.86、残宽1.1米，墓坑深0.2米（图一五一）。

② 葬具

未发现葬具，亦未发现任何葬具朽痕。

③ 葬式

尸骨不存，葬式不明。

（2）随葬品种类及其放置情形

残存随葬品计有陶器和铜器两类，均杂置于残存墓坑中部。其中两把铜剑及铜钺位于器物群的中部，1件陶豆置放于铜釜内（图一五一）。

（3）随葬器物

残存陶器和铜器共13件。

① 陶器　6件。计有豆3件，釜3件。

豆　4件。计有统一分型、式的AⅡ式2件，AⅢ式1件，BⅠ式1件。

AⅡ式　2件。标本M16：9，夹砂红褐陶，制作不甚规整，沿下饰凹槽一周。口径14.2、圈足径6.2、高6.7厘米（图一五二，3）。

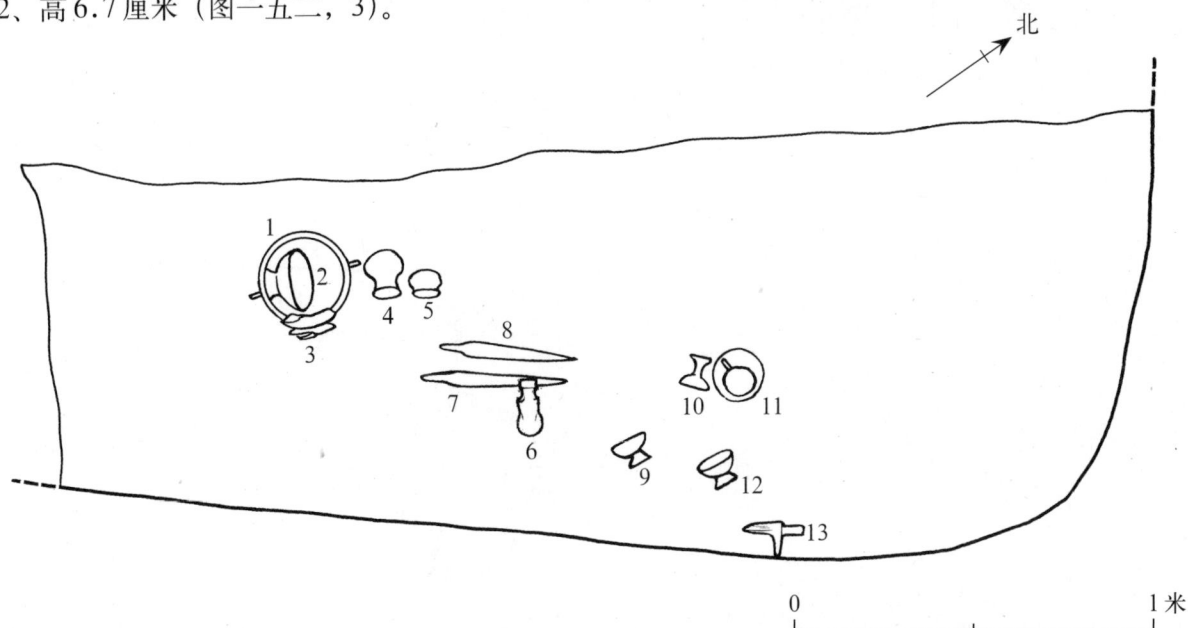

图一五一　M16平面图

1.铜釜　2、9、10、12.陶豆　3.残铜片　4、5.陶釜　6.铜钺　7、8.铜剑　11.铜鍪　13.铜戈

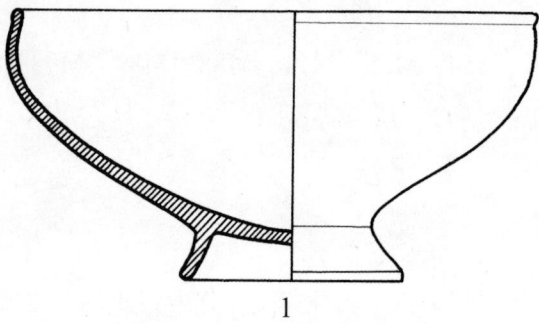

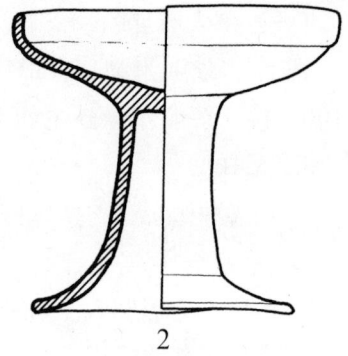

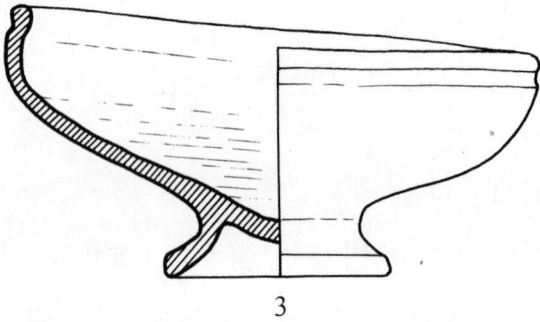

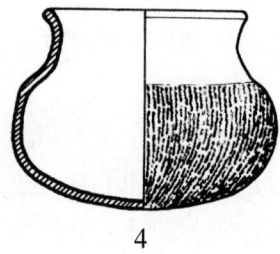

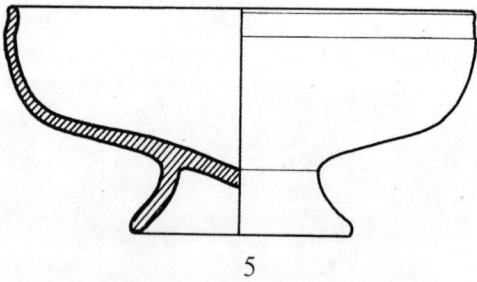

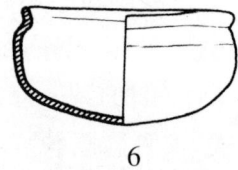

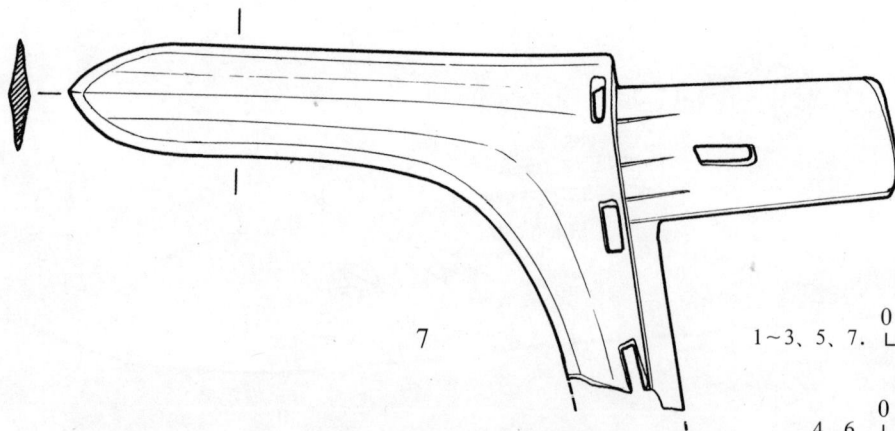

图一五二　M16出土器物

1、3.AⅡ式陶豆（M16∶2、9）　2.BbⅠ式陶豆（M16∶10）　4.AⅢ式陶釜（M16∶4）
5.AⅢ式陶豆（M16∶12）　6.BaⅠ式陶釜（M16∶5）　7.Ⅴa式铜戈（M16∶13）

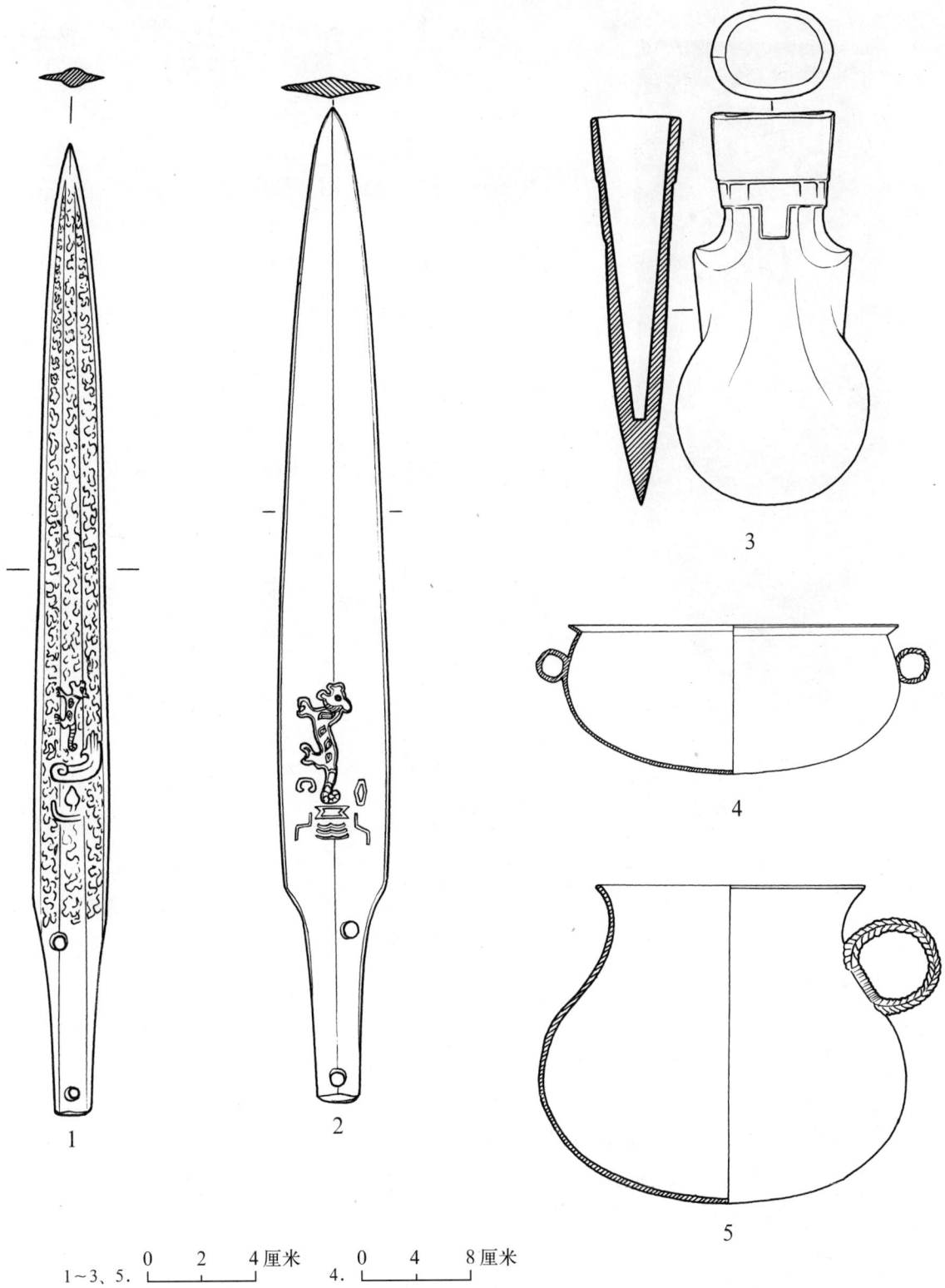

图一五三 M16 出土铜器

1.BⅢ式铜剑（M16∶8） 2.AⅢa式铜剑（M16∶7） 3.AaVa式铜钺（M16∶6） 4.Ⅰ式铜釜（M16∶1） 5.Ⅱ式铜鍪（M16∶11）

0　　　1　　　2厘米

图一五四　M16出土铜剑（M16：7）拓片

标本M16：2，夹砂灰褐陶，制作不甚规整，素面。口径14.2、圈足径6、高7.2厘米（图一五二，1）。

AⅢ式　1件。标本 M16：12，盘部为夹砂灰陶，座部为夹砂红陶，口微侈，尖圆唇，盘底尖状下凹，素面。口径12.6、圈足径6、高6.2厘米（图一五二，5；图版一四八）。

BbⅠ式　1件。标本M16：10，夹砂细褐陶，制作不甚规整，素面。口径8.6、圈足径7、高8厘米（图一五二，2）。

釜　2件。分别为统一分型、式的AⅢ式1件，BaⅠ式1件，皆复原。

AⅢ式　1件。标本M16：4，夹砂灰褐陶，火候不甚均匀，个体较小，肩以下遍饰竖状绳纹。口径11、腹径14、高10.4厘米（图一五二，4）。

BaⅠ式　1件。标本M16：5，夹砂浅灰陶，素面。口径11.5、腹径12、高6.4厘米（图一五二，6）。

② 铜器　7件。计有剑2件，戈1件，钺1件，釜1件，鍪1件，器形不明的残铜器1件。

剑　2件。分别为统一分型、式的AⅢa式和BⅢ式。

AⅢa式　1件。标本M16：7，茎部上侧下中各有圆穿一个，剑身下部两面均铸饰由奔虎及"⌒"、"〔〕"、"∑"、"≈"、"广"等单个纹饰或符号构成的组合图案。通长36.2、茎长6.6、身宽4厘米（图一五三，2；图一五四；图版一四九）。

BⅢ式　1件。标本M16：8，茎部上侧下中各有圆穿一个，剑身中脊与双刃之间遍饰虎斑纹，下部一面铸有"手"、"心"、奔虎等纹饰和符号，另一面锈蚀不清。通长35.2、茎长6.5、身宽2.8厘米（图一五三，1；图版一五〇）。

戈　1件。为统一分型、式的Ⅴa式。标本M16：13，胡下端稍残，援本三长方形穿，内部一长方形穿，竖直凸筋三道。通长22.5、援长15.1、内长7.4厘米（图一五二，7）。

钺　1件。为统一分型、式的AaⅤa式。标本M16：6，素面。通长14.2、刃宽7.1、肩宽5.8厘米，銎口长径4.4、短径3.4、深11厘米（图一五三，3）。

釜　1件。为统一分型、式的Ⅰ式。标本M16：1，扁腹较浅，口径与腹径相等，双辫索纹竖环耳位于上腹部，较小，折沿近平，素面。口径24、腹径25.2、高10.6厘米（图一五三，4；图版一五一）。

鍪　1件。为统一分型、式的Ⅱ式。标本M16：11，素面。口径10、腹径13.7、高11.6厘米（图一五三，5）。

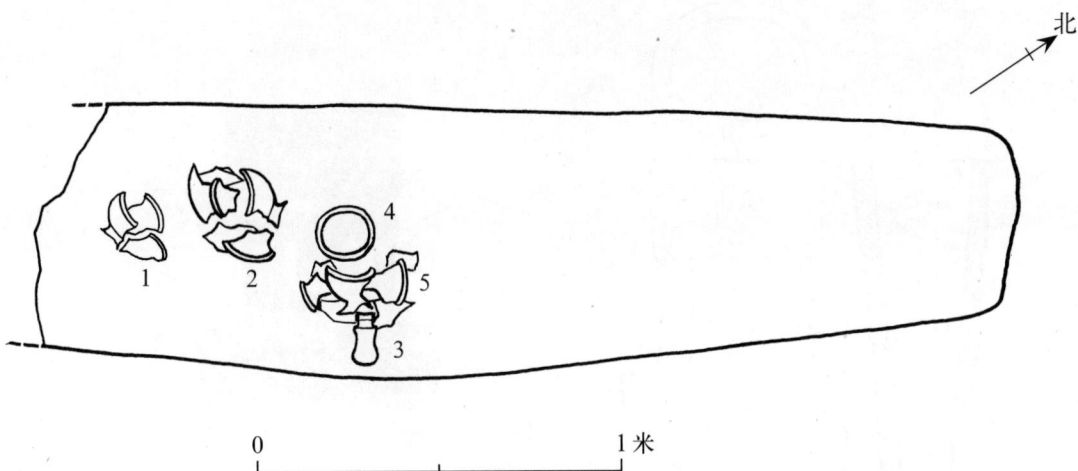

图一五五　M17平面图

1、2、4、5.陶豆　3.铜钺

2．M17

（1）墓葬概况

① 墓室结构

圆角狭长方形竖穴土坑墓，方向33°～213°。墓室南半部遭基建施工彻底破坏，仅存北半部。墓室北端明显小于墓室中部，墓口稍大于墓底，墓坑极浅，内填五花土。墓口残长2.3、宽0.7米，墓坑深0.15米（图一五五）。

② 葬具

未发现葬具，亦未发现任何葬具朽毁痕迹。

③ 葬式

尸骨不存，葬式不明。

（2）随葬品种类及其放置情形

残存随葬品计有陶器和铜器两类。均集中置放于残存墓室中部（图一五五）。

（3）随葬器物

残存器物计有陶器和铜器共5件。

① 陶器　4件。均为陶豆。

豆　4件。均为统一分型、式的A型，其中AⅡ式1件，AⅢ式1件，另2件因残甚，式别不辨。

AⅡ式　1件。残甚。

AⅢ式　1件。标本M17：4，夹砂黑皮红褐陶，沿下饰凹弦纹一周。口径13.4、圈足径6.2、高6厘米（图一五六，3）。

② 铜器　仅钺1件。为统一分型、式的AaVa式。标本M17：3，双肩之间一面阴刻"𤔲"铭文，另一面为素面。通长20、刃宽8.7、肩宽6.9厘米，銎口长径5.2、短径4、深14.4厘米（图一五六，1、2；图版一五二）。

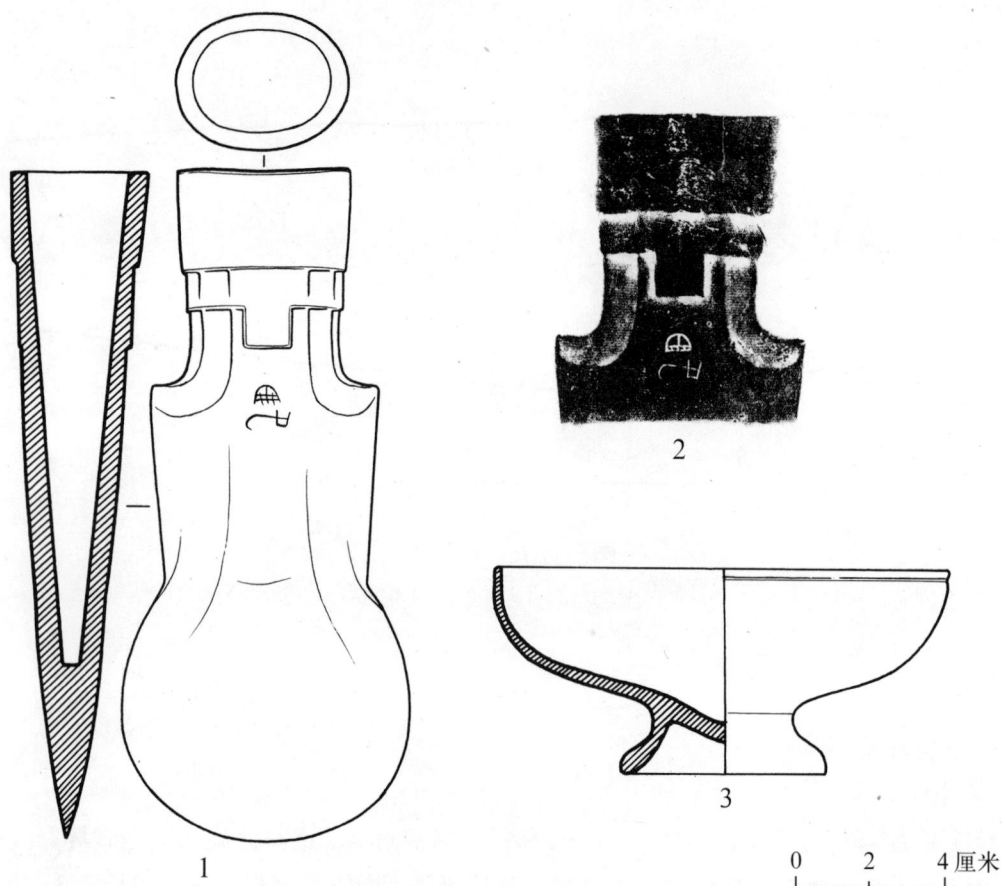

图一五六　M17 出土器物

1.AaVa式铜钺（M17:3）　2.AaVa式铜钺（M17:3）拓片（局部）　3.AⅢ式陶豆（M17:4）

3．M38

（1）墓葬概况

① 墓室结构

圆角狭长方形竖穴土坑墓，方向130°～310°。墓室西半部遭基建施工彻底破坏，仅存东半部。墓口稍大于墓底，墓坑较浅，内填五花土。墓口残长3.2、宽1.2米，墓坑深0.35米（图一五七；图版一五三）。

② 葬具

未发现葬具，亦未发现任何葬具朽腐痕迹。

③ 葬式

尸骨不存，葬式不明。

（2）随葬品种类及其放置情形

残存随葬品较为丰富，计有陶器和铜器两类共33件。其中两件铜剑以及铜勺、铜镞、釜甑和铜鍪等各1件共6件铜器系从基建施工方追回，原摆放位置不详，其余器物除1件铜矛和1件陶釜位于墓底东部近端处外，均集中堆放于残存墓室中部（图一五七；图版一五三）。

（3）随葬器物

计有陶器和铜器共33件。

① 陶器　17件。计有圜底罐3件，豆9件，釜2件，釜甑1件，器盖2件。

圜底罐　3件。均为统一分型、式的 Ab 型，其中1件为 AbIb 式，另2件式别不辨。

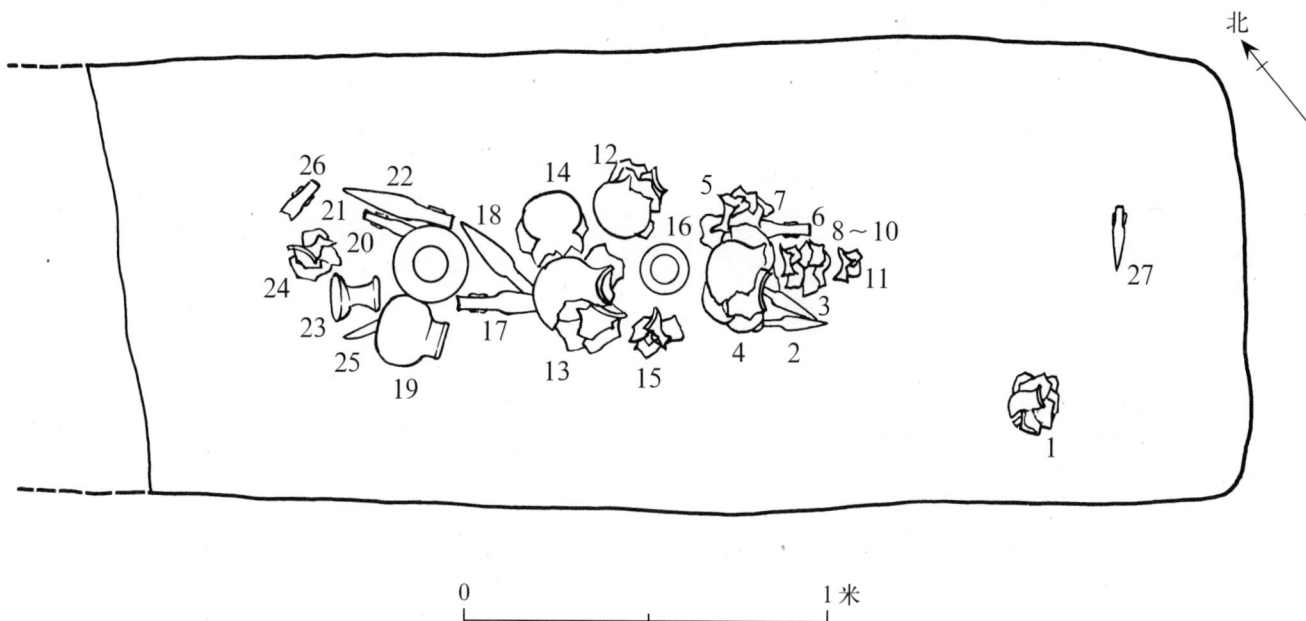

图一五七　M38 平面图

1、12.陶釜　2、3、6、17、18、21、22、26、27.铜矛　4、13、19.陶圜底罐
5、7～11、15、23、24.陶豆　14.陶釜甑　16、20.陶器盖　25.铜刻刀

AbIb 式　1件。标本 M38：19，夹砂灰褐陶，肩部饰凹弦纹一周，肩以下遍饰竖状绳纹。口径 11.4、腹径19.6、高17厘米（图一五八，6）。

豆　9件。均为统一分型、式的 B 型，其中 BbI 式1件，BbII 式1件，其余7件因残甚，式别不辨。

BbI 式　1件。标本 M38：23，夹砂黑皮红褐陶，素面。口径10.5、圈足径8.2、高8.2厘米（图一五八，1；图版一五四）。

BbII 式　1件。标本 M38：11，夹粗砂褐陶，内壁轮制痕迹明显，底座缘面微鼓起阶，素面。口径12、圈足径8.6、高7.4厘米（图一五八，2；图版一五五）。

釜　2件。分别为统一分型、式的 A 型和 B 型各1件。

A 型　1件。标本 M38：12，口部残失，夹砂深灰陶，肩腹部遍饰竖状绳纹。腹径17.2、残高10.4厘米（图一五八，5）。

B 型　1件。残甚。

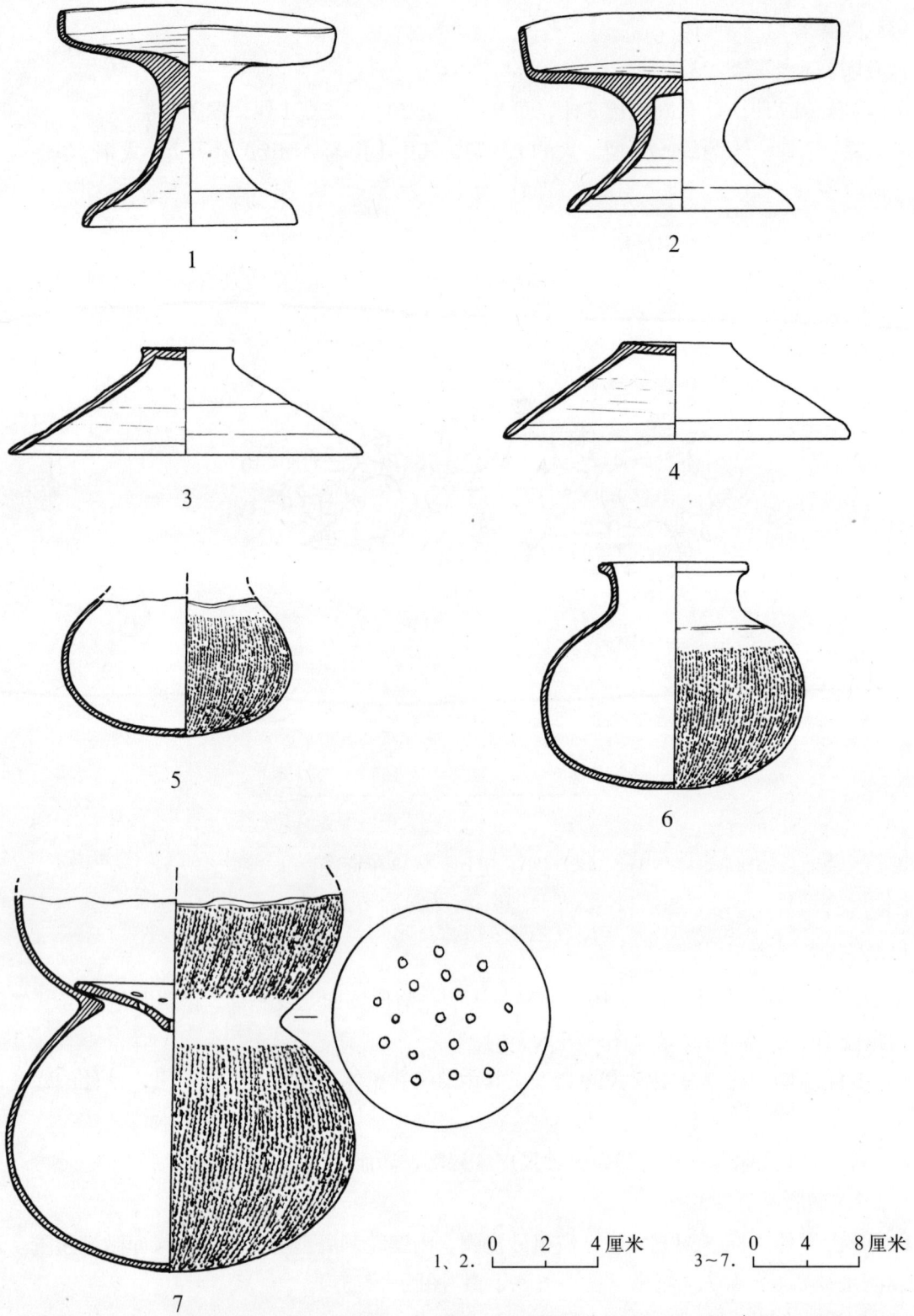

图一五八　M38 出土陶器

1.BbI式陶豆（M38：23）　2.BbⅡ式陶豆（M38：11）　3.I式陶器盖（M38：16）　4.Ⅱ式陶器盖（M38：20）
5.A型陶釜（M38：12）　6.AbIb式陶圜底罐（M38：19）　7.Ab型陶釜甑（M38：14）

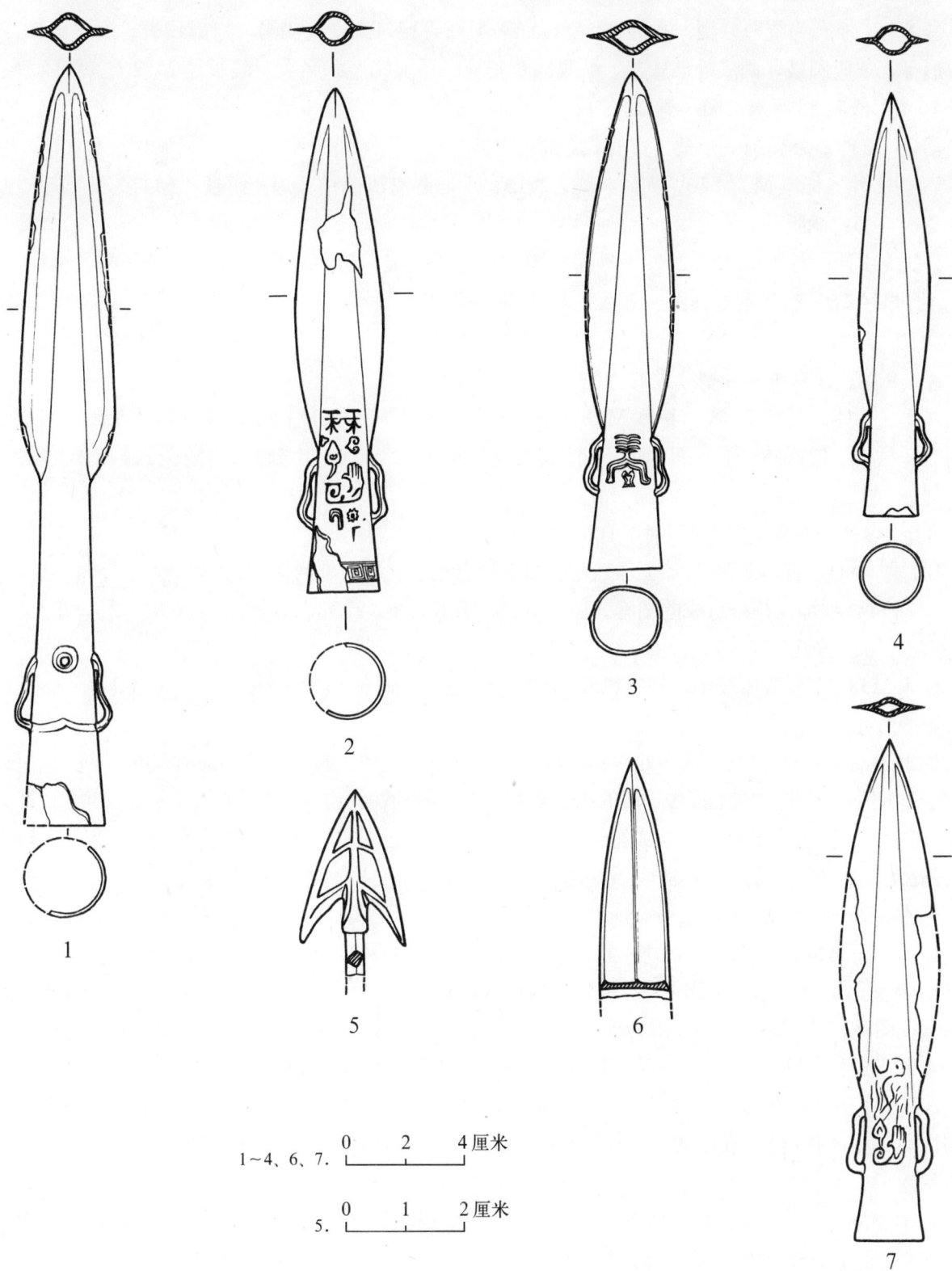

图一五九　M38 出土铜器

1.AⅡa式铜矛（M38:18）　2~4、7.BⅡ式铜矛（M38:3、2、27、6）　5.A型铜镞（M38:31）　6.Ⅰ式铜刻刀（M38:25）

釜甑　1件。为统一分型、式的 Ab 型。标本 M38：14，夹砂灰褐陶，口部残失，甑腹圆弧，18 孔圆形箅，釜腹圆鼓，圜底外凸较甚，甑腹部及釜肩以下遍饰竖状绳纹。甑腹径 25.2、釜腹径 26.8、箅径 16.8、残高 28 厘米（图一五八，7）。

器盖　2件。分属统一分型、式的 I 式和 II 式。

I 式　1件。标本 M38：16，夹砂灰陶，腹中、下部各有浅凹槽一周。纽径 7、口径 27、高 8 厘米（图一五八，3；图版一五六）。

II 式　1件。标本 M38：20，夹砂深灰陶，纽部不明显，较平，斜直腹，盖沿外鼓，素面。纽径 8.4、口径 26、高 9 厘米（图一五八，4；图版一五七）。

② 铜器　16件。计有矛 9件，剑 2件，镞 1件，刻刀 1件，勺 1件，鍪 1件，釜甑 1件。

矛　9件。计有统一分型、式的 A 型 1件，B 型 8件。

A 型　1件。为 AⅡa 式。标本 M38：18，双耳间两面均有圆环相连，骹中部一面铸饰圆圈纹，圆圈有一圆点，似眼睛，另一面锈蚀不清。通长 25.5、骹长 11.6、叶宽 3.2、骹径 2.6 厘米（图一五九，1）。

B 型　8件。分别为 BⅡ式 5件，BⅢa 式 1件，BⅢb 式 2件。

BⅡ式　5件。标本 M38：2，器体较小，刃部稍有残缺，骹上部两面均饰由 "　"、"　" 及 "　"（蠹？）等单个纹饰或符号组成的图案。通长 16.8、骹长 4.6、叶宽 3、骹径 2.4 厘米（图一五九，3；图一六二，4；图版一五八）。

标本 M38：27，器体较小，骹口和刃部有残缺，素面。通长 14.2、骹长 3.4、叶宽 2.4、骹径 2 厘米（图一五九，4）。

标本 M38：3，骹口及叶部多处残损，骹近口处饰雷纹一周，骹部一面铸饰由奔虎、"　"、"　"、"（）"、"　" 等单个纹饰或符号构成的组合图案，另一面则铸饰由 "手"、"心"、"　"、八角星、"　"、"　"（花？）、"　" 等单个纹饰或符号构成的组合图案。通长 17、骹长 4.4、叶宽 3、骹径 2.5 厘米（图一五九，2；图一六二，2；图版一五九）。

标本 M38：6，刃部多处残损，骹部一面铸饰由奔虎、"手"、"心" 等单个纹饰或符号构成的组合图案，另一面锈蚀不清。通长 16.8、骹长 4.4、叶宽 3.3、骹径 2.4 厘米（图一五九，7）。

BⅢa 式　1件。标本 M38：22，锋残，骹口饰雷纹一周，骹部一面铸饰高浮雕奔虎、"　" 符号和四蒂花图案，另一面铸饰高浮雕奔虎、"心"、"　"、"　"、"　" 等纹饰或符号。残长 26.8、骹长 7.6、叶宽 4.8、骹径 3.3 厘米（图一六〇，1；图一六三；图版一六〇）。

BⅢb 式　2件。直折刃，菱形脊，整个矛叶呈菱形。标本 M38：17，骹口饰雷纹一周，骹部两面均铸饰虎头及 "手" 纹。通长 29.2、骹长 7.3、叶宽 5.7、骹径 2.7 厘米（图一六〇，2；图一六二，3；图版一六一）。

标本 M38：26，残甚，仅存骹下部，骹口饰雷纹一周，骹部两面均铸饰虎头和俯虎各一，两虎相向，怒目圆睁，作争斗状（图一六二，1）。

剑　2件。分别为统一分型、式的 AⅣa 式和 AⅣb 式。

AⅣa 式　1件。标本 M38：30，茎端残缺，茎部残留附加木柄痕迹，上侧下中各有一圆穿，剑身下部一面铸饰浅浮雕 "手"、"心" 图案，另一面为奔虎及 "　"、"　"、"　" 等单个纹饰或符号

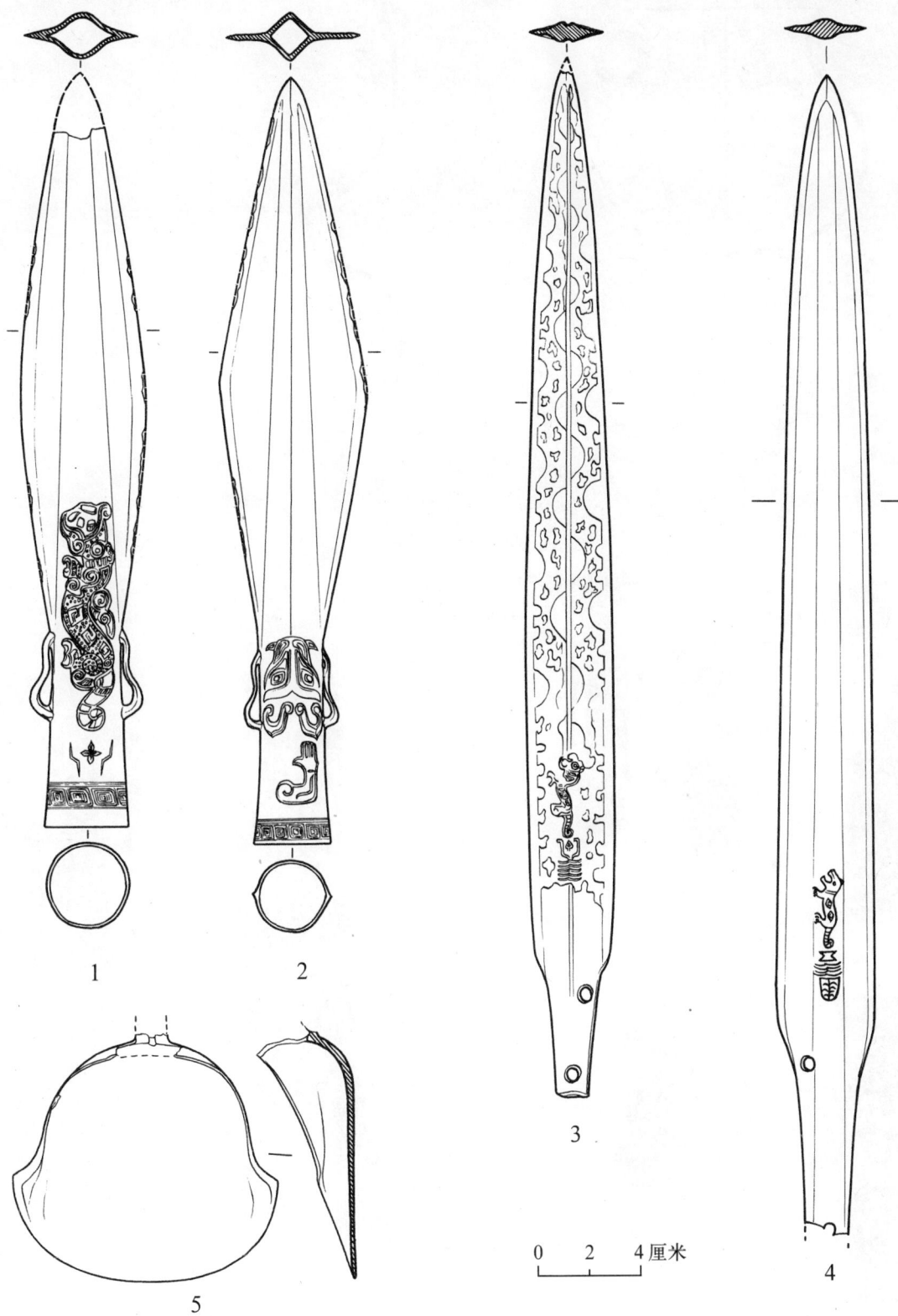

1

2

3

0　　2　　4厘米

4

5

图一六〇　M38 出土铜器

1.BⅢa式铜矛（M38：22）　2.BⅢb式铜矛（M38：17）　3.AⅣb式铜剑（M38：29）　4.AⅣa式铜剑（M38：30）　5.铜勺（M38：32）

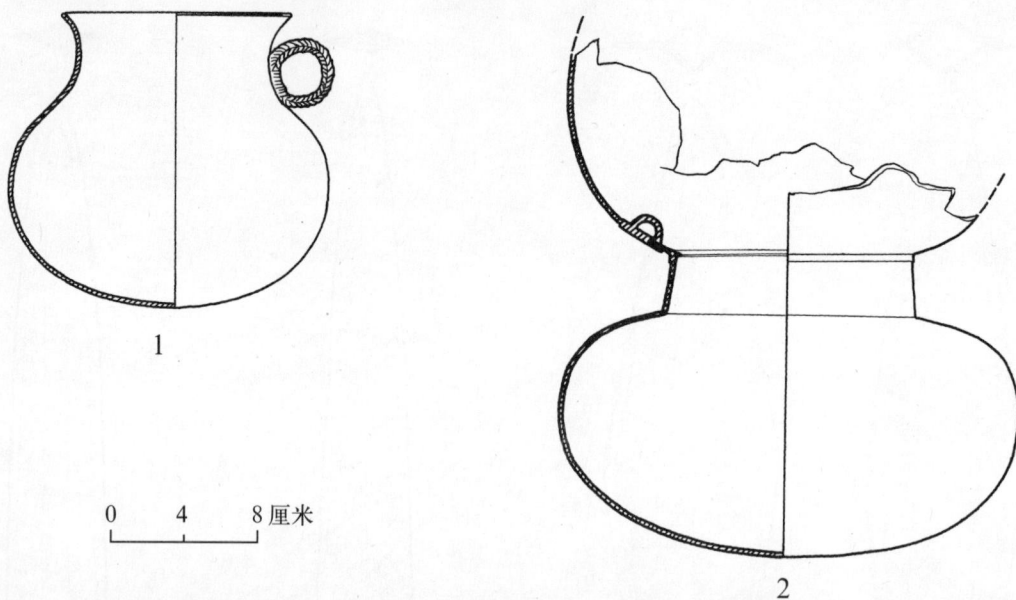

图一六一　　M38 出土铜器

1. Ⅱ式铜鍪（M38：28）　　2. A 型铜釜甑（M38：33）

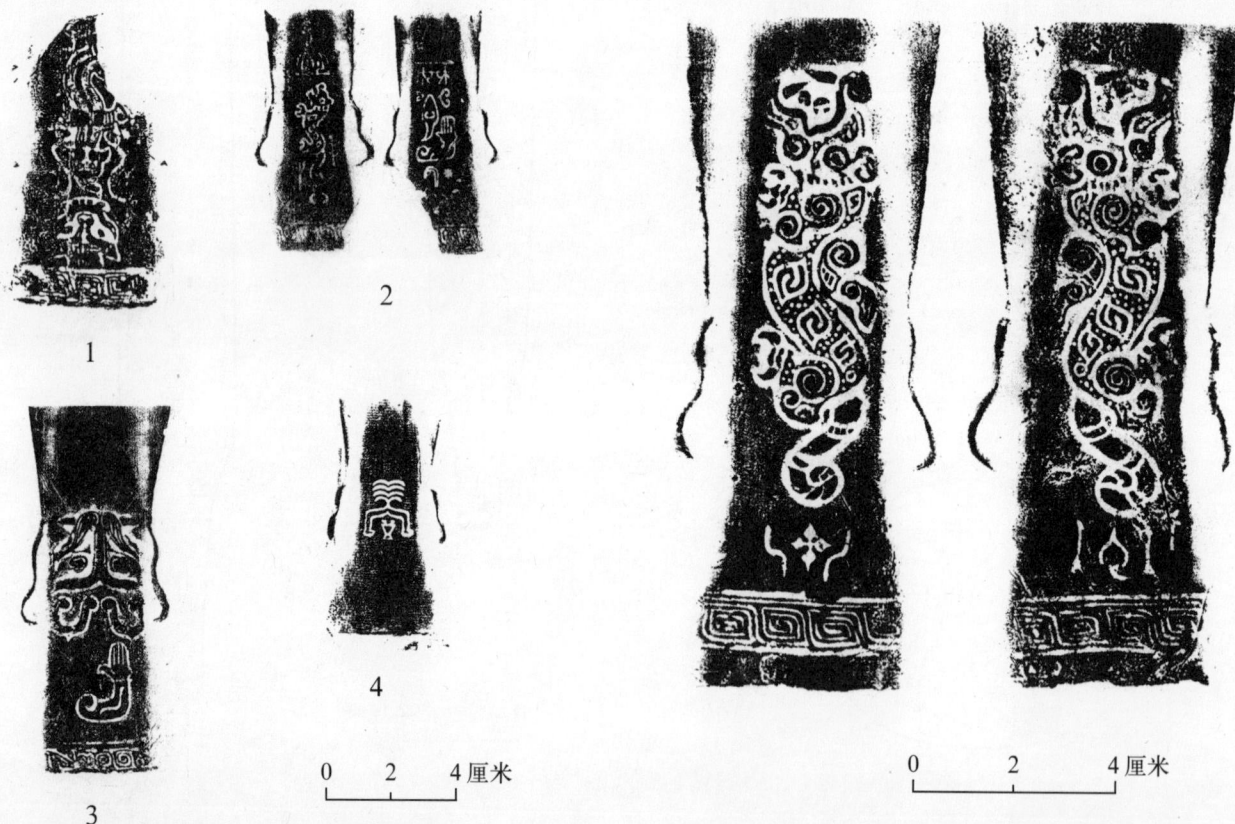

图一六二　　M38 出土铜矛拓片

1. M38：26　2. M38：3（两面）

3. M38：17　4. M38：2

图一六三　　M38 出土铜矛（M38：22）拓片

构成的组合图案。残长42.2、茎残长6.8、身宽3.7厘米（图一六〇，4；图一六四，1；图版一六二）。

AIVb式 1件。标本M38：29，中脊带血槽，茎部上侧和下端中部各有圆穿一个，剑身中脊与双刃之间遍饰浅浮雕虎斑纹和半圆形斑纹，下部两面均饰奔虎、罍、"𠂤"、"公"等纹饰或符号。通长39.5、茎长4.2、身宽3.6厘米（图一六〇，3；图一六四，2；图版一六三）。

镞 1件。为统一分型、式的A型。标本M38：31，铤下部残断。残长3、翼尾宽3.6厘米（图一五九，5）。

刻刀 1件。为统一分型、式的I式。标本M38：25，残，仅存尖部，素面。残长8、宽2.4厘米（图一五九，6）。

鍪 1件。为统一分型、式的II式。标本M38：28，素面。口径12.6、腹径17.6、高15.8厘米（图一六一，1；图版一六四）。

釜甑 1件。为统一分型、式的A型。

标本M38：33，甑、釜分铸后由釜口连接甑底合铸而成，中间设箅。甑大部已残失，下腹弧内收，釜腹呈扁鼓状，圜底。圆箅已失，甑内壁近箅处有一半环纽，应为栓箅之用，釜口呈圈足状，口上部

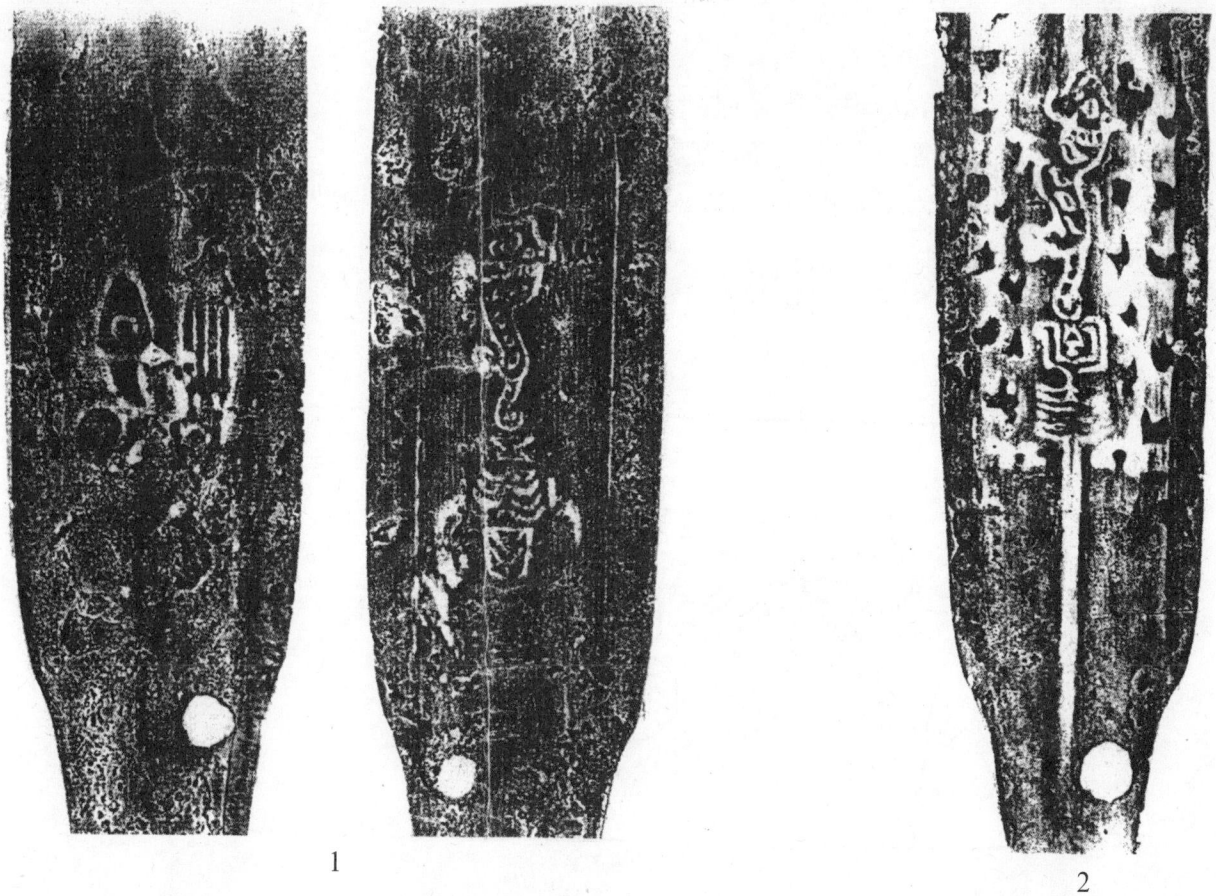

图一六四 M38出土铜剑拓片

1.M38：30（两面） 2.M38：29

0 1 2厘米

与甑底有合铸痕迹，素面。残高27、釜腹径24.8厘米（图一六一，2）。

勺 1件。标本M38：32，柄部残，勺身似箕，勺口颇宽，两端上卷。身长9.4、宽10.2厘米（图一六〇，5）。

4．M39

（1）墓葬概况

① 墓室结构

狭长方形竖穴土坑墓，方向130°～310°。墓室西部遭基建施工彻底破坏，仅存东部。墓口稍大于墓底，墓坑较浅，内填五花土。墓口长2.4、宽1.1米，墓坑深0.4米（图一六五）。

② 葬具

未发现葬具，亦未发现任何葬具朽腐痕迹。

③ 葬式

尸骨不存，葬式不明。

（2）随葬品种类及其放置情形

残存随葬品计有陶器和铜器两类，均集中置放于现存墓室中部（图一六五）。

（3）随葬器物

残存器物计有陶器和铜器共5件。

① 陶器 4件。计有豆1件，釜甑1件，鼎2件。

豆 1件。为统一分型、式的Bb型，残甚。

釜甑 1件。为统一分型、式的AbI式。标本M39：1，夹砂灰褐陶，制作不甚规整，甑部方唇

图一六五　M39平面图

1.陶釜甑　2、3.陶鼎　4.铜矛　5.陶豆

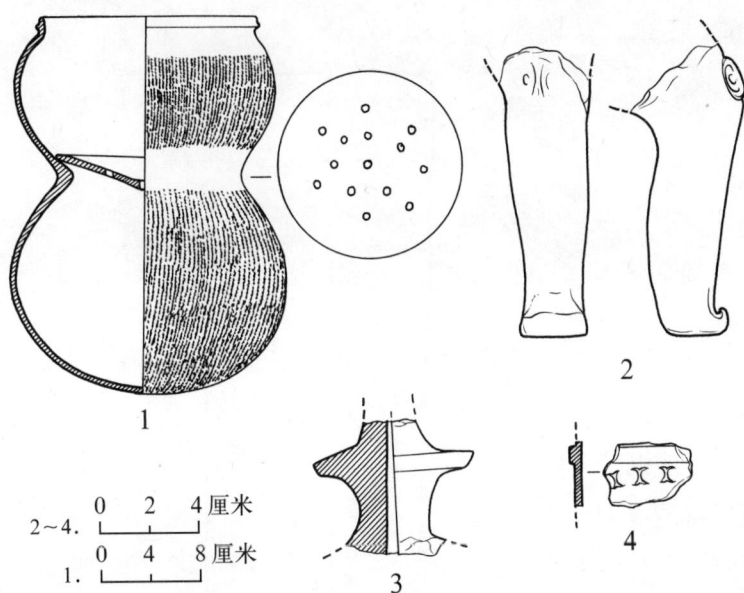

图一六六　M39 出土陶器

1. AbI 式陶釜甑（M39：1）　2~4. B 型陶鼎残片（M39：3）

图一六七　M39 出土铜矛（M39：4）及其两面拓片

内凹，卷沿，圆弧腹，14 孔圆形箅，釜腹圆弧，圜底外凸较甚，甑腹部及釜肩以下遍饰竖状绳纹。口径 17.6、甑腹径 21.2、釜腹径 22.4、通高 30 厘米（图一六六，1）。

鼎　2 件。均为统一分型、式的 B 型，残甚，据残片判断应为仿铜带盖兽足鼎。泥质黑陶，陶质松软，火候极低。标本 M39：3，盖纽呈圆柱状，中空，柱中部凸出一环状握手，残高 5.6 厘米（图一六六，3）；腹部饰"x"纹带，有凸棱（图一六六，4）；足较粗，上部饰兽面纹，残高 12 厘米（图一六六，2）。

② 铜器　仅存铜矛 1 件。为统一分型、式的 BⅡ式。标本 M39：4，骹口及刃口多处残缺，骹口饰雷纹一周，骹上部两面均铸饰高浮雕状"虎食鹿"图案，图案由一张口追逐撕咬的奔虎和一受惊狂奔的回头小鹿构成，虎口已咬住鹿臀。通长 21、骹长 5.6、叶宽 3.4、骹径 2.8 厘米（图一六七；图版一六五）。

5．M49

（1）墓葬概况

① 墓室结构

圆角狭长方形竖穴土坑墓，方向 112°。墓室东部的大部分除端部外均遭基建施工彻底破坏，仅存东端和墓室中西部。墓口稍大于墓底，墓坑较浅，内填五花土。墓口长6.3、宽0.8米，墓坑深0.3米（图一六八）。

② 葬具

未发现葬具，亦未发现任何葬具朽腐痕迹。

③ 葬式

尸骨部分朽烂，部分保存较好，可大致确定葬式，为仰身，下肢弯曲，头向东南，面向北（图一六八）。

（2）随葬品种类及其放置情形

残存随葬品种类计有陶器、铜器、铁器和漆木器四类，均较集中地摆放于墓底中部。其中两件铜剑和两件铜带钩置放于墓主胸腹部，铜箭镞置放于墓主下身右侧，陶器中除1件圜底罐置放于墓主上身右侧外，其余的均堆置于头端（图一六八）。

（3）随葬器物

残存器物计有陶器、铜器、铁器和漆木器共34件。

① 陶器　22件。计有圜底罐4件，豆13件，釜2件，小口瓮1件，钵2件。

圜底罐　4件。均为统一分型、式的AbIa式，残甚。

豆　13件。其中6件为统一分型、式的A型，7件为Bb型。

A型　6件。分别为AⅢ式3件，AⅣ式1件，另2件因残甚，式别不辨。

AⅢ式　3件。标本M49：22，夹砂黑皮褐陶，制作不甚规整，左右不甚对称，沿下有凹槽一周。口径15、圈足径6.2、高6.8厘米（图一六九，1）。

标本M49：12，夹砂灰褐陶，制作不甚规整，左右不甚对称，素面。口径14.4、圈足径6.4、高6.8厘米（图一六九，2）。

B型　7件。分别为BbI式3件，BbII式1件，另3件因残甚，式别不辨。

BbI式　3件。标本M49：20，夹砂灰褐陶，腹部微折，柄座转折较显，素面。口径10.2、圈足径7.8、高9厘米（图一六九，4）。

标本M49：6，夹砂深灰陶，素面。口径11.6、圈足径7.3、高9厘米（图一六九，3）。

标本M49：17，夹砂灰褐陶，座残，素面。口径10.2、

图一六八　M49平面图

1、2、7、29.陶圜底罐　3、5、6、8、11、12、15、17、18、20～22、24.陶豆　4、23.陶钵　9.漆器　10、13.陶釜　14.铁器　16.陶小口瓮　19、25.铜戈　26.铜钺　27、28.尸骨　30、31.铜剑　32.铜镞　33、34.铜带钩

图一六九 M49 出土陶器

1、2.AⅢ式陶豆（M49：22、12） 3、4、6.BbⅠ式陶豆（M49：6、20、17）
5.BbⅡ式陶豆（M49：5） 7.Ⅰ式陶钵（M49：4） 8.陶小口瓮（M49：16）

残高4.6厘米（图一六九，6）。

BbⅡ式　1件。标本M49：5，夹砂灰褐陶，制作不甚规整，圆唇较厚，素面。口径11.6、圈足径7、高5.5厘米（图一六九，5）。

釜　2件。均为统一分型、式的A型，残甚。

小口瓮　1件。标本M49：16，夹细砂浅灰陶，仅存颈、肩部，颈下饰凹弦纹一周，其下饰倒"s"纹带一周。残高6.4厘米（图一六九，8）。

钵　2件。1件为统一分型、式的Ⅰ式，另1件因残甚，式别不辨。

Ⅰ式　1件。标本M49：4，夹砂灰褐陶，敛口，方唇内斜，上腹近直，下腹曲内收，平底内凹，素面。口径14.4、底径5、腹径13.8、高5.4厘米（图一六九，7）。

② 铜器　10件。计有剑2件，戈2件，钺1件，镞3件，带钩2件。

剑　2件。分别为统一分型、式的AⅢa和BⅠ式。

AⅢa式　1件。标本M49：31，茎部上侧下中各有一圆穿，剑身中脊与双刃之间遍饰虎斑纹，下部一面铸饰"手"、"心"图案，另一面锈蚀不清。通长38.6、茎长7.7、身宽2.8厘米（图一七〇，1；图版一六六）。

BⅠ式　1件。标本M49：30，青铜短剑，剑体扁平，无脊，无从，身柄分界不显，茎部上下各有一圆穿居中，剑身两面均铸有高浮雕状回首俯虎，虎身长如龙，几乎占据整个剑身。通长25、茎长3.7、身宽3.1厘米（图一七〇，2；图一七二，1；图版一六八）。

戈　2件。分别为统一分型、式的Ⅰc和Ⅲa式。

Ⅰc式　1件。标本M49：19，略残，锋呈等腰三角形，援上一圆穿，近本处为两长方形穿，内上一近长方形穿，器体甚薄，应为明器。通长16.5、援长11.3、内长5.2厘米（图一七一，1）。

Ⅲa式　1件。标本M49：25，残甚，仅存中部一截，无阑，双胡外凸，近本处有一隆起凸出的三角形穿，援本有近长方形穿两个，内上残留一菱形穿，器体甚薄，应为明器。残长10.8厘米（图一七一，2）。

钺　1件。为统一分型、式的AaⅣ式。标本M49：26，斜折肩，身上部一面双肩之间阴刻"⌇"符号。通长19.5、刃宽9、肩宽7.2厘米，銎口长径5.3、短径4.2、深12厘米（图一七〇，3；图版一六七）。

镞　3件。均为统一分型、式的A型。双翼，三棱，长铤式，镞身中脊隆起，两面各有凹槽四个，双翼展开呈倒刺状，铤呈菱形锥状。标本M49：32，铤残断，残长3.3、翼尾宽3.6厘米（图一七一，4）。

带钩　2件。分别为统一分型、式的AⅠa和AⅡ式。

AⅠa式　1件。标本M49：33，腹部以金丝镶嵌卷云纹和三角纹。通长11.5、腹宽2.2厘米（图一七〇，4；图版一六九）。

AⅡ式　1件。整体较宽短，形似琵琶，短颈，宽腹。标本M49：34，器体较小，腹部铸刻卷云纹和三角纹。通长6.5、腹宽1.8厘米（图一七一，3；图一七二，2；图版一七〇）。

③ 铁器　1件。锈蚀极甚，器形不明。

④ 漆木器　1件。残甚，仅在墓室中部发现一片近长方形漆皮，黑地，上绘朱色圆点纹三排（图一六八）。

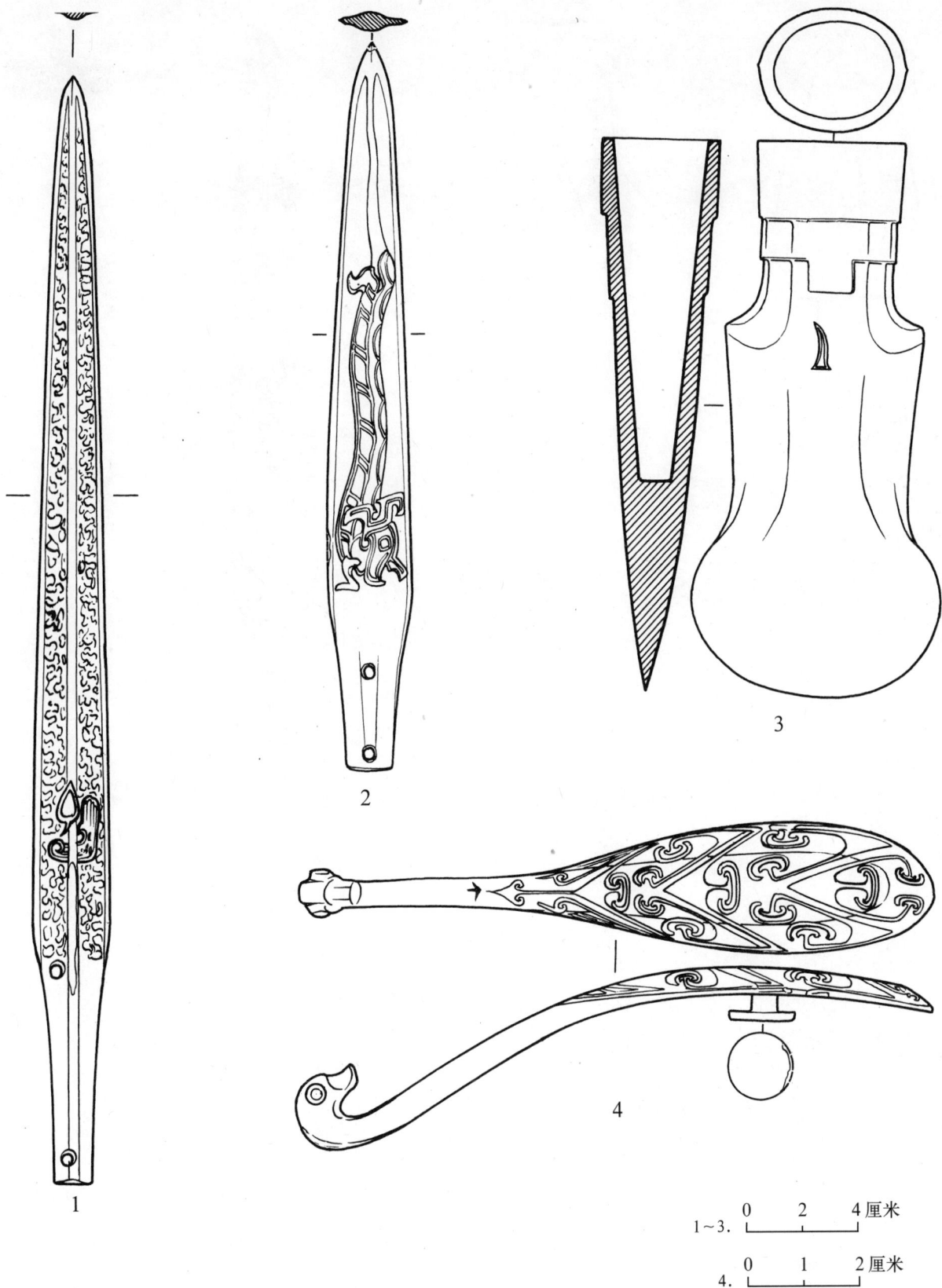

图一七〇　M49 出土铜器

1. AⅢa 式铜剑（M49：31）　　2. BI 式铜剑（M49：30）　　3. AaⅣ 式铜钺（M49：26）　　4. AIa 式铜带钩（M49：33）

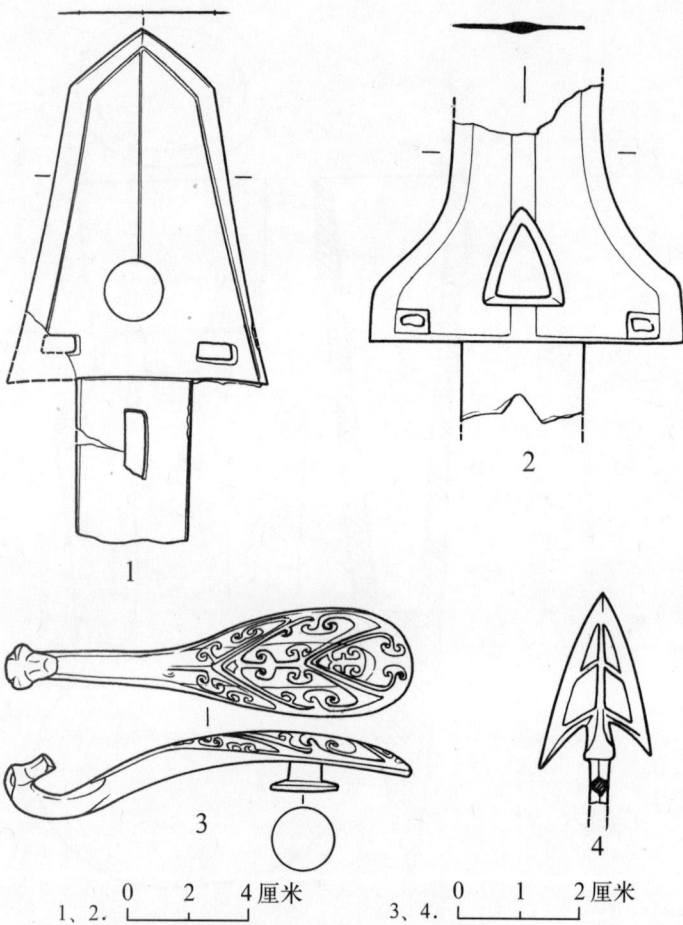

图一七一　M49 出土铜器

1. Ⅰc式铜戈（M49:19）　2.Ⅲa式铜戈（M49:25）
3. AⅡ式铜带钩（M49:34）　4.A型铜镞（M49:32）

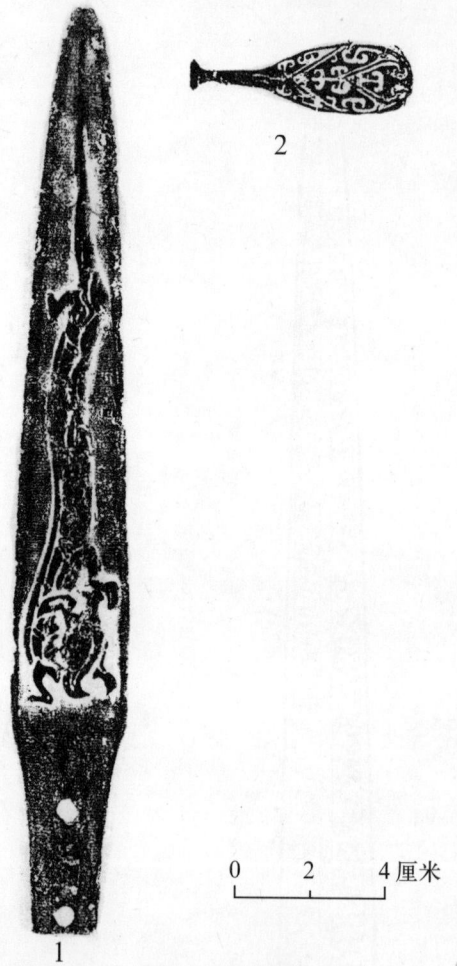

图一七二　M49 出土铜器拓片

1. 铜剑（M49:30）　2.铜带钩（M49:34）

6. M52

（1）墓葬概况

① 墓室结构

圆角狭长方形竖穴土坑墓，方向120°。墓口稍大于墓底，墓坑极浅，内填五花土。墓口长5.3、宽1.05米，墓坑深0.3米（图一七三）。

② 葬具

未发现葬具，亦未发现任何葬具朽腐痕迹。

③ 葬式

尸骨位于墓室中部，部分朽烂，但尚可辨葬式，系侧身直肢，双手似握剑交置于腹部，头向东，面向北（图一七三）。

（2）随葬品种类及其放置情形

随葬品种类计有陶器和铜器两类。其中陶器和铜容器多置于尸体足端，极少数置于头端和腹部。铜兵器中铜剑似握于手中，一件铜戈置于胸部，另一件铜戈和铜矛置于头端，铜钺则置于足端（图一七三）。

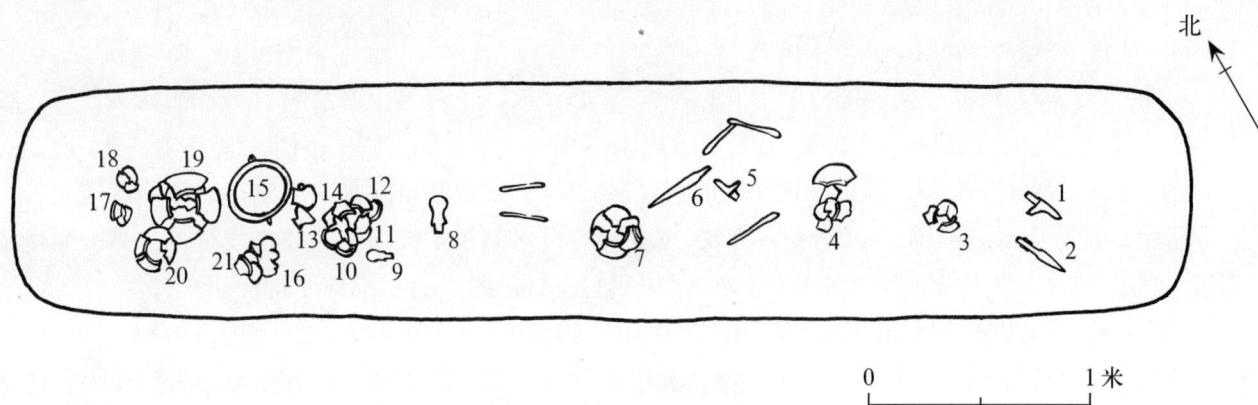

图一七三　M52平面图

1、5.铜戈　2.铜矛　3.陶釜　4、15.铜釜　6.铜剑　7、10～12、19、20.陶圜底罐
8、9.铜钺　13、21.陶豆　14.铜鍪　16～18.陶釜（1件）

（3）随葬器物

出土随葬品计有陶器和铜器两类共19件。

① 陶器　10件，计有圜底罐6件，豆2件，釜2件。

圜底罐　6件。分别为统一分型、式的AaII式3件，AbIa式3件，均残甚。

豆　2件。计有统一分型、式的AI式1件，AII式1件。

AI式　1件。标本M52：21，夹砂黑皮红褐陶，下腹饰凹弦纹一周。口径14.6、圈足径6.4、高8.2厘米（图一七四，1）。

AII式　1件。标本M52：13，夹砂灰黑陶，沿下饰凹槽一周。口径15.8、圈足径7、高7.3厘米（图一七四，2）。

釜　2件。分属统一分型、式的BaII式和A型。

BaII式　1件。标本M52：16，夹细砂灰陶，素面。口径15.2、腹径16.4、高7.6厘米（图一七四，3）。

A型　1件。残甚。

② 铜器　9件。计有矛1件，剑1件，戈2件，钺2件，釜2件，鍪1件。

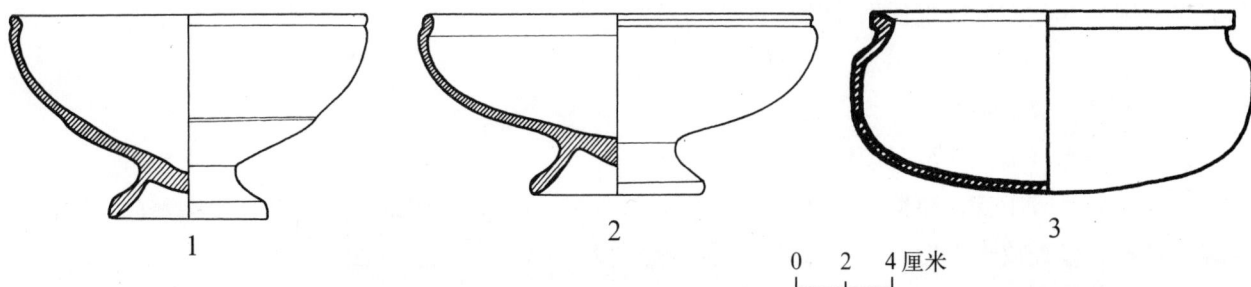

图一七四　M52出土陶器

1.AI式陶豆（M52：21）　2.AII式陶豆（M52：13）　3.BaII式陶釜（M52：16）

矛　1件。属统一分型、式的BIa式。

标本M52：2，骹部一面铸饰"手"、"心"纹，"心"纹以下符号不甚清晰，另一面锈蚀严重，纹饰不清。通长20.6、骹长6、叶宽3、骹径2.5厘米（图一七五，2；图一七七，2；图版一七一）。

剑　1件。属统一分型、式的AIIIb式。标本M52：6，茎部残留附加木柄痕迹，下部近端处有一圆穿居中，剑身下部一面饰"手"、曡、虎及"⚿"、"⚲"（刻于手纹上）等纹饰或符号，另一面锈蚀不清。通长32.5、茎长3.5、身宽3.3厘米（图一七五，1；图一七七，3；图版一七二）。

戈　2件。分属统一分型、式的Va和Vb式。

Va式　1件。标本M52：5，援本三穿，其中上穿为圆穿，下二穿为长方形穿，内部残失。援长13厘米（图一七六，2）。

Vb式　1件。标本M52：1，援本三穿，其中上穿为圆穿，下二穿为长方形穿，内上一长方形穿，援上刃内凹较甚，锋部略呈蛇头状，援近阑处一面阴刻"手"、"心"纹，另一面阴刻"⚞"、"⚟"、"⚝"（鱼？菠萝？）等符号。通长20、援长13.8、内长6.2厘米（图一七六，1；图一七七，1；图版一七三）。

钺　2件。分属统一分型、式的AaVa和AbIII式。

AaVa式　1件。标本M52：9，圆角长方形銎口，素面。通长12.4、刃宽6.3、肩宽4.6厘米，銎口长径3.6、短径3、深6.2厘米（图一七五，3；图版一七四）。

AbIII式　1件。标本M52：8，钺体较大，銎部较长，腰折极甚，舌形刃极宽，圆角长方形銎口，平折肩，素面。通长17.5、刃宽9.2、肩宽6.9厘米，銎口长径5.3、短径4.2、深11.8厘米（图一七五，4；图版一七五）。

釜　2件。残损较甚。标本M52：15，口部及双耳残失，素面，腹径26.6、残高12.8厘米（图一七六，3）。

鍪　1件。残甚。

7. M54

（1）墓葬概况

①墓室结构

圆角狭长方形竖穴土坑墓，方向120°～300°。墓口稍大于墓底，墓坑极浅，内填五花土。墓口长5、宽1米，墓坑深0.3米（图一七八）。

②葬具

未发现葬具，亦未发现任何葬具朽痕。

③葬式

尸骨不存，葬式不明。

（2）随葬品种类及其放置情形

该墓随葬品较丰富，种类计有陶器和铜器两类，均置放于墓底中部。其中铜容器均置放于器物群东端，陶器大多置放于器物群东部，铜兵器除铜剑外均与陶器群杂置（图一七八）。

（3）随葬器物

计有陶器和铜器共33件。

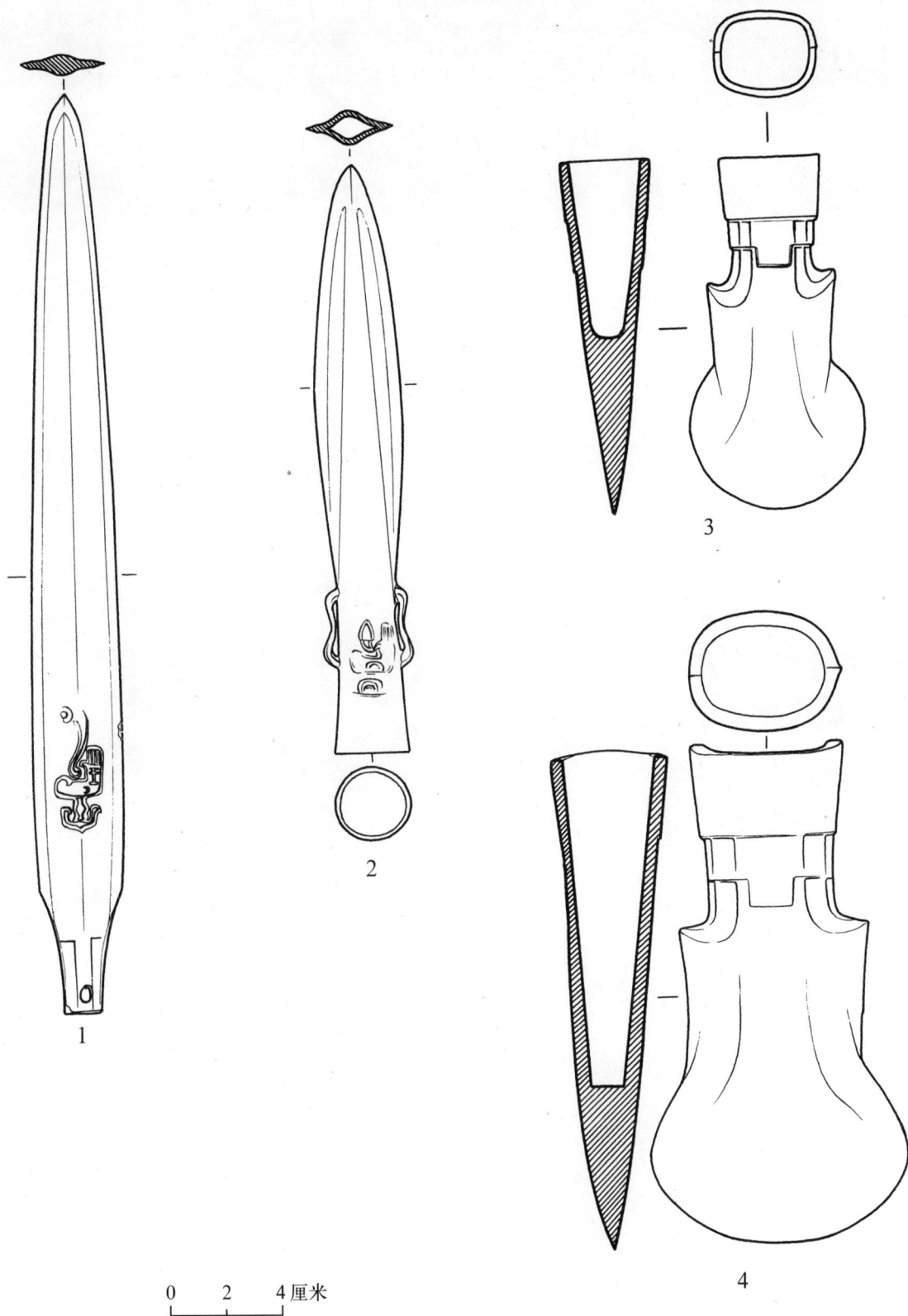

0　　2　　4厘米

图一七五　M52出土铜器

1.AⅢb式铜剑（M52：6）　2.BⅠa式铜矛（M52：2）　3.AaⅤa式铜钺（M52：9）　4.AbⅢ式铜钺（M52：8）

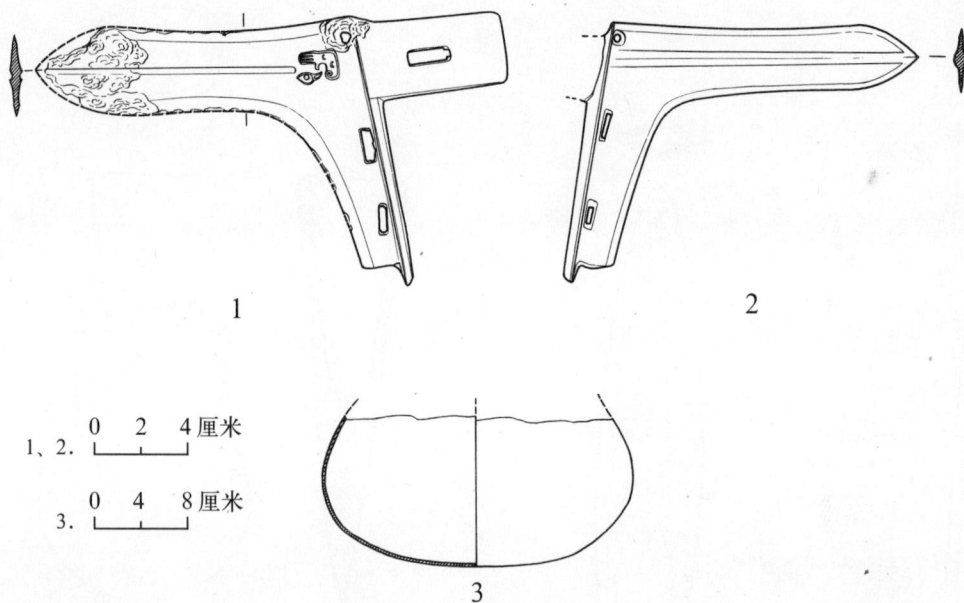

1、2. └─0──2──4 厘米

3. └─0──4──8 厘米

图一七六　M52 出土铜器

1.Vb式铜戈（M52：1）　2.Va式铜戈（M52：5）　3.铜釜（M52：15）

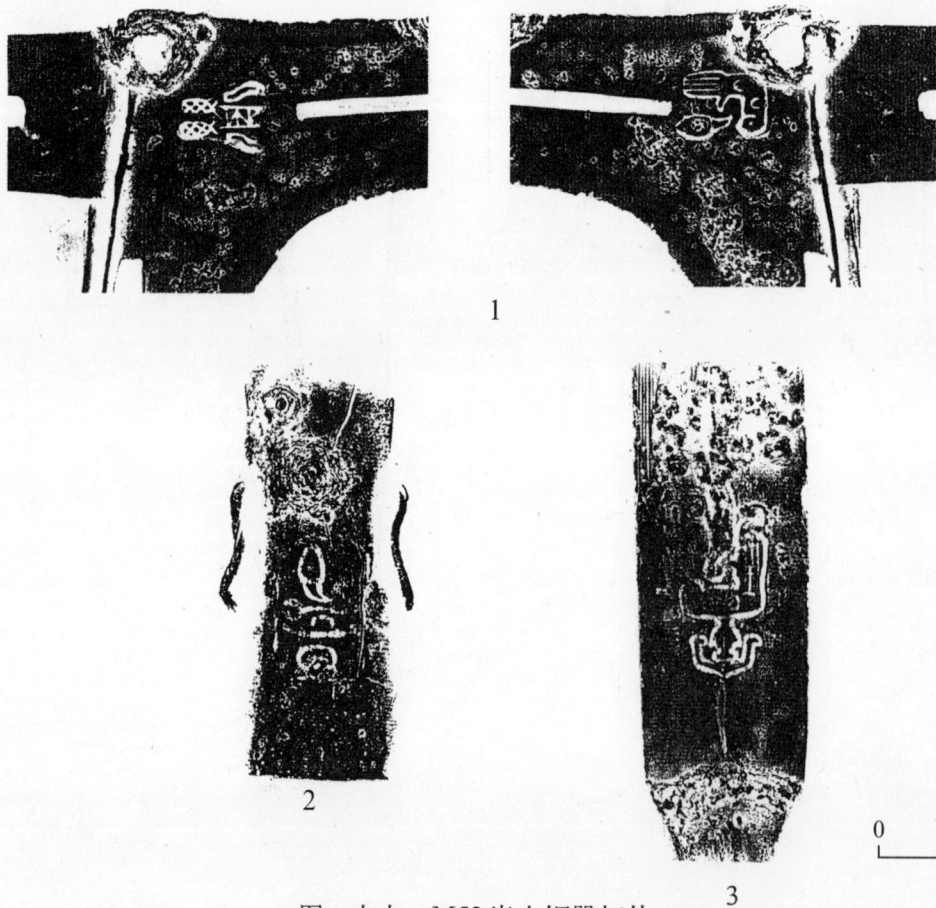

图一七七　M52 出土铜器拓片

1.铜戈（M52：1）两面　2.铜矛（M52：2）　3.铜剑（M52：6）

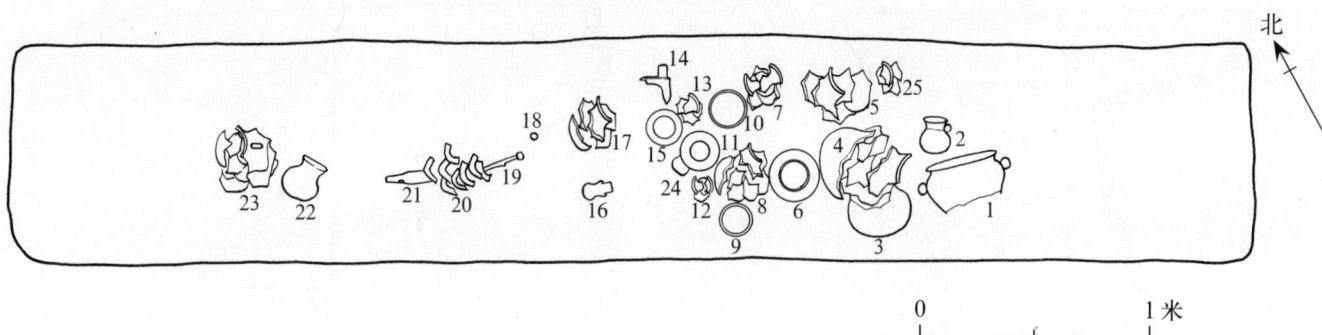

图一七八　　M54 平面图

1.铜釜　2.铜鍪　3~6、8、17、22.陶圜底罐　7、9~13、15、25.陶豆 14.铜戈
16、24.铜钺　18.铜印章　19.铜削　20.铜璜　21.铜剑　23.陶釜

① 陶器　16件。计有圜底罐7件，豆8件，釜1件（图版一七六）。

圜底罐　7件。分别为统一分型、式的 AaⅡ式2件，AbIa式3件，AbIb式2件。

AbIa式　3件。标本 M54：6，夹砂浅灰陶，方唇内斜，唇下沿微下垂，折肩，颈下部饰凹弦纹一周，肩以下遍饰竖状绳纹。口径12.8、腹径21.6、高6.6厘米（图一七九，6；图版一七七）。

AbIb式　2件。标本 M54：22，夹砂灰黑陶，制作不甚规整，左右不甚对称，圆唇，圆腹，颈下部饰凹弦纹一周，肩以下遍饰竖状绳纹。口径12.8、腹径21.8、高18.4厘米（图一七九，5）

豆　8件。计有统一分型、式的 A 型4件，B 型4件。

A 型　4件。分别为 AⅡ式2件，AⅢ式2件。

AⅡ式　2件。标本 M54：15，夹砂灰黑陶，制作不甚规整，左右不甚对称，沿下饰凹弦纹一周。口径14、圈足径7、高7.5厘米（图一七九，2）。

AⅢ式　2件。标本 M54：11，仅存盘部，夹砂灰褐陶，火候不甚均匀，素面。口径13.6、残高6厘米（图一七九，4）。

B 型　4件。计有 BbI式2件，其余2件因残甚，式别不辨。

BbI式　2件。标本 M54：10，夹砂灰陶，素面。口径11、圈足径7.6、高8.5厘米（图一七九，1）。
标本 M54：9，夹砂深灰陶，座残，素面。口径10.2、残高6厘米（图一七九，3）。

釜　1件。为统一分型、式的 AⅡ式，残甚。

② 铜器　17件。计有剑1件，戈1件，钺2件，削1件，釜1件，鍪1件，印章1件，璜9件。

剑　1件。为统一分型、式的 AV 式。标本 M54：21，茎端稍残，茎部残留附加木柄痕迹，上侧下中各有一圆穿，剑身下部一面饰"手"、"心"图案，另一面为素面。残长44、茎残长7.8、身宽4.5厘米（图一八〇，1；图版一七八）。

戈　1件。为统一分型、式的 Va 式。标本 M54：14，器体较薄，援本三穿，其中上穿为方穿，下二穿为长方形穿，内上无穿，内端部两面均铸饰虎头图案。通长19、援长13.2、内长5.8厘米（图一八〇，2、3；图一八三，1；图版一七九）。

钺　2件。分别为统一分型、式的 AaVa 式和 AbIII 式。

AaVa 式　1件。标本 M54：24，素面。通长19.4、刃宽9.6、肩宽7.2厘米，銎口长径5.7、短

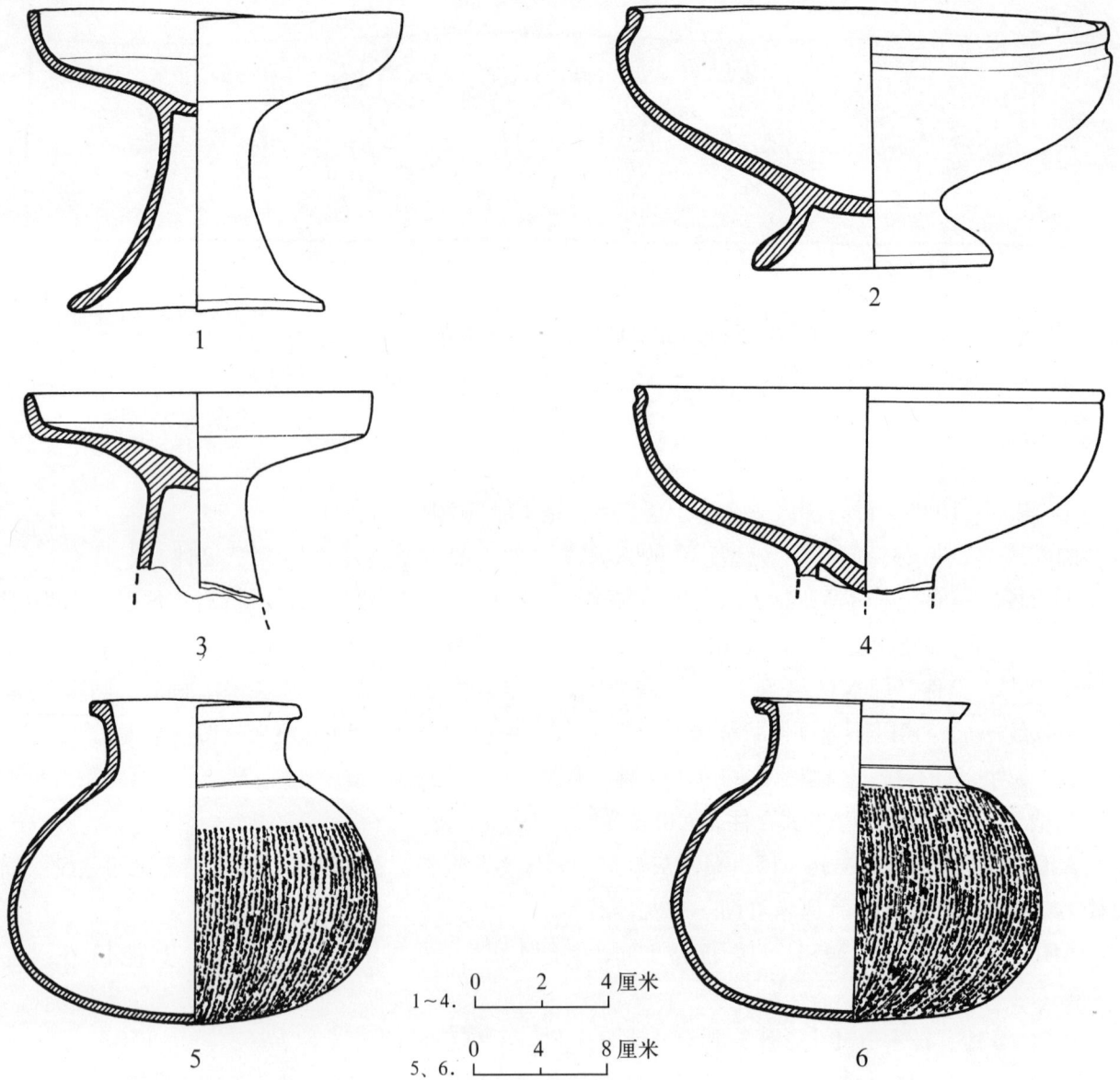

图一七九　M54 出土陶器

1、3.BbI式陶豆（M54∶10、9）　2.AII式陶豆（M54∶15）　4.AIII式陶豆（M54∶11）
5.AbIb式陶圜底罐（M54∶22）　6.AbIa式陶圜底罐（M54∶6）

径4.7、深11.7厘米（图一八二；图版一八〇）。

　　AbIII式　1件。标本M54∶16，圆角长方形銎口，素面。通长10.6、刃宽6.5、肩宽5厘米，銎口长径3.8、短径3.1、深7.7厘米（图一八一，3；图版一八一）。

　　削　1件。为统一分型、式的AbIII式。标本M54∶19，刃部稍残，直背，凸刃，直柄，削身较宽，背部较窄，素面。通长21.2、身宽1.6厘米（图一八一，1；图版一八二）。

　　釜　1件。为统一分型、式的II式。标本M54∶1，底残，素面。口径25、腹径28.2、残高12.8厘米（图一八〇，4）。

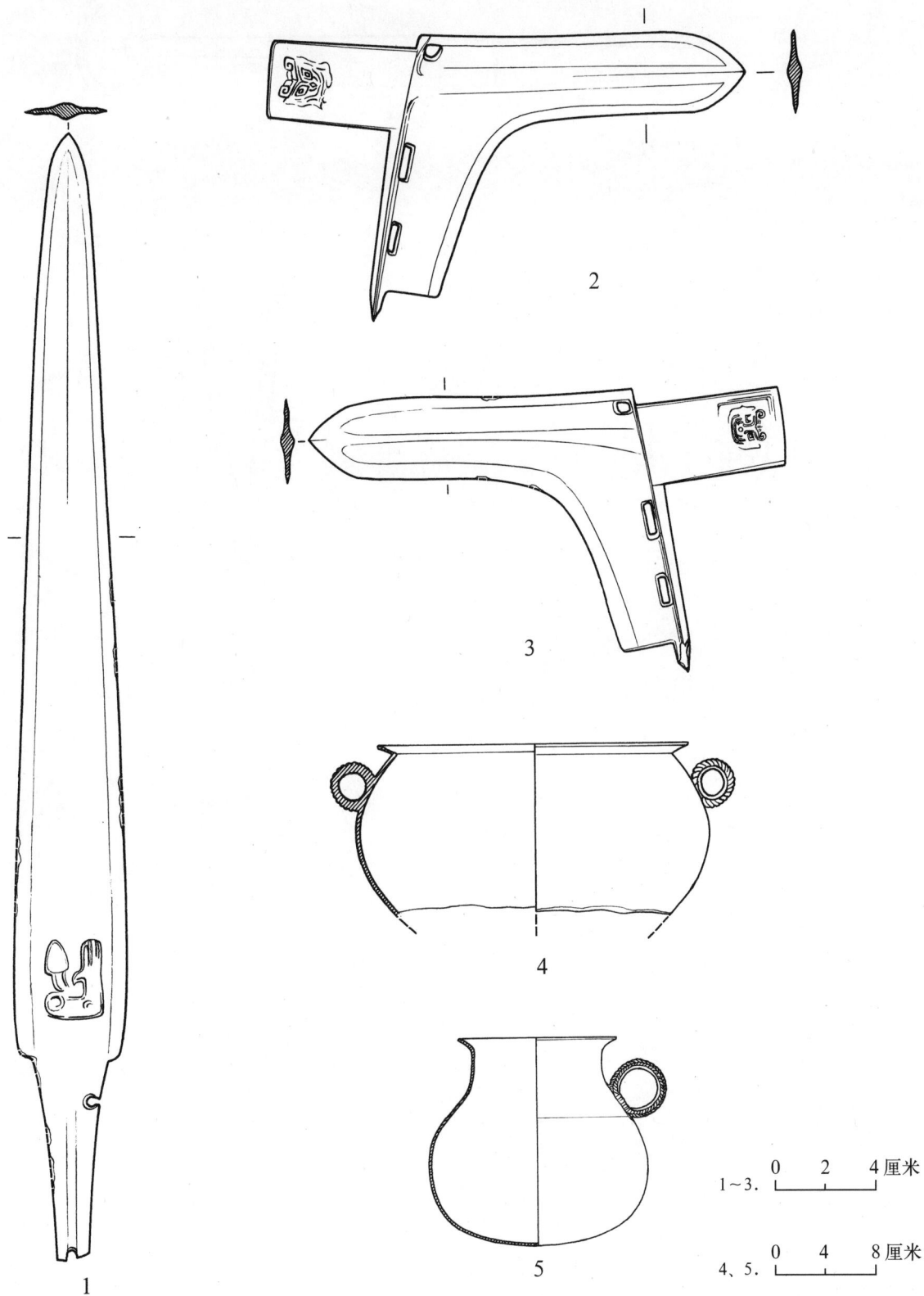

图一八〇 M54 出土铜器

1.AV式铜剑（M54∶21） 2、3.Va式铜戈（M54∶14） 4.Ⅱ式铜釜（M54∶1） 5.Ⅰ式铜鍪（M54∶2）

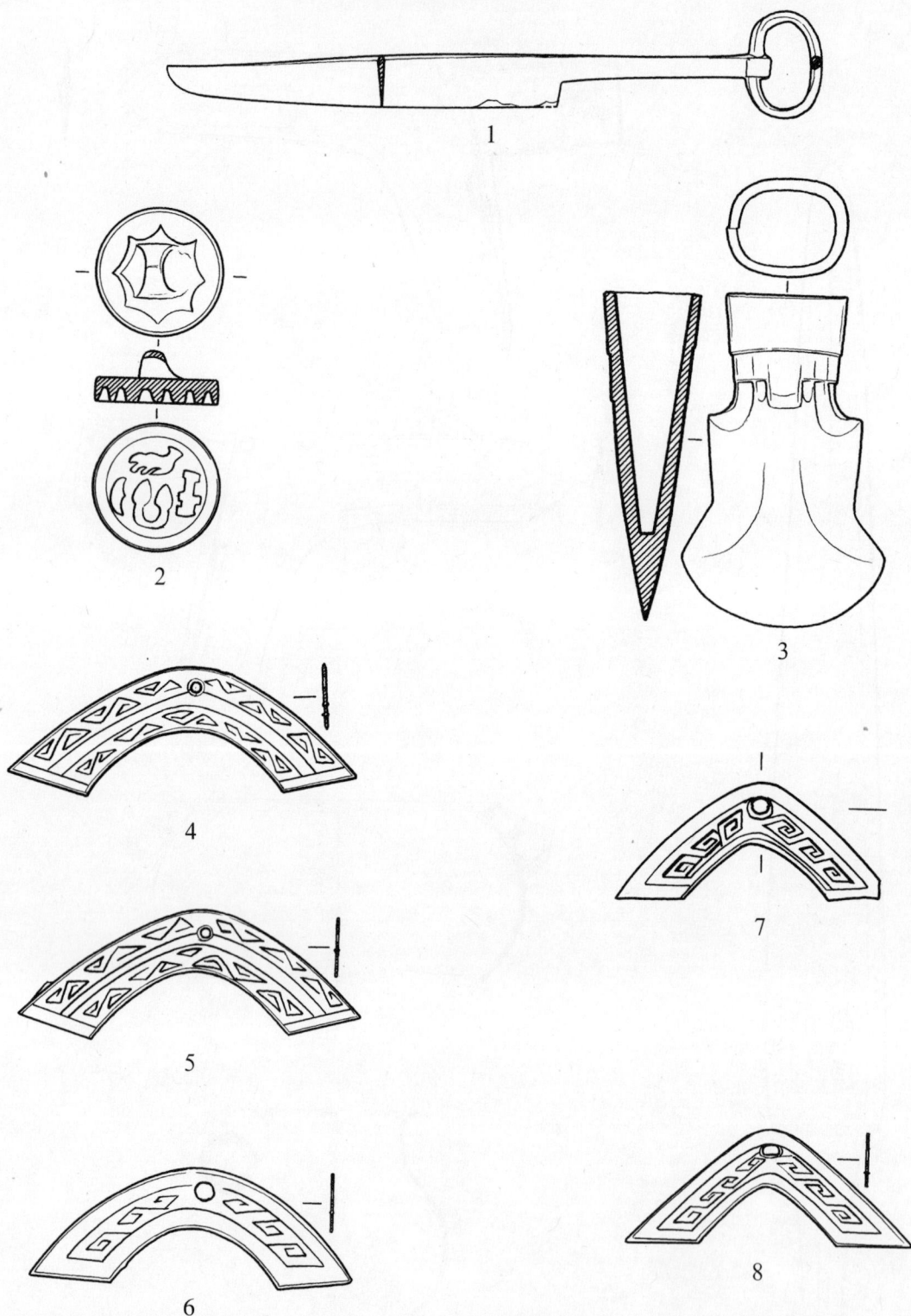

图一八一　M54 出土铜器

1.AbⅢ式铜削（M54：19）　2.Ab型铜印章（M54：18）
3.AbⅢ式铜钺（M54：16）　7、8.Ⅰ式铜璜（M54：20-b、a）
4~6.Ⅱ式铜璜（M54：20 -f、e、g）

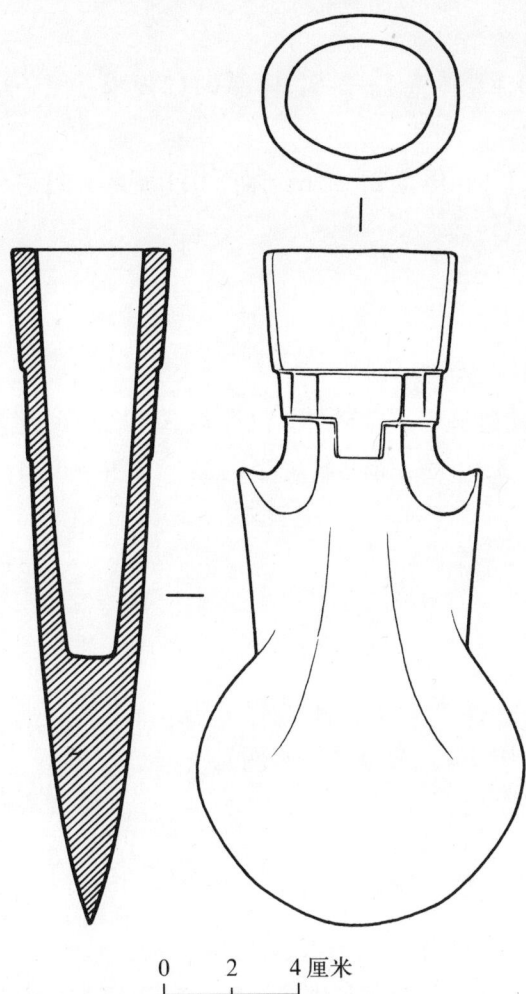

图一八二　M54出土AaVa式铜钺（M54：24）

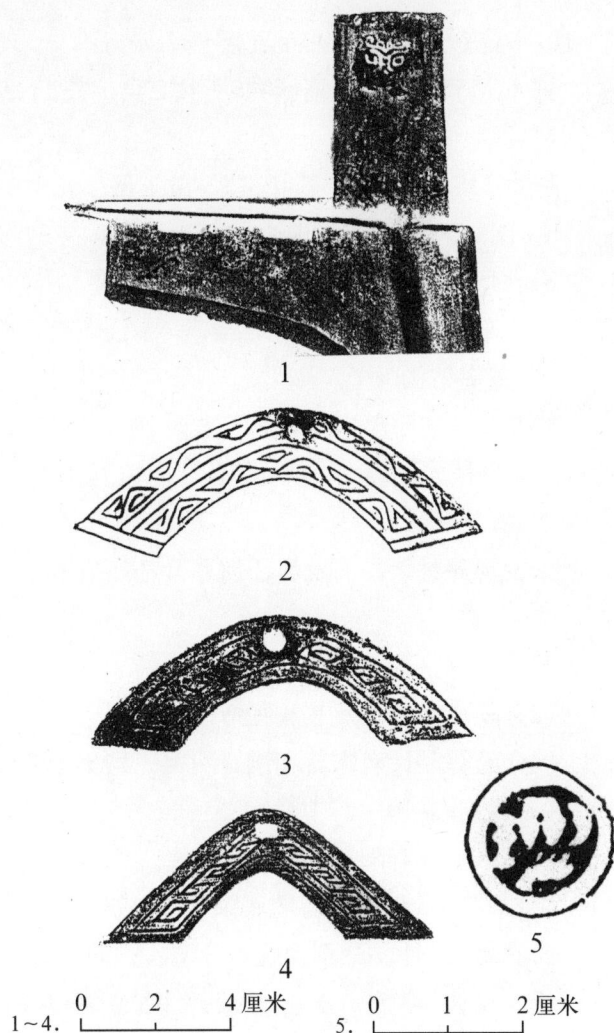

图一八三　M54出土铜器拓片

1.铜戈（M54：14）　2~4.铜璜（M50：20-e、g、a）
5.铜印章（M54：18）

鍪　1件。为统一分型、式的I式。标本M54：2，素面。口径12.6、腹径17.6、高16.5厘米（图一八〇，5；图版一八三）。

印章　1件。为统一分型、式的巴蜀符号印章之Ab型。标本M54：18，背面围绕印纽饰弧连八角星纹，桥形纽一半残失，印面铸有"𝑰"、"🦎"、"𝔻"（月亮？）、"🐗"（奔兽）等符号。直径2、印面高0.4、通高0.8厘米（图一八一，2；图一八三，5；图版一八四）。

璜　9件。其中属统一分型、式的I式4件，II式5件。

I式　4件。大小相同，窄拱上隆较甚，圆穿或椭圆穿，器体呈磬状，平足，两面均饰单线磬形框，框内饰勾连菱形纹带一排。标本M54：20-a、M54：20-b，器宽9.3、器高3.7、体宽1.8~2.5、体厚0.1厘米（图一八一，8、7；图一八三，4；图版一八五）。

II式　5件。大小基本相同，器体较I式大，拱部较宽较缓，圆穿，璜两面各饰1~2层菱状"S"纹。标本M54：20-e，菱状"S"纹2层。器长11.3、器高4、体宽2~2.4、体厚0.1厘米（图一八一，

5；图一八三，2；图版一八五）。

标本 M54：20-f，菱状"S"纹2层。长11.5、器高3.8、体宽2~2.5、体厚0.12厘米（图一八一，4；图版一八五）。

标本 M54：20-g，菱状"S"纹1层。长10.6、器高3.8、体宽2~2.6、体厚0.1厘米（图一八一，6；图一八三，3；图版一八五）。

8. M68

（1）墓葬概况

① 墓室结构

圆角狭长方形竖穴土坑墓，方向70°~250°。此墓遭基建施工严重破坏，仅存墓室西端和东段之北部。墓口稍大于墓底，墓坑较浅，内填五花土。墓口残长3.9、宽1米，墓坑深0.35米（图一八四）。

② 葬具

未发现葬具，亦未发现任何葬具朽腐痕迹。

③ 葬式

尸骨不存，葬式不辨。

（2）随葬品种类及其放置情形

残存随葬品计有陶器和铜器两类，均集中置放于墓底中部偏东处（图一八四）。

（3）随葬器物

残存器物计有陶器和铜器共4件。

① 陶器 3件。计有圜底罐2件，釜1件。

圜底罐 2件。分别为统一分型、式的 AaⅠ式和 AaⅡ式各1件，均残甚。

釜 1件。属统一分型、式的 AⅡ式。标本 M68：4，夹砂深灰陶，制作较规整，肩以下遍饰竖状绳纹。口径12.8、腹径18、高15.2厘米（图一八五，2；图版一八六）。

② 铜器 仅矛1件。

矛 1件。为统一分型、式的 BIa 式。标本 M68：1，刃部多处残损，椭圆形骹，骹口饰雷纹一周，

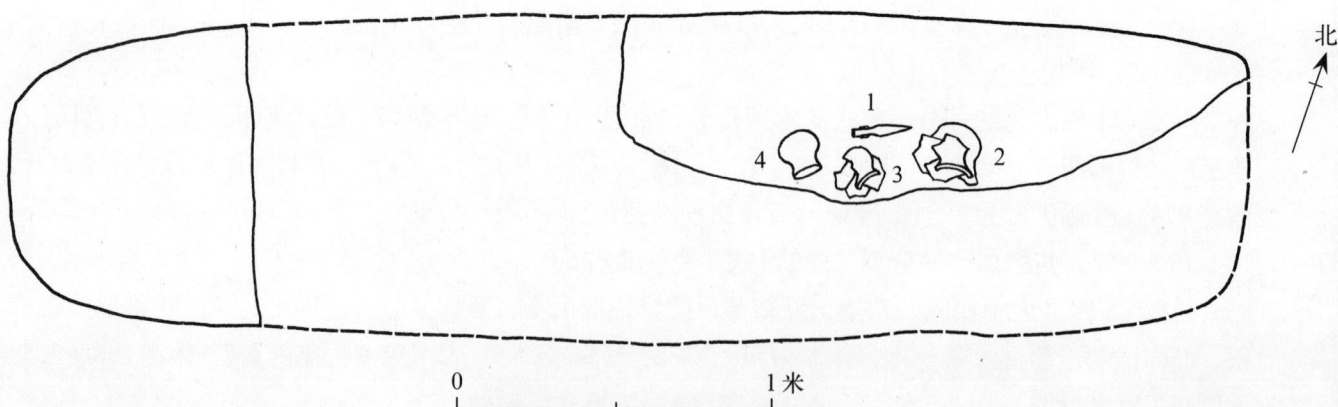

0   1米

图一八四 M68平面图

1.铜矛 2、3.陶圜底罐 4.陶釜

图一八六　M68 出土铜矛（M68∶1）拓片

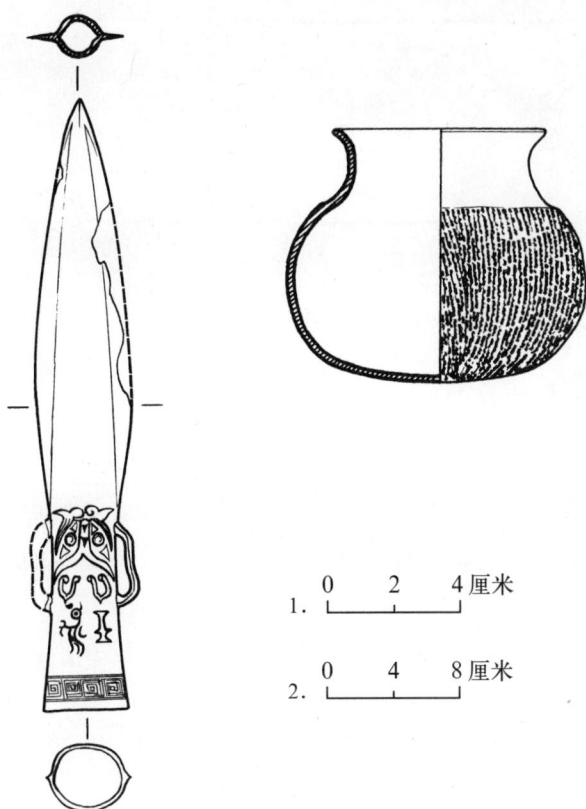

图一八五　M68 出土器物

1.BⅠa 式铜矛（M68∶1）　2.AⅡ式陶釜（M68∶4）

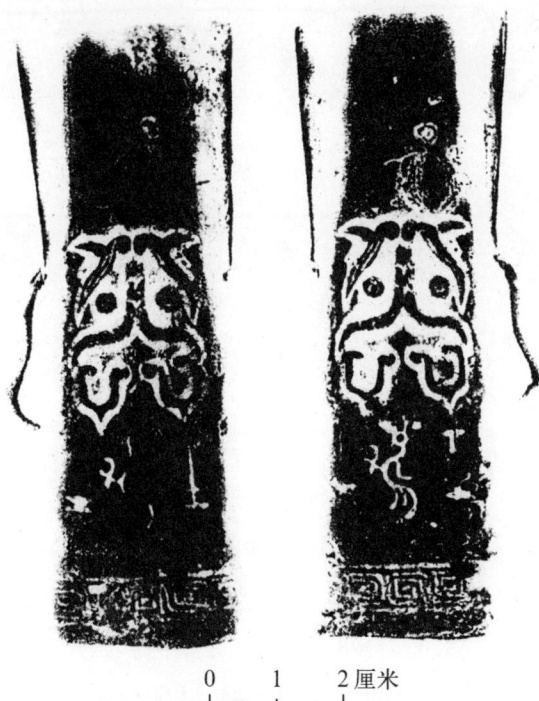

骹部一面铸饰由虎头、线状鸟纹、"王"等单个纹饰或符号构成的组合图案，另一面为虎头、"王"、鸟、"Σ"组合图案。通长 18.2、骹长 5.5、叶宽 2.8 厘米，骹长径 2.2、短径 2 厘米（图一八五，1；图一八六）。

9．M71

（1）墓葬概况

① 墓室结构

狭长方形竖穴土坑墓，方向 85°～265°。墓室东半部被基建施工彻底破坏。墓口略大于墓底，墓坑极浅，内填五花土。墓口残长 2.75、宽 0.55 米，墓坑深 0.2 米（图一八七）。

② 葬具

未发现葬具，亦未发现任何葬具朽腐痕迹。

③ 葬式

尸骨已基本朽尽，仅在墓室中东部残留有人牙 5 枚，葬式不明。

（2）随葬品种类及其放置情形

残存随葬品种类计有陶器和铜器两类，均置放于人牙两端，尤其集中于西端（图一八七）。

（3）随葬器物

残存器物计有陶器和铜器共 6 件。

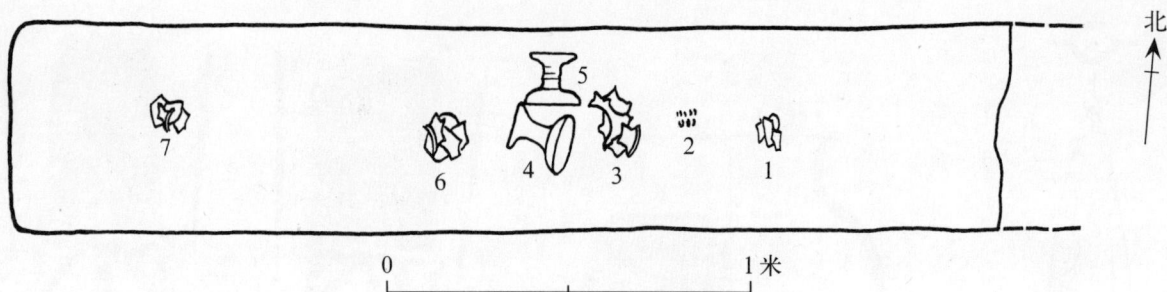

图一八七　M71平面图

1.残铜片　2.人牙　3~5.陶豆　6、7.残陶片

① 陶器　5件。计有豆3件，不明器形的残陶器2件。

豆　3件。均为统一分型、式的Ba型。标本M71:4，夹砂黑皮褐陶，制作不甚规整，器形不甚对称，盘部和足部均有凸棱，其中盘部一周，足部五周。口径9.6、圈足径10、高8.8厘米（图一八八，2）。

标本M71:5，夹砂黑皮褐陶，制作不甚规整，器形不甚对称，盘部和足部均有凸棱，其中盘部二周，足部六周。口径10.4、圈足径8.4、高8.6厘米（图一八八，1）。

② 铜器　1件，残甚，器形不辨。

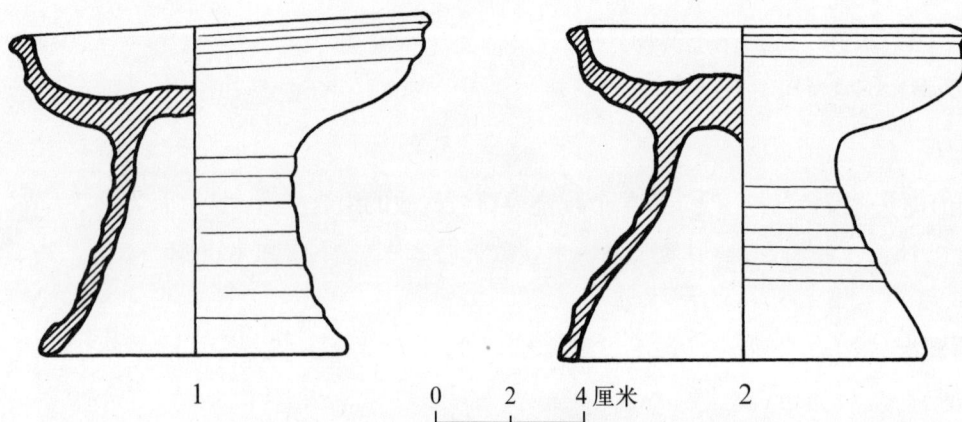

图一八八　M71出土Ba型陶豆

1.M71:5　2.M71:4

10. M88

（1）墓葬概况

① 墓室结构

狭长方形竖穴土坑墓，方向260°。墓室西半部被基建施工彻底破坏。墓口略大于墓底，墓坑较浅，内填五花土。墓口残长3.6、宽1.12米，墓坑深0.36米（图一八九；图版一一四、一一五、一八七）。

② 葬具

未发现葬具，亦未发现任何葬具朽腐痕迹。

③ 葬式

尸骨保存较好，为侧身屈肢葬，下肢微弯曲，头向西，面向南。

（2）随葬品种类及其放置情形

残存随葬品计有陶器和铜器两类。其中两把铜剑置放于胸部，似以两手握置，1件铜戈置于头顶端，其余器物或置于头端，或置于墓主身旁（图一八九；图版一八七）。

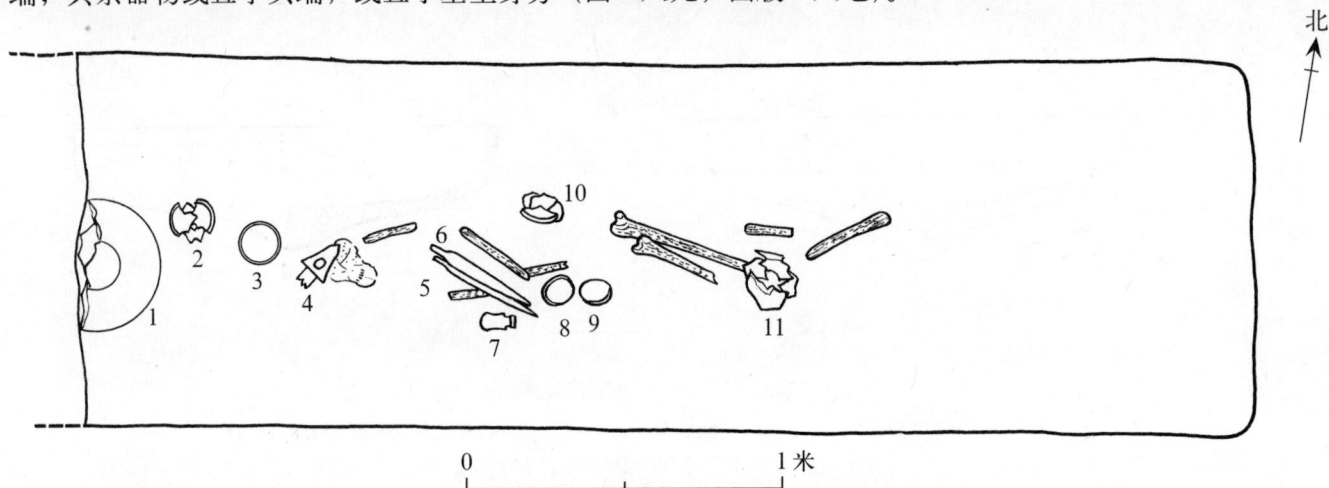

图一八九　M88平面图

1.陶器盖　2、3、8~10.陶尖底盏　4.铜戈　5、6.铜剑　7.铜钺　11.陶平底罐

（3）随葬器物

残存陶器和铜器共11件。

① 陶器　7件。计有尖底盏5件，平底罐1件，器盖1件。

尖底盏　5件。其中属统一分型、式的I式2件，II式3件。

I式　2件。标本M88：3，夹砂灰陶，素面。口径12.2、高4.2厘米（图一九〇，2）。

II式　3件。标本M88：8，夹砂灰陶，圆唇，素面。口径11.4、高3.3厘米（图一九〇，4）。

标本M88：9，夹砂灰褐陶，素面。口径12、高3.8厘米（图一九〇，3）。

平底罐　1件。为统一分型、式的A型，残甚。

器盖　1件。为统一分型、式的I式。标本M88：1，夹砂灰陶，素面。纽径4.4、盖径17、高4.6厘米（图一九〇，1）。

② 铜器　4件。计有剑2件，钺1件，戈1件。

剑　2件。分别为统一分型、式的BIII式和BIV式。

BIII式　1件。标本M88：6，茎部上侧和下端中部各有圆穿一个，素面。通长31.3、茎长5.2、身宽2.9厘米（图一九一，2）。

BIV式　1件。标本M88：5，刃部略残，茎部上侧和下端中部各有圆穿一个，剑身中脊与双刃之间遍饰虎斑纹。通长35.4、茎长6.3、宽3.4厘米（图一九一，1；图版一八八）。

戈　1件。为统一分型、式的Ib式。标本M88：4，内端残失，援部遍饰圆点斑纹，援近本处有一大圆穿，援本有长方形穿两个，内上一菱形穿，竖直凸筋四道。残长18.8、援长15厘米（图一九一，3）。

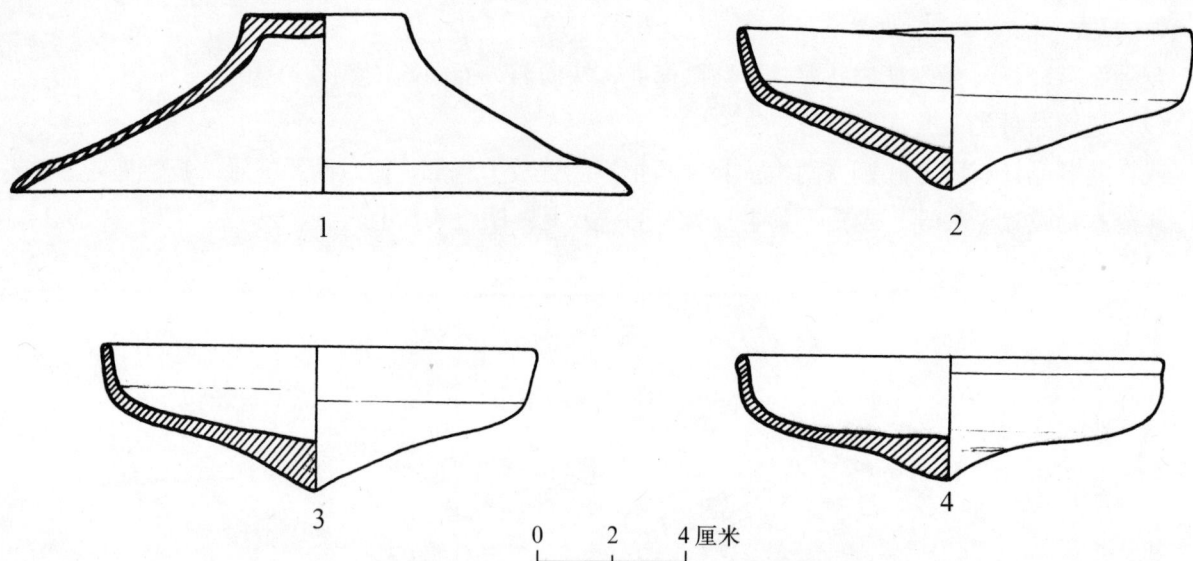

图一九〇　M88 出土陶器

1. I 式陶器盖（M88：1）　2. I 式陶尖底盏（M88：3）　3、4. II 式陶尖底盏（M88：9, 8）

钺　1 件。为统一分型、式的 AaII 式。标本 M88：7，圆角长方形銎口，素面。通长 10、刃宽 6、肩宽 4.8 厘米，銎口长径 3.5、短径 2.4、深 5.8 厘米（图一九一，4）。

11. M89

（1）墓葬概况

M89 打破船棺合葬墓 M90。

① 墓室结构

圆角狭长方形竖穴土坑墓，方向 80°～269°。墓室西北角被基建施工彻底破坏。墓口略大于墓底，墓坑较浅，内填五花土。墓口长 5.46、宽 1.15 米，墓坑深 0.4 米（图一九二；图版一一四、一一五、一八九）。

② 葬具

未发现葬具，亦未发现任何葬具朽腐痕迹。

③ 葬式

尸骨不存，葬式不明。

（2）随葬品种类及其放置情形

随葬品种类计有陶器和铜器两类，均置放于墓底中西部，其中陶器均集中堆放于西部近端处（图一九二；图版一九〇）。

（3）随葬器物

计有陶器和铜器共 8 件。

① 陶器　7 件。计有尖底盏 2 件，平底罐 2 件，圜底罐 1 件，器盖 1 件，缶 1 件。

尖底盏　2 件。均为统一分型、式的 II 式。标本 M89：5，夹砂灰陶，素面。口径 11、高 3.4 厘

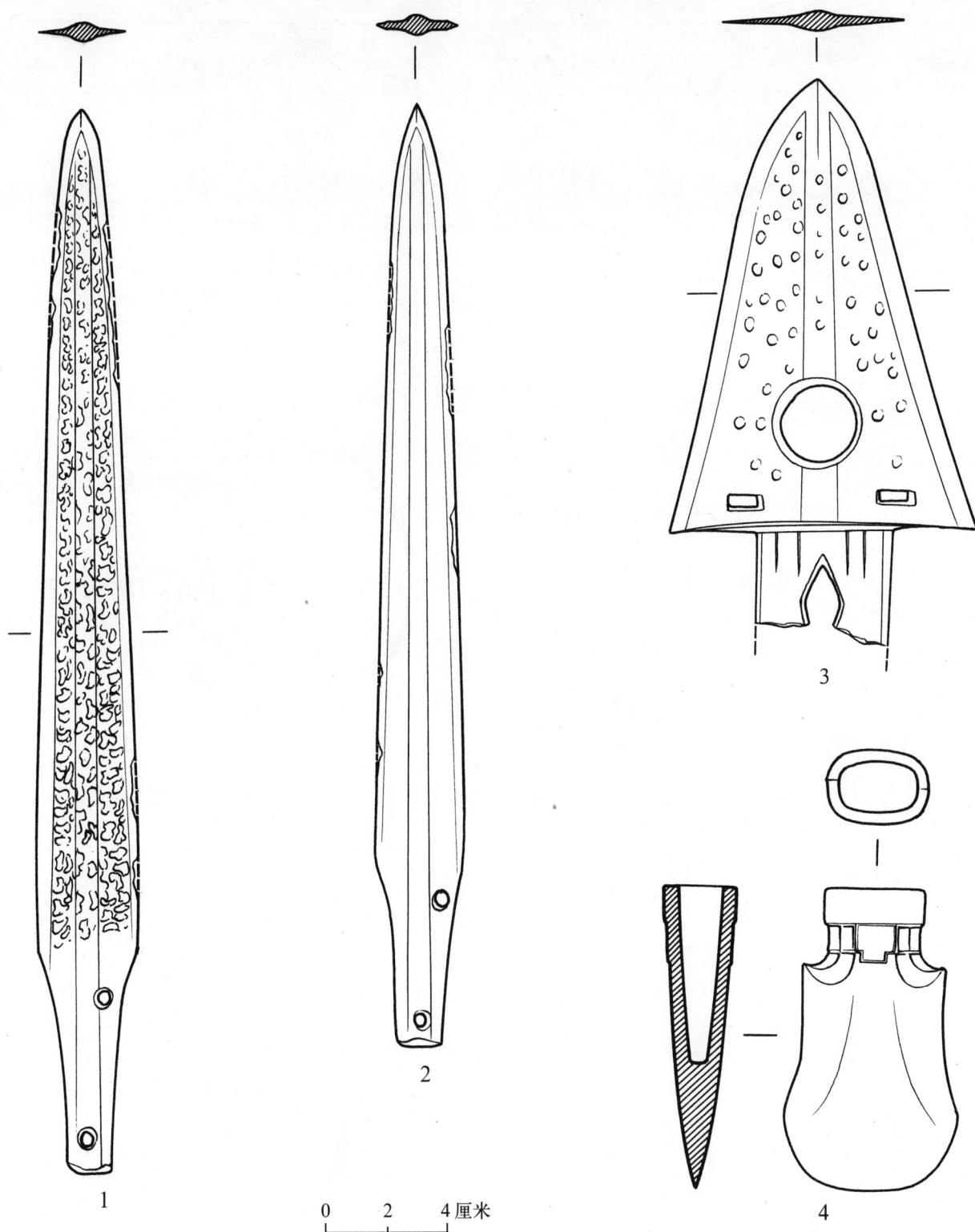

图一九一　M88 出土铜器

1.BIV式铜剑（M88∶5）　　2.BⅢ式铜剑（M88∶6）　　3.Ib式铜戈（M88∶4）　　4.AaⅡ式铜钺（M88∶7）

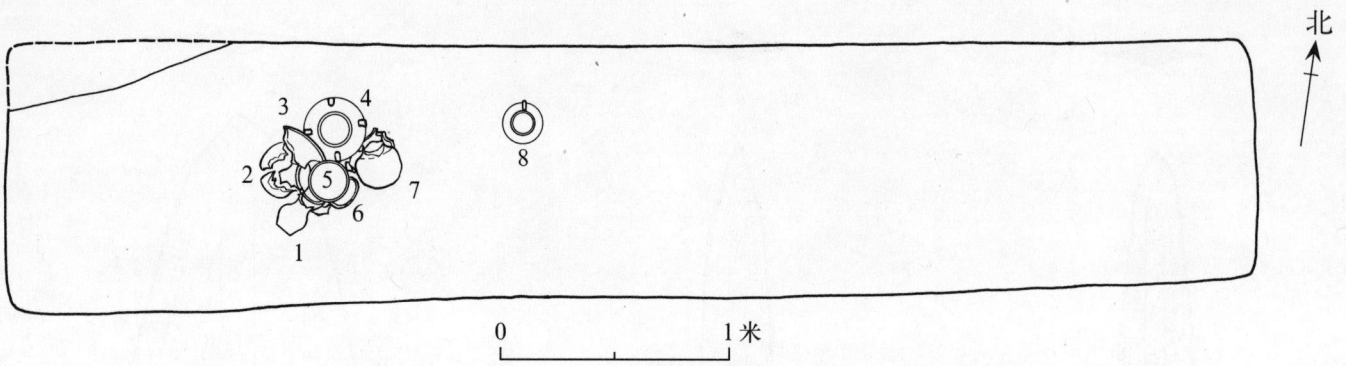

图一九二　M89平面图

1、2.陶平底罐　3.陶器盖　4.陶缶　5、6.陶尖底盏　7.陶圜底罐　8.铜鍪

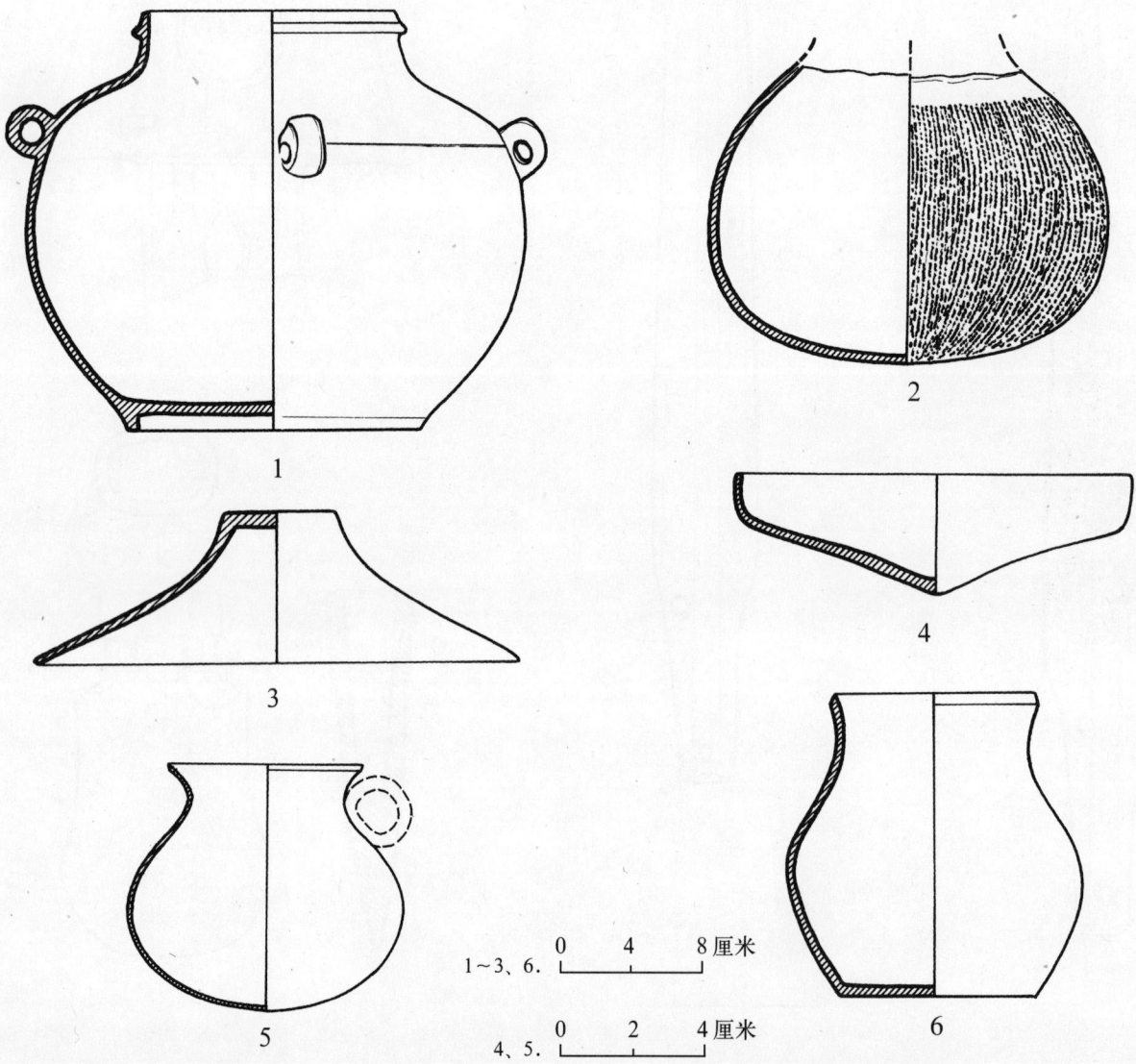

图一九三　M89出土器物

1.陶缶（M89∶4）　2.Ab型陶圜底罐（M89∶7）　3.Ⅱ式铜鍪（M89∶8）　4.Ⅰ式陶器盖（M89∶3）

5.Ⅱ式陶尖底盏（M89∶5）　6.A型陶平底罐（M89∶1）

米（图一九三，5）。

平底罐　2件。均为统一分型、式的 A 型。标本 M89：1，夹砂褐陶，素面。口径 11、底径 10.8、腹径 16.4、高 16.8 厘米（图一九三，6）。

圜底罐　1件。为统一分型、式的 Ab 型。标本 M89：7，夹砂灰褐陶，口部残失，肩以下遍饰竖状绳纹。腹径 22.4、残高 16 厘米（图一九三，2）。

器盖　1件。为统一分型、式的 I 式。标本 M89：3，夹细砂灰陶，素面。纽径 3.2、盖径 13.6、高 4.2 厘米（图一九三，4）。

缶　1件。标本 M89：4，夹砂黑皮红褐陶，通体轮制，附耳模制或手制，形体较矮胖，盖已失，子口，平唇，短颈，圆肩，圆腹，平底加矮圈足，肩部有对称竖状宽附耳四个，四耳间饰浅凹弦纹一周。口径 14、圈足底径 16.4、腹径 28.2、高 23.2 厘米（图一九三，1）。

② 铜器　仅铜鉴 1件。为统一分型、式的 II 式。标本 M89：8，素面，口径 11、腹径 15.6、高 13.6 厘米（图一九三，3）。

12. M93

（1）墓葬概况

① 墓室结构

圆角狭长方形竖穴土坑墓，方向 10°～190°。墓室西段被基建施工彻底破坏。墓口略大于墓底，墓坑较浅，内填五花土。墓口长 3.5、宽 1.15 米，墓坑深 0.35 米（图一九四）。

② 葬具

未发现葬具，亦未发现任何葬具朽腐痕迹。

③ 葬式

尸骨大部已朽烂，仅在墓底南部发现残肢骨 2 截，葬式不明。

（2）随葬品种类及其放置情形

随葬品种类计有陶器、铜器和铁器三类。其中大多数陶器与铜容（炊）器、铜钺以及铁器一起集中置放于墓底东端，残存尸骨周围则置放有铜剑、铜矛、铜削以及陶圜底罐、陶釜甑等（图一九四）。

（3）随葬器物

计有陶器、铜器和铁器共 20 件。

① 陶器　11件。计有圜底罐 5件，豆 4件，釜 1件，釜甑 1件。

圜底罐　5件。均为统一分型、式的 Ab 型，计有 3 件为 AbIb 式，其余 2 件因残甚，式别不辨。

AbIb 式　3件。标本 M93：18，夹砂褐陶，领部较直，肩以下遍饰竖状绳纹。口径 11.6、腹径 20、高 17.4 厘米（图一九五，1）。

豆　4件。均为统一分型、式的 A 型，其中 1 件为 AIII 式，其余 3 件因残甚，式别不辨。

AIII 式　1件。标本 M93：14，夹砂灰褐陶，仅存盘部，沿下饰凹弦纹一周。口径 14.4、残高 6 厘米（图一九五，2）。

釜　1件。为统一分型、式的 B 型，残甚。

釜甑　1件。为统一分型、式的 Ab 型，残甚。

② 铜器　8件。计有矛 3件，剑 1件，钺 1件，削 1件，釜 1件，鉴 1件。

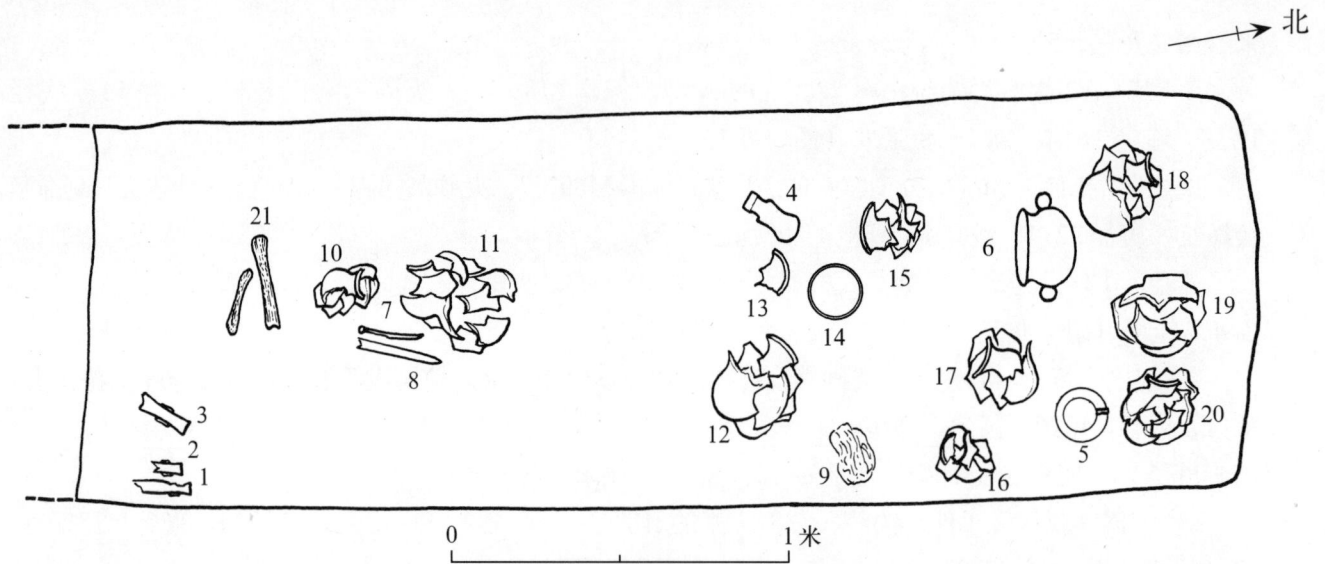

图一九四 M93 平面图

1~3.铜矛 4.铜钺 5.铜鏊 6.铜釜 7.铜削 8.铜剑 9.铁器 10、17~20.陶圜底罐 11.陶釜甑 12.陶釜 13~16.陶豆 21.尸骨

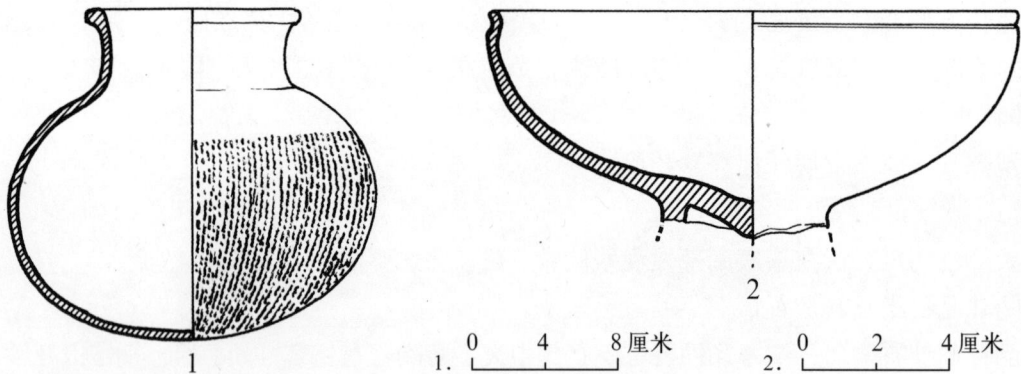

图一九五 M93 出土陶器

1.AbIb式陶圜底罐（M93：18） 2.AⅢ式陶豆（M93：14）

矛 3件。均为统一分型、式的B型，均残，其中1件可辨式别，为BIa式。

BIa式 1件。标本M93：1，残损较甚，椭圆形骹，素面。残长14.2、骹长4.2、叶宽3、骹长径2.2厘米（图一九六，3）。

B型 2件。标本M93：3，仅存骹部，骹部一面可见"心"纹等纹饰，另一面锈蚀不清。残长8.5、骹长5.3厘米（图一九六，4）。

剑 1件。首残，为巴蜀式剑。标本M93：8，素面，残长27.2、身宽3.1厘米（图一九六，2）。

钺 1件。为统一分型、式的AaVa式。标本M93：4，圆角长方形銎口，钺身一面双肩之间阴刻有"屮"符号。通长12.4、刃宽6.8、肩宽5厘米，銎口长径3.8、短径2.8、深6.8厘米（图一九六，5；图一九七；图版一九一）。

削 1件。为统一分型、式的AbI式。标本M93：7，素面。通长23.2、身宽1.1厘米（图一九

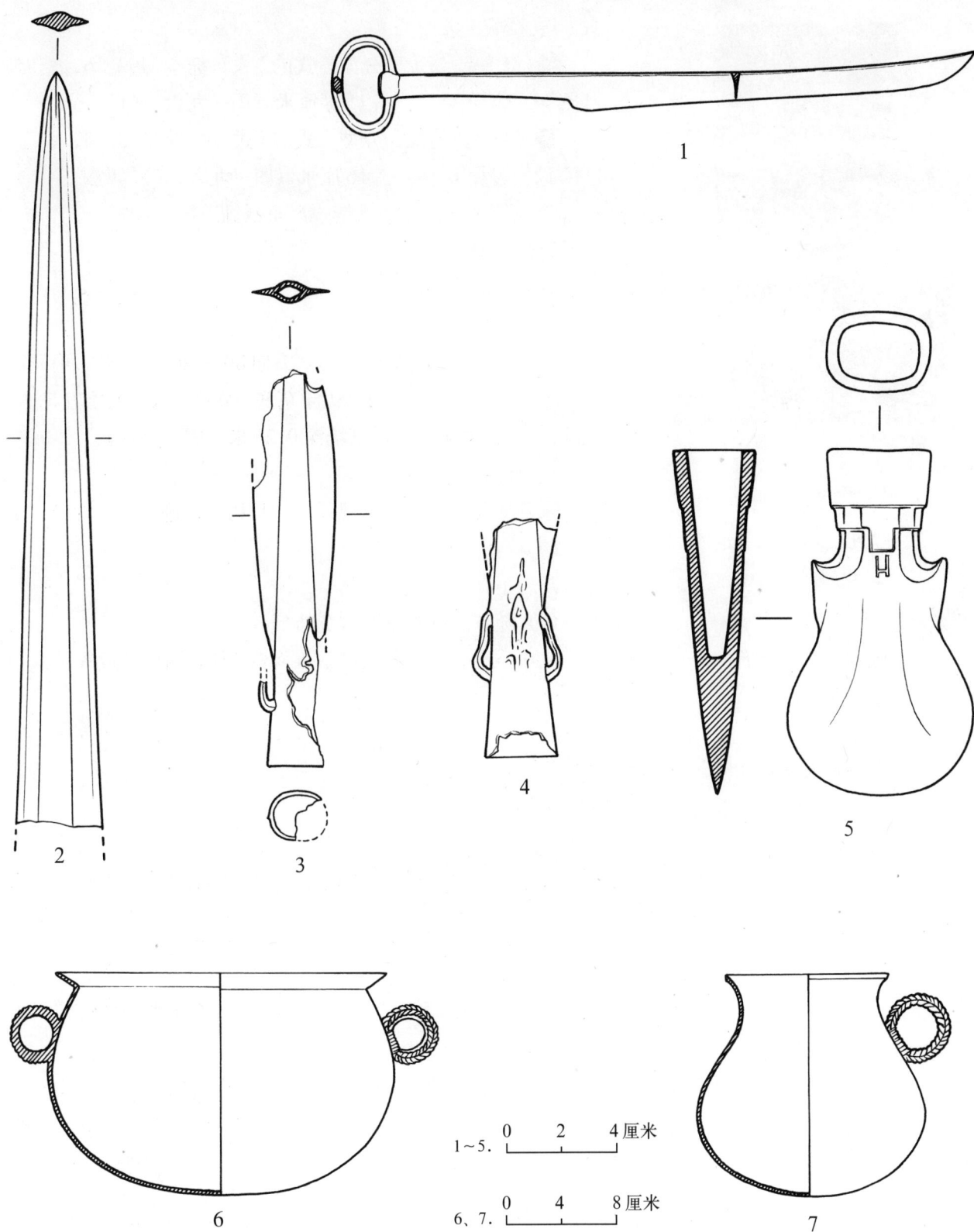

图一九六 M93 出土铜器

1.AbⅠ式铜削（M93∶7） 2.铜剑（M93∶8） 3.BⅠa式铜矛（M93∶1） 4.B型铜矛（M93∶3）
5.AaVa式铜钺（M93∶4） 6.Ⅰ式铜釜（M93∶6） 7.Ⅰ式铜鍪（M93∶5）

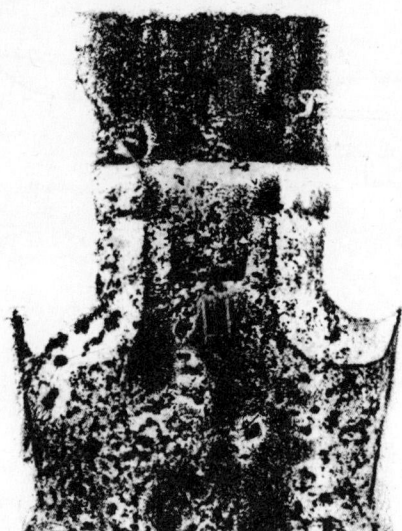

0　　　1　　　2厘米

图一九七　M93出土铜钺
（M93：4）拓片

六，1；图版一九二）。

　　釜　1件。为统一分型、式的 I 式。标本 M93：6，素面。口径 24、腹径 25.2、高 15.8 厘米（图一九六，6）。

　　鍪　1件。为统一分型、式的 I 式。标本 M93：5，素面。口径 12、腹径 16.8、高 16 厘米（图一九六，7）。

　　③　铁器　1件。为铁锛，严重锈蚀。

　　13. M100

　　（1）墓葬概况

　　①　墓室结构

　　圆角狭长方形竖穴土坑墓。方向 80°～260°。墓室中段被基建施工彻底破坏。墓口略大于墓底，墓坑极浅，内填五花土。墓口长 4.8、宽 1.3 米，墓坑深 0.25 米（图一九八）。

　　②　葬具

　　未发现葬具，亦未发现任何葬具朽腐痕迹。

　　③　葬式

　　尸骨不存，葬式不明。

　　（2）随葬品种类及其放置情形

残存随葬品种类计有陶器和铜器两类。其中残存墓室底部东端放置陶器 3 件，西部则放置铜器和部分陶器（图一九八）。

　　（3）随葬器物

残存器物计有陶器和铜器共 16 件。

　　①　陶器　7件。计有圜底罐 3 件，豆 4 件。

　　圜底罐　3件。均为统一分型、式的 Ab 型，残甚。

　　豆　4件。均为统一分型、式的 A 型，其中 2 件可辨式别，分别为 AI 式和 AII 式，其余 2 件因残

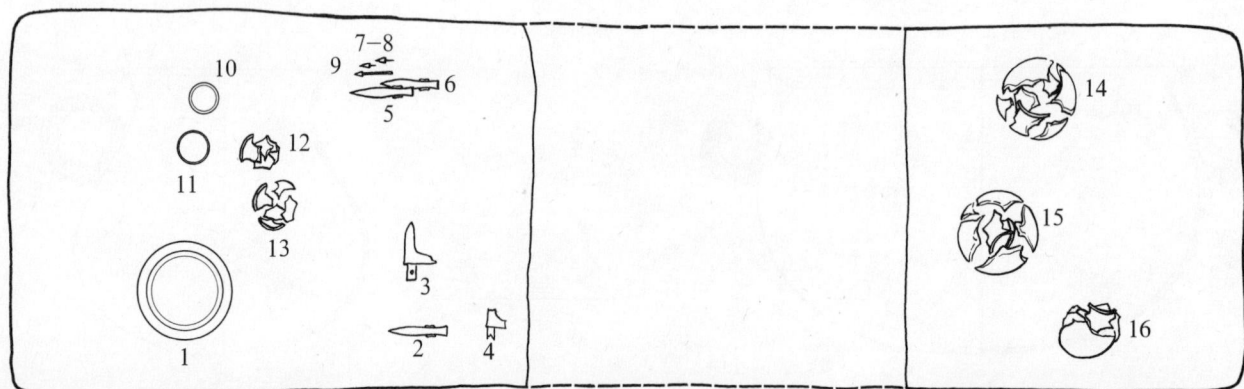

北

图一九八　M100平面图

1.铜盆　2、5、6.铜矛　3、4.铜戈　7～9.铜镞　10～13.陶豆　14～16.陶圜底罐

甚，式别不辨。

AI式 1件。标本M100：11，夹砂浅灰陶，制作较规整，素面。口径12.4、圈足径6.7、高7.3厘米（图一九九，1；图版一九三）。

AII式 1件。标本M100：10，夹砂深灰陶，沿下饰浅凹弦纹一周。口径13.8、圈足径6.4、高6.7厘米（图一九九，2）。

② 铜器 9件。计有矛3件，戈2件，镞3件，盆1件。

矛 3件。均为统一分型、式的B型，分别为BIa式2件，BII式1件。

BIa式 2件。标本M100：2，素面。通长22.6、骹长6.8、叶宽2.9、骹长径3厘米（图二〇〇，1）。

标本M100：6，素面。通长22.2、骹长6、叶宽3.1、骹径2.6厘米（图二〇〇，6）。

BII式 1件。标本M100：5，锋稍残，骹部一面铸饰"手"、"心"及奔虎图案，另一面铸饰由"⟨纹⟩"、"⟨纹⟩"、"⟨纹⟩"、"⟨纹⟩"、"⟨纹⟩"、"⟨纹⟩"等单个纹饰或符号构成的组合图案，骹以上矛身双刃之间遍饰虎斑纹。残长20.4、骹长6、叶宽3.6、骹径2.7厘米（图二〇〇，3；图二〇一；图版一九四）。

戈 2件。分别为统一分型、式的II式和Va式各1件，其中II式残甚。

Va式 1件。标本M100：3，援本三穿，其中上穿为半圆形穿，下二穿为长方形穿，内上一圆穿，内下角凹缺，竖直凸筋四道，戈体一面在援部铸饰奔虎、"⟨纹⟩"、"⟨纹⟩"等纹饰或符号，在内后部铸饰由"⟨纹⟩"、"⟨纹⟩"、"⟨纹⟩"、"⟨纹⟩"、"⟨纹⟩"、"⟨纹⟩"等单个纹饰或符号构成的组合图案，另一面在援部铸饰"心"、

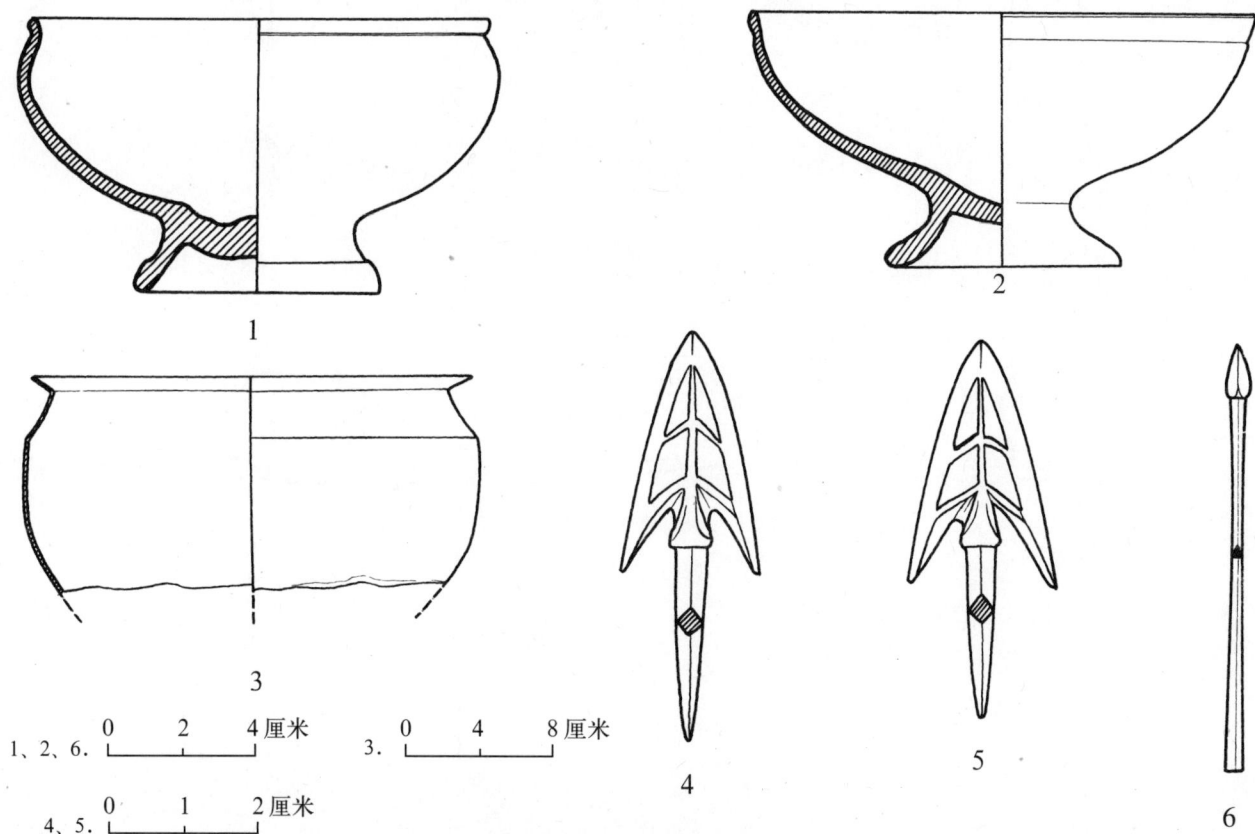

图一九九 M100出土器物

1.AI式陶豆（M100：11） 2.AII式陶豆（M100：10） 3.铜盆（M100：1） 4、5.A型铜镞（M100：8、7） 6.B型铜镞（M100：9）

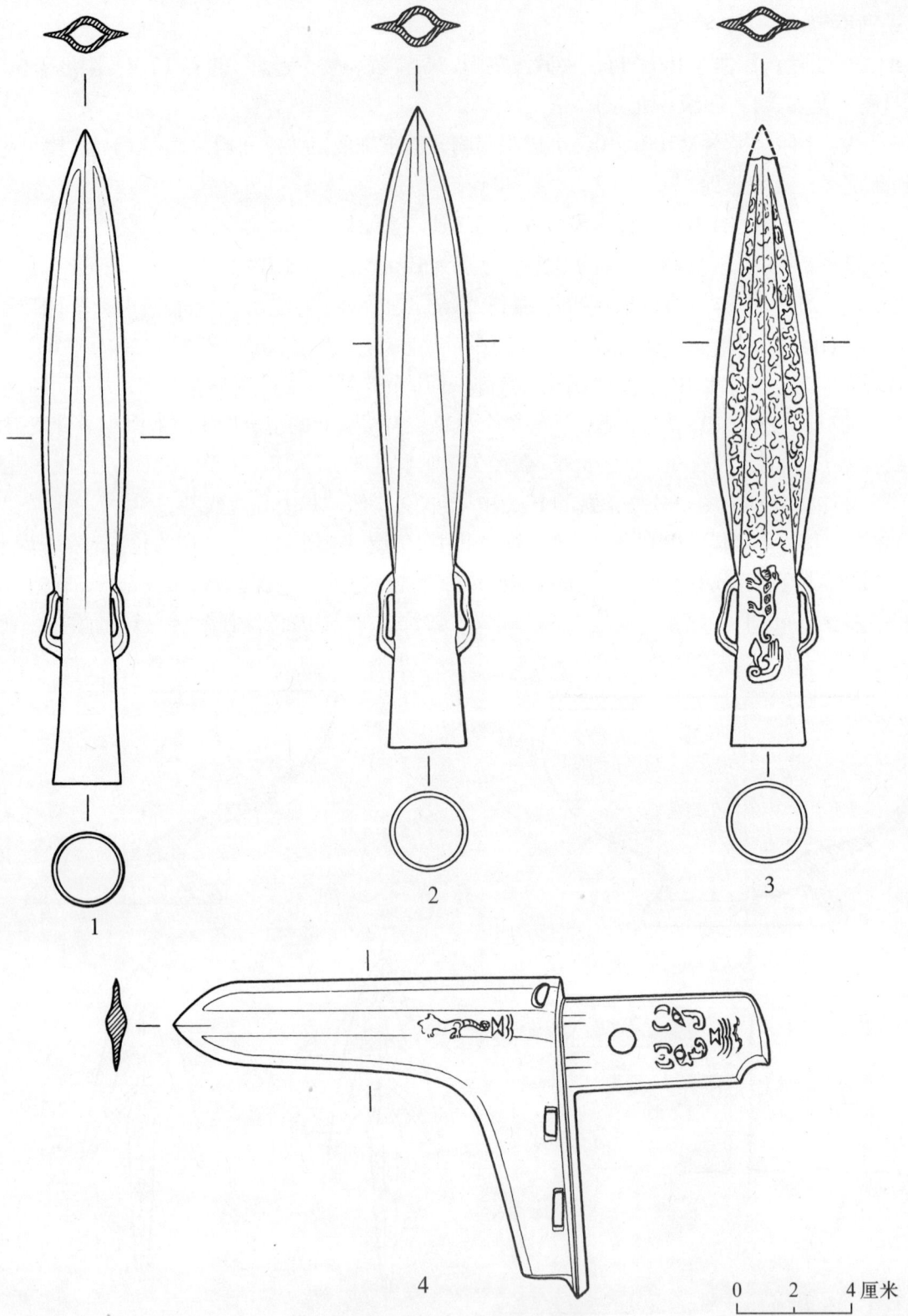

图二〇〇　M100 出土铜器

1、2.BⅠa式铜矛（M100：2、6）　3.BⅡ式铜矛（M100：5）　4.Ⅴa式铜戈（M100：3）

"**⧖**"、"**〜**"等纹饰或符号，在内后部铸有"王"形纹。通长20.9、援长13.8、内长7.1厘米（图二〇〇，4；图二〇二；图版一九七）。

镞　3件。其中2件为统一分型、式的A型，1件为B型。

A型　2件。双翼，三棱，长铤，镞身中脊隆起，两面各有凹槽四个，双翼展开呈倒刺状，铤呈菱形锥状。标本M100：7，长5.1、翼尾宽2厘米（图一九九，5；图版一九五）。

标本M100：8，长5.5、翼尾宽1.9厘米（图一九九，4；图版一九五）。

B型　1件。标本M100：9，三棱柱状长铤，镞头亦呈三棱状，素面。通长11.4、铤长9.9、铤径0.3~0.4厘米（图一九九，6；图版一九六）。

盆　1件。标本M100：1，底残，侈口，斜折沿，束颈，中腹近直，下腹斜内收，素面。口径23.8、腹径24.4、残高11.2厘米（图一九九，3）。

图二〇一　M100出土铜矛（M100：5）拓片　　　　　图二〇二　M100出土铜戈（M100：3）拓片

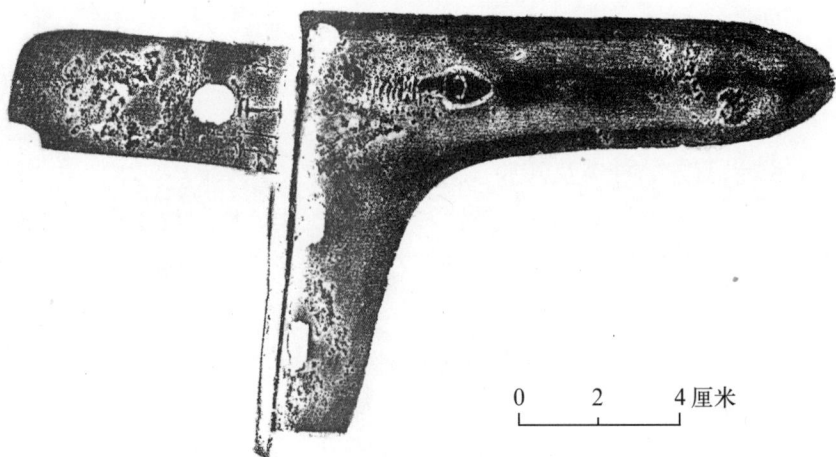

（二）合葬墓

仅M74一座，为上下层同穴合葬墓，墓坑为圆角狭长方形竖穴土坑，内填五花土。墓口长5.2、宽1.06米，墓坑深0.65米。M74-A（上层）重叠于M74-B（下层）之上，两坑上下间距约0.1米，M74-A墓室较M74-B稍宽，但长度相同（图版一九八）。

1．M74-A

（1）墓葬概况

① 墓室结构

圆角狭长方形竖穴土坑墓，方向75°~255°。墓口稍大于墓底，墓坑极浅，内填五花土。墓口长

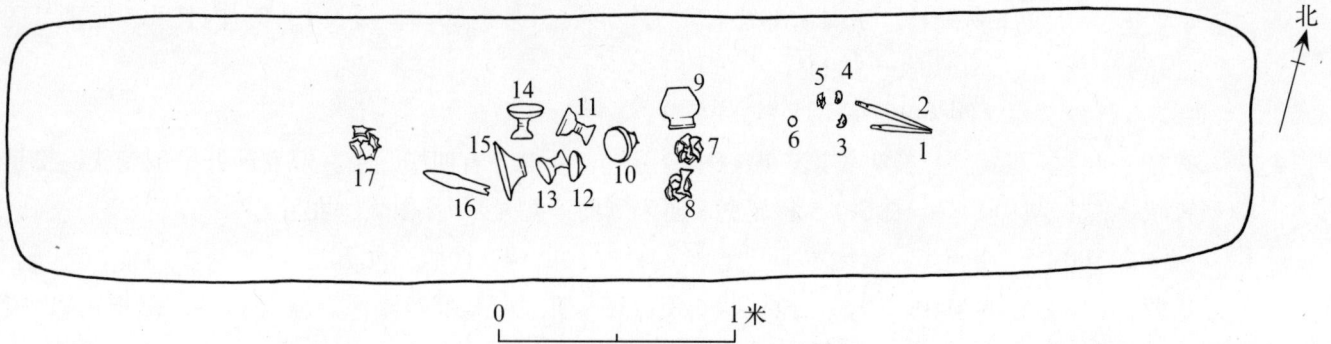

图二〇三　M74-A 平面图

1、2.铜剑　3、4.石串饰　5.残铜片　6.陶"陀螺"饰　7、8、10、11、13、14.陶豆　9.陶平底罐　12.陶尖底盏　15.陶器盖　16.铜矛　17.残陶片

5.2、宽 1.06 米，墓坑深 0.25 米（图二〇三）。

② 葬具

未发现葬具，亦未发现任何葬具朽腐痕迹。

③ 葬式

尸骨已朽尽，葬式不明。

（2）随葬品种类及其放置情形

随葬品种类计有陶器、铜器和石饰件三类，均置放于墓底中部。其中铜器主要置放于随葬器物群的两端，大部分陶器摆放于中部，石饰件则位于随葬器物群的东端（图二〇三）。

（3）随葬器物

计有陶器、铜器和石饰件共 17 件。

① 陶器　11 件。尖底盏 1 件，豆 6 件，平底罐 1 件，器盖 1 件，陀螺饰 1 件，不明器形的残陶器 1 件。

尖底盏　1 件。为统一分型、式的 I 式。标本 M74：12，夹砂灰褐陶，素面。口径 12、高 4.2 厘米（图二〇四，8）。

豆　6 件。计有统一分型、式的 A 型 2 件，Ba 型 4 件。

A 型　2 件。其中 1 件为 AII 式，另 1 件因残甚，式别不辨。

AII 式　1 件。标本 M74：10，残，夹砂灰褐陶，仅存盘部，素面。口径 16、残高 5.8 厘米（图二〇四，4）。

Ba 型　4 件。标本 M74：11，夹砂黑皮红褐陶，制作不甚规整，器形不甚对称，足部饰凸棱四周。口径 12.2、圈足径 8.8、高 8.8 厘米（图二〇四，1；图版二〇〇）。

标本 M74：13，夹砂黑皮红褐陶，制作不甚规整，器形不甚对称，素面。口径 11.6、圈足径 10.2、高 8.8 厘米（图二〇四，2）。

标本 M74：14，夹砂黑皮红褐陶，制作不甚规整，器形不甚对称，素面。口径 12.4、圈足径 8.3、高 8.6 厘米（图二〇四，3）。

平底罐　1 件。为统一分型、式的 A 型。标本 M74：9，夹砂红褐陶，盘口，鼓肩，斜直腹，平底内凹，颈肩之际饰凹弦纹一周。口径 15、底径 12、肩径 20.4、高 18.8 厘米（图二〇四，6；图版一九九）。

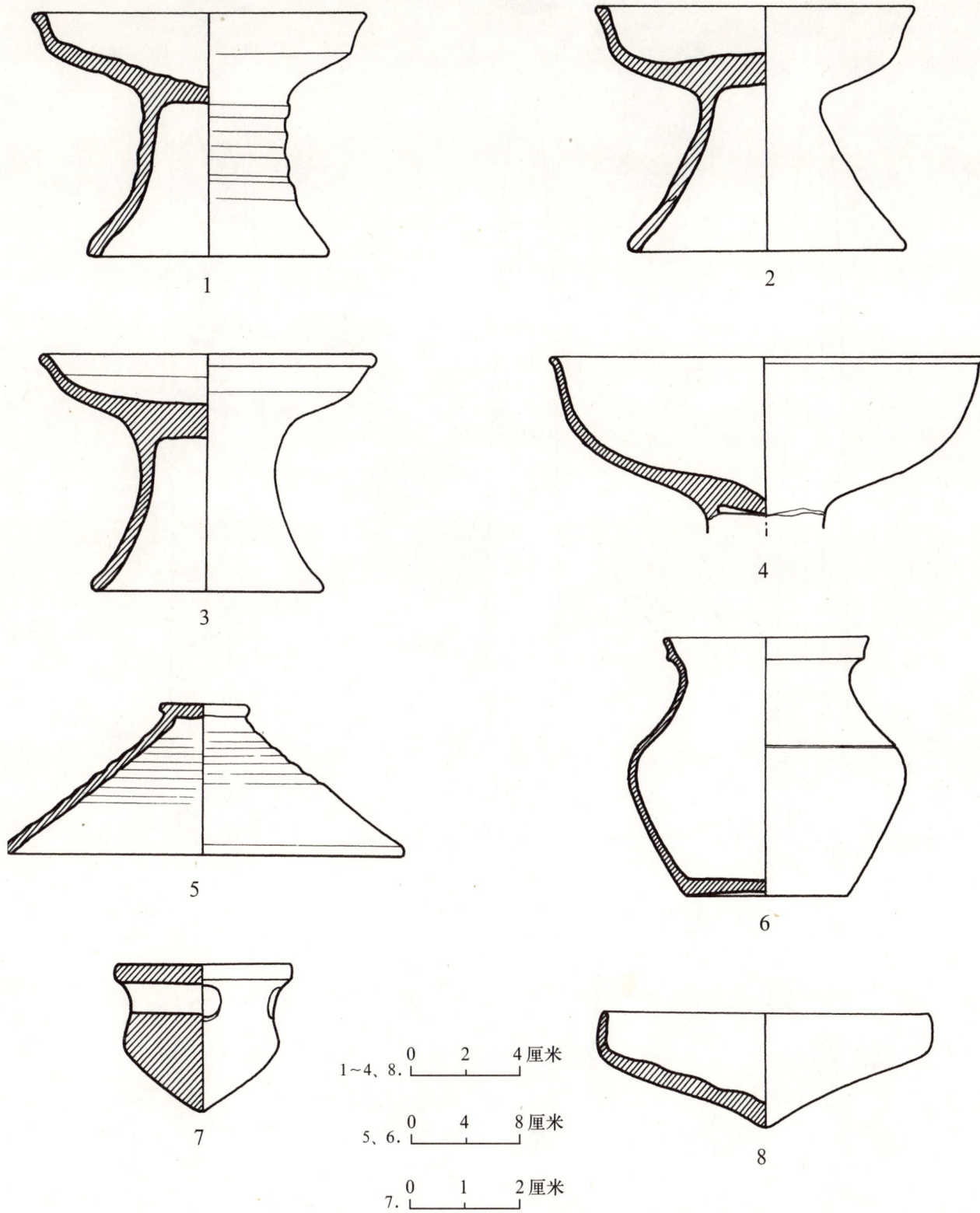

图二〇四 M74-A 出土陶器

1~3.Ba型陶豆（M74：11、13、14） 4.AⅡ式陶豆（M74：10） 5.Ⅰ式陶器盖（M74：15）
6.A型陶平底罐（M74：9） 7.陶"陀螺"饰（M74：6） 8.Ⅰ式陶尖底盏（M74：12）

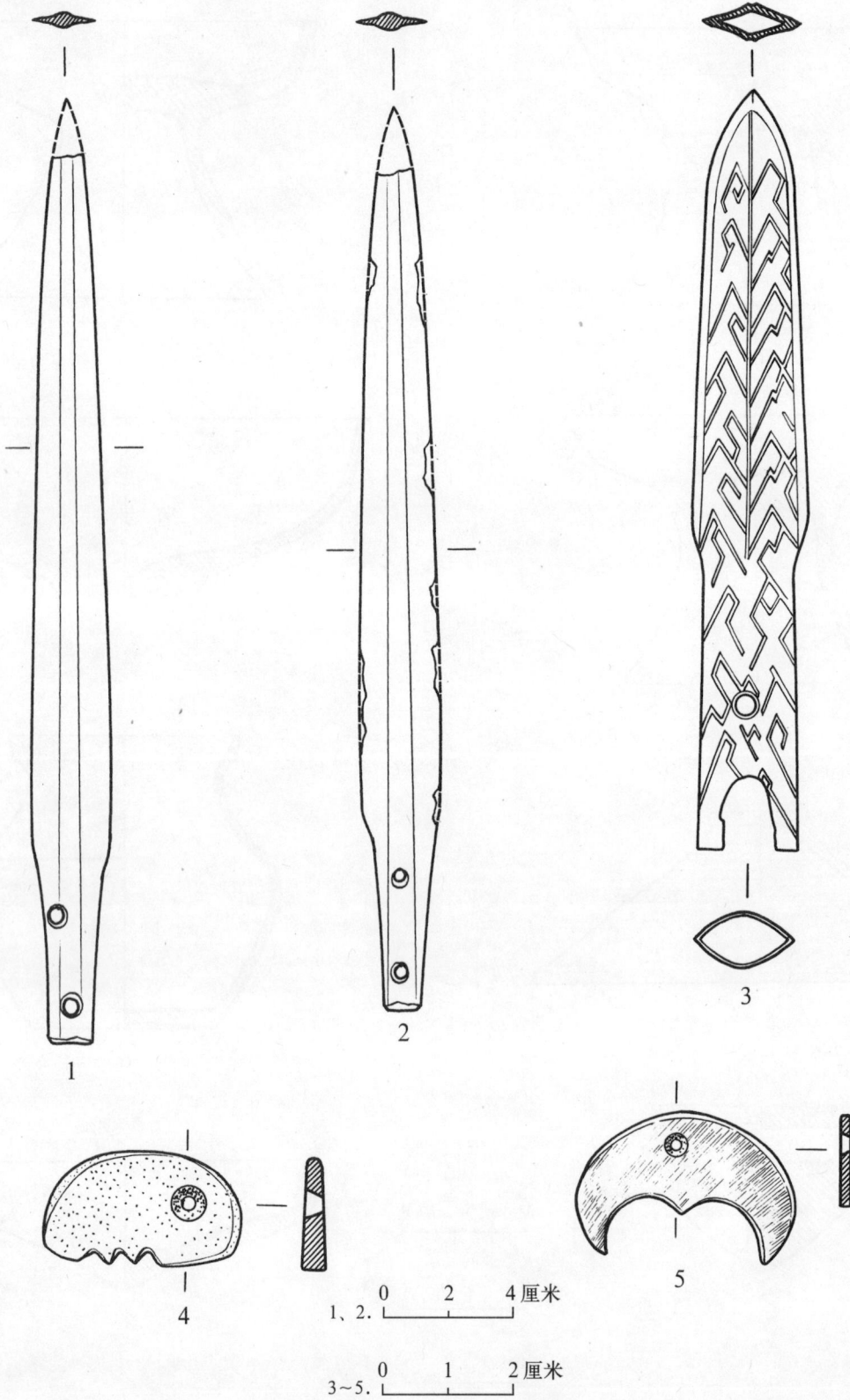

图二〇五　M74-A 出土器物

1、2.BⅡ式铜剑（M74：2、1）　3.C型铜矛（M74：16）　4、5.石串饰（M74：4、3）

器盖 1件。为统一分型、式的I式。标本M74：15，夹砂黑皮红褐陶，圆饼状纽，盖身上部饰凸棱数道。纽径6.4、盖径29.2、高10.8厘米（图二〇四，5；图版二〇一）。

"陀螺"饰 1件。标本M74：6，泥质浅灰陶，器体上部有圆穿四个。顶径3.2、高2.6厘米（图二〇四，7）。

② 铜器 4件。计有矛1件，剑2件，不明器形的残铜片1件。

矛 1件。为统一分型、式的C型。标本M74：16，无耳，直刃微内曲，刺叶扁平，断面呈菱形，中长骹，断面呈橄榄形，骹中部一圆穿，骹口正、背两面均有倒"U"字形凹口，脊部饰凹槽，器表大部错饰变形雷纹。通长23、骹长8.5、叶宽3.4厘米，骹长径3、短径1.7厘米（图二〇五，3；图版二〇二）。

剑 2件。均为统一分型、式的BII式。标本M74：1，锋残，刃部多处残损，茎部上侧和下端中部各有圆穿一个，素面。残长25.6、茎长4.4、身宽2.4厘米（图二〇五，2）。

标本M74：2，锋残，茎部上侧和下端中部各有圆穿一个，素面。残长27、茎长4.4、身宽2.4厘米（图二〇五，1）。

③石饰件 2件。均为串饰。标本M74：3，红褐色，星月形，顶部对钻一小圆穿。通宽3.3、通高2.3、体厚0.18厘米（图二〇五，5）。

标本M74：4，红褐色，半月形，下部双齿，中侧部对钻一小圆穿。宽3、高1.7、体厚0.2～0.38厘米（图二〇五，4）。

2. M74-B

（1）墓葬概况

① 墓室结构

圆角狭长方形竖穴土坑墓，方向75°～255°。墓室南侧中部遭基建施工破坏。墓口稍大于墓底，墓坑较浅，内填五花土。墓口长5.2、宽0.9米，墓坑深0.3米（图二〇六；图版一九八）。

② 葬具

未发现葬具，亦未发现任何葬具朽腐痕迹。

③ 葬式

尸骨已朽尽，葬式不明。

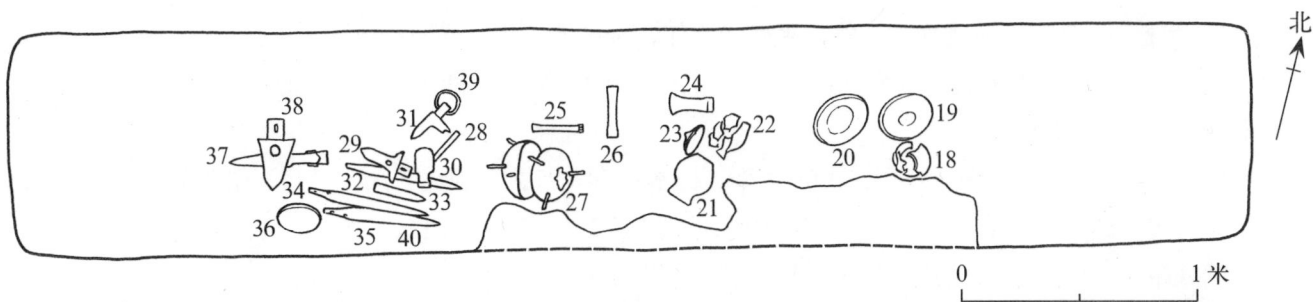

图二〇六 M74-B平面图

18.陶圜底罐 19、20.陶器盖 21、22.陶平底罐 23、36、39.陶尖底盏 24、26.铜斤 25、40.铜凿
27.铜敦 29、31、38.铜戈 30.铜钺 32、34、35.铜剑 33.铜刻刀 37.铜矛 28.铜雕刀

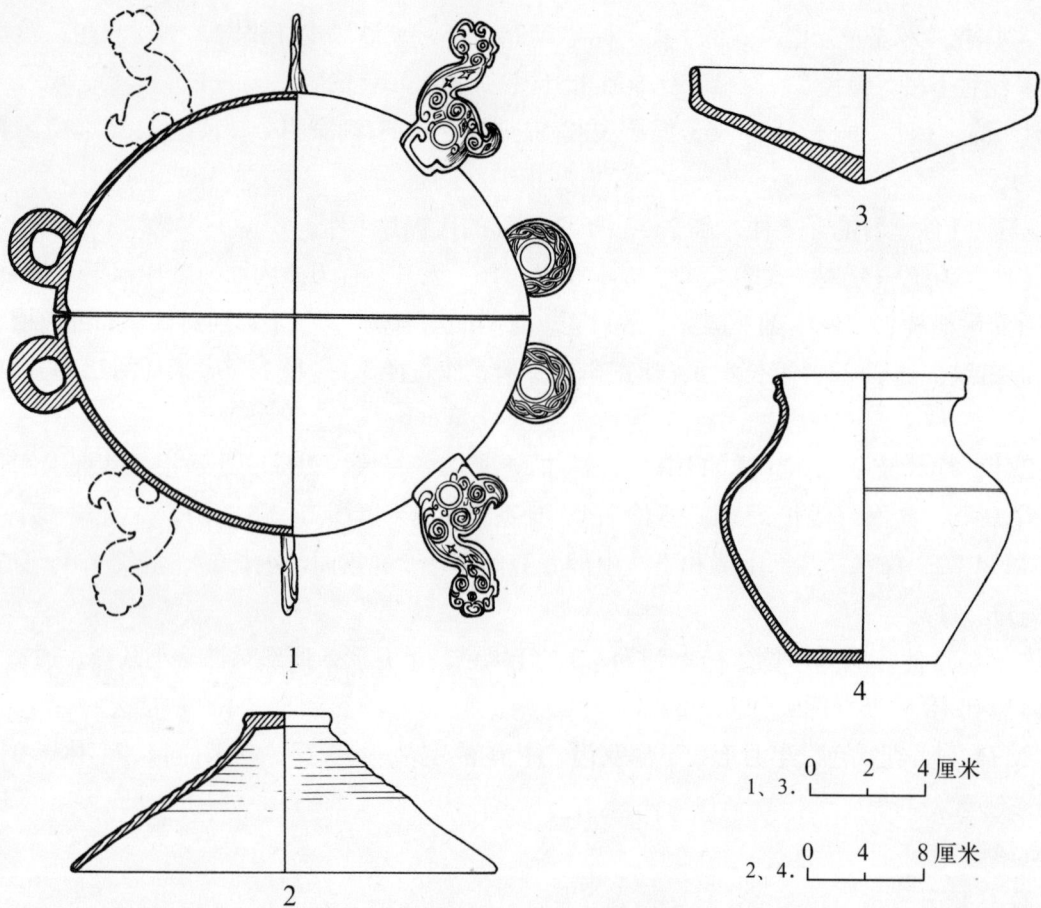

图二〇七　M74-B 出土器物

1.铜敦（M74：27）　2.I式陶器盖（M74：19）　3.I式陶尖底盏（M74：39）　4.A型陶平底罐（M74：21）

（2）随葬品种类及其放置情形

随葬品种类计有陶器和铜器两类，均置放于墓底中部。其中铜器尤其是铜兵器主要置放于随葬器物群的西半部，陶器则主要摆放于东半部（图二〇六；图版二〇三）。

（3）随葬器物

墓室南侧中部遭基建施工破坏，残存器物计有陶器和铜器共23件。

① 陶器　8件。计有尖底盏3件，平底罐2件，圆底罐1件，器盖2件。

尖底盏　3件。均为统一分型、式的I式。标本M74：39，夹砂深灰陶，素面。口径12、高3.9厘米（图二〇七，3）。

平底罐　2件。均为统一分型、式的A型。标本M74：21，夹砂红褐陶，盘口，圆折肩，斜直腹，平底，肩部饰凹弦纹一周，口径13.2、底径9.8、肩径20、高19.6厘米（图二〇七，4）。

圆底罐　1件。为统一分型、式的AbIa式，残甚。

器盖　2件。均为统一分型、式的I式。标本M74：19，夹砂黑皮红褐陶，圆饼状纽，盖身上部饰凸棱数道。纽径6.2、盖径30、高10.8厘米（图二〇七，2）。

② 铜器　15件。计有矛1件，剑3件，戈3件，钺1件，斤2件，凿2件，雕刀1件，刻刀1件，

敦1件。

矛　1件。为统一分型、式的AI式。标本M74：37，双耳间两面均有圆环相连，素面。通长25、骹长11.6、叶宽3、骹径2.6厘米（图二〇八，4；图版二〇四）。

剑　3件。计有统一分型、式的BII式1件，BIII式2件。

BII式　2件。标本M74：35，茎部残留附加木柄痕迹，茎部上侧和下端中部各有圆穿一个，素面。通长31.4、茎长4.5、身宽2.8厘米（图二〇八，3；图版二〇五）。

标本M74：32，茎部残留明显的附加木柄痕迹，上侧和下端中部各有圆穿一个，剑身中脊与双刃之间遍饰虎斑纹。通长34.2、茎长5.6、身宽3厘米（图二〇八，2）。

BIII式　1件。M74：34，茎部残留附加木柄痕迹，茎部上侧和下端中部各有圆穿一个，剑身中脊与双刃之间遍饰虎斑纹。通长35.6、茎长5.6、身宽3厘米（图二〇八，1；图版二〇六）。

戈　3件。分别为统一分型、式的Ia式，IIIa和Va式。

Ia式　1件。标本M74：38，刃部稍有残缺，内上一菱形穿，竖直凸筋四道，援部素面。通长21.8、援长15.2、内长6.6厘米（图二〇九，1；图版二〇七）。

IIIa式　1件。标本M74：29，内上一菱形穿，援中起脊，素面。通长20、援长14.8、内长5.2厘米（图二〇九，2；图版二〇八）。

Va式　1件。标本M74：31，援本三穿，上穿为三角形穿，下二穿为长方形穿，内上一橄榄形穿，素面。通长17、援长12、内长5厘米（图二〇九，3；图版二〇九）。

钺　1件。为统一分型、式的AaI式。标本M74：30，六边形椭圆銎口，素面。通长14.2、刃宽6.8、肩宽6.9厘米，銎口长径4、短径3.6、深8厘米（图二一〇，1；图版二一〇）。

斤　2件。分别为统一分型、式的II式和III式。

II式　1件。标本M74：26，方形銎口，刃部微弧。通长14.8、刃宽2厘米，銎口边长2、深8.3厘米（图二一〇，3；图版二一一）。

III式　1件。标本M74：24，长方銎。通长15.2、刃宽4.3厘米，銎长3、宽2.3、深8.8厘米（图二一〇，2；图版二一二）。

凿　2件。分别为统一分型、式的AI式和Ba型。

AI式　1件。标本M74：40，素面。通长16.2、刃宽0.6厘米（图二一〇，6；图版二一三）。

Ba型　1件。标本M74：25，素面。通长21.2、刃宽1.9厘米，銎口径2.3、深5.4厘米（图二一〇，7；图版二一四）。

雕刀　1件。为统一分型、式的B型。标本M74：28，素面。通长16.6、体厚0.35厘米（图二一〇，4；图版二一六）。

刻刀　1件。属统一分型、式的I式。标本M74：33，柳叶形体，锋部较长，身部较短，锋与身转折较缓，背部起脊、腹部微内凹。通长13.8、宽1.8厘米（图二一〇，5；图版二一五）。

敦　1件。标本M74：27，盖、身形制相同，合为近球状体，近口沿处各有两个对称圆环，环体两面均饰辫索纹，盖顶三兽形组，身部三兽形足，兽身两面均饰卷云等纹饰，盖身相合处有牙相扣。口径16.7、通高20.8厘米（图二〇七，1；图版二一七）。

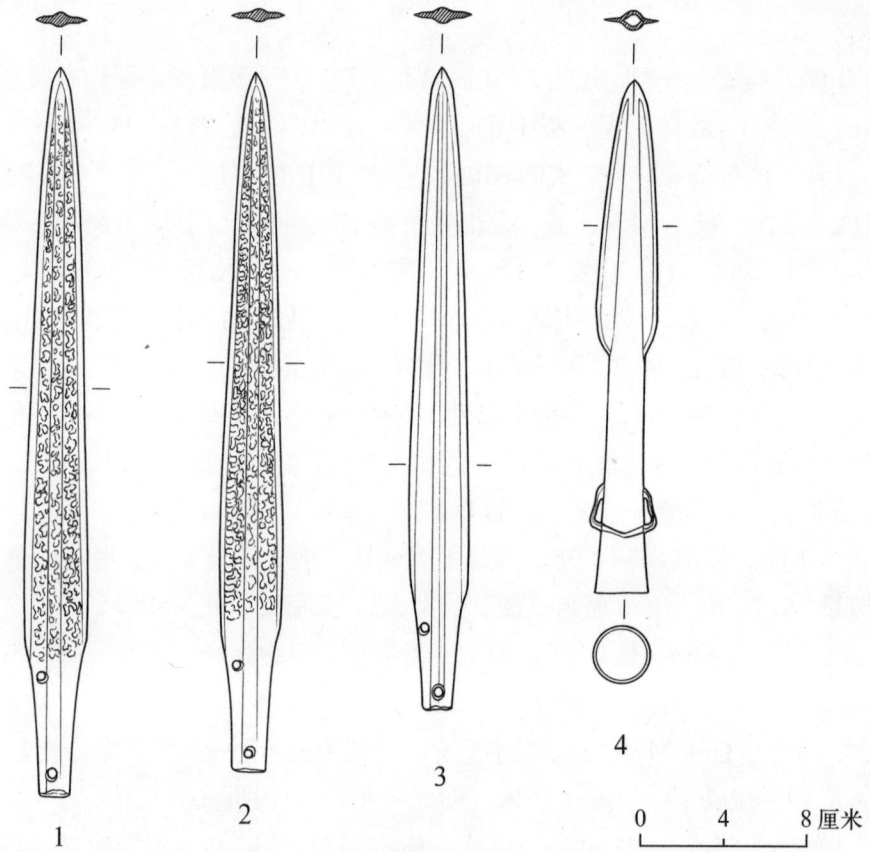

图二〇八　M74-B 出土铜器

1.BⅢ式铜剑（M74：34）　2、3.BⅡ式铜剑（M74：32、35）　4.AⅠ式铜矛（M74：37）

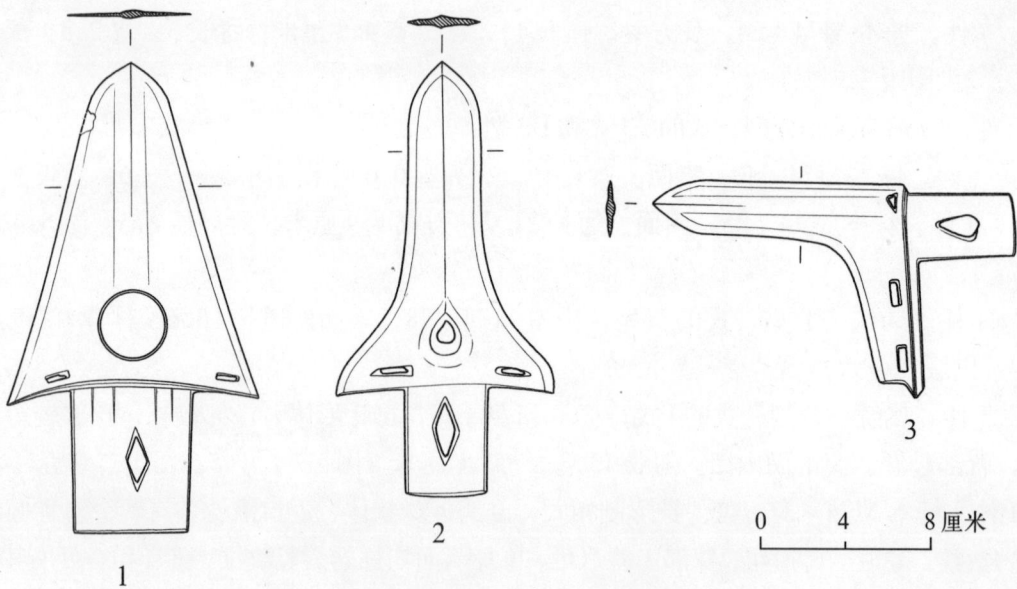

图二〇九　M74-B 出土铜戈

1.Ⅰa式铜戈（M74：38）　2.Ⅲa式铜戈（M74：29）　3.Ⅴa式铜戈（M74：31）

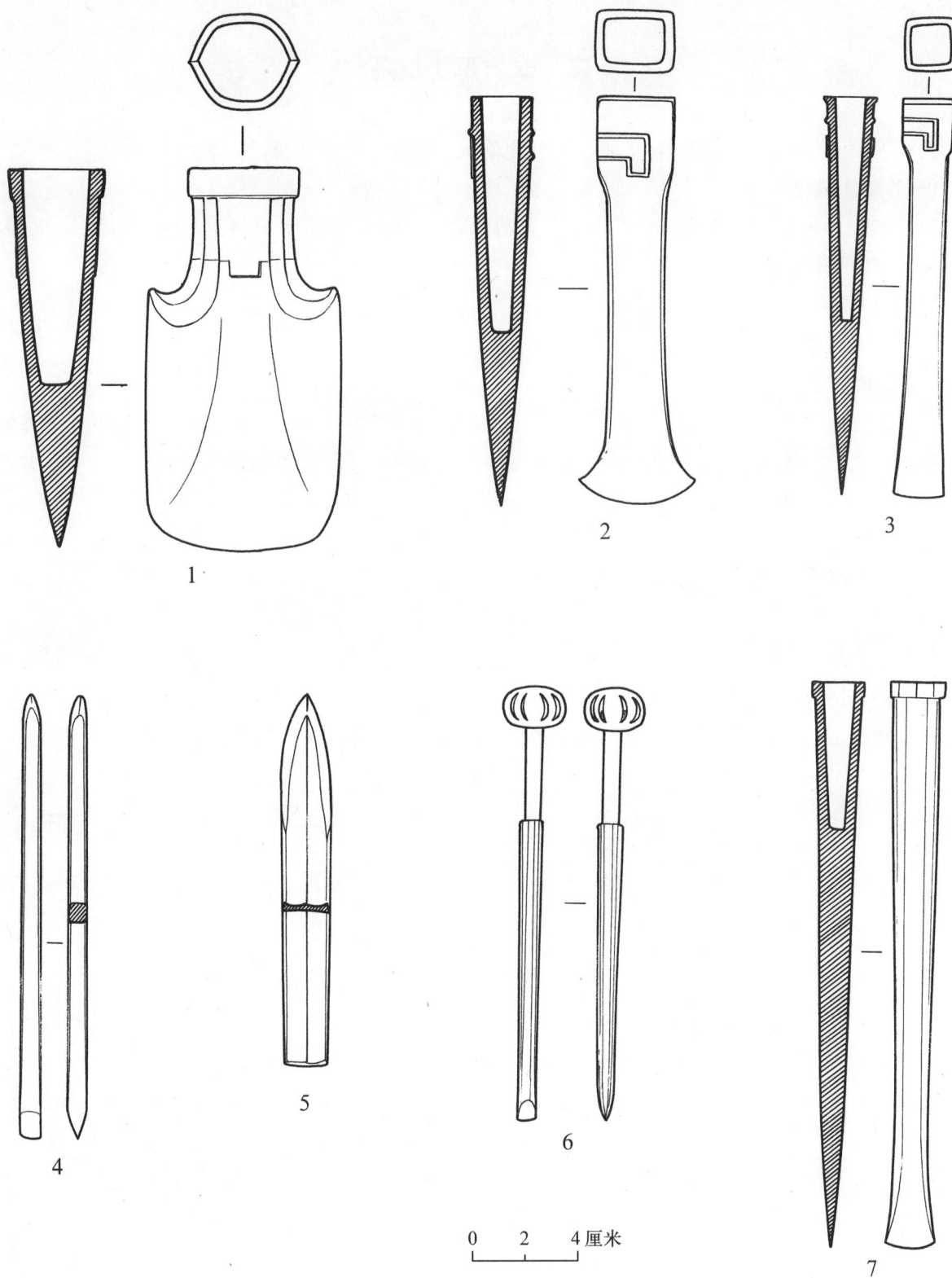

图二一○　M74-B 出土铜器

1.AaI式铜钺（M74：30）　2.Ⅲ式铜斤（M74：24）　3.Ⅱ式铜钺（M74：26）　4.铜雕刀（M74：28）

5.Ⅰ式铜刻刀（M74：33）　6.AⅠ式铜凿（M74：40）　7.Ba型铜凿（M74：25）

二 长方形土坑墓

共清理 16 座。保存较好的有 15 座,可分为单人葬墓和合葬墓两类,分述如下。

(一)单人葬墓

14 座。分别为 M20、M21、M22、M24、M51、M59、M61、M77、M94、M95、M97、M98、M99 和 M103。按墓葬顺序号分述如下。

1. M20

(1)墓葬概况

① 墓室结构

长方形竖穴土坑墓,方向 11°~191°。墓室南端已遭基建施工彻底破坏。墓口与墓底大小基本相等,墓坑较浅,坑壁近直,墓坑拐角基本为直角,坑内填五花土。墓口残长 2.8、宽 1.55 米,墓坑深 0.3 米(图二一一)。

② 葬具

未发现葬具,亦未发现任何葬具朽腐痕迹。

③ 葬式

尸骨已朽尽,葬式不明。

(2)随葬品种类及其放置情形

残存随葬器物种类计有陶器、铜器和铁器三类。除铁镰、铜凿和陶圜底罐各 1 件置放于墓底中部

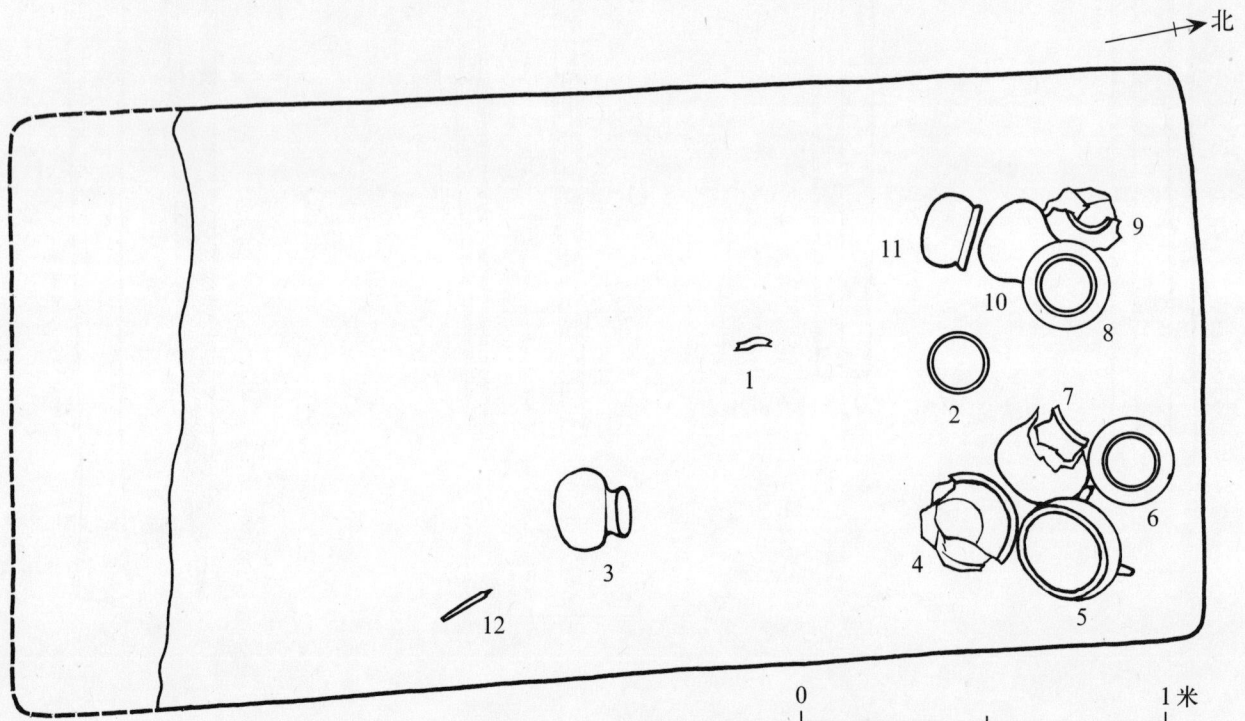

图二一一 M20 平面图

1.铁镰 2.陶豆 3、7.陶圜底罐 4.陶甑 5.陶鼎 6、8、10、11.陶釜 9.陶平底罐 12.铜凿

以外，其余随葬品均集中放置于墓底北端（图二一一）。

（3）随葬器物

残存随葬器物计有陶器、铜器和铁器共 12 件。

① 陶器　10 件。计有圜底罐 2 件，豆 1 件，釜 4 件，甑 1 件，鼎 1 件，平底罐 1 件。

圜底罐　2 件。计有统一分型、式的 AaII 式 1 件，AbIII 式 1 件。

AaII 式　1 件。标本 M20：7，夹砂黑皮红褐陶，仅存上部，肩部饰凹弦纹及戳印纹带各一周，戳印纹带每三个为一组。残高 10.8 厘米（图二一二，2）。

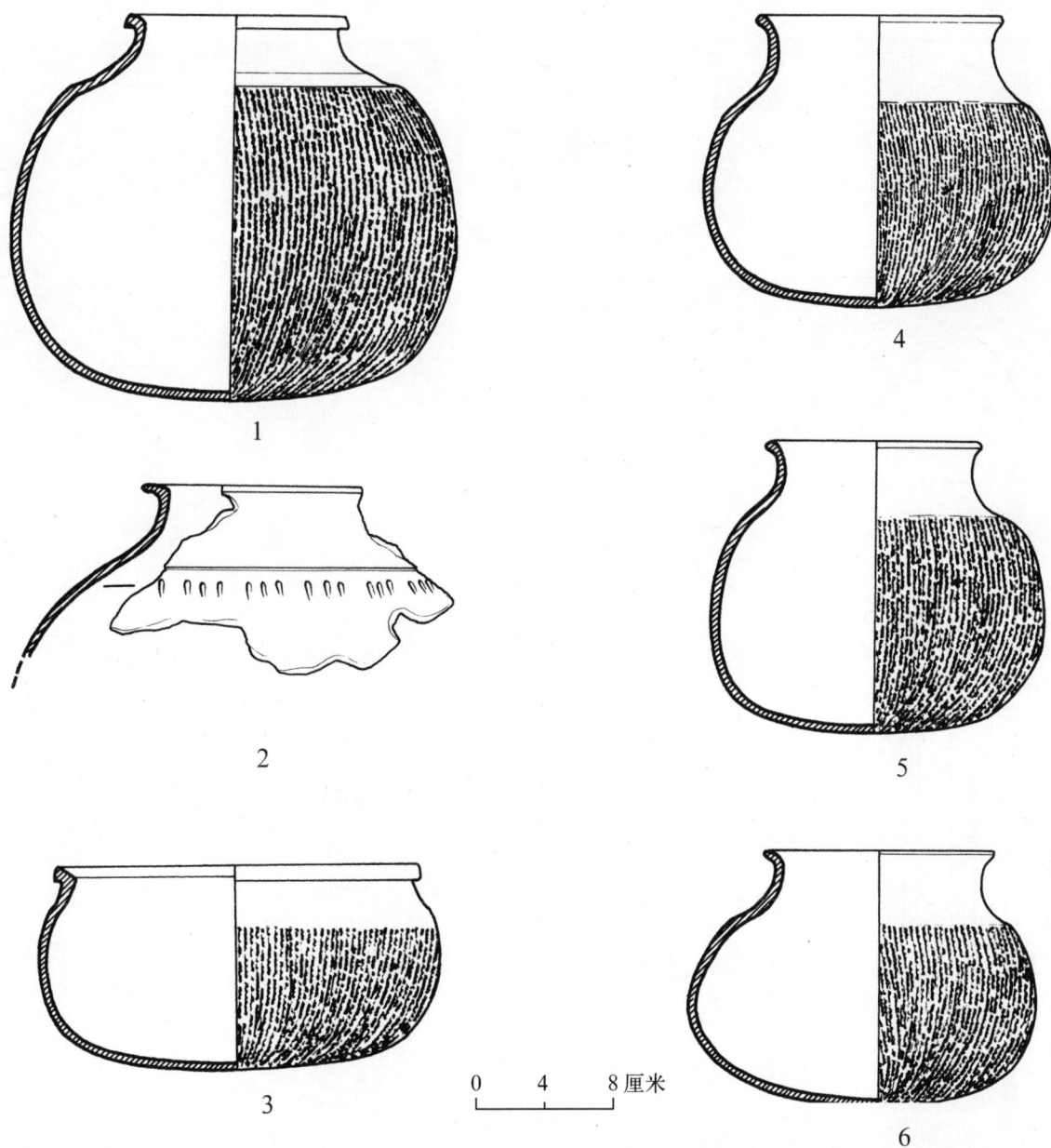

图二一二　M20 出土陶器

1. AbⅢ式陶圜底罐（M20：3）　2. AaⅡ式陶圜底罐（M20：7）　3. BaⅢ式陶釜（M20：11）　4～6. AⅢ式陶釜（M20：8、6、10）

AbⅢ式 1件。标本 M20：3，夹砂灰陶，方唇外斜，唇下沿微下垂，颈部饰凸棱一道，肩以下遍饰竖状绳纹。口径 12.4、腹径 26、高 22.4 厘米（图二一二，1）。

豆 1件。为统一分型、式的 AⅣ式。标本 M20：2，夹砂灰陶，制作不甚规整，器形不甚对称，盘底尖状下凹，沿下有凹槽一周。口径 15、圈足径 5.4、高 5.8 厘米（图二一三，4）。

釜 4件。计有统一分型、式的 AⅢ式 3件，BaⅢ式 1件。

AⅢ式 3件。短颈，圆折肩，口部变大。标本 M20：8，夹砂灰褐陶，肩以下遍饰竖状绳纹。口径 14、腹径 20.6、高 16.8 厘米（图二一二，4）。

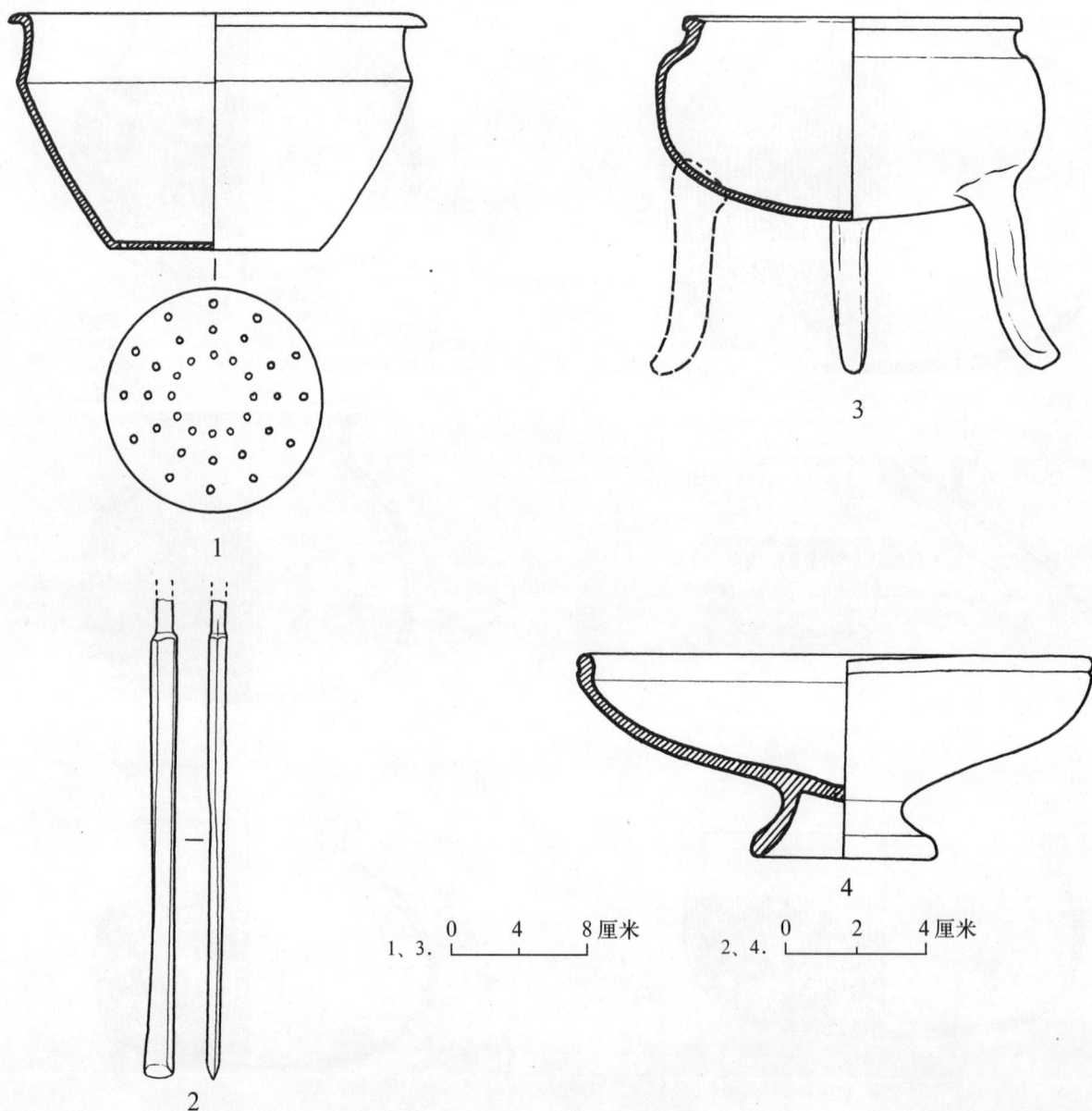

图二一三 M20 出土器物

1.陶甑（M20：4） 2.AⅡ式铜凿（M20：12） 3.A 型陶鼎（M20：5） 4.AⅣ式陶豆（M20：2）

标本M20：6，夹砂灰褐陶，制作较规整，肩以下遍饰竖状绳纹。口径12.6、腹径19.6、高16.4厘米（图二一二，5）。

标本M20：10，夹砂灰褐陶，制作不甚规整，器形不甚对称，肩以下遍饰竖状绳纹。口径13.6、腹径20.2、高14.4厘米（图二一二，6）。

BaⅢ式 1件。标本M20：11，夹砂褐陶，肩以下遍饰竖状绳纹。口径21.2、腹径23.2、高12厘米（图二一二，3）。

甑 1件。标本M20：4，夹砂浅灰陶，折沿微下垂，尖唇，曲颈，折肩，斜弧腹近直，平底，底部戳置圆形箅孔36个，呈放射状分布，素面。口径22.4、底径12.4、肩径23.2、高10.2厘米（图二一三，1）。

鼎 1件。为统一分型、式的A型。标本M20：5，夹砂褐陶，釜形鼎，器身似BaⅡ式釜，侈口，方唇，窄折沿，折肩，扁圆腹，圜底，下置三柱状足，足细长，弯曲，下端向外翻卷，素面。口径19.6、腹径22.4、足高11.6、通高20.4厘米（图二一三，3；图版二一八）。

平底罐 1件。残甚。

② 铜器 仅凿1件。

凿 1件。为统一分型、式的AⅡ式。标本M20：12，首残，长身扁平，扁圆形颈，身部为六棱形体，上部较厚，下部扁薄，弧刃。残长13.5、刃宽0.8厘米（图二一三，2）。

③ 铁器 仅铁镰1件。严重锈蚀。

2．M21

（1）墓葬概况

① 墓室结构

长方形竖穴土坑墓，方向13°～193°。墓口与墓底大小基本相等，墓坑较浅，坑壁近直，墓坑拐角基本为直角，坑内填五花土。墓口长3.6、宽1.6米，墓坑深0.3米（图二一四；图版二一九）。

② 葬具

未发现葬具，亦未发现任何葬具朽腐痕迹。

③ 葬式

尸骨大部已朽烂，仅在墓底中部东侧残留盆骨朽痕，葬式不明（图二一四）。

（2）随葬品种类及其放置情形

随葬品种类计有陶器、铜器、铁器、漆器和铜钱币五类。其中铁器、铜剑和铜钱币位于墓底中部，围绕尸骨摆放，陶器中的大部分置放于墓底北端，仅有两件陶盖豆置放于墓底南端（图二一四）。

（3）随葬器物

计有陶器、铜器、铁器、漆器和铜钱币共22件（枚）。

① 陶器 9件。计有圜底罐3件，豆3件，釜甑2件，壶1件。

圜底罐 3件。均为统一分型、式的A型，其中AbⅢ式2件，AbⅣ式1件。

AbⅢ式 2件。标本M21：9，夹砂灰褐陶，短颈，广肩，圆弧腹较深，颈中部饰浅凹弦纹二周，肩以下遍饰竖状绳纹。口径11.2、腹径24.4、高21.6厘米（图二一五，3）。

标本M21：13，夹砂灰褐陶，仅存上部，方唇，短颈，广肩上耸，以下残，颈部饰凹弦纹一周，肩

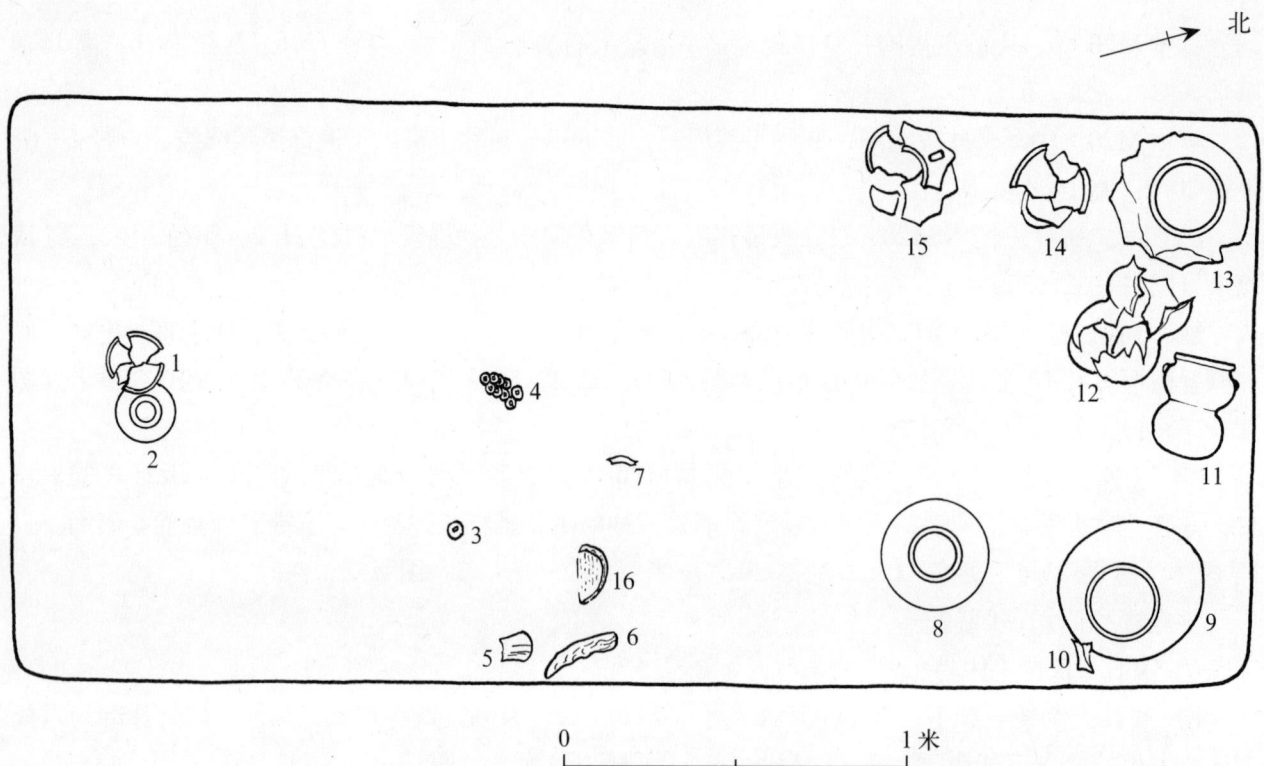

图二一四　M21 平面图

1、2、14.陶豆　3.铜剑首　4.铜半两　5.铁臿　6.铁犁　7.铁镰　8、9、13.陶圜底罐　10.漆器　11、12.陶釜甑　15.陶壶　16.尸骨

部残留竖绳纹、口径11.6、腹径21.6、残高6.3厘米（图二一五，2）。

Ab IV式　1件。标本 M21：8，夹砂褐陶，口甚小，短颈内束较甚，广肩，深垂腹，腹最大径在下腹部，颈中部饰凹弦纹一周，颈下部有一横长方形戳记，字迹不清，肩以下遍饰竖状绳纹。口径12.4、腹径30.8、高26厘米（图二一五，4）。

豆　2件。计有统一分型、式的 AIV式 2件，AV式 1件。

AIV式　2件。标本 M21：9，夹砂灰陶，素面。口径14.4、圈足径5.4、高6.2厘米（图二一五，6）。

AV式　1件。标本 M21：2，夹砂深灰陶，沿下饰凹槽一周。口径13.6、圈足径5.8、高4.6厘米（图二一五，5）。

釜甑　2件。皆为统一分型、式的 Aa 型。标本 M21：11，夹砂灰褐陶，甑部为红褐陶，釜部为深灰陶，平折沿，尖唇，扁鼓腹甑，上腹附竖环耳一对，七孔圆形箅，下部釜作垂腹状，圜底，通体素面。口径22.8、甑腹径24、釜腹径26、箅径13.2、通高32厘米（图二一五，1；图版二二〇）。

壶　1件。残甚。

② 铜器　1件。仅存剑首。

剑　1件。为统一分型、式的 C 型，仅存剑首。标本 M21：3，圆首内凹，纳茎部扁方状下凹，两侧有对应的圆穿各一。首径3.7、残长2.9厘米（图二一六，3；图版二二一）。

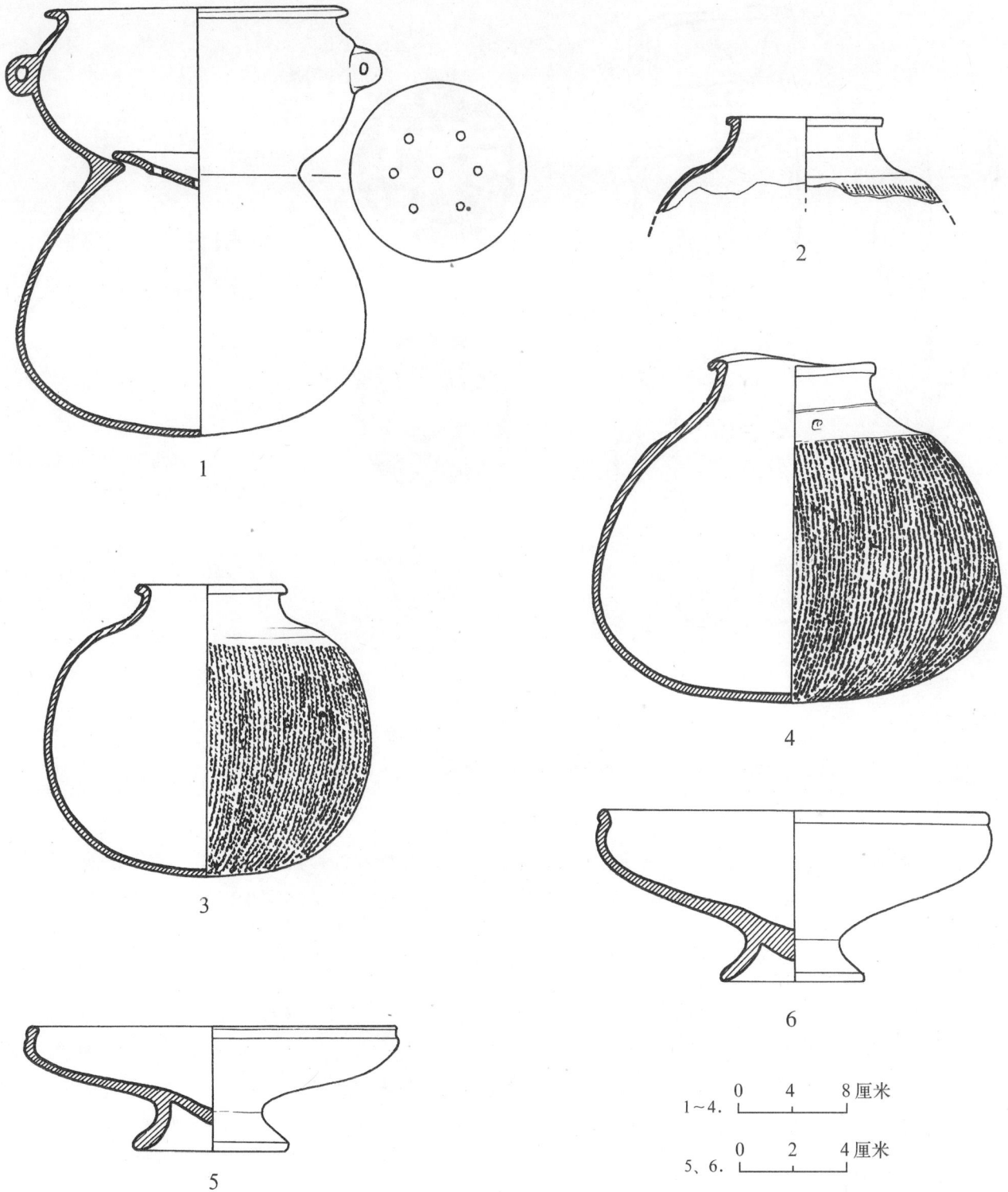

图二一五 M21 出土陶器

1.Aa 型陶釜甑（M21：11） 2、3.AbⅢ式陶圜底罐（M21：13、9） 4.AbⅣ式陶圜底罐（M21：8）
5.AV式陶豆（M21：2） 6.AIV式陶豆（M21：9）

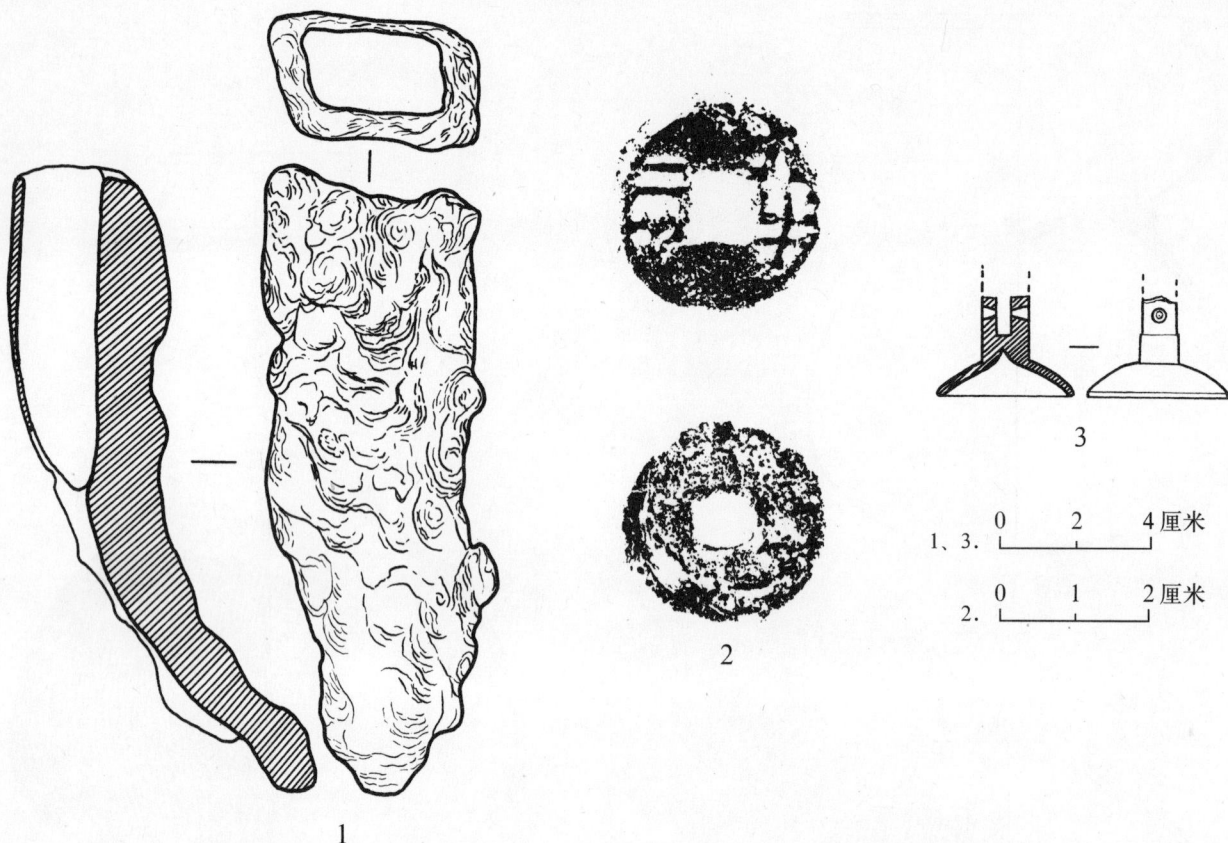

图二一六　M21 出土器物

1.铁犁（M21：6）　2.铜"半两"（M21：4）拓片　3.C 型铜剑首（M21：3）

③ 铁器　3件。计有犁1件，镰1件，臿1件，除犁保存稍好外，其余两件均严重锈蚀。

犁　1件。标本M21：6，长方銎，身略呈长条形，尖头上翘。长16.6厘米，銎长5.5、宽3.2、深8.6厘米（图二一六，1）。

④ 漆器　1件。仅在墓室东北角发现一块不成形的朱色漆皮。

⑤ 钱币　8枚。均系铜"半两"。

铜"半两"　8枚。标本M21：4，小"半两"8枚，方穿，仅1枚能看出背面有外廓，肉薄。钱径2.3～2.7、穿边长0.7～0.8、厚0.1厘米，重3.67克，应为"八铢半两"（图二一六，2）。

3. M22

（1）墓葬概况

① 墓室结构

长方形竖穴土坑墓，方向24°～204°。墓口与墓底大小基本相等，墓坑极浅，坑壁近直，墓坑拐角基本为直角，坑内填五花土。墓口长3.95、宽1.55米，墓坑深0.15米（图二一七）。

② 葬具

未发现葬具，亦未发现任何葬具朽腐痕迹。

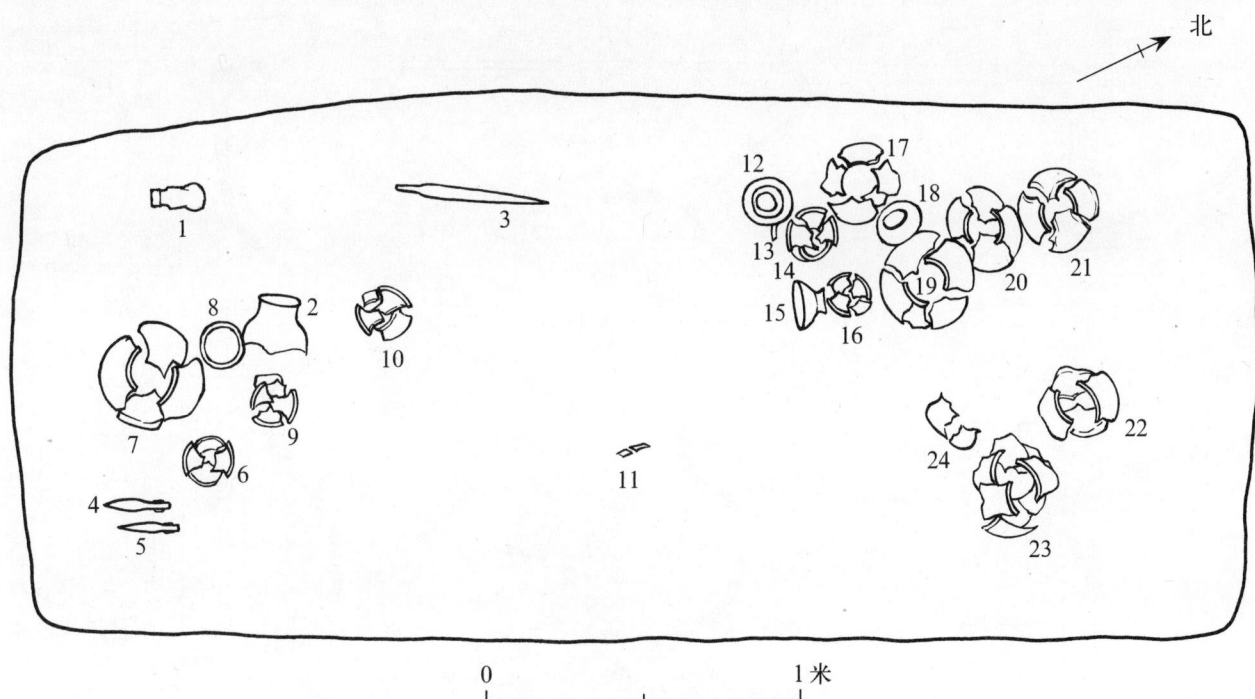

图二一七　M22 平面图

1.铜钺　2.铜鍪　3.铜剑　4、5.铜矛　6、8~10、12、14~16、18.陶豆
7、17、19~22.陶圜底罐　11、13.铁削　23、24.陶釜

③ 葬式

尸骨不存，葬式不明。

（2）随葬品种类及其放置情形

随葬品种类计有陶器、铜器和铁器三类。其中大部分陶器置放于墓底北部，铜器和少量陶器则置放于墓底南部，两件铁削分别置放于墓底中部和北部。整个墓底中部除 1 件铁削外无随葬品放置，应为尸体摆放位置（图二一七）。

（3）随葬器物

计有陶器、铜器和铁器 24 件。

① 陶器　17 件。计有圜底罐 6 件，豆 9 件，釜 2 件。

圜底罐　6 件。计有统一分型、式的 A 型 5 件，B 型 1 件。

A 型　5 件。计有 AaI 式 2 件，AⅡ式 3 件。

AaI 式　2 件。标本 M22：19，夹砂黑皮红褐陶，长颈，圆肩，圆腹，颈中部饰凹弦纹一周。口径 14、腹径 22.6、高 20.4 厘米（图二一八，6；图版二二二）。

AⅡ式　3 件。残甚。

B 型　1 件。残甚。

豆　9 件。其中属统一分型、式的 A 型 5 件，B 型 4 件。

A 型　5 件。计有 AI 式 2 件，AⅡ式 3 件。

AI 式　2 件。标本 M22：15，夹砂灰陶，沿下饰凹弦纹一周。口径 13.4、圈足径 7、高 7.4 厘米

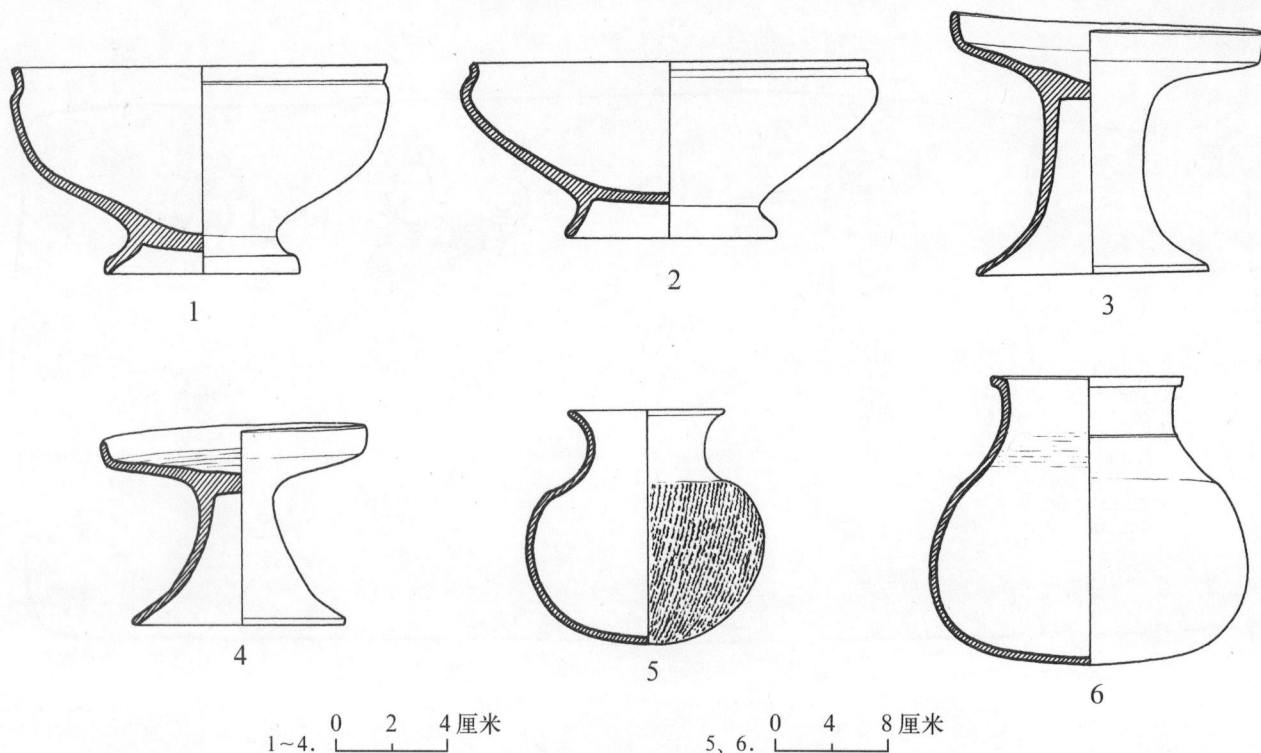

图二一八　M22 出土陶器

1.AI式陶豆（M22：15）　　2.AⅡ式陶豆（M22：8）　　3、4.BbI式陶豆（M22：18、12）
5.AⅡ式陶釜（M22：23）　　6.AaI式陶圜底罐（M22：19）

（图二一八，1）。

AⅡ式　3件。标本M22：8，夹砂红褐陶，制作不甚规整，器形不甚对称，沿下饰凹弦纹一周。口径14、圈足径7.5、高6.2厘米（图二一八，2）。

B型　4件。均为BbI式。

BbI式　4件。标本M22：18，夹砂灰褐陶，素面。口径11、圈足径8.2、高8.8厘米（图二一八，3）。

标本M22：12，夹砂灰褐陶，素面。口径9.4、圈足径7.7、高7厘米（图二一八，4）。

釜　2件。分别为统一分型、式的AⅡ式和B型。

AⅡ式　1件。复原，标本M22：23，夹砂灰褐陶，制作不甚规整，器形不甚对称，肩以下遍饰竖状绳纹。口径11.6、腹径16.8、高16厘米（图二一八，5）。

B型　1件。残甚。

② 铜器　5件。计有矛2件，剑1件，钺1件，鍪1件。

矛　2件。分别为统一分型、式的BIa和BⅡ式。

BIa式　1件。标本M22：4，刃部有残损，素面。通长21、骹长7、叶宽2.9、骹径2.9厘米（图二一九，2）。

BⅡ式　1件。标本M22：5，骹口及锋部残损，骹部一面双耳间残留"手"、"心"、"（川）"等纹

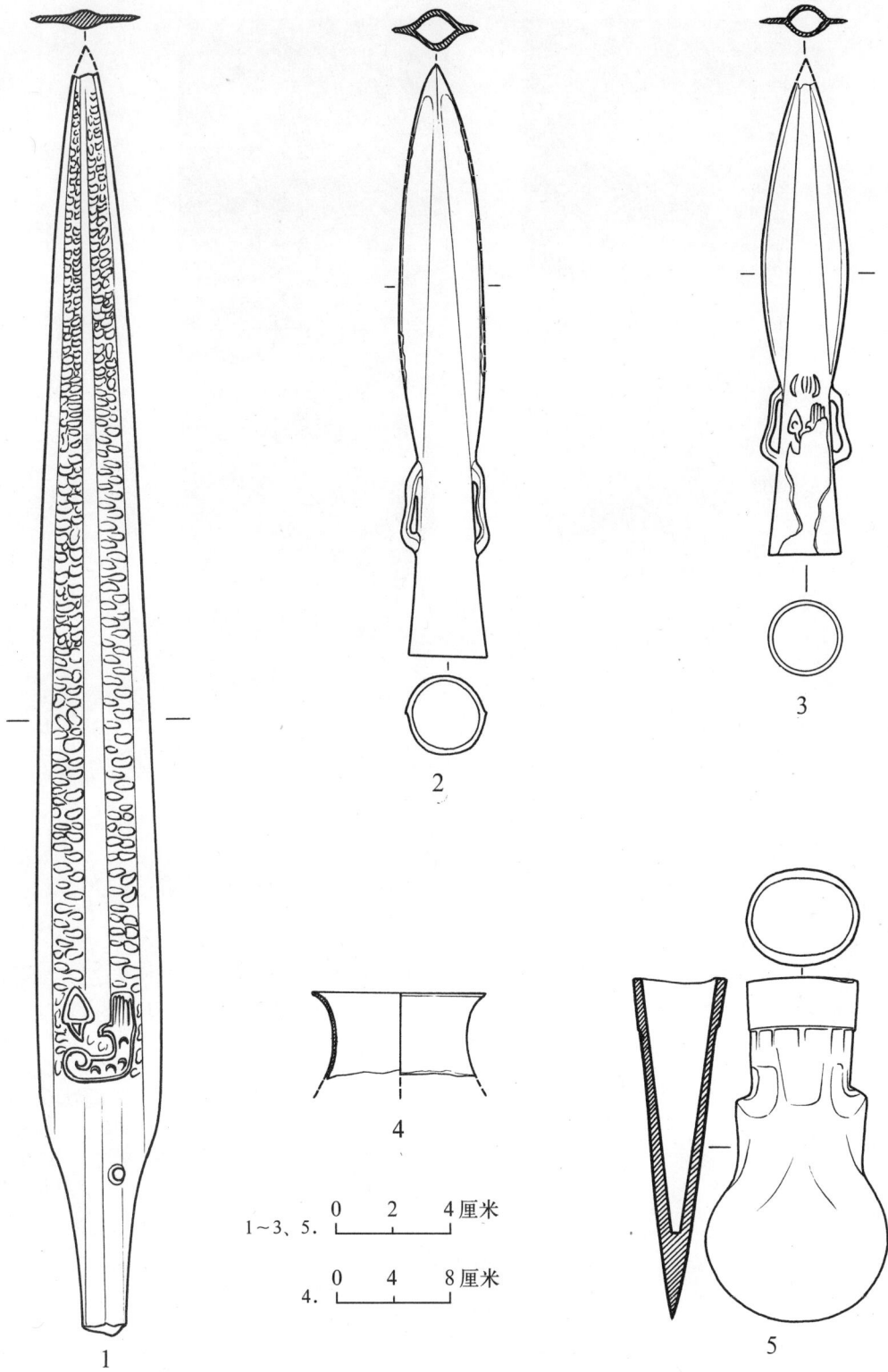

图二一九　M22 出土铜器

1. AIVb 式铜剑（M22:3）　　2. BIa 式铜矛（M22:4）　　3. BⅡ式铜矛（M22:5）　　4. I 式铜錾（M22:2）　　5. AaVa 式铜钺（M22:1）

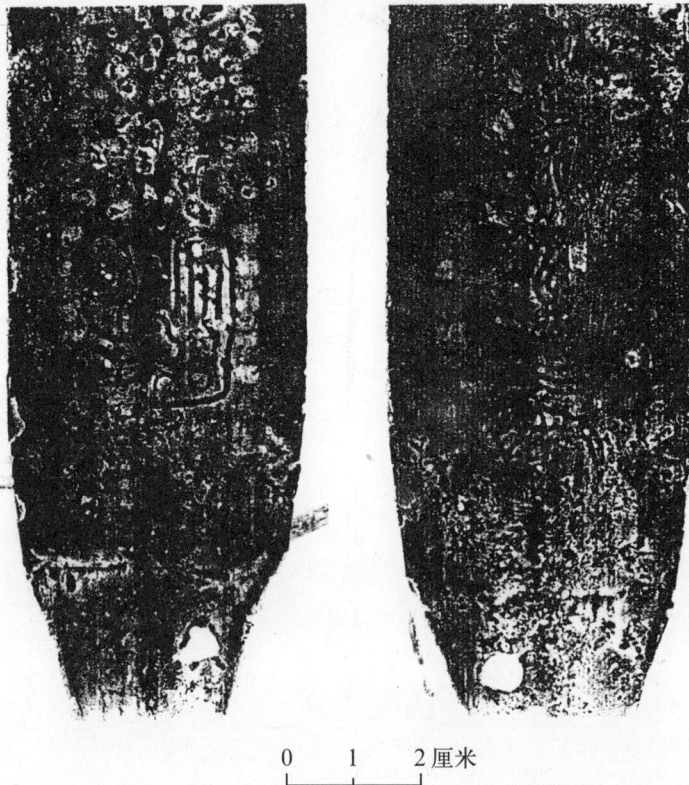

0   1   2厘米

图二二〇　M22出土铜剑（M22∶3）拓片

饰或符号，另一面锈蚀不清。长16.5、骹长6、叶宽3.1、骹径2.4厘米（图二一九，3）。

剑　1件。为统一分型、式的AIVb式。标本M22∶3，茎部上侧有圆穿一个，剑身中脊与双刃之间遍饰虎斑纹，下部一面铸有"手"、"心"纹，另一面铸饰由线状奔虎、" "、" "、"叁"等单个纹饰或符号构成的组合图案。通长45.2、茎长6.2、宽4.5厘米（图二一九，1；图二二〇；图版二二三）。

钺　1件。为统一分型、式的AaVa式。标本M22∶1，素面。通长12.2、刃宽6.6、肩宽4.8厘米，銎口长径4、短径3.5、深9厘米（图二一九，5；图版二二四）。

鍪　1件。为统一分型、式的I式，仅存口部。标本M22∶2，素面。口径12.6、残高5.6厘米（图二一九，4）。

③ 铁器　2件。均为铁削，严重锈蚀。

4. M24

（1）墓葬概况

① 墓室结构

长方形竖穴土坑墓，方向90°～270°。墓室西端大，东端小，墓口与墓底大小基本相等，墓坑较浅，坑壁近直，墓坑拐角基本为直角，墓底为原生沙砾层，遍布卵石，坑内填五花土。墓口长3.75米，西端宽1.7、东端宽1.45米，墓坑深0.3米（图二二一；图版二二五）。

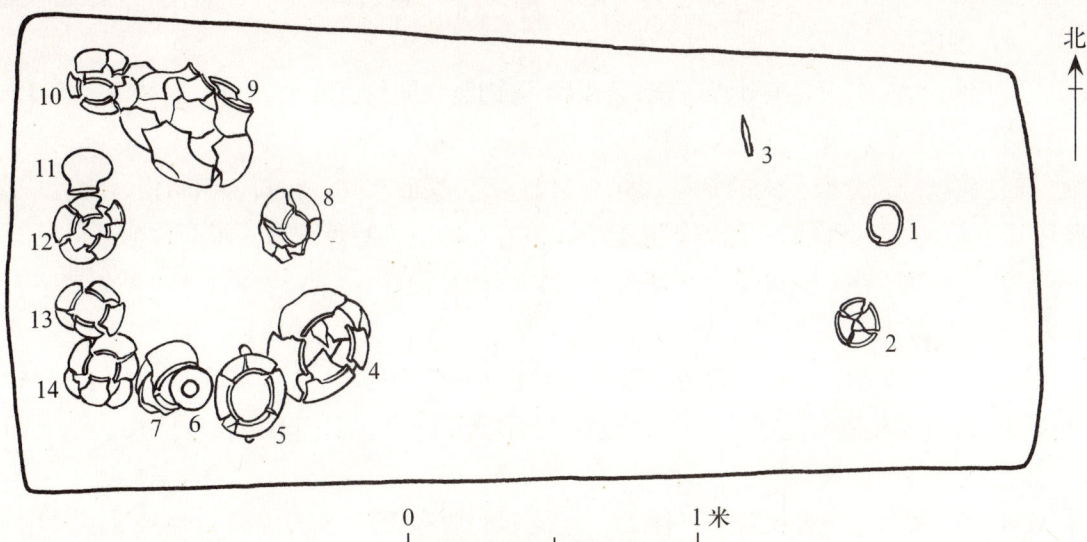

图二二一　M24平面图

1、2、6.陶豆　3.铜矛　4、9.陶大口瓮　5.陶釜甑　7、11、13.陶釜　8.陶壶　10、12、14.陶圜底罐

② 葬具

未发现葬具，亦未发现任何葬具朽腐痕迹。

③ 葬式

尸骨已朽尽，葬式不明。

(2) 随葬品种类及其放置情形

随葬品种类计有陶器和铜器两类共14件。其中11件陶器围成一圈置于墓室西端，另两件陶豆和1件铜矛置于东部近端处，估计为尸体放置位置（图二二一；图版二二五）。

(3) 随葬器物

计有陶器和铜器共14件。

① 陶器　13件。计有圜底罐3件，豆3件，釜3件，釜甑1件，大口瓮2件，壶1件。

圜底罐　3件。均为统一分型、式的Ab型，其中AbⅡ式2件，AbⅢ式1件，均残甚。

豆　3件。均属统一分型、式的AⅣ式。

AⅣ式　3件。标本M24∶1，夹砂浅灰陶，沿下有凹槽一周。口径15.2、圈足径5.5、高5.6厘米（图二二二，5）。

标本M24∶2，夹砂浅灰陶，制作不甚规整，器形不甚对称，沿下有凹槽一周。口径13.6、圈足径5.3、高5.8厘米（图二二二，1）。

标本M24∶6，夹砂浅灰陶，制作不甚规整，器形不甚对称，沿下有凹槽一周。口径15.6、圈足径5.5、高6.2厘米（图二二二，3）。

釜　3件。其中属统一分型、式的A型2件，BaⅢ式1件，A型中1件为AⅢ式，另一件因残甚不辨式别。

AⅢ式　1件。M24：11，夹砂浅灰陶，肩以下遍饰竖状绳纹。口径12、腹径19.2、高15.8厘米（图二二二，4；图版二二六）。

BaⅢ式　1件。 M24：7，夹砂浅灰陶，肩以下遍饰竖状绳纹。口径22.8、腹径26、高12.4厘米（图二二二，2）。

釜甑　1件。属统一分型、式的B型。标本M24：5，夹砂灰陶，侈口，斜折沿，尖唇，扁鼓腹，上腹有竖环耳一对，圆形甑底戳有圆形箅孔七个，下有小圈足，甑颈部有一横长方形戳记，字迹不清（图二二三，5），釜部不存。甑口径22、甑腹径23.2、圈足径6.6、高12.8厘米（图二二三，3）。

大口瓮　2件。均属统一分型、式的Ⅱ式。

Ⅱ式　2件。夹砂灰陶，敛口，斜领，圆唇，领上部内壁内凹，广肩，深鼓腹。标本M24：4，腹部遍饰竖绳纹，腹外壁模制痕迹明显，肩部有横长方形戳记一个，字迹不清。口径16、底径10.4、腹径30.4、通高28.4厘米（图二二三，2、4）。

标本M24：9，腹部遍饰竖绳纹，口径24、底径11、腹径38.8、通高35.2厘米（图二二三，1）。

壶　1件。残甚。

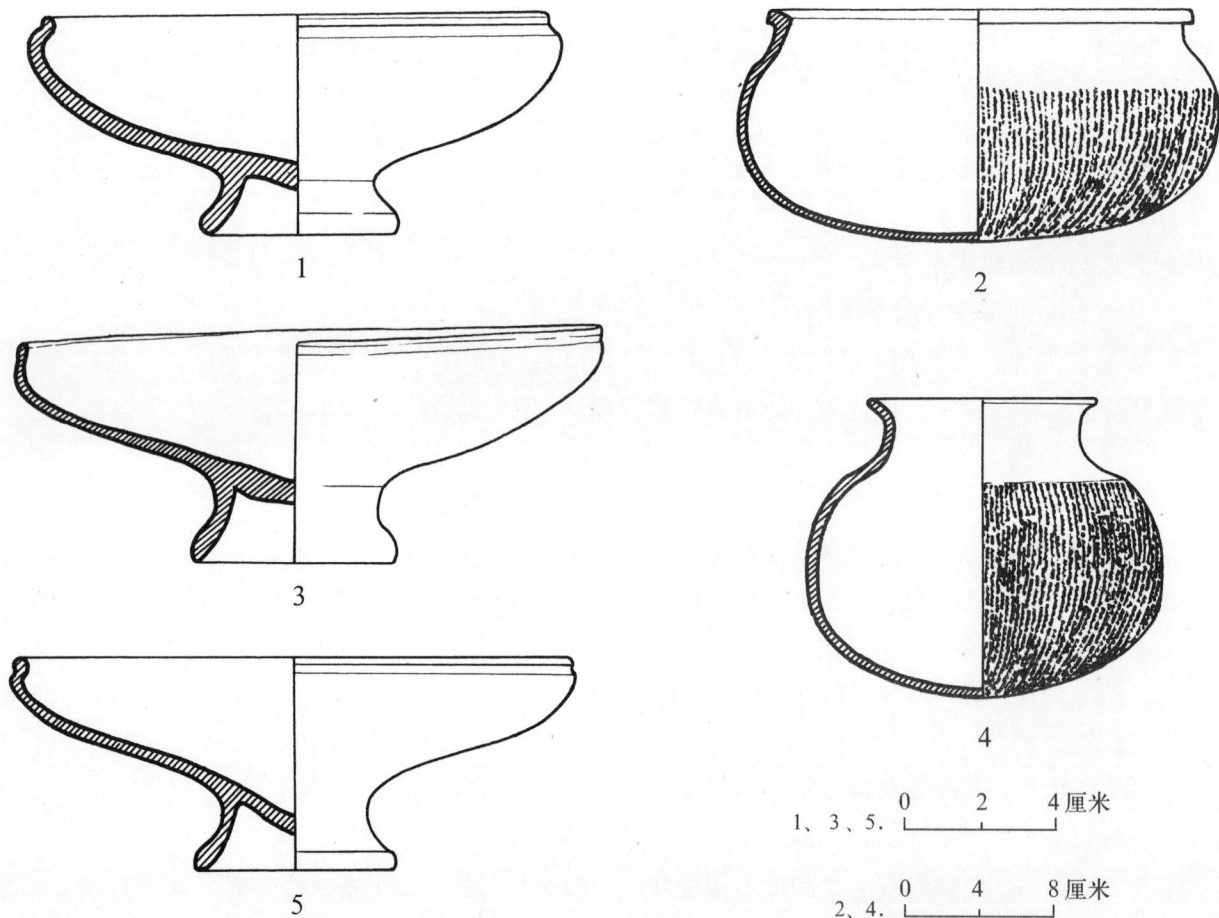

图二二二　M24出土陶器

1、3、5.AⅣ式陶豆（M24：2、6、1）　2.BaⅢ式陶釜（M24：7）　4.AⅢ式陶釜（M24：11）

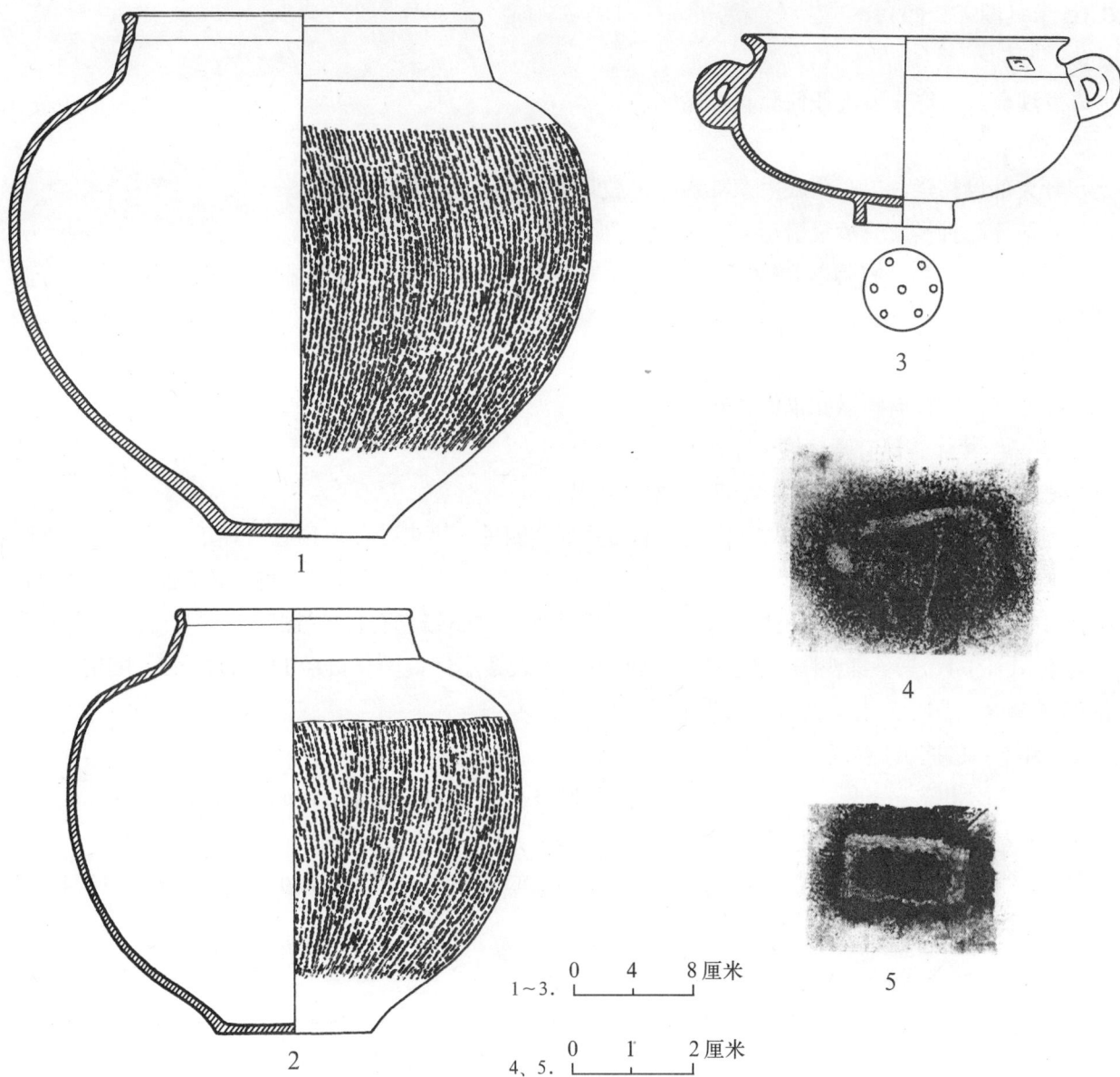

图二二三 M24出土陶器及戳记

1、2.Ⅱ式陶大口瓮（M24：9、4） 3.B型陶釜甑（M24：5） 4.戳记（M24：4）拓片 5.戳记（M24：5）拓片

② 铜器

仅铜矛1件。属统一分型、式的BⅢa式，残甚。

5. M51

（1）墓葬概况

① 墓室结构

长方形竖穴土坑墓，方向110°～290°。墓室东北部已遭基建施工彻底破坏。墓口与墓底大小基本相等，墓坑较深，坑壁近直，墓坑拐角基本为直角，坑内填五花土。墓口残长4、宽1.5米，墓坑深 0.65 米（图二二四）。

②　葬具

未发现葬具，亦未发现任何葬具朽腐痕迹。

③　葬式

尸骨大部已朽烂，仅在墓底中东部残存下肢骨，似为直肢（图二二四）。

（2）随葬品种类及其放置情形

残存随葬品种类计有陶器和铜器两类。其中陶器和铜鍪置放于墓底西端，1 件铜钺置放于尸骨西端（图二二四）。

（3）随葬器物

残存随葬器物计有陶器和铜器共 6 件。

①　陶器　4 件。计有圜底罐 1 件，壶 3 件。

圜底罐　1 件。为统一分型、式的 Aa 型，残甚。

壶　3 件。均为统一分型、式的 II 式。平圜底加矮圈足，短束颈，盖顶置三环纽，圆鼓腹或垂腹较深，上腹置四环纽，盖、腹纽均呈扁方状，较厚。标本 M51：6，夹砂灰褐陶，圆鼓腹，圈足稍高，素面。口径 12、腹径 25.2、圈足径 12.8、通高 29.6 厘米（图二二五，1；图版二二七）。

标本 M51：4，夹砂红褐陶，盖已失，垂腹，圈足较矮小，素面。口径 11、腹径 22、圈足径 11、器高 23.6 厘米（图二二五，2；图版二二八）。

②　铜器　2 件。计有钺 1 件，鍪 1 件。

钺　1 件。为统一分型、式的 AaVb 式。标本 M51：1，素面。通长 11.6、刃宽 5.8、肩宽 4.2 厘米，銎口长径 4、短径 2.8、深 9 厘米（图二二五，4）。

鍪　1 件。为统一分型、式的 II 式。标本 M51：2，口部略有变形，耳残失，素面。口径 12.4、腹径 18.2、高 17.8 厘米（图二二五，3）。

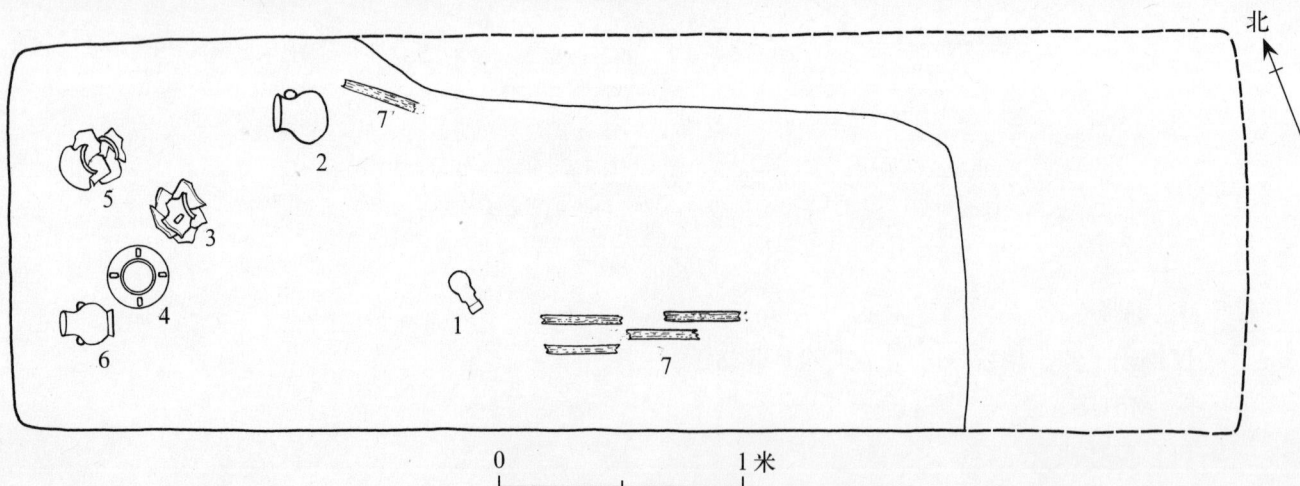

图二二四　M51 平面图

1.铜钺　2.铜鍪　3、4、6.陶壶　5.陶圜底罐　7.尸骨

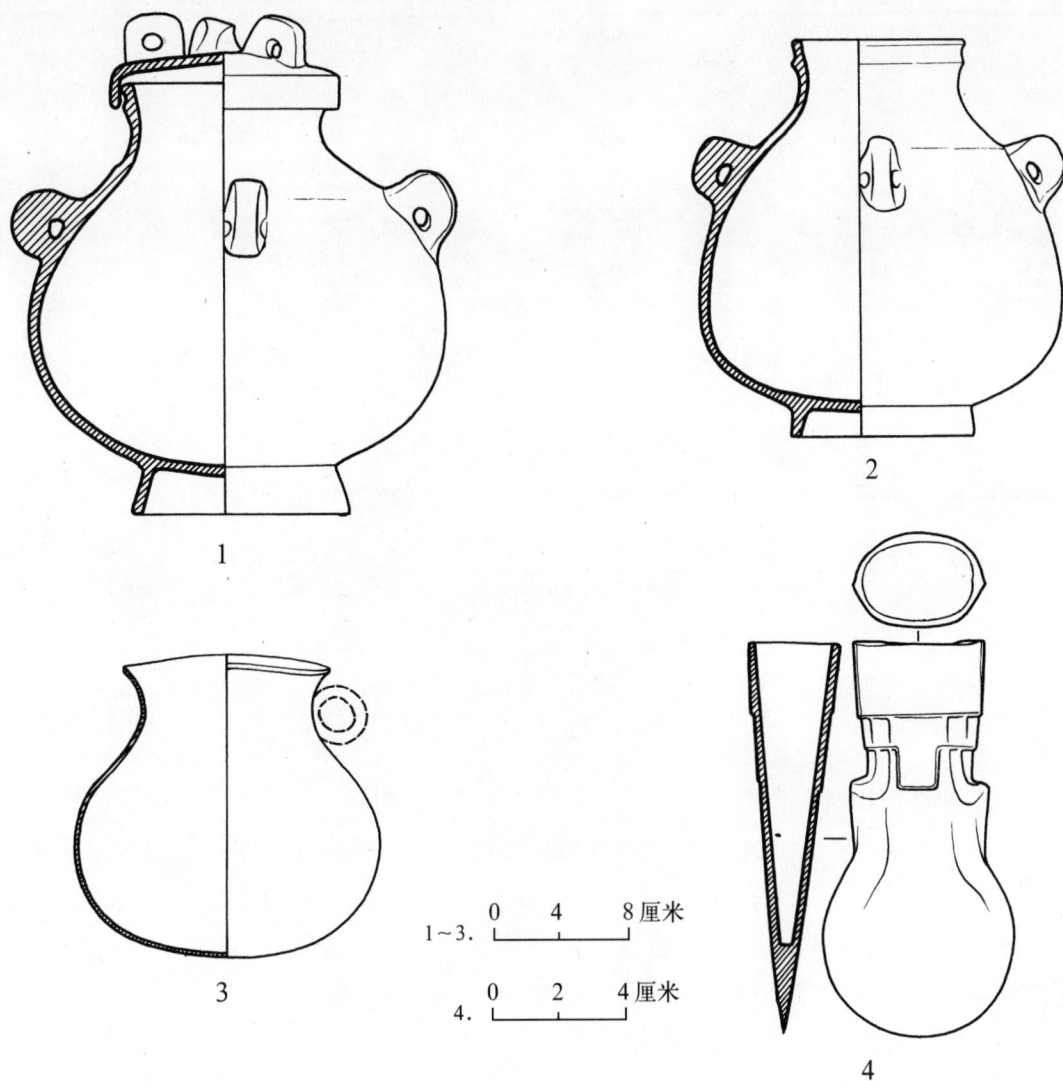

图二二五　M51 出土器物

1、2. Ⅱ式陶壶（M51：6、4）　3. Ⅱ式铜鍪（M51：2）　4. AaVb式铜钺（M51：1）

6．M59

（1）墓葬概况

M59 东北部被木板墓 M60 打破。

① 墓室结构

长方形竖穴土坑墓，方向85°。墓室西端以及东南部已遭基建施工彻底破坏。墓口与墓底大小基本相等，墓坑较深，坑壁近直，墓坑拐角基本为直角，坑内填五花土。墓口残长3.9、宽1.45米，墓坑深0.55米（图二二六）。

② 葬具

未发现葬具，亦未发现任何葬具朽腐痕迹。

③ 葬式

头骨和肢骨保存稍好，能大致确定基本葬式，系仰身直肢，头向东，面向上（图二二六）。

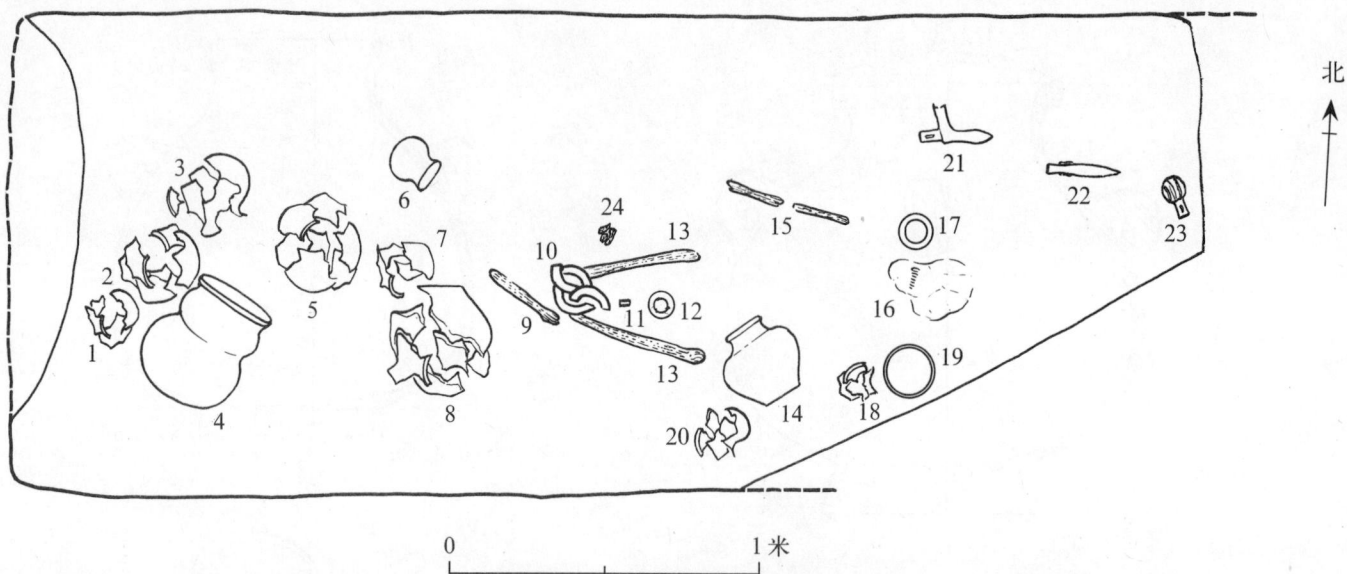

图二二六　M59 平面图

1、6、20.陶釜　2、3、5.陶圜底罐　4.陶釜甑　7.陶平底罐　8、14.陶小口瓮　9、13、15、16.尸骨
10.铜璜　11.料珠　12.铜环　17.铜泡　18.陶豆　19.铜盘　21.铜戈　22.铜矛　23.铜銮铃　24.铁器

（2）随葬品种类及其放置情形

残存随葬品种类计有陶器、铜器、铁器和料器四类。铜器中的兵器、车马器和铜扣置放于尸骨右侧和头端，铜璜、铜环、铁器以及料珠堆置于尸骨下身。陶器中的大部分置放于足端，少部分摆放于尸骨左侧（图二二六）。

（3）随葬器物

残存随葬器物计有陶器、铜器、铁器和料器共 23 件。

① 陶器　11 件。计有圜底罐 3 件，豆 1 件，釜 3 件，釜甑 1 件，小口瓮 2 件，平底罐 1 件。

圜底罐　3 件。均为统一分型、式的 A 型，其中 AbⅢ式 1 件，Ab 型 2 件，均残甚。

豆　1 件。为统一分型、式的 AⅣ式，残甚。

釜　3 件。均为统一分型、式的 A 型，其中 AⅡ式 1 件，另 2 件因残甚，式别不辨。

AⅡ式　1 件。标本 M59：6，夹砂深灰陶，制作不甚规整，器形不甚对称，肩以下遍饰竖状绳纹。口径 11.9、腹径 16.8、高 16 厘米（图二二七，3）。

釜甑　1 件。属统一分型、式的 AbⅠ式。甑部口径与腹径大致相等，釜腹圆鼓。标本 M59：4，夹砂灰陶，甑部方唇内凹，卷沿，圆弧腹，16 孔圆箅，釜腹圆鼓，底作圜状，甑腹部及釜肩以下遍饰竖状绳纹。口径 27.2、甑腹径 27.6、釜腹径 29.6、箅径 18.4、通高 36.8 厘米（图二二七，1）。

小口瓮　2 件。均为统一分型、式的 Ⅱ式，复原 1 件。标本 M59：14，夹细砂浅灰陶，侈口，卷沿，尖圆唇，束颈，广肩，斜腹内收较急，平底，肩部饰间断绳纹三周。口径 10.2、底径 13.2、肩径 26、高 25.2 厘米（图二二七，2；图版二二九）。

平底罐　1 件。残甚。

② 铜器　10 件。计有矛 1 件，戈 1 件，盘 1 件，銮铃 1 件，泡 1 件，璜 4 件，环 1 件。

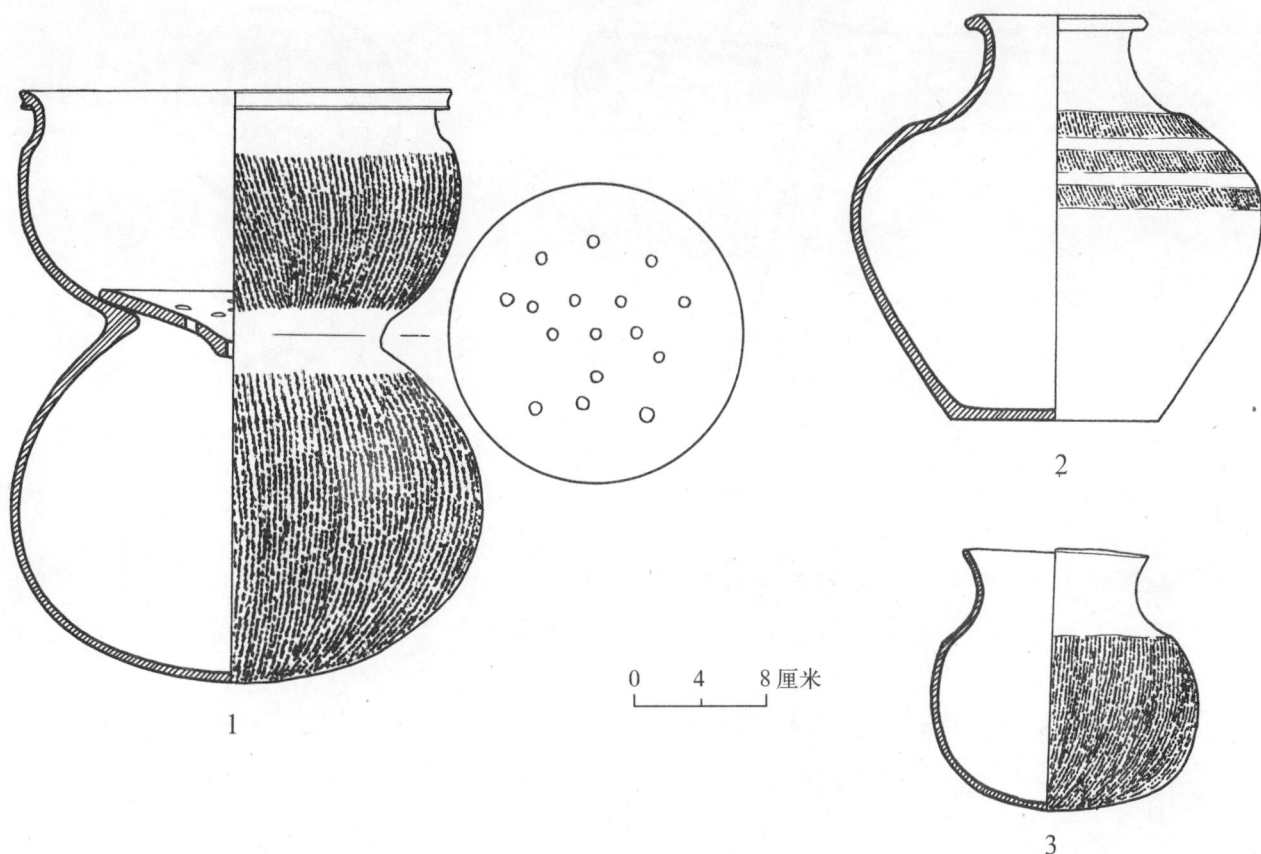

图二二七　　M59 出土陶器

1. AbI式陶釜甑（M59：4）　　2. Ⅱ式陶小口瓮（M59：14）　　3. AⅡ式陶釜（M59：6）

矛　1件。为统一分型、式的BIa式。标本M59：22，素面。通长22.4、骹长6.4、叶宽3.2、骹径2.7厘米（图二二八，2）。

戈　1件。为统一分型、式的Ⅵ式。标本M59：21，器体较薄，多处残损，窄长援，蛇头锋，隆脊，援上刃内凹，有阑，齿部残，长胡，内上角圆杀，下角残缺，阑侧三穿，其中上穿为半圆形穿，下二穿为近长方形穿，内中部阴刻近长方形勾卷纹，勾卷纹内一端饰三角齿纹一列共五个，内中部勾卷纹内一钥形穿，阑侧之一面阴刻成直行排列的符号（铭文？）六个（图二二九）。通长21、援长13.6、内长7.4厘米（图二二八，1；图版二三〇）。

盘　1件。残甚。

銮铃　1件。标本M59：23，球形铎铃，内含响丸，顶部一圆穿，铃体上半部与下半部各有一圈相互对称的三角形辐射状镂孔，椭圆形銎，上细下粗，正背两壁均有相互对称的方穿。通高11、銎高3.8、銎长径2.9、銎短径2.5、铃径7.2厘米（图二二八，5；图版二三一）。

泡　1件。标本M59：17，圆形，泡体隆起，内壁有一半环横梁，泡面图案分为三圈，内圈为扇叶状花瓣纹，中圈为勾连卷云纹，外圈为凹面带。直径4.5、高0.8厘米（图二二八，3；图二三〇，2；图版二三二）。

璜　4件。均为统一分型、式的Ⅲ式。宽拱平缓，体略呈半圆状，顶部一圆穿，足外端下斜，器

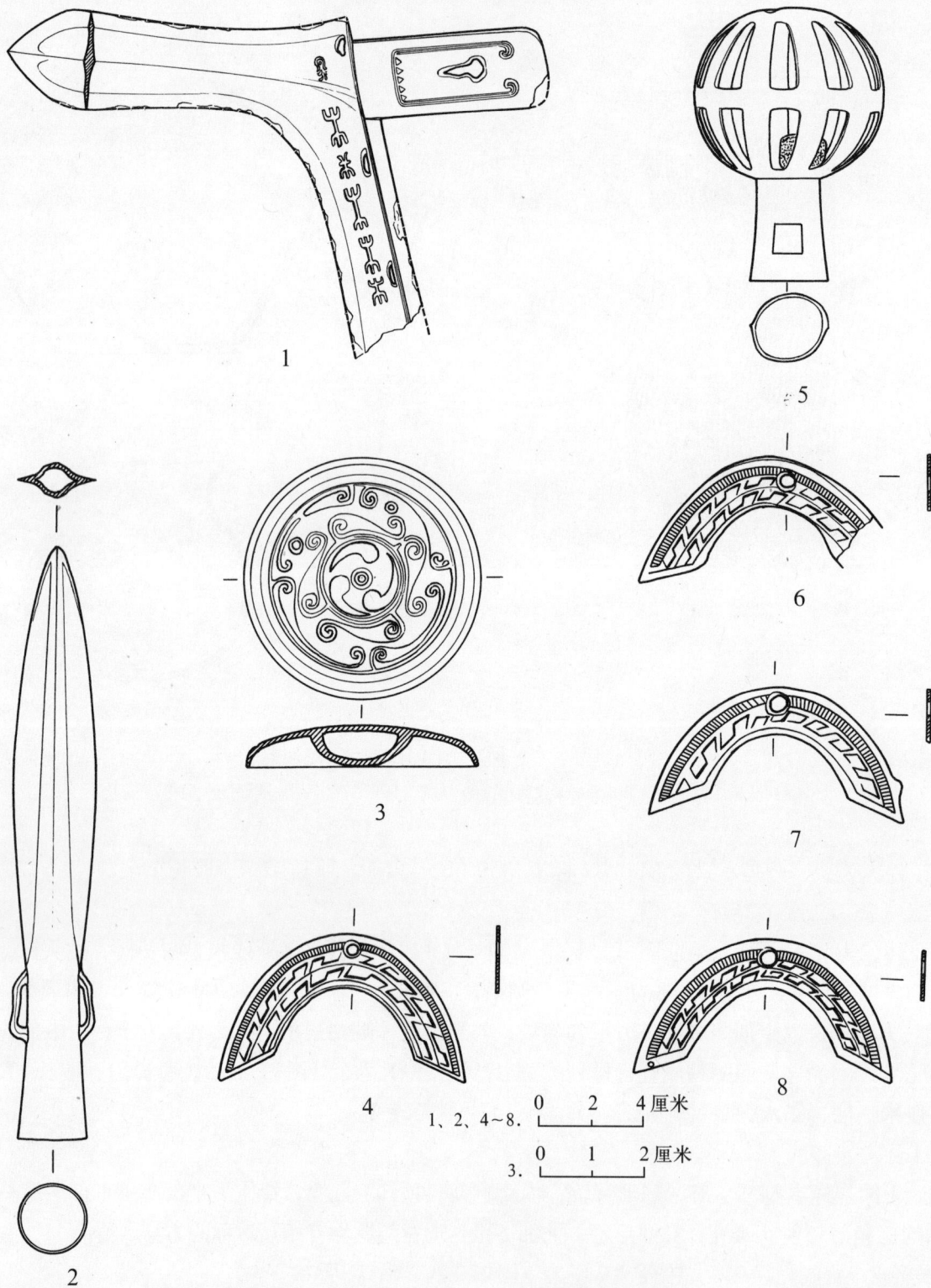

图二二八　M59 出土铜器

1.Ⅵ式铜戈（M59∶21）　　2.BⅠa式铜矛（M59∶22）　　3.铜泡（M59∶17）

4、6、7、8.Ⅲ式铜璜（M59∶10-a、b、c、d）　　5.铜銮铃（M59∶23）

图二二九　M59 出土铜戈（M59∶21）拓片

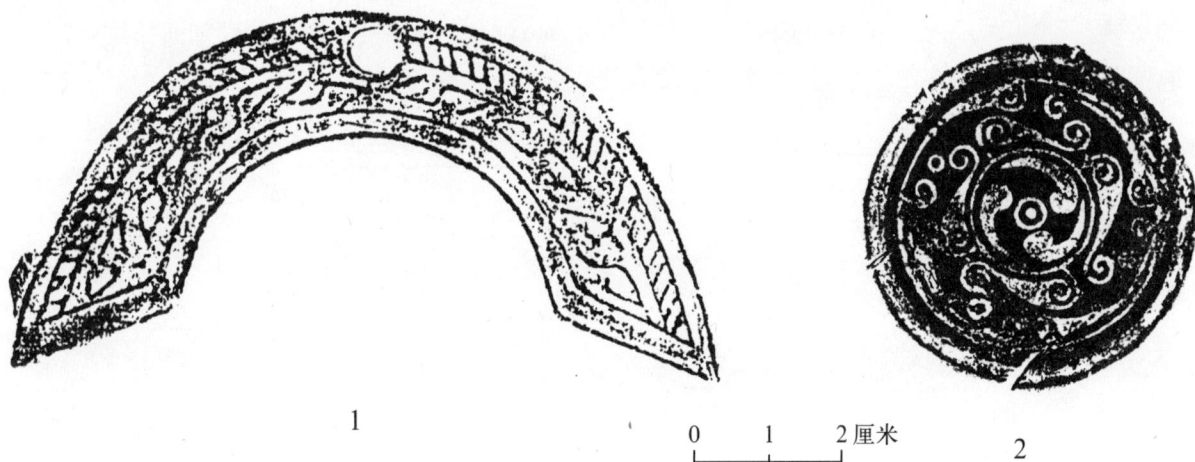

图二三〇　M59 出土铜器拓片

1.铜璜（M59∶10）　2.铜泡（M59∶17）

两面上部均饰齿纹带，下部饰菱状"S"纹带，"S"纹带多为两层，个别为一层。标本 M59∶10-a、M59∶10-b、M59∶10-c、M59∶10-d，器宽 9.6、器高 4.6~5.8、体宽 1.8~2、体厚 0.1 厘米（图二二八，4、6、7、8；图二三〇，1）。

环　1 件。严重锈蚀。

③ 铁器　1 件。锈蚀太甚，器形不明。

④ 料器　1 件。为管状料珠，已风化成粉末状。

7．M61

（1）墓葬概况

① 墓室结构

长方形竖穴土坑墓，方向95°。墓室东北角及整个西部已遭基建施工彻底破坏。墓口与墓底大小基本相等，墓坑较浅，坑壁近直，墓坑拐角基本为直角，坑内填五花土。墓口残长3.4、宽2米，墓坑深0.4米（图二三一）。

② 葬具

未发现葬具，亦未发现任何葬具朽腐痕迹。

③ 葬式

尸骨大部已朽烂，仅在残存墓底东端残留头骨朽腐痕迹，头向东，葬式不明（图二三一）。

（2）随葬品种类及其放置情形

残存随葬品种类计有陶器、铜器和铜钱币三类，均置放于残存墓底南部（图二三一）。

（3）随葬器物

残存随葬器物计有陶器、铜器和钱币共10件（枚）。

① 陶器　3件。计有圜底罐2件，釜甑1件。

圜底罐　2件。均为统一分型、式的AbⅡ式。标本M61：2，夹砂灰褐陶，颈部饰凹弦纹一周，肩以下遍饰竖状绳纹。口径12、腹径24.8、高22厘米（图二三二，2）。

图二三一　M61平面图

1.陶釜甑　2、8.陶圜底罐　4.铜半两　5.铜矛　3.铜镦　6.残铜片　7.铜钺　9.人头骨

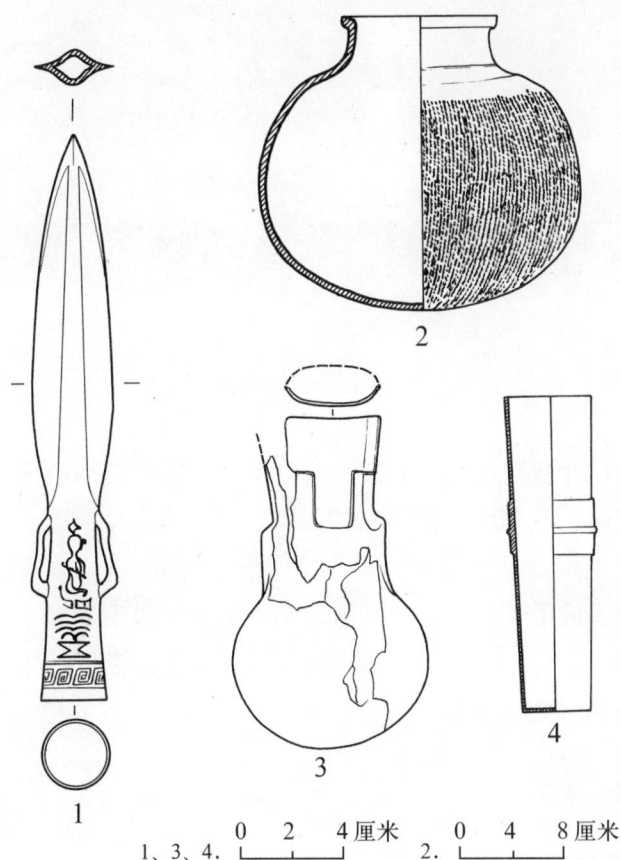

图二三二　M61 出土器物

1.BIa 式铜矛（M61：5）　　2.AbⅡ式陶圈底罐（M61：2）
3.AaⅦ式铜钺（M61：7）　　4.铜镦（M61：3）

图二三三　M61 出土铜矛及铜钱币拓片

1.铜矛（M61：5）　　2.铜"半两"（M61：4）

釜甑　1件。为统一分型、式的 B 型，残甚。

② 铜器　4件。计有矛1件，钺1件，镦1件，不明器形的残铜器1件。

矛　1件。为统一分型、式的 BIa 式。标本 M61：5，骹口处饰雷纹一周，骹部一面铸饰由"⊠"、"䶮"、"▷◁"以及单椎髻持剑（？）跪座人像等单个纹饰或符号构成的组合图案，另一面铸饰铸饰"手"、"心"及奔虎纹。长21.3、骹长7、叶宽3.1、骹径2.6厘米（图二三二，1；图二三三，1；图版二三三）。

钺　1件。为统一分型、式的 AaⅦ式。M61：7，多处残损，刃身基本上呈横椭圆形，扁圆形銎口，銎内残存木柲，斜折肩，器体轻薄，素面。通长12.2、刃宽7.6、肩宽4.3厘米，銎口长径3.6、短径1.5厘米（图二三二，3）。

镦　2件。标本 M61：3，器表中部偏上饰宽带箍一周，箍上再饰凸弦纹一周，长6.5、口径3.4、底径2.6厘米（图二三二，4）。

③ 钱币　铜"半两"钱3枚。

铜"半两"　3枚。标本 M61：4，两枚较完整，方穿，正面有外廓，肉薄，背面平坦。钱径3.1～3.2、穿边长0.8～0.9、厚0.1厘米，重4.98克。应为秦"半两"（图二三三，2）。

8．M77

（1）墓葬概况

① 墓室结构

长方形竖穴土坑墓，方向350°。墓室西南部已遭基建施工彻底破坏。墓口与墓底大小基本相等，墓坑较深，坑壁近直，墓坑拐角基本为直角，坑内填五花土。墓口残长3.6、宽2米，墓坑深0.5米（图二三四）。

② 葬具

未发现葬具，亦未发现任何葬具朽腐痕迹。

③ 葬式

尸骨头骨、下肢骨及部分上肢骨保存稍好，但从尸骨身高过高、上身过长以及上下肢错位的情况判断，该尸骨似经扰乱，能大致确定的情形为下肢直肢，头向北（图二三四）。

（2）随葬品种类及其放置情形

残存随葬品种类计有陶器、铜器、铁器、漆器和铜钱币五类。其中铁器、铜带钩和铜钱币置放于墓主腹部周围，1件漆盒和两件陶豆放置于墓底东北角，漆盒又盛于1件陶豆盘内，另1件漆盘置放于墓主上身，其余的陶器则置放于残存墓室底部的东南角（图二三四）。

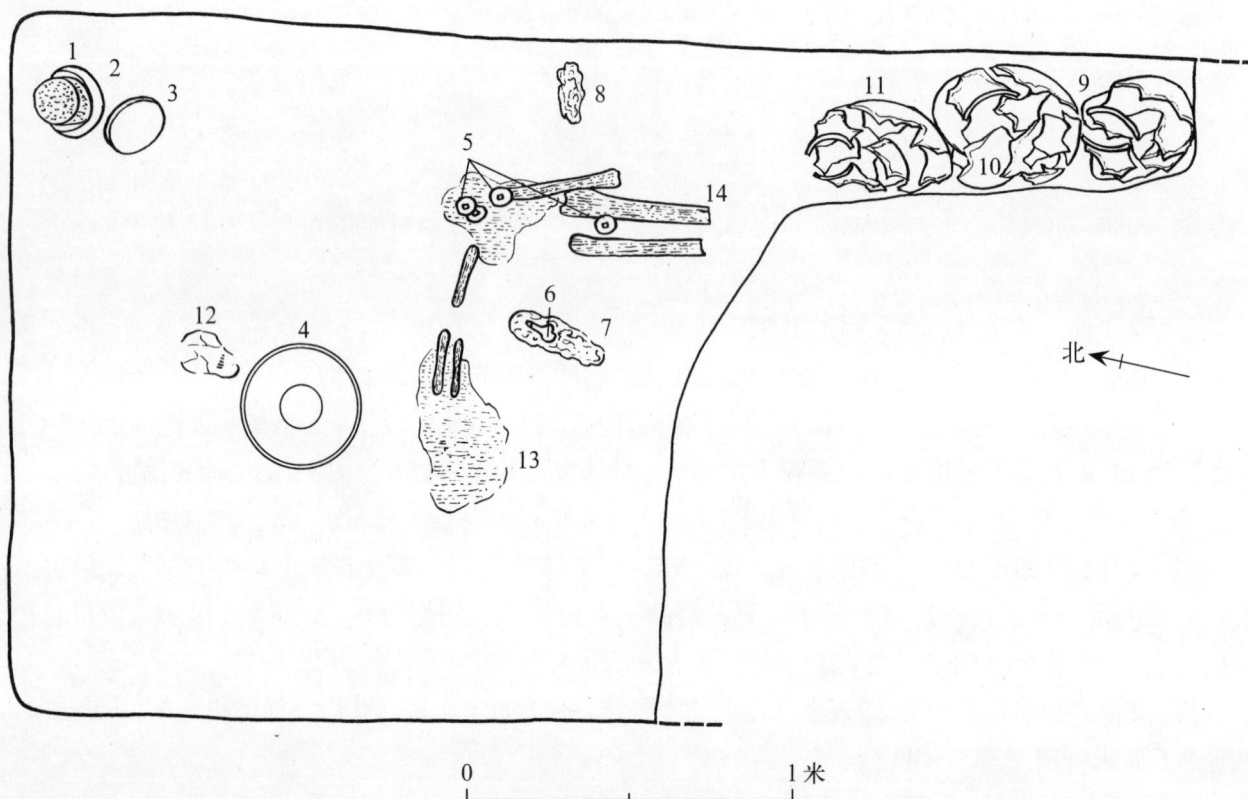

图二三四　M77平面图

1.漆盆　2、3.陶豆　4.漆盘　5.铜半两　6.铜带钩　7、8.铁器　9~11.陶圜底罐　12~14.尸骨

（3）随葬器物

残存随葬器物计有陶器、铜器、铁器、漆器和钱币共 14 件。

① 陶器 5 件。计有圜底罐 3 件，豆 2 件。

圜底罐 3 件。均为统一分型、式的 Ab 型，残甚。

豆 2 件。均为统一分型、式的 AIV 式。标本 M77：2，夹砂灰褐陶，素面。口径 13.8、圈足径 4.7、高 5.8 厘米（图二三五，1）。

② 铜器 仅存带钩 1 件。

带钩 1 件。为统一分型、式的 C 型。标本 M77：6，锈蚀较甚，尺寸较小，器体呈水禽状，钩头残失，短腹近圆形，背部纹饰不清。长 2.6、腹宽 1.5 厘米（图二三五，2）。

③ 铁器 2 件。均严重锈蚀，器形不明。

④ 漆木器 2 件。计有盘 1 件，盒 1 件。

漆盘 1 件。朽甚，未能采集。标本 M77：4，木胎，圆形，敞口，斜折沿，厚圆唇，浅弧腹，平底。器内壁口沿沿面髹黑漆，上朱绘勾点纹等；腹、底均以黑漆作地，上腹接口沿处及底部再绘朱漆环带，底部朱漆环带共有三圈，上腹朱漆环带及底部内圈朱漆环带较宽，底部另两圈朱漆环带极窄，实为朱绘弦纹。腹内壁其余部分黑漆地上残留朱绘勾点纹，器外壁可见部分黑漆地及朱绘纹饰。口径约 36 厘米（图二三四；图版二三四）。

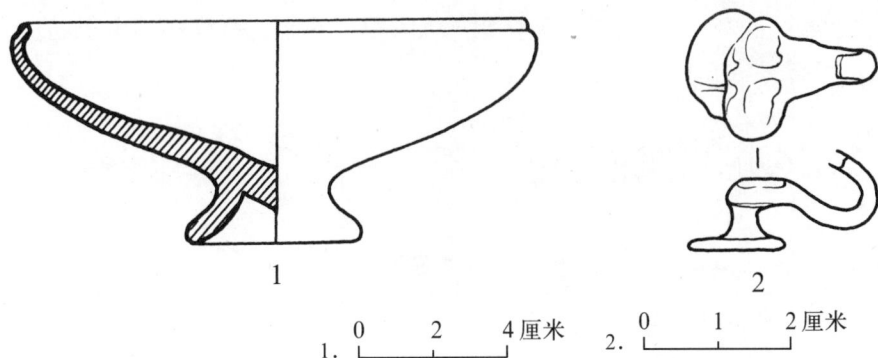

图二三五 M77 出土器物

1. AIV 式陶豆（M77：2） 2. C 型铜带钩（M77：6）

漆盒 1 件。朽甚。

⑤ 钱币 4 枚。均为铜"半两"。

铜"半两" 4 枚。计有大"半两"3 枚，小"半两"1 枚。

大"半两" 3 枚。标本 M77：5-a、M77：5-b、M77：5-c，两枚较完整，1 枚残缺，正面有外廓，方穿，肉薄，背面平坦。钱径 3～3.1、穿边长 0.8～1.3、厚 0.1 厘米，重约 4.9 克。应为秦"半两"（图二三六，1～3）。

小"半两" 1 枚。标本 M77：5-d，方穿，外廓较窄，肉薄。钱径 2.5、穿边长 1、厚 0.1 厘米，重 3.62 克。应为"八铢半两"（图二三六，4）。

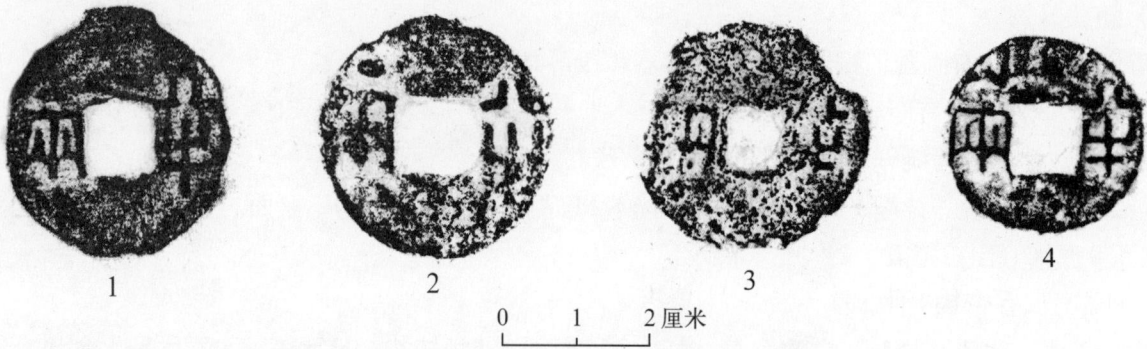

图二三六　M77 出土铜钱币拓片

1.M77：5-a　2.M77：5-b　3.M77：5-c　4.M77：5-d

9．M94

（1）墓葬概况

M94 打破长方形竖穴土坑墓 M95。

① 墓室结构

长方形竖穴土坑墓，方向 90°～180°。墓室东北部已遭基建施工彻底破坏。墓口与墓底大小基本相等，墓坑较浅，坑壁近直，墓坑拐角基本为直角，坑内填五花土。墓口残长 4.2、宽 1.6 米，墓坑深 0.4 米（图二三七；图版二三五）。

② 葬具

未发现葬具，亦未发现任何葬具朽腐痕迹。

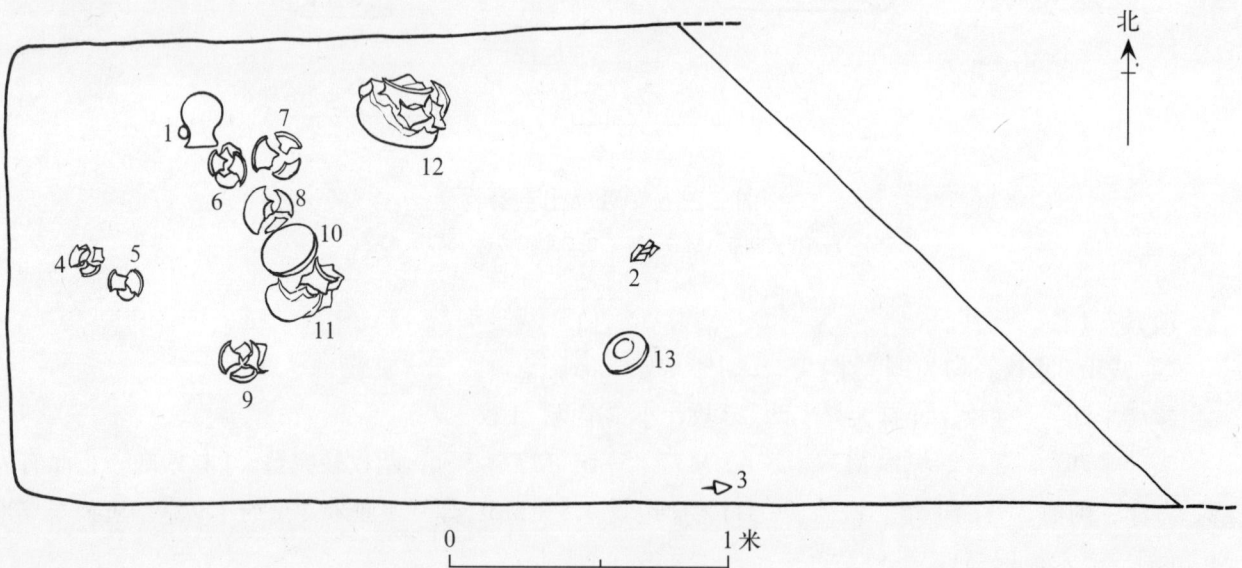

图二三七　M94 平面图

1.铜鍪　2.残铜片　3.铜镞　4～10、13.陶豆　11.陶圜底罐　12.陶釜

③ 葬式

尸骨已朽尽，葬式不明。

（2）随葬品种类及其放置情形

残存随葬品种类计有陶器和铜器两类。其中绝大部分陶器置放于墓底西部，铜器中除铜鍪与陶器杂置于墓底西北部外，其余两件与1件陶豆置放于墓底中部（图二三七；图版二三五）。

（3）随葬器物

残存随葬器物计有陶器和铜器共13件。

① 陶器 10件。计有圜底罐1件，豆8件，釜1件。

圜底罐 1件。为统一分型、式的Ab型，残甚。

豆 8件。均为统一分型、式的A型，其中2件可辨式别，分别为AⅢ式和AⅣ式，其余6件因残甚，式别不辨。

AⅢ式 1件。标本M94∶10，夹砂深灰陶，残，仅存盘部，沿下饰凹弦纹一周。口径14.2、残高5.6厘米（图二三八，2）。

AⅣ式 1件。标本M94∶13，夹砂褐陶，沿下饰凹槽一周。口径13.6、圈足径4.6、高5.5厘米（图二三八，1）。

釜 1件。为统一分型、式的B型，残甚。

② 铜器 3件。计有鍪1件，镞1件，器形不明的残铜片1件。

鍪 1件。为统一分型、式的Ⅱ式。标本M94∶1，素面。口径11.2、腹径16.4、高13.6厘米（图二三八，3）。

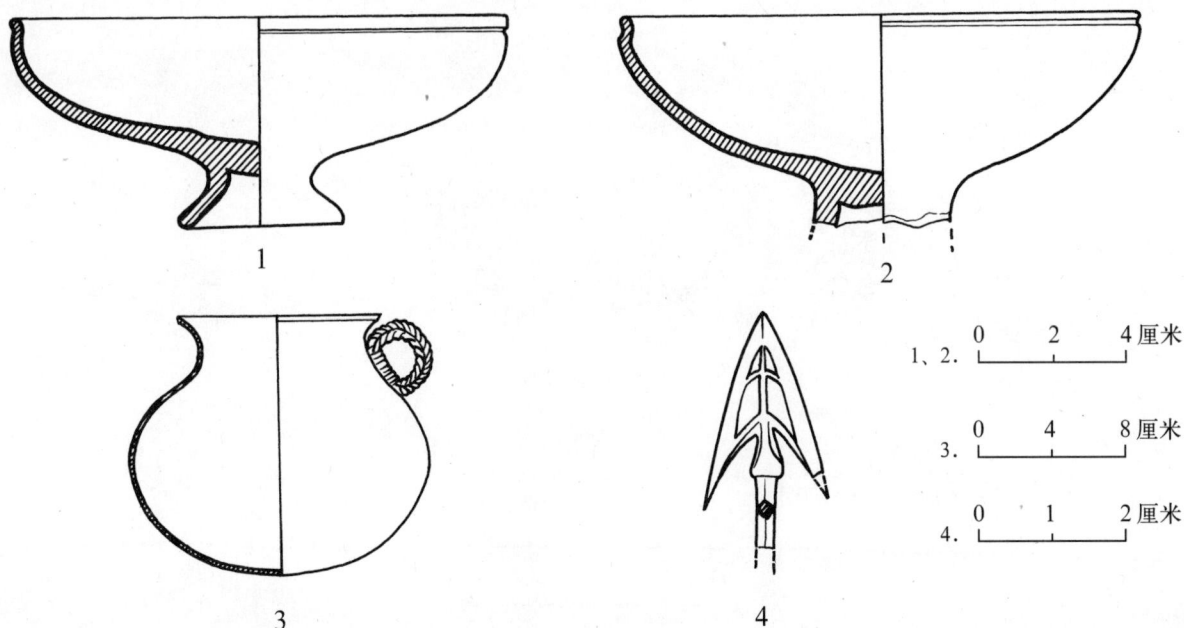

图二三八 M94出土器物

1.AⅣ式陶豆（M94∶13） 2.AⅢ式陶豆（M94∶10） 3.Ⅱ式铜鍪（M94∶1） 4.A型铜镞（M94∶3）

镞　1件。为统一分型、式的 A 型。标本 M94：3，双翼，三棱，长铤及一侧翼尾残断，镞身中脊隆起，两面各有凹槽四个，双翼展开呈倒刺状，铤呈菱形锥状。残长 3.1、翼尾宽 1.7 厘米（图二三八，4）。

10．M95

（1）墓葬概况

M95 西北角被长方形竖穴土坑墓 M95 打破。

① 墓室结构

长方形竖穴土坑墓，方向 100°～280°。墓口与墓底大小基本相等，墓坑较浅，坑壁近直，墓坑拐角基本为直角，坑内填五花土。墓口残长 5、宽 2.2 米，墓坑深 0.3 米（图二三九；图版二三五）。

② 葬具

未发现葬具，亦未发现任何葬具朽腐痕迹。

③ 葬式

尸骨已朽尽，葬式不明。

（2）随葬品种类及其放置情形

此墓随葬品较为丰富，随葬品种类计有陶器和铜器两类共 34 件。铜器中的铜剑、铜钺、铜削以及铜璜置放于墓底中部，估计是围绕墓主摆放，其余铜器和陶器则分两组分别集中置放于墓底的西部近端处和中东部（图二三九；图版二三五、二三六）。

（3）随葬器物

计有陶器和铜器共 34 件。

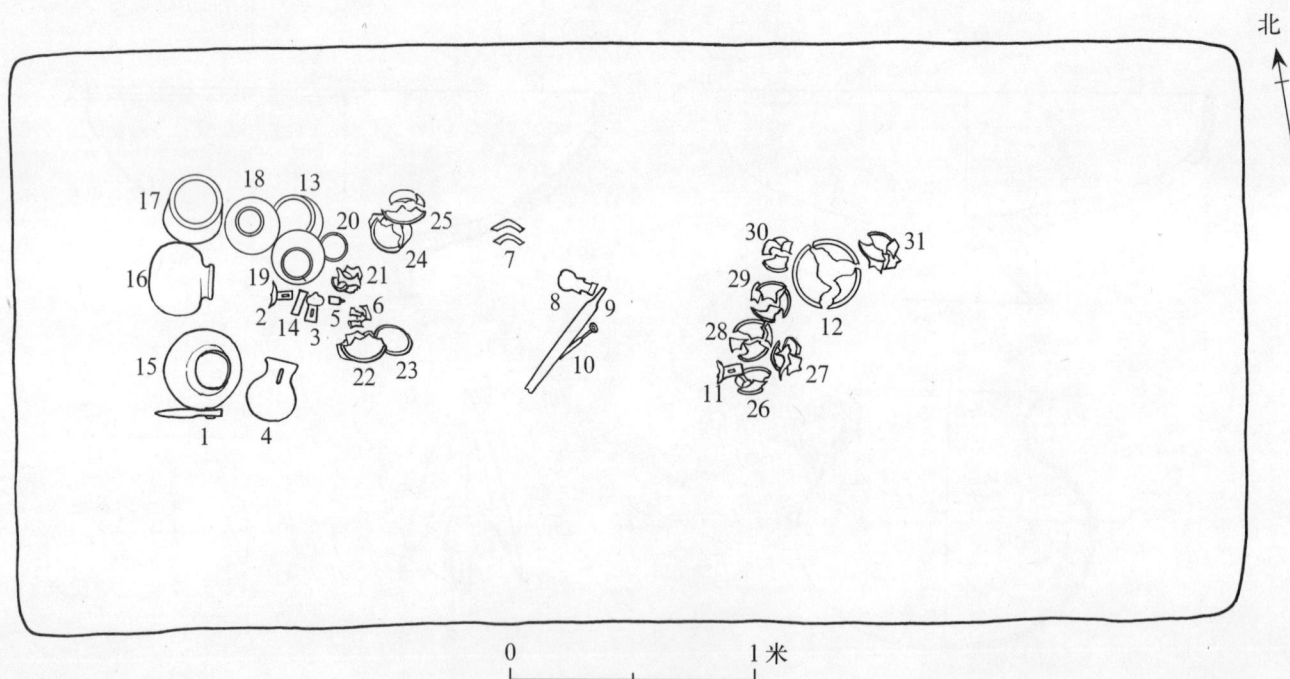

图二三九　M95 平面图

1.铜矛　2、3、11.铜銮铃　4.铜鍪　5.铜印章　6.铜戈　7.铜璜　8.铜钺　9.铜剑　10.铜削
12.铜盆　13.铜釜　14.残铜片　15、16、18、19.陶圜底罐　17.陶釜甑　20～31.陶豆

① 陶器　17件。计有圜底罐4件，豆12件，釜甑1件。

圜底罐　4件。均为统一分型、式的Ab型，其中2件为AbⅢ式，另2件因残甚，式别不辨。

AbⅢ式　2件。标本M95：15，夹砂灰褐陶，圆唇，肩以下遍饰竖状绳纹。口径10.8、腹径21.2、高18.6厘米（图二四〇，2）。

标本M95：16，夹砂褐陶，圆唇，唇下沿微下垂，肩以下遍饰竖状绳纹。口径12.6、腹径25.2、高22厘米（图二四〇，1）。

豆　12件。其中属统一分型、式的A型8件，B型4件（图版二三七）。

A型　8件。其中4件可辨式别，分别为AⅡ式1件，AⅢ式2件，AⅣ式1件，其余4件因残甚，式别不辨。

AⅡ式　1件。标本M95：24，夹砂褐陶，火候不甚均匀，黑色陶衣多已脱落，下腹饰有浅凹弦纹。口径14.2、圈足径5.8、高6.8厘米（图二四一，1）。

AⅢ式　2件。标本M95：20，夹砂灰黑陶，豆座稍残，素面。口径13.6、残高5.8厘米（图二四一，2）。

标本M95：23，残，夹砂灰褐陶，仅存盘部，沿下饰凹槽一周。口径14.4、残高5.5厘米（图二四一，4）。

AⅣ式　1件。标本M95：31，仅存盘部，夹砂灰褐陶，沿下饰凹弦纹一周。口径13.4、残4.6厘米（图二四一，3）。

B型　4件。其中1件为BbⅡ式，其余3件因残甚，式别不辨。

BbⅡ式　1件。标本M95：22，夹砂灰褐陶，盘下腹及座中部各饰凸棱一周。口径11、圈足径7.9、高5.5厘米（图二四一，5；图版二三八）。

釜甑　1件。为统一分型、式的AbⅠ式。标本M95：17，夹砂灰褐陶，甑部口径与腹径大致相等，釜腹圆鼓。甑部方唇内凹，卷沿，圆弧腹，14孔圆箅，釜底作圜状，甑腹部及釜肩以下遍饰竖状绳纹。口径21.4、甑腹径24.8、釜腹径26.6、箅径16.1、通高32.8厘米（图二四〇，3）。

② 铜器　17件。计有矛1件，剑1件，戈1件，钺1件，削1件，釜1件，鍪1件，盆1件，銮铃3件，璜4件，印章1件，器形不明的残铜片1件。

矛　1件。为统一分型、式的AⅡa式。标本M95：1，骹部一面铸饰"手"、"心"图案，另一面依稀可见奔虎、"{}"等纹饰或符号。通长25.5、骹长11.6、叶宽3.2、骹径2.7厘米（图二四二，2；图二四四；图版二三九）。

剑　1件。为统一分型、式的AⅣb式。标本M95：9，锋残，素面，茎、身相接处一侧有圆穿一个。残长45、茎长5.8、身宽4.2厘米（图二四二，1）。

戈　1件。残甚。

钺　1件。为统一分型、式的AaⅥ式。标本M95：8，刃部稍有残缺，素面。通长12.2、刃宽6.8、肩宽4.7厘米，銎长径3.8、短径2.8、深10.2厘米（图二四二，3；图版二四〇）。

削　1件。为统一分型、式的AbⅢ式。标本M95：10，锋残，素面。残长20.2、身宽1.7厘米（图二四〇，4）。

釜　1件。为统一分型、式的Ⅱ式。标本M95：13，底残，素面。口径21.2、残高11.2厘米（图

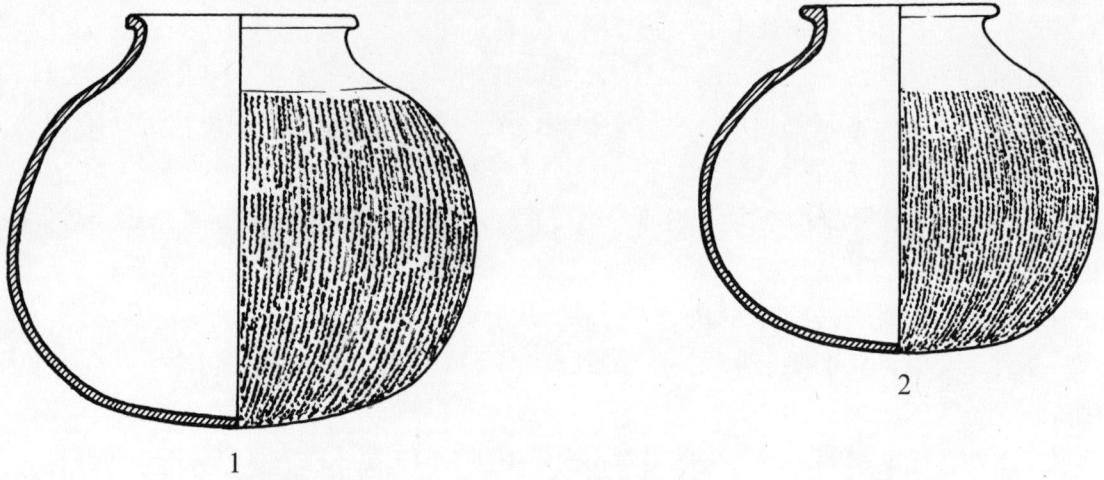

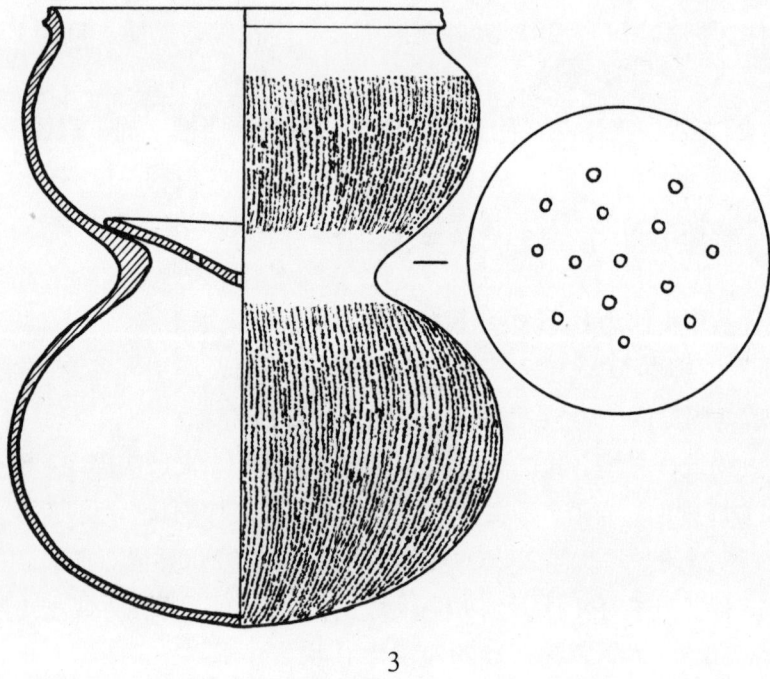

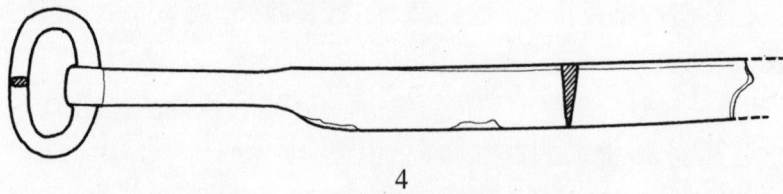

图二四〇　M95 出土器物

1、2.AbⅢ式陶圜底罐（M95：16、15）　3.AbⅠ式陶釜甑（M95：17）　4.AbⅢ式铜削（M95：10）

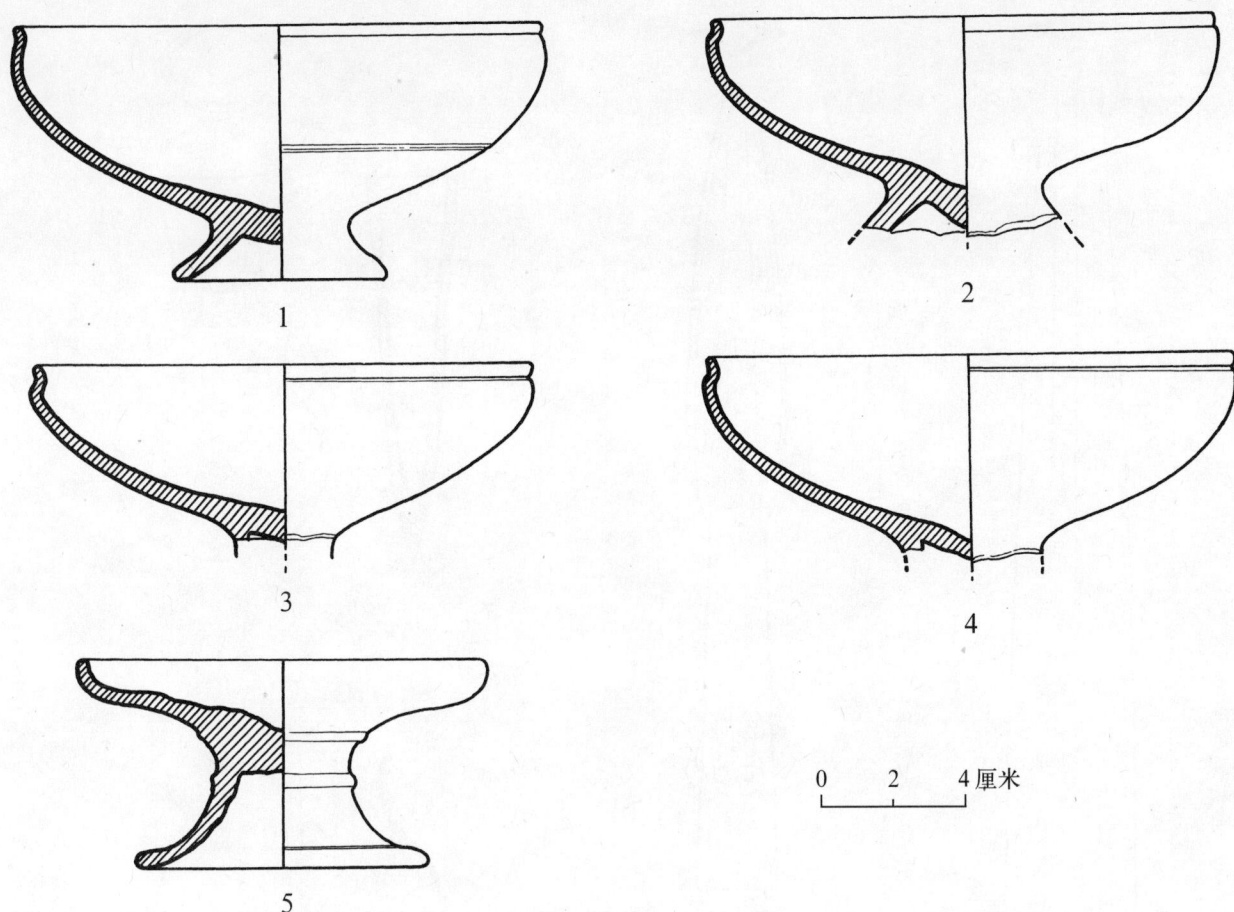

图二四一　M95 出土陶豆

1. AⅡ式陶豆（M95:24）　　2、4. AⅢ式陶豆（M95:20、23）　　3. AⅣ式陶豆（M95:31）　　5. BbⅡ式陶豆（M95:22）

二四二，5)。

鍪　1件。为统一分型、式的Ⅰ式。标本 M95:4，耳稍残，肩部饰凸弦纹一周。口径11.8、腹径18.4、高17.6厘米（图二四二，4）。

銮铃　3件。均残甚。标本 M95:3，仅存銮部，橄榄形銮，上细下粗，正背两面均有对称的梯形穿。残长4.7、銮长3.5、銮长径1.4厘米（图二四三，4）。

标本 M95:2，仅存銮部，橄榄形銮口，上细下粗，正背两面均有对称的长方形穿。残长3.4、銮长2.9、銮长径1.4厘米（图二四三，5）。

璜　4件。均为统一分型、式的Ⅱ式，均稍残。标本 M95:7-a，顶稍残，器表两面均饰菱状"S"纹带两层，两层菱状"S"纹带之间饰齿纹带一层。器宽11.4、器高4.2、体宽2、体厚0.1厘米（图二四三，1）。

标本 M95:7-b，顶稍残，顶部及下部近足处一侧各有圆穿一个，器表两面上部均饰齿纹带两层，下部饰菱状"S"纹带一层。器宽11.4、器高4.1、体宽2、体厚0.1厘米（图二四三，2）。

印章　1件。为巴蜀符号印章之 C 型。标本 M95:5，印台呈长方体，其上为立雕兽形纽，印面

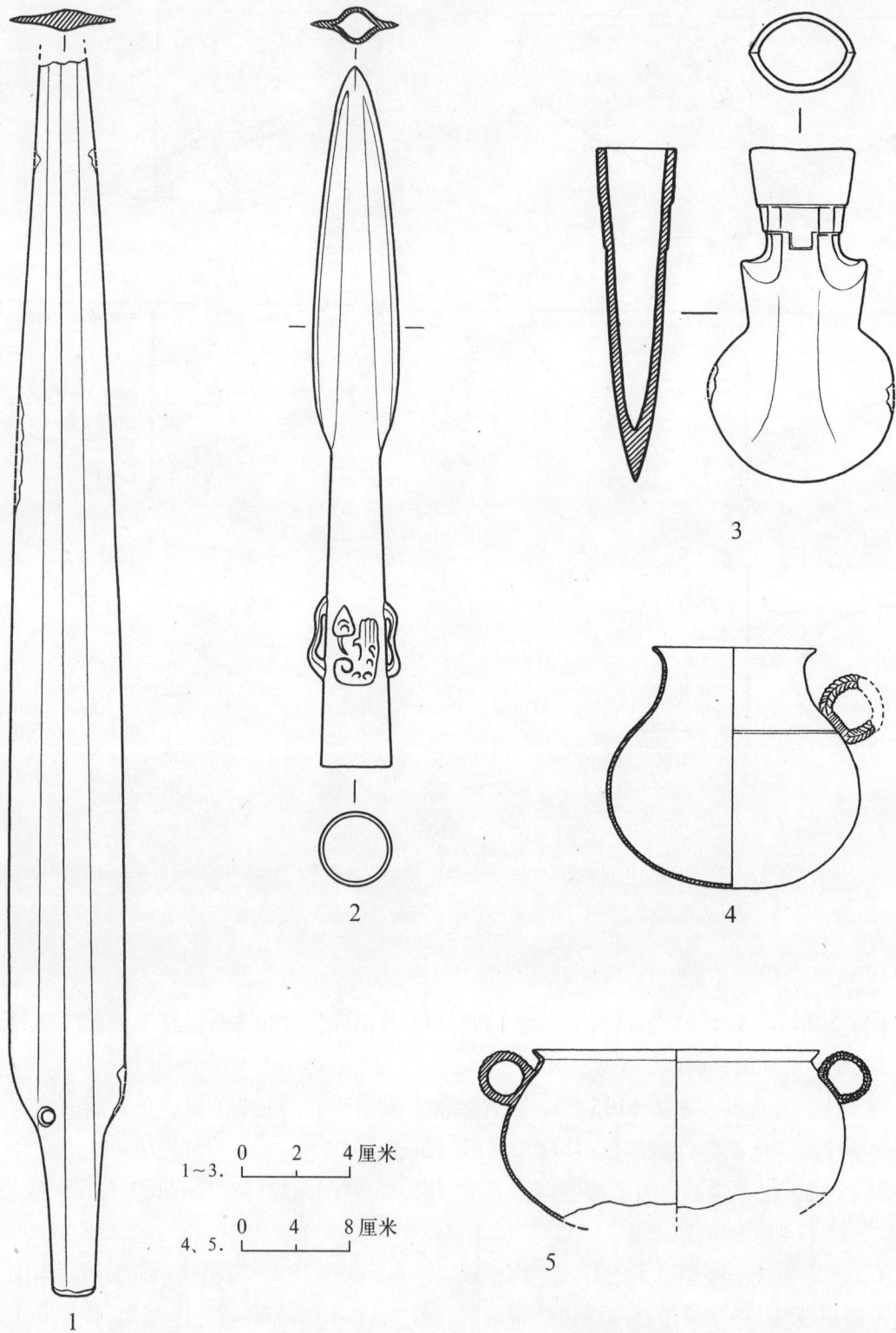

图二四二　M95 出土铜器

1.AIVb式铜剑（M95∶9）　2.AⅡa式铜矛（M95∶1）　3.AaVI式铜钺（M95∶8）

4.I式铜鍪（M95∶4）　5.Ⅱ式铜釜（M95∶13）

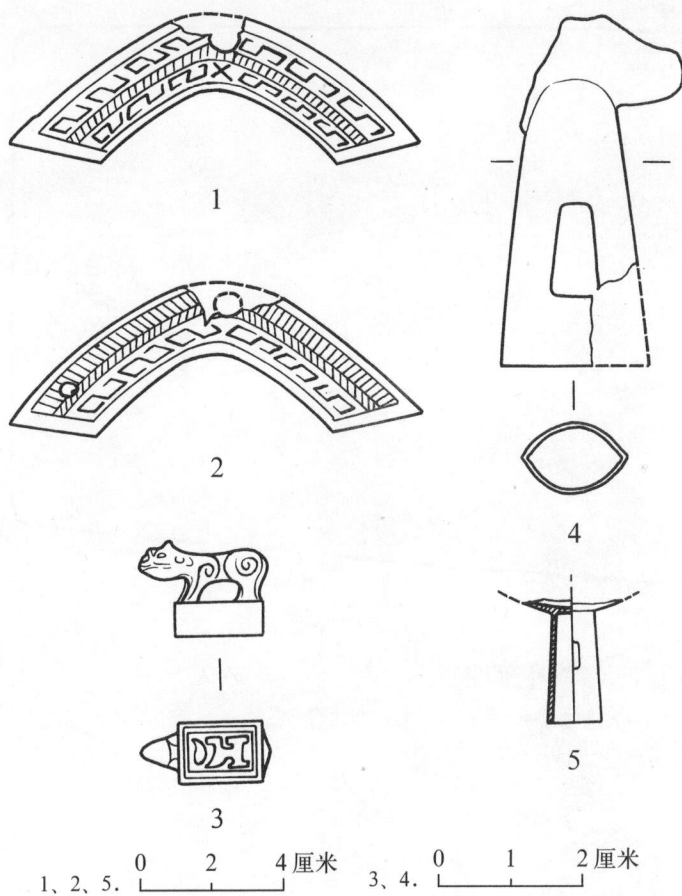

图二四三　M95 出土铜器

1、2.Ⅱ式铜璜（M95：7-a、b）　3.C 型铜印章（M95：5）
4、5.铜銮铃（M95：3、2）

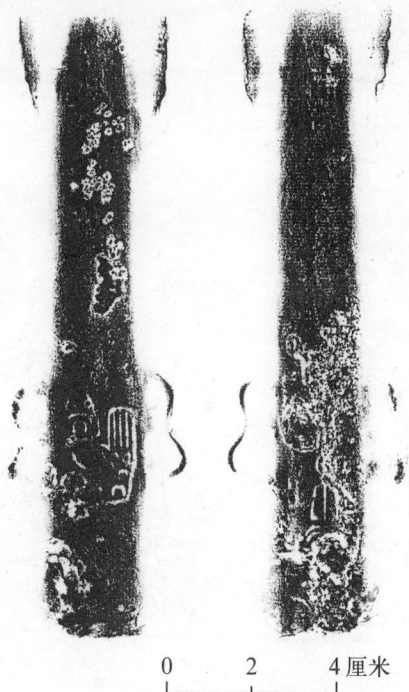

图二四四　M95 出土铜矛（M95：1）拓片

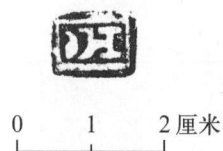

图二四五　M95 出土铜印章（M95：5）拓片

为巴蜀符号。印面长 1.15、宽 0.8、印台高 0.4、通高 1.3 厘米（图二四三，3；图二四五；图版二四一、二四二）。

11．M97

（1）墓葬概况

①　墓室结构

长方形竖穴土坑墓，方向 75°～255°。墓室西端和西南端已遭基建施工彻底破坏。墓口略大于墓底，墓坑较浅，内填五花土。墓口残长 3.4、宽 1.6 米，墓坑深 0.3 米（图二四六）。

②　葬具

未发现葬具，亦未发现任何葬具朽腐痕迹。

③　葬式

尸骨已朽尽，葬式不明。

（2）随葬品种类及其放置情形

图二四六　M97平面图

1、2.陶豆　3~7.陶圜底罐　8.陶釜

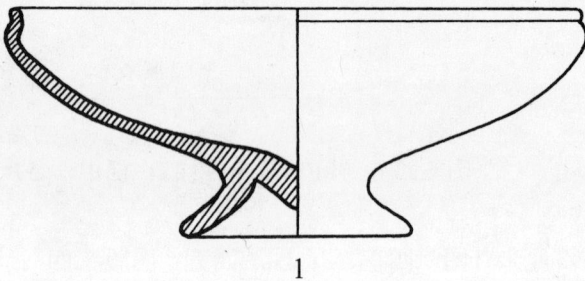

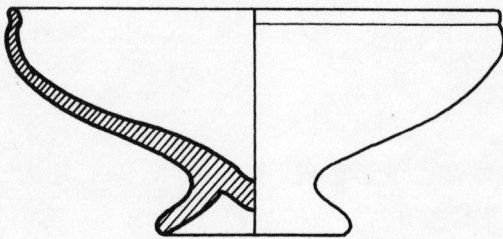

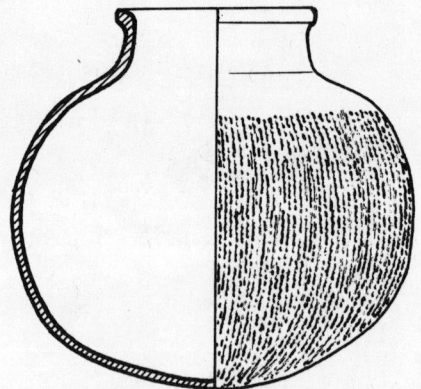

图二四七　M97出土陶器

1.AⅣ式陶豆（M97：1）　2.AⅢ式陶豆（M97：2）　3.AbⅡ式陶圜底罐（M97：6）

残存随葬品仅陶器一种，大多放置于墓室西部近端处，东端仅见陶釜1件（图二四六）。

（3）随葬器物

残存随葬器物计有陶器8件。

① 陶器 8件。计有圜底罐5件，豆2件，釜1件。

圜底罐 5件。均为统一分型、式的Ab型，大多残甚，其中3件为AbII式，其余2件不辨式别。

AbII式 3件。标本M97：6，夹砂灰褐陶，圆方唇较厚，圜底外凸较甚，肩以下遍饰竖状绳纹。口径11.2、腹径21.8、高20.2厘米（图二四七，3）。

豆 2件。分别为统一分型、式的AIII式和AIV式。

AIII式 1件。标本M97：2，夹砂灰褐陶，黑色陶衣部分脱落，制作较规整，素面。口径13.5、圈足径5.4、高6.2厘米（图二四七，2）。

AIV式 1件。M97：1，夹砂深灰陶，制作不甚规整，素面。口径15.6、圈足径6.2、高6.1厘米（图二四七，1）。

釜 1件。残甚。

12．M98

（1）墓葬概况

长方形竖穴土坑墓，方向95°～275°。墓口略大于墓底，墓坑较浅，墓底为原生沙砾层，遍布卵石，坑内填五花土。墓口长4.3、宽1.8米，墓坑深0.4米（图二四八；图版二四三）。

② 葬具

未发现葬具，亦未发现任何葬具朽腐痕迹。

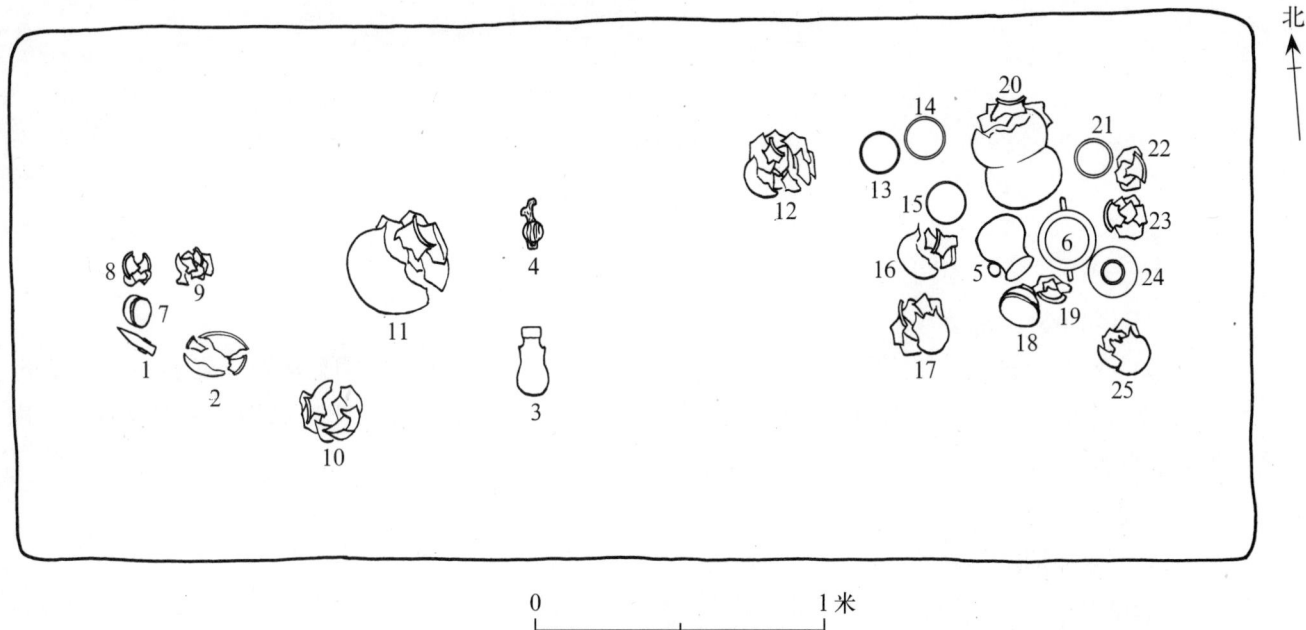

图二四八 M98平面图

1.铜矛 2.铜盆 3.铜钺 4.铜銮铃 5.铜鍪 6.铜釜 7～9、13～15、18、19、21～24.陶豆
10～12、16、17、25.陶圜底罐 20.陶釜甑

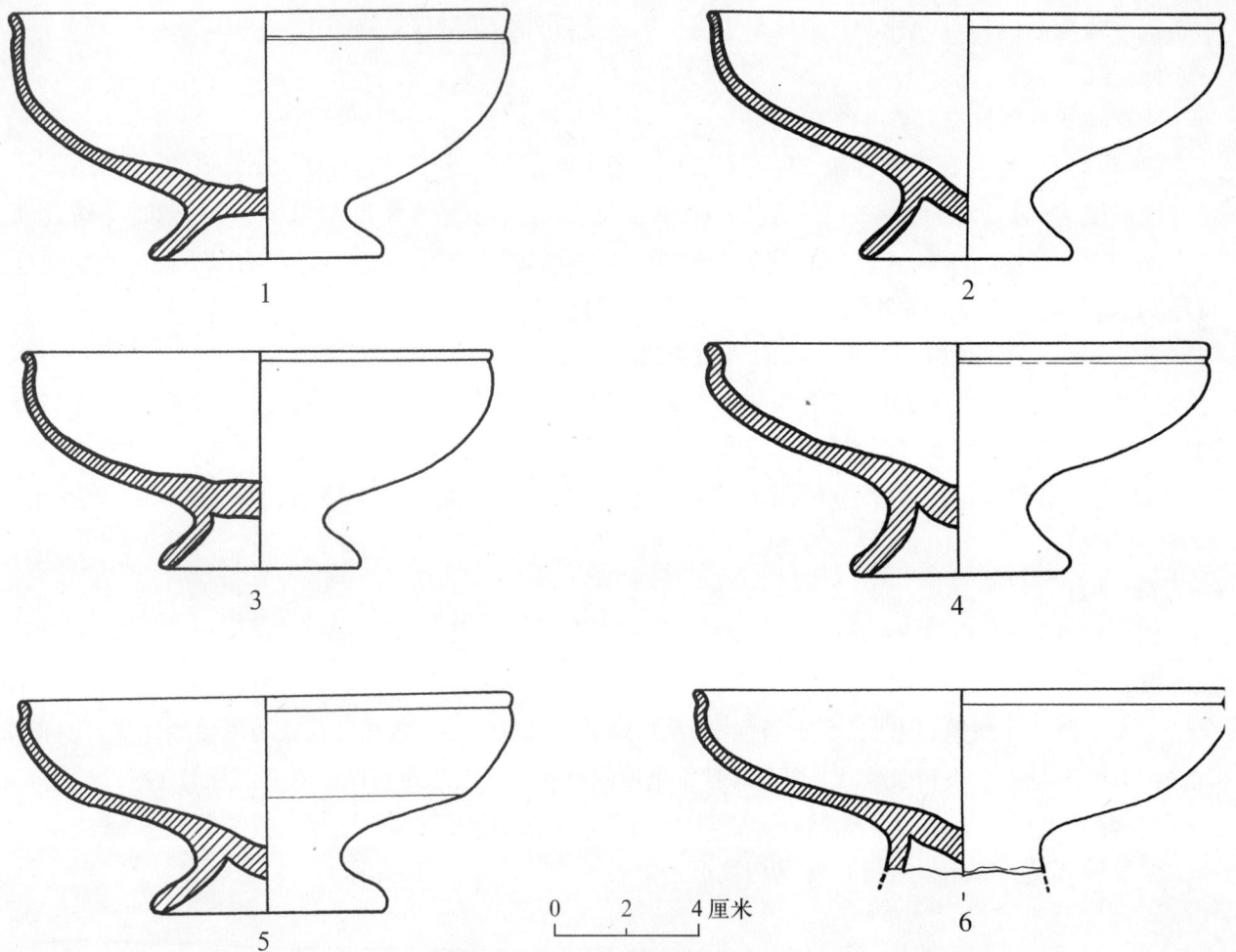

图二四九　M98 出土陶器

1. A Ⅱ 式陶豆（M98：24）　　2、3、5. A Ⅲ 式陶豆（M98：21、14、18）　　4、6. A Ⅳ 式陶豆（M98：7、13）

③　葬式

尸骨已朽尽，葬式不明。

（2）随葬品种类及其放置情形

随葬品种类计有陶器和铜器两类。其中陶器中的绝大部分以及铜釜、铜鍪放置于墓室东部近端处，少数陶器和铜兵器、铜车马器以及铜盆置放于墓底西部，墓底中部和南北两侧均无随葬品分布（图二四八；图版二四三）。

（3）随葬器物

计有陶器和铜器共 25 件。

①　陶器　19 件。计有圜底罐 6 件，豆 12 件，釜甑 1 件。

圜底罐　6 件。均为统一分型、式的 Ab 型，残甚，式别不辨。

豆　12 件。均为统一分型、式的 A 型，计有 A Ⅱ 式 1 件，A Ⅲ 式 3 件，A Ⅳ 式 4 件，另 4 件因残损较甚，式别不辨。

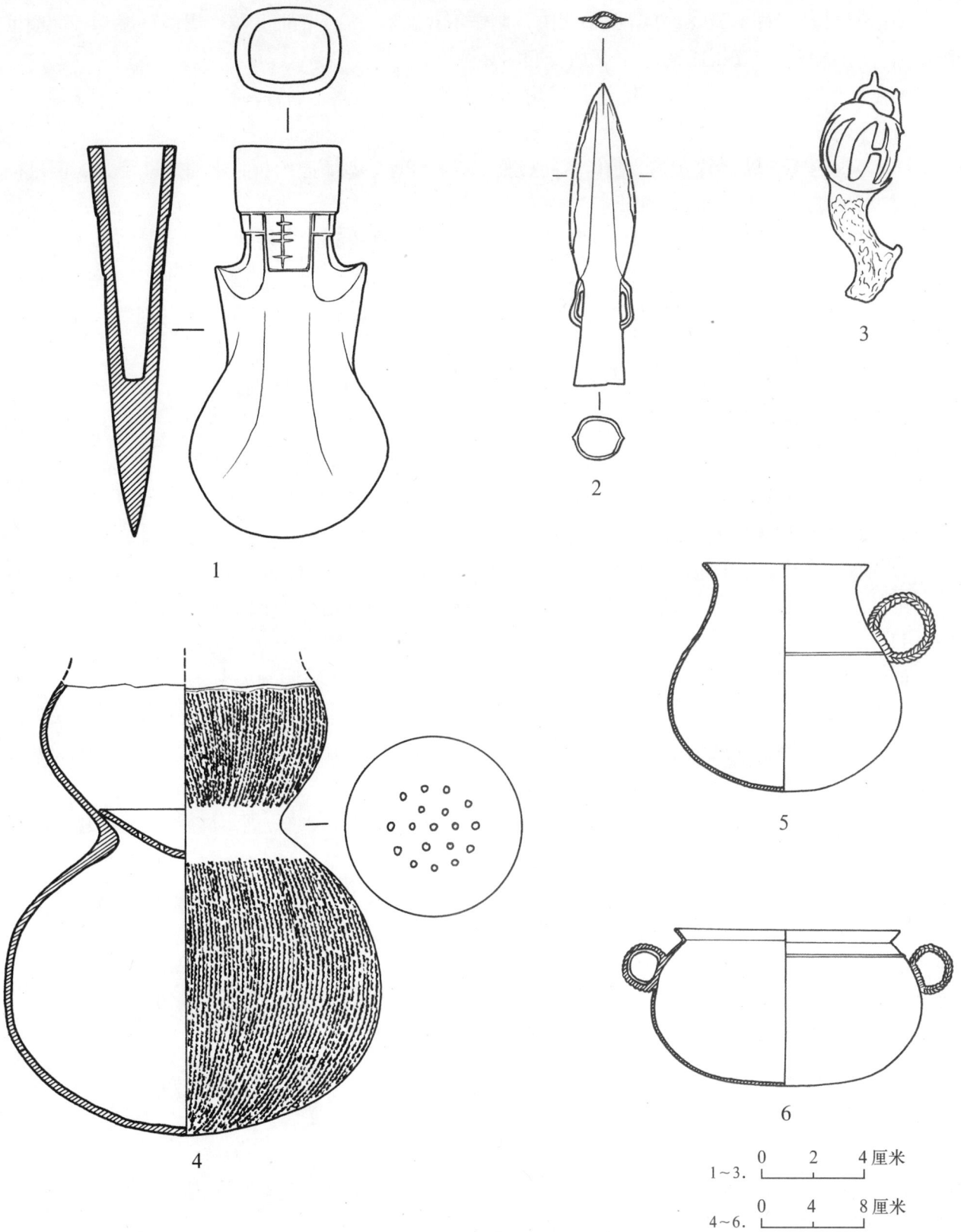

图二五〇　M98 出土器物

1.AaVa式铜钺（M98∶3）　2.BⅢa式铜矛（M98∶1）　3.铜銮铃（M98∶4）
4.AbⅡ式陶釜甑（M98∶20）　5.Ⅰ式铜鍪（M98∶5）　6.Ⅱ式铜釜（M98∶6）

AII式　1件。标本M98：24，夹砂褐陶，制作不甚规整，沿下饰凹弦纹一周。口径14.2、圈足径6.6、高6.8厘米（图二四九，1；图版二四四）。

AIII式　3件。标本M98：14，夹砂褐陶，黑色陶衣大部脱落，圆唇，制作不甚规整，素面。口径13.2、圈足径5.7、高6.1厘米（图二四九，3）。

标本M98：18，夹砂深灰陶，制作不甚规整，圆唇较厚，盘下腹内折，素面。口径14、圈足径6.6、高5.9厘米（图二四九，5）。

标本M98：21，夹砂灰陶，圆唇，制作较规整，素面。口径14.2、圈足径5.8、高6.8厘米（图二四九，2）。

AIV式　4件。标本M98：7，夹砂褐陶，黑色陶衣部分脱落，圆唇，制作不甚规整，沿下饰凹槽一周。口径13.8、圈足径6.2、高6.3厘米（图二四九，4）。

标本M98：13，夹砂灰陶，黑色陶衣大部脱落，圆唇，豆座稍残，素面。口径14.6、残高5.2厘米（图二四九，6）。

釜甑　1件。属统一分型、式的AbII式。标本M98：20，夹砂灰褐陶，口部残失，甑小釜大，釜腹圆垂，17孔圆形箅，圜底外凸较甚，甑腹部及釜肩以下遍饰竖状绳纹。残高33.8、甑腹径22.2、釜腹径28.8、箅径13.6厘米（图二五〇，4）。

② 铜器　6件。矛1件，钺1件，盆1件，釜1件，鍪1件，铃1件。

矛　1件。为统一分型、式的BIIIa式。标本M98：1，刃部稍残，个体较小，椭圆形骹，素面。通长11.5、骹长4、叶宽2.6厘米，骹长径1.6、短径1.5厘米（图二五〇，2）。

钺　1件。为统一分型、式的AaVa式。标本M98：3，銎下箍阴刻"丰"纹。通长15、刃宽7.7、肩宽5.8厘米，銎长径4、短径3.3、深8.9厘米（图二五〇，1；图二五一；图版二四五）。

釜　1件。为统一分型、式的II式。标本M98：6，沿下饰凸棱纹一周。口径17.4、腹径20.8、高11.8厘米（图二五〇，6）。

鍪　1件。为统一分型、式的I式。标本M98：5，腹中部饰凸棱纹一周。口径12.8、腹径18.2、高17.2厘米（图二五〇，5）。

銮铃　1件。标本M98：4，椭圆形铎铃，顶部一环形挂钩，铃体有一圈相互对称的三角形辐射状镂孔，圆形銮已锈蚀变形。通高8.7厘米，铃纵径3.4、横径2.9厘米（图二五〇，3）。

13. M99

（1）墓葬概况

① 墓室结构

长方形竖穴土坑墓，方向85°～265°。墓室中部以及东南部已遭基建施工彻底破坏。墓口略大于墓底，墓坑极浅，墓底为原生沙砾层，遍布卵石，坑内填五花土。墓口长5.13、宽2.12米，墓坑深0.27米（图二五二；图版二四六）。

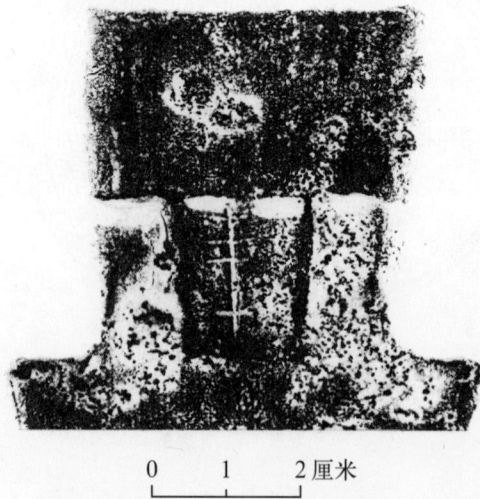

0　　1　　2厘米

图二五一　M98出土铜钺（M98：3）拓片

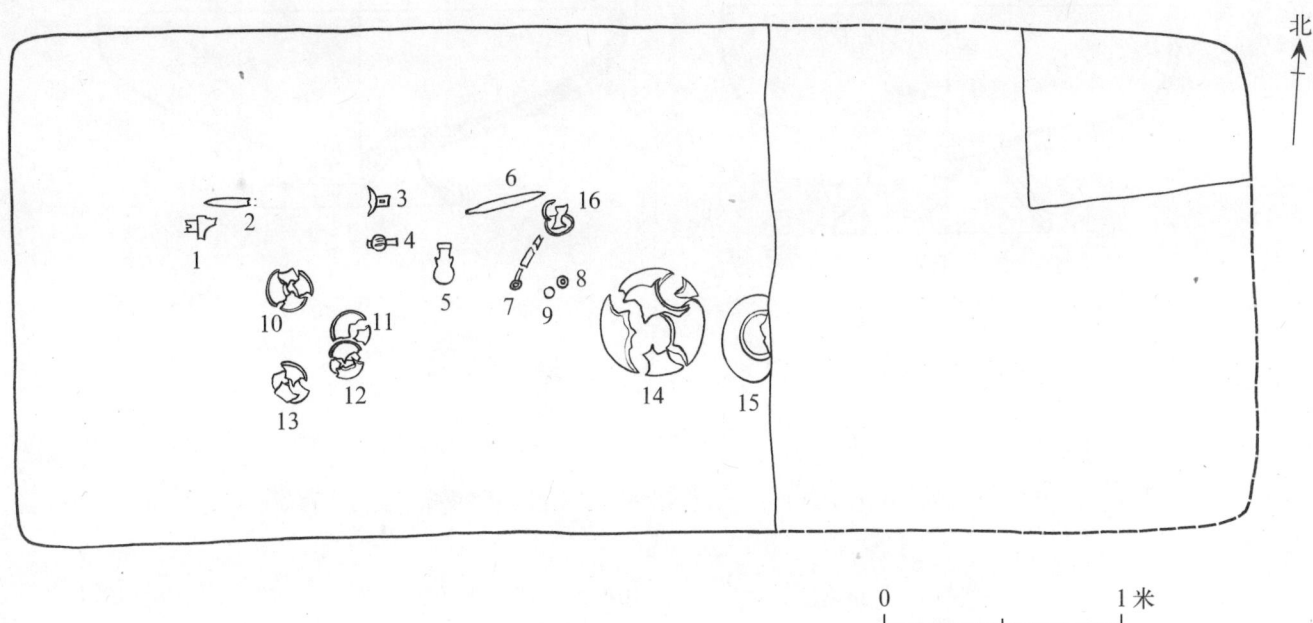

图二五二　M99 平面图

1.铜戈　2.铜矛　3、4.铜銮铃　5.铜钺　6.铜剑　7.铜削　8.铜半两　9.料珠　10～13、16.陶豆　14.陶釜甑　15.陶釜

② 葬具

未发现葬具，亦未发现任何葬具朽腐痕迹。

③ 葬式

尸骨已朽尽，葬式不明。

(2) 随葬品种类及其放置情形

残存随葬品种类计有陶器、铜器、料珠和钱币四类，均置放于残存墓室底部之中西部（图二五二；图版二四六）。

(3) 随葬器物

计有陶器、铜器、料器和钱币共 16 件。

① 陶器　7 件。计有豆 5 件，釜 1 件，釜甑 1 件。

豆　5 件。均为统一分型、式的 A 型。计有 AII 式 2 件，AIII 式 2 件，AIV 式 1 件。

AII 式　2 件。残甚。

AIII 式　2 件。标本 M99∶12，夹砂灰褐陶，制作较规整，素面。口径 12.6、圈足径 6.1、高 5.9 厘米（图二五三，1）。

AIV 式　1 件。标本 M99∶16，夹砂褐陶，制作不甚规整，沿下饰凹槽一周。口径 14.2、圈足径 5.4、高 5.2 厘米（图二五三，2）。

釜　1 件。为统一分型、式的 A 型，残甚。

釜甑　1 件。为统一分型、式的 Ab 型，残甚。

② 铜器　7 件。计有矛 1 件，剑 1 件，戈 1 件，钺 1 件，削 1 件，铃 2 件。

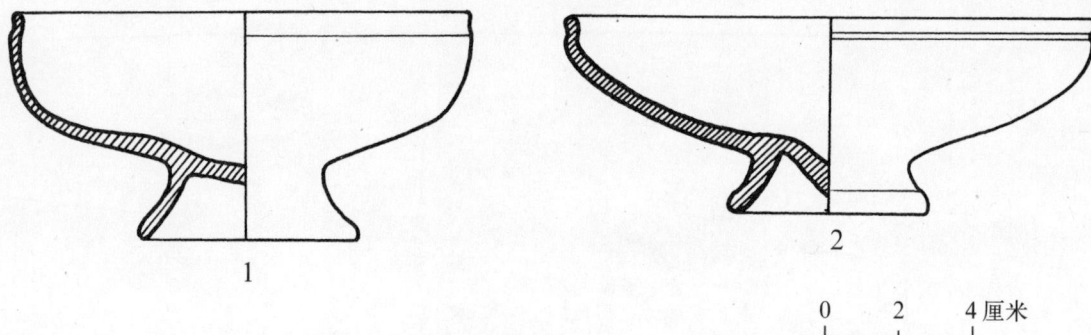

图二五三　M99 出土陶豆

1.AⅢ式陶豆（M99：12）　　2.AⅣ式陶豆（M99：16）

矛　1件。为统一分型、式的BII式。标本M99：2，骹部残失，刃部稍残，残长13.5、叶宽3.2厘米（图二五四，3）。

剑　1件。为统一分型、式的AIIIb式。标本M99：6，茎部无穿，剑身中脊与双刃之间遍饰半圆形斑纹。通长34.5、茎长3.2、身宽3.6厘米（图二五四，1；图二五五；图版二四七）。

戈　1件。为统一分型、式的IV式。标本M99：1，中长胡，援本三长方形穿，竖直凸筋两道，内上有一长方形穿，竖直凸筋两道。残长11.8、内残长4.2、援残长7.6、内宽3厘米（图二五四，7）。

钺　1件。为统一分型、式的AaVb式。标本M99：5，圆角长方形銎口，素面。通长11.7、刃宽5.8、肩宽4.3厘米，銎口长径3.9、短径3.1、深9.9厘米（图二五四，6；图版二四八）。

车马器　仅銮铃2件。标本M99：4，椭圆形铎铃，顶部一圆穿，铃体有一圈三角形辐射状镂孔，椭圆形銎，上细下粗，正背两壁均有相互对称的梯形穿。通高7、銎长3.1、銎长径1.7厘米，铃纵径3.8、横径3.5厘米（图二五四，4）。

标本M99：3，铎铃大部残失，圆形銎，正背两壁均有相互对称的长方穿。残高4.5、銎长3.9、銎径2.5厘米（图二五四，5）。

③料器　料珠1件。标本M99：9，球状，器呈灰色，中部一圆穿，素面。直径1.7、高0.9厘米（图二五四，2）。

④钱币　1枚。为铜“半两”。

铜“半两”　1枚。为大“半两”。标本M99：8，正面有外廓，方穿，肉薄，背面平坦。钱径3.1、穿边长1、厚0.1厘米，重约4.9克。应为秦“半两”（图二五四，8）。

14．M103

（1）墓葬概况

① 墓室结构

长方形竖穴土坑墓。方向35°～215°。墓室西南角以及北部已遭基建施工彻底破坏。墓口略大于墓底，墓坑较浅，墓底为原生沙砾层，遍布卵石，坑内填五花土。墓口长4、宽1.9米，墓坑深0.3米（图二五六）。

② 葬具

未发现葬具，亦未发现任何葬具朽腐痕迹。

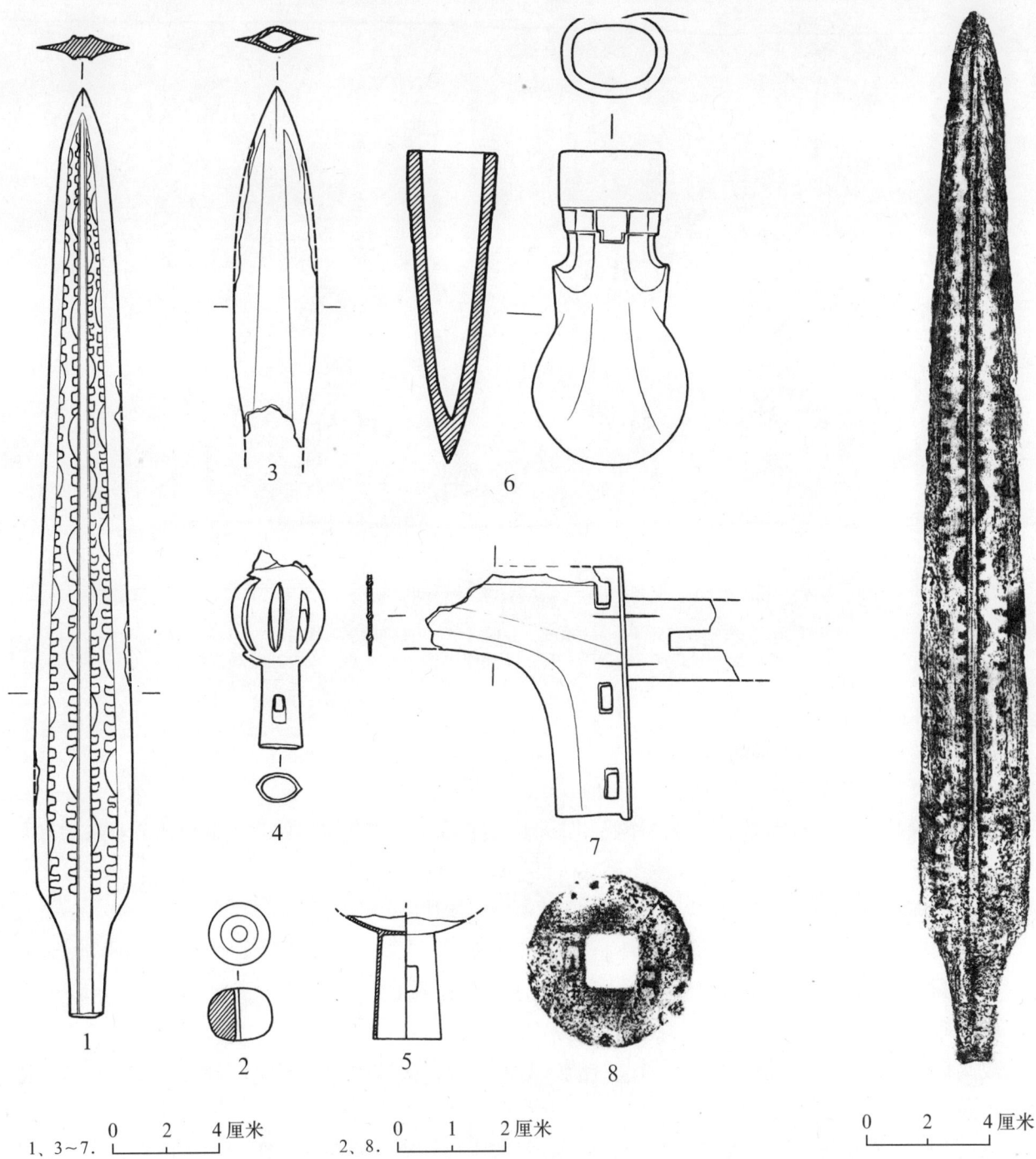

图二五四 M99 出土器物

图二五五 M99 出土铜剑（M99：6）拓片

1.AⅢb式铜剑（M99：6） 2.料珠（M99：9） 3.BⅡ式铜矛（M99：2）
4.铜銮铃（M99：4） 5.铜銮铃（M99：3） 6.AaVb式铜钺（M99：5）
7.Ⅳ式铜戈（M99：1） 8.铜"半两"（M99：8）

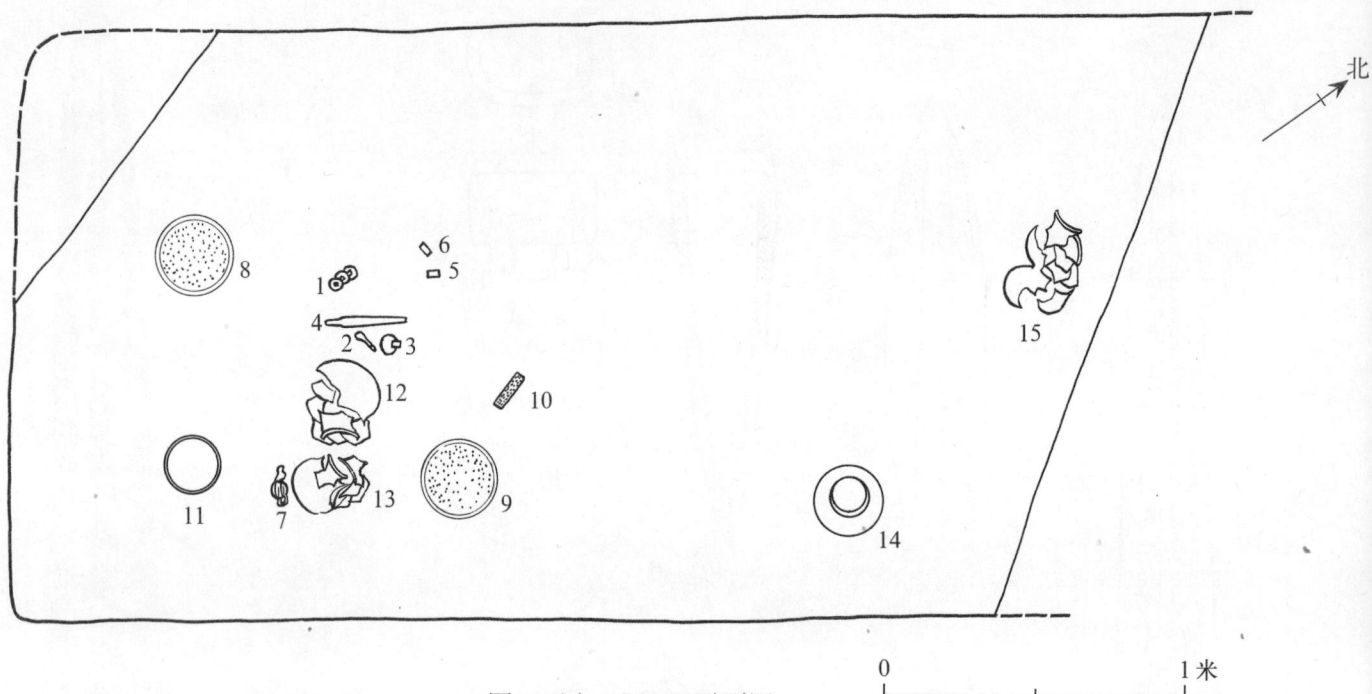

图二五六　M103平面图

1.铜"半两"　2.铜带钩　3.铜剑首　4.铜剑　5、6.铜印章　7.铜銮铃
8、9.漆盘　10.漆皮　11.陶豆　12、13.陶圜底罐　14.陶釜　15.陶釜甑

③　葬式

尸骨已朽尽，葬式不明。

（2）随葬品种类及其放置情形

残存随葬品种类计有陶器、铜器、漆器和钱币四类。除1件陶釜和1件陶釜甑位于残存墓室底部之北端外，其余随葬品均较集中地置放于墓底南部近端处（图二五六）。

（3）随葬器物

计有陶器、铜器、漆器和钱币共17件。

①　陶器　5件。计有圜底罐2件，豆1件，釜1件，釜甑1件。

圜底罐　2件。均为统一分型、式的Ab型，残甚。

豆　1件。为统一分型、式的AIV式。标本M103：12，夹砂褐陶，圆唇，素面。口径13.9、圈足径4.8、高5厘米（图二五七，2）。

釜　1件。为统一分型、式的AIII式。标本M103：15，夹砂深灰陶，制作不甚规整，左右不甚对称，肩以下遍饰竖状绳纹。口径13.6、腹径19.6、高14.6厘米（图二五七，1）。

釜甑　1件。为统一分型、式的Ab型，残甚。

②　铜器　6件。计有剑2件，銮铃1件，带钩1件，印章2件。

剑　2件。分别为统一分型、式的AV式和C型。

AV式　1件。标本M103：4，锋部残失，茎部无穿，身、茎分界明显，剑身中脊与双刃之间遍饰浅浮雕状虎斑纹，下部之一面铸有"手"、"心"纹饰，另一面为素面。残长41.4、茎长5.8、身宽4.2厘米（图二五八、二六○；图版二四九）。

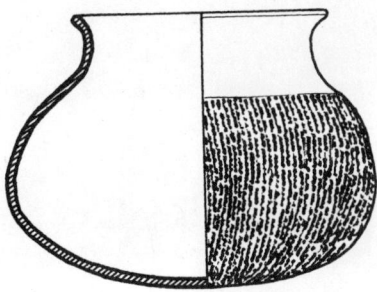

1

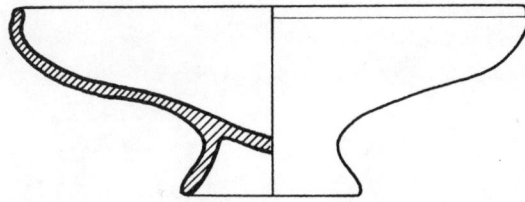

2

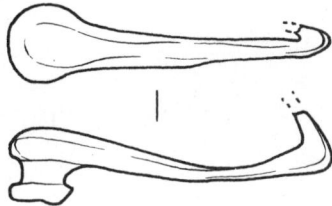

3

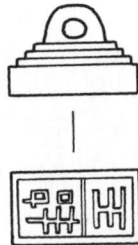

4

5

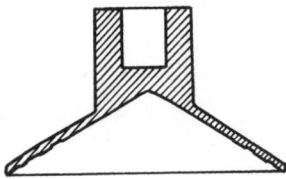

6

7

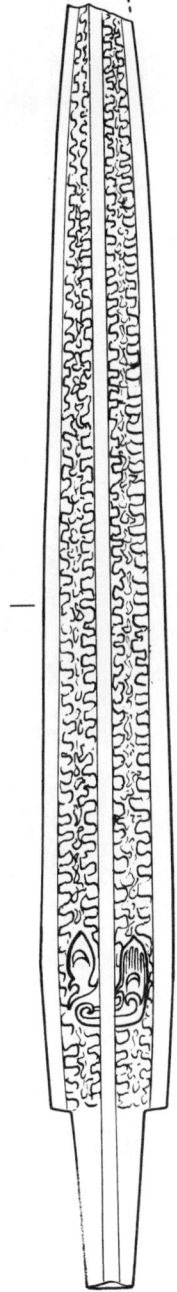

0　　2　　4厘米

图二五八　M103 出土 AV 式铜剑
（M103：4）

0　　4　　8厘米
1.

0　　2　　4厘米
2、7.

0　　1　　2厘米
3~6.

图二五七　　M103 出土器物

1.AⅢ式陶釜（M103∶15）　　2.AⅣ式陶豆（M103∶12）

3.E 型铜带钩（M103∶2）　4.铜印章（M103∶6）

5.铜印章（M103∶7）　　6.C 型铜剑首（M103∶3）

7.铜銮铃（M103∶8）

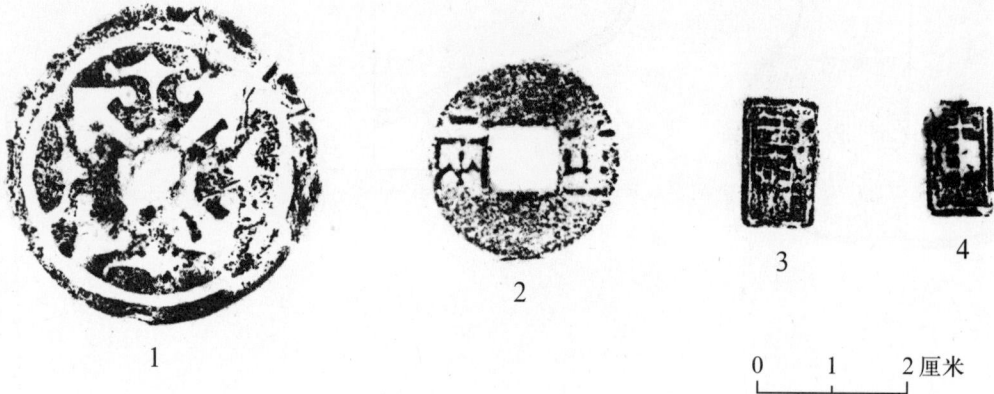

图二五九　M103 出土铜器拓片

1.铜剑首（M103：3）　2.铜"半两"（M103：1）　3.铜印章（M103：6）　4.铜印章（M103：7）

图二六○　M103 出土铜剑
（M103：4）拓片

C型　1件。仅存剑首，标本 M103：3，圆首内凹，纳茎部扁方状下凹，剑首凹面中部饰圆圈纹，周围饰浅浮雕状柿蒂纹四组。首径3.7、长2.2厘米（图二五七，6；图二五九，1）。

銮铃　1件。标本 M103：8，球形铎铃，顶部一挂钩略残，铃体有一圈三角形辐射状镂孔，圆形銮锈蚀较甚，变形。通高8.2、铃径3.2厘米（图二五七，7）。

带钩　1件。为统一分型、式的 E 型。标本 M103：2，锈蚀较甚，钩头略残，尺寸较小。通长4.4、腹宽0.5厘米（图二五七，3）。

印章　2件。均为汉字印章。标本 M103：6，体较厚，印台上小下大呈台阶形覆斗状，桥形纽，印面呈长方形，上刻阴文小篆"王邦"二字。印面长1.7、宽1、印台高0.4、通高1.2厘米（图二五七，4；图二五九，3；图版二五○）。

标本 M103：7，体较厚，印台上小下大呈覆斗状，桥形纽，印面呈长方形，上刻阴文小篆"车"字。印面长1.4、宽0.85、印台高0.35、通高1厘米（图二五七，5；图二五九，4；图版二五一）。

③ 漆木器　3件。计有漆盘2件，不明器形的残漆器（皮）1件。

漆盘　2件。均朽甚，仅存盘底朱色漆皮。直径约22厘米。

④ 钱币　3枚。均为铜"半两"。

铜"半两"　3枚。均为小"半两"，其中1枚保存较好。

标本M103∶1，方穿，外廓较窄，肉薄。钱径2.5、穿边长0.9、厚0.1厘米，重3.63克。应为"八铢半两"（图二五九，2）。

（二）合葬墓

仅M10一座。

1．墓葬概况

（1）墓室结构

长方形竖穴土坑合葬墓，方向276°。坑壁近直，墓口与墓底基本相等，墓室拐角基本为直角，墓底近平，坑内填五花土。墓口长3.6、宽1.5米，墓坑深0.3米（图二六一；图版二五二）。

（2）葬具

未发现葬具，亦未发现任何葬具朽腐痕迹。

（3）葬式

墓坑内并排摆放两具尸体，系一男一女，男性位于墓室南侧，女性居北侧，葬式均为仰身下肢弯曲，头向西（图二六一）。

2．随葬品种类及其放置情形

M10出土随葬品较为丰富，计有陶器和铜器两类共30件。30件随葬品明显分为男女（南北）两组放置。男性（南）组共23件，计有铜器17件，陶器6件，所有的铜兵器、工具和印章均置放于男性组内；女性（北）组随葬品只有7件，计有陶器5件，铜器2件。陶器、铜容器及少部分兵器置放于尸体头端，大部分兵器、工具和两枚印章皆置放于尸体腹部和腹侧部（图二六一；图版二五二）。

3．随葬器物

计有陶器和铜器共30件。

（1）陶器　11件。计有圜底罐1件，豆6件，釜3件，器盖1件。

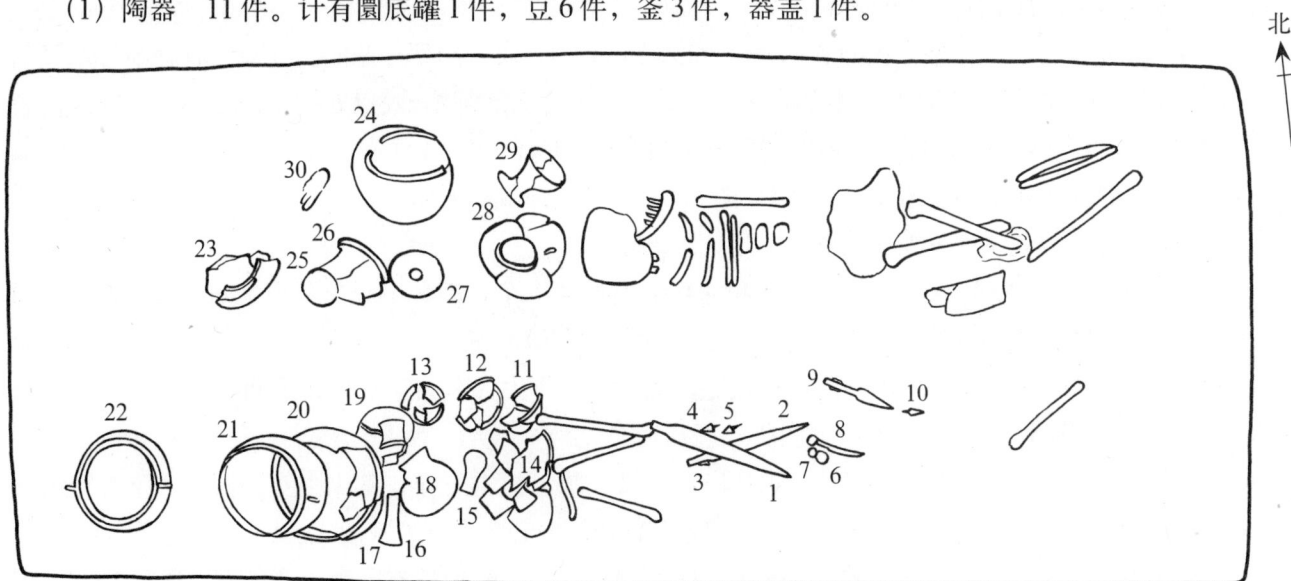

图二六一　M10平面图

1、2.铜剑　3、8.铜削　4、5、10.铜镞　6、7.铜印章　9.铜矛　11~13、25、29、30.陶豆　14.陶圜底罐
15.铜钺　16.铜戈　17.铜斤　18、28.铜鍪　19、23、26.陶釜　20.铜盘　21、24.铜釜　22.铜釜甑　27.陶器盖

圆底罐　1件。属统一分型、式的AaⅡ式，残甚。

豆　6件。计有统一分型、式的AI式1件，AⅡ式4件，BbⅠ式1件。

AⅡ式　4件。标本M10：25，夹砂浅灰陶，制作较规整，口部近直，圆唇，盘底微下凹，沿下饰凹弦纹一周。口径14.2、圈足径5.6、高6.6厘米（图二六二，3；图版二五三）。

标本M10：30，夹细砂灰褐陶，腹部残留修整、刮削痕迹，素面。口径14.4、圈足径7、高6.6厘米（图二六二，4）。

标本M10：12，夹砂深灰陶，制作不甚规整，器形不甚对称，腹部残留修整、刮削痕迹，素面。口径14、圈足径6.5、高6.3厘米（图二六二，2）。

BbⅠ式　1件。标本M10：28，夹砂黑皮红褐陶，素面。口径9.8、圈足径7.8、高6.8厘米（图二六二，1）。

釜　3件。其中属统一分型、式的AⅡ式1件，AⅢ式1件，Bb型1件。

AⅡ式　1件。标本M10：19，夹砂深灰陶，肩以下遍饰竖状绳纹。口径12、腹径18、高16.8厘米（图二六二，6；图版二五四）。

AⅢ式　1件。标本M10：23，夹砂深灰陶，肩以下遍饰竖状绳纹。口径14、腹径18.4、高15.2厘米（图二六二，7）。

Bb型　1件。标本M10：26，夹砂深灰陶，制作不甚规整，器形不甚对称，肩以下遍饰竖状绳纹。口径14、腹径19.2、高12厘米（图二六二，8）。

器盖　1件。属统一分型、式的Ⅰ式。标本M10：27，夹砂灰陶，素面。纽径3.6、盖径15、高4.8厘米（图二六二，5）。

（2）铜器　19件。计有矛1件，剑2件，戈1件，钺1件，镞3件，斤1件，削2件，釜2件，鍪2件，釜甑1件，盘1件，印章2件。

矛　1件。属统一分型、式的AⅡa式。标本M10：9，双弓形耳，圆骹。两面矛脊之中部均呈竹节状凸起，竹节饰共18节，自骹中部直达矛锋处，由下至上渐细窄，骹口处铸饰雷纹一周，雷纹与竹节饰之间两面均铸饰高浮雕状卧虎像，骹上部右侧一面刻有"🅗"（竹节）符号。通长21、骹长9.6、叶宽2.6、骹径2.4厘米（图二六三，3；图二六八，1；图版二五六）。

剑　2件。分属统一分型、式的AⅡ和AⅢa式。

AⅡ式　1件。标本M10：2，茎部上侧下中各有圆穿一个，剑身中脊与双刃之间遍饰虎斑纹。通长39.2、茎长7、身宽4厘米（图二六三，2；图版二五五）。

AⅢa式　1件。标本M10：1，器体较宽，茎部上侧下中各有圆穿一个，素面。通长42.8、茎长8.6、身宽4.5厘米（图二六三，1；图版二五八）。

戈　1件。属统一分型、式的Va式。标本M10：16，援本三穿，其中上穿为圆穿，下二穿为长方形穿，内上一长方形穿，素面。通长20、援长13.5、内长6.5厘米（图二六四，3）。

钺　1件。属统一分型、式的AaVa式。标本M10：15，圆角长方形銎口，素面。通长19.2、刃宽9、肩宽7厘米，銎口长径5.2、短径4、深11厘米（图二六四，1；图版二五九）。

镞　3件。均为统一分型、式的A型。双翼，三棱，长铤，镞身中脊隆起，两面各有凹槽四个，双翼展开呈倒刺状，铤呈菱形锥状。标本M10：4，通长4.8、翼尾宽1.6厘米（图二六五，3）。

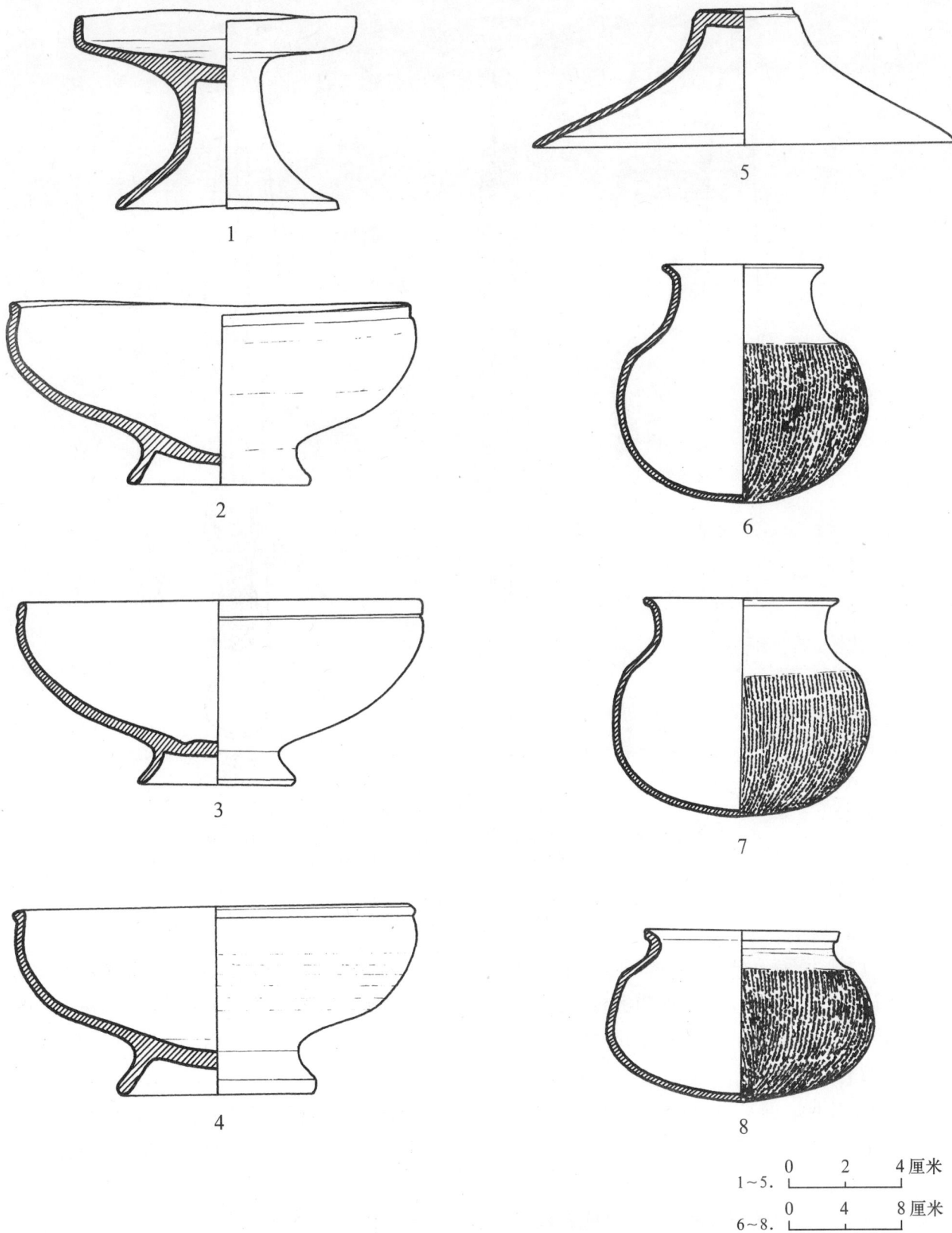

图二六二　M10 出土陶器

1.BbI式陶豆（M10:28）　　2~4.AⅡ式陶豆（M10:12、25、30）　　5.I式陶器盖（M10:27）
6.AⅡ式陶釜（M10:19）　　7.AⅢ式陶釜（M10:23）　　8.Bb型陶釜（M10:26）

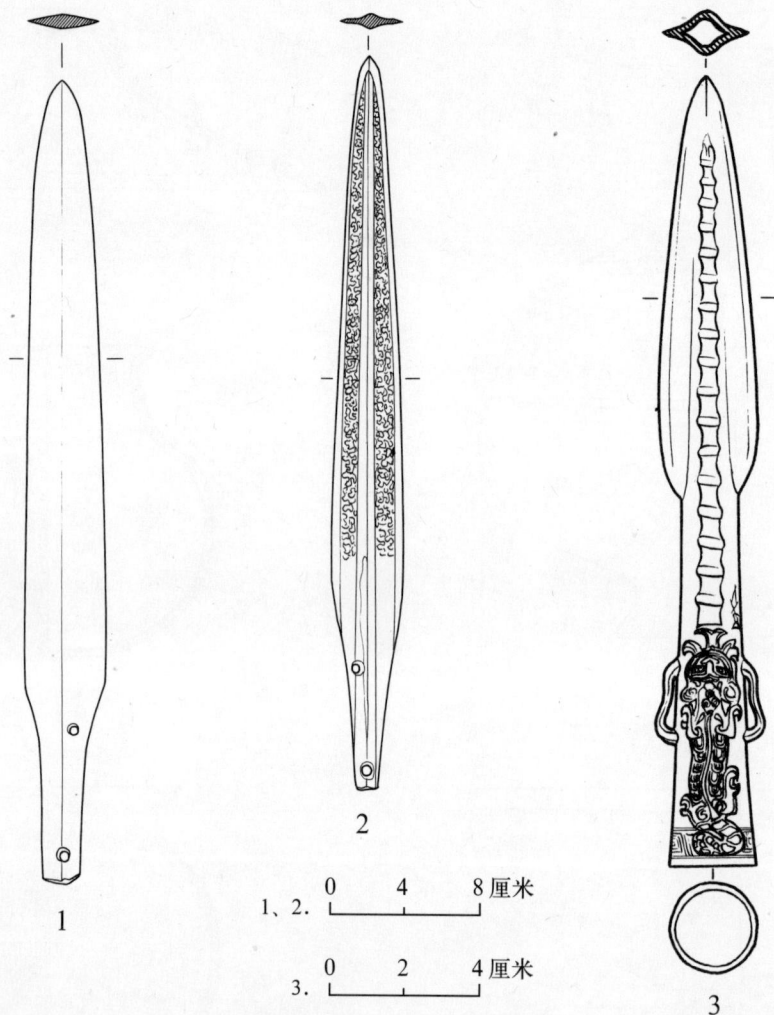

图二六三　M10出土铜器

1.AⅢa式铜剑（M10：1）　2.AⅡ式铜剑（M10：2）　3.AⅡa式铜矛（M10：9）

标本M10：5，通长6.3、翼尾宽1.5厘米（图二六五，5）。

标本M10：10，通长5.7、翼尾宽1.8厘米（图二六五，4）。

斤　1件。属统一分型、式的Ⅲ式。标本M10：17，方形銎口，身上部曲尺纹下一面镌刻手纹及"工"形符号（疑为后刻），另一面为素面。通长16.8、刃宽6.6厘米，銎口边长3.7、深13.5厘米（图二六四，2；图二六八，2；图版二五七）。

削　2件。分属统一分型、式的Aa型和AbⅠ式。

Aa型　1件。标本M10：3，首残，素面。残长23、身宽1.4厘米（图二六五，1）。

AbⅠ式　1件。标本M10：8，刃部多处残损，素面。通长17.5、身宽1.3厘米（图二六五，2）。

釜　2件。均属统一分型、式的Ⅱ式，残甚。

鍪　2件。均属统一分型、式的Ⅱ式，残甚。

釜甑　1件。属统一分型、式的B型。标本M10：22，甑、釜分铸后再由甑底圈足与釜口圈足相套合铸而成，无单独的箅。甑侈口，斜折沿，扁圆腹，口下附辫索纹竖环耳两个，甑底有细长的箅孔，

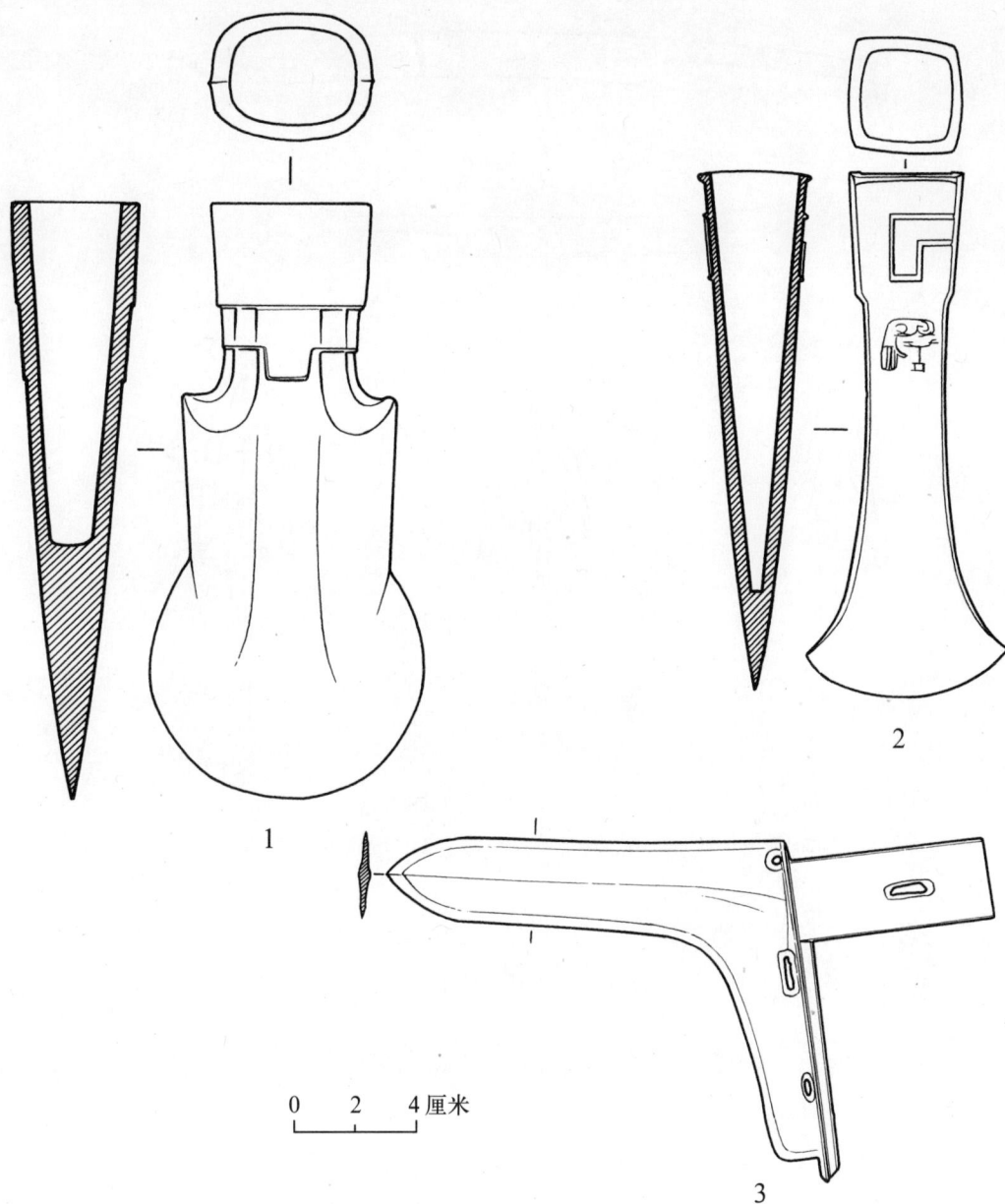

图二六四　M10出土铜器

1.AaVa式铜钺（M10：15）　2.Ⅲ式铜斤（M10：17）　3.Va式铜戈（M10：16）

中部四孔为对称曲尺形，外圈八孔为放射状条形，甋底以下加一斜壁圈足状套口，恰可装入釜口之中。釜残失，甋口沿上部阴刻"Ɣoo𝚪"形符号。口径24.5、甋高18厘米（图二六六、图二六八，3；图版二六〇）。

盘　1件。残甚。

印章　2件。均属统一分型、式的巴蜀符号印章之Aa型，背面无纹饰。

标本M10：6，形体稍大，桥形组较宽，印台上大下小，印面以卷云、蝉、罍（？）及"〜"、"𝖴"、"𝗬𝗬"等单个符号组成。直径3.2、印台高0.4、通高1厘米（图二六七，1；图二六八，4；图版二六一）。

标本M10：7，形体略小，桥形组，印台上大下小，印面以铎及"✿"、"王"、"七"等单个符号组

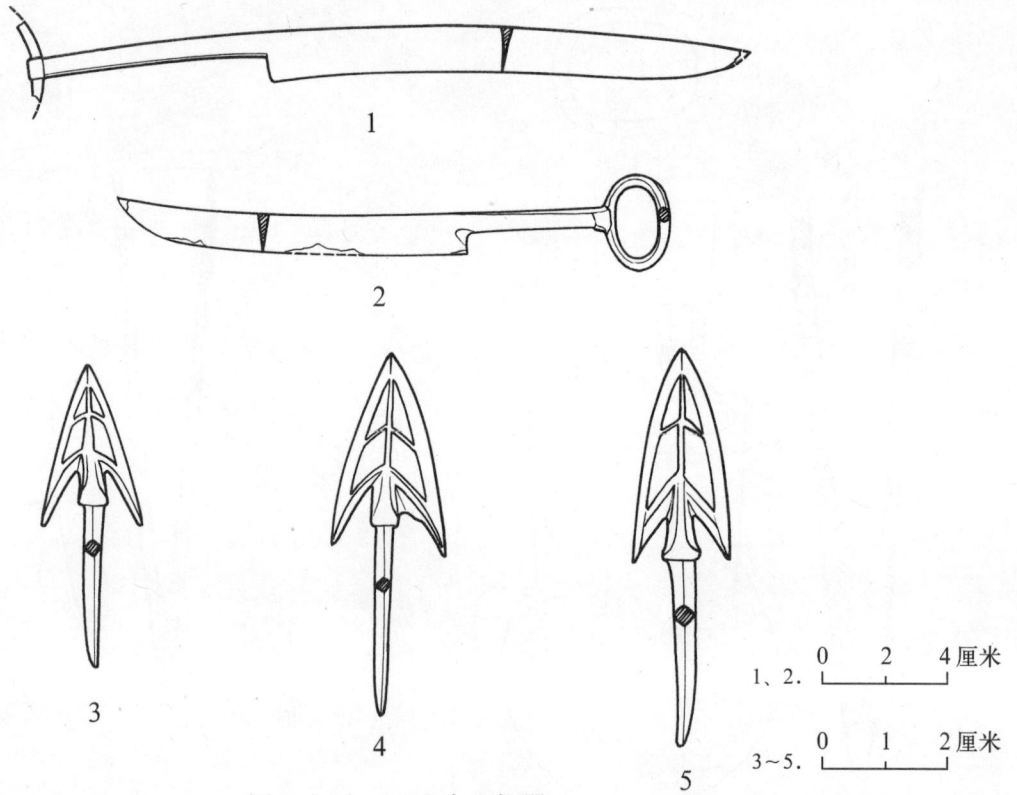

图二六五　M10 出土铜器

1.Aa 型铜削（M10：3）　2.AbⅠ式铜削（M10：8）　3～5.A 型铜镞（M10：4、10、5）

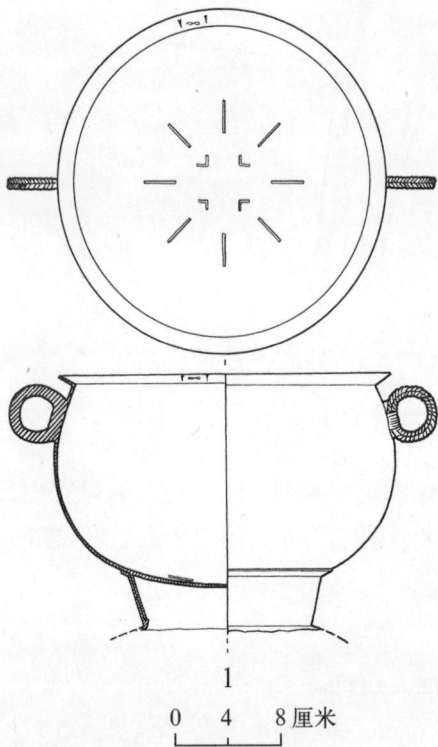

图二六六　M10 出土 B 型铜釜甑（M10：22）

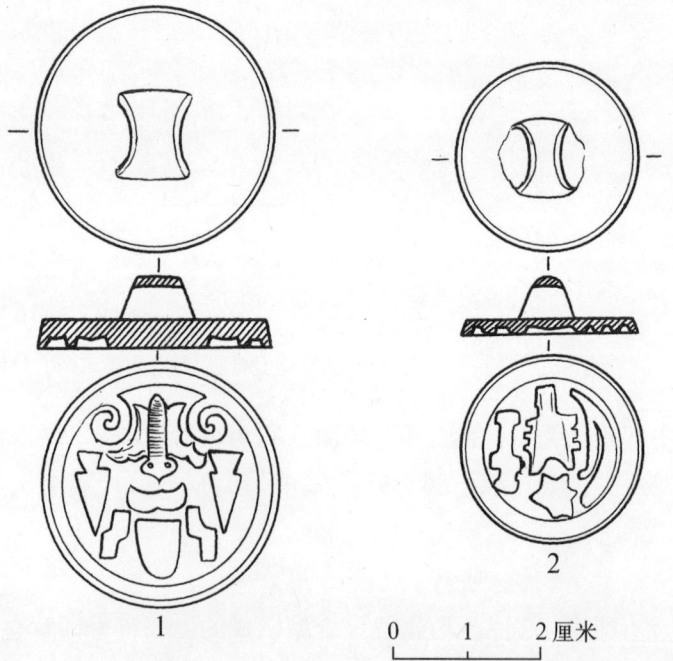

图二六七　M10 出土铜印章

1、2.Aa 型铜印章（M10：6、7）

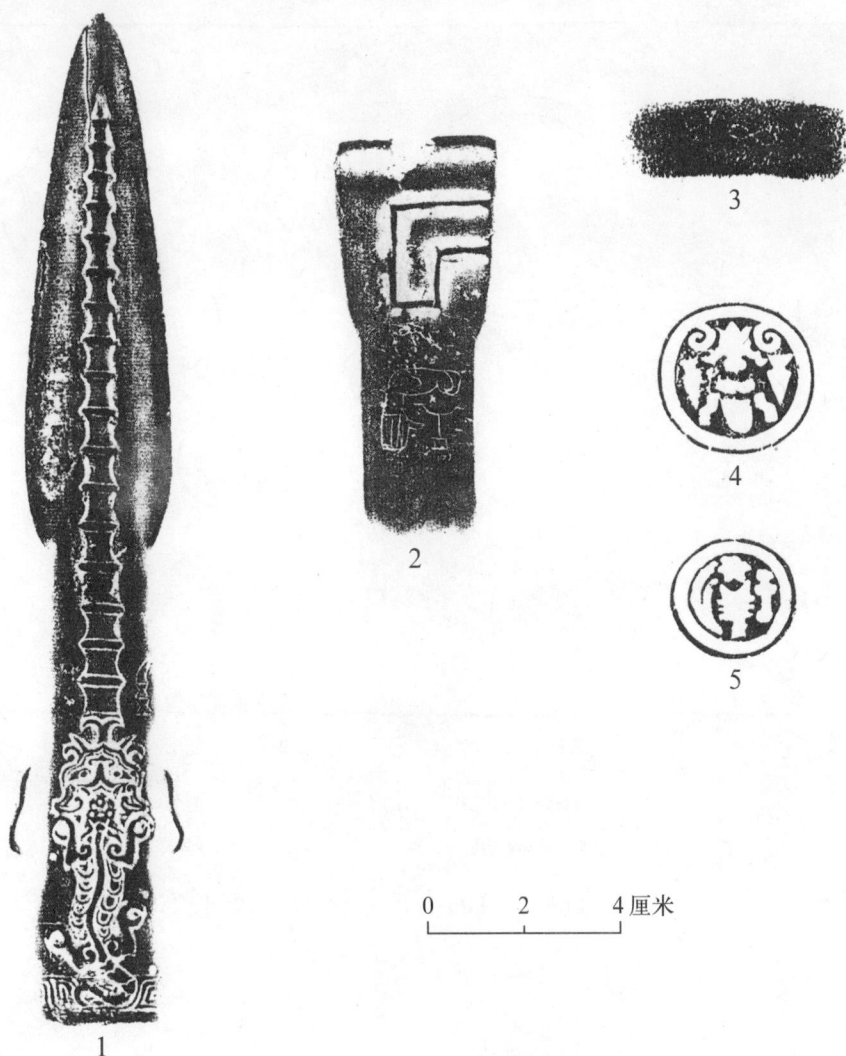

图二六八　M10出土铜器拓片

1.铜矛（M10：9）　　2.铜斤（M10：17）　　3.铜釜甑（M10：22）　　4.铜印章（M10：6）　　5.铜印章（M10：7）

成。直径2.5、印台高0.2、高0.7厘米（图二六七，2；图二六八，5；图版二六二、二六三）。

三　近方形土坑墓

共清理6座。保存较好的有5座，其中单人葬墓3座，合葬墓2座。分述如下。

（一）单人葬墓

3座。分别为M53、M65、 M84。

1．M53

（1）墓葬概况

① 墓室结构

近方形竖穴土坑墓，方向150°～330°。墓室北部和南部两端已遭基建施工彻底破坏。墓坑较浅，墓

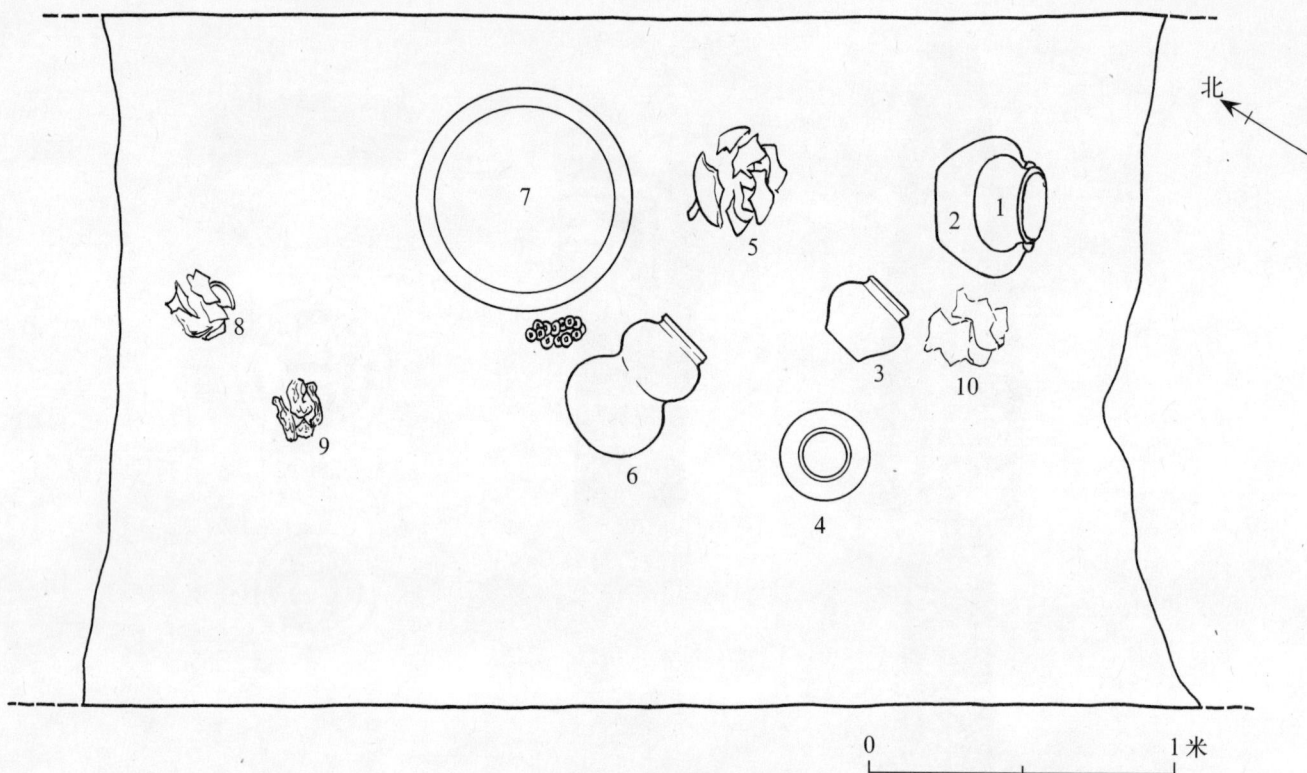

图二六九　M53平面图

1.陶釜　2~4.陶平底罐　5.铁鼎　6.陶釜甑　7.陶盆　8.陶圈足器　9.铁器　10.漆器　11.铜五珠

口与墓底基本相等，坑壁近直，墓底近平，坑内填五花土。墓口残长3.4、宽2.4米，墓坑深0.38米（图二六九）。

②　葬具

未发现葬具，亦未发现任何葬具朽腐痕迹。

③　葬式

尸骨已朽尽，葬式不明。

（2）随葬品种类及其放置情形

残存随葬品种类计有陶器、铁器、漆器和钱币四类，均置放于残存墓室底部之中部一线，两侧无随葬品分布（图二六九）。

（3）随葬器物

残存随葬器物计有陶器、铁器、漆器和钱币共24件（枚）。

①　陶器　7件。M53随葬陶器之陶质、陶色以及器形与城关墓地其他墓葬出土陶器相比差别较大，火候较高，制作较规整。计有釜1件，釜甑1件，盆1件，平底罐3件，圈足器1件。

釜　1件。为统一分型、式的DⅡ式。标本M53：1，夹砂黑陶，火候较高，卷沿，圆鼓腹，圜底，腹及底部遍饰横篮纹。口径23.2、腹径26.4、高14.4厘米（图二七一，1；图版二六四）。

釜甑　1件。属统一分型、式的AbⅡ式，甑部最大径在腹部，釜腹圆垂。标本M53：6，夹砂黑陶，火候较高，器表似经打磨，甑口部卷沿较短，圆鼓腹，19孔圆箅，釜底作平圜状，垂腹较深，甑腹部及釜肩以下遍饰竖状绳纹。口径27.2、甑腹径32、釜腹径36.8、箅径16.8、通高48厘米（图

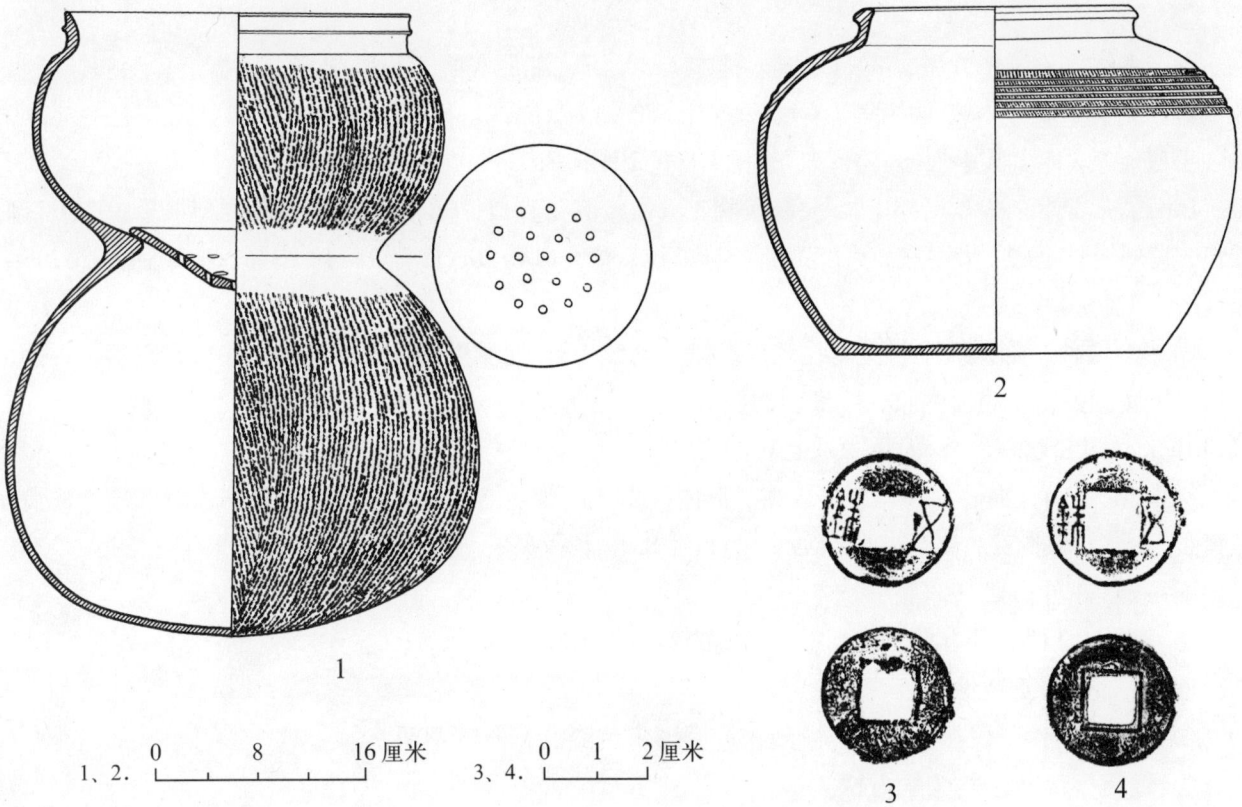

1、2. 0 8 16厘米   3、4. 0 1 2厘米

图二七〇 M53 出土器物

1.AbⅡ式陶釜甑（M53:6）　2.BaⅡ式陶平底罐（M53:2）　3.Ⅰ式铜五珠（M53:10-a）　4.Ⅱ式铜五珠（M53:10-b）

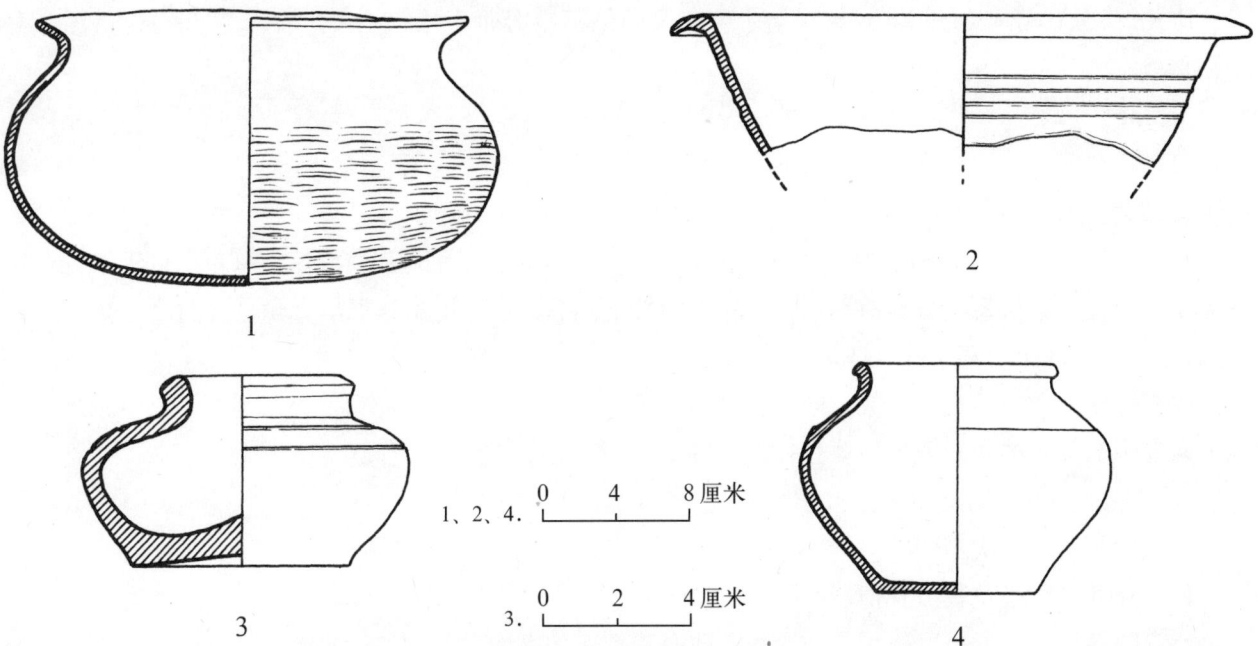

1、2、4. 0 4 8厘米

3. 0 2 4厘米

图二七一 M53 出土陶器

1.DⅡ式陶釜（M53:1）　2.Ⅱ式陶盆（M53:7）　3.Bb型陶平底罐（M53:4）　4.Bb型陶平底罐（M53:3）

二七〇，1；图版二六五）。

盆　1件。为统一分型、式的Ⅱ式。标本 M53：7，细泥灰陶，火候很高，宽折沿，深腹，折沿微下垂；无肩，斜腹内收，中腹以下残，上腹饰凹弦纹四周。口径 28、残高 8 厘米（图二七一，2）。

平底罐　3件。其中属统一分型、式的 Bb 式 2 件，BaⅡ 式 1 件。

BaⅡ式　1件。标本 M53：2，泥制灰陶，火候较高，直口，矮领，厚圆唇，唇缘外凸，广肩，圆弧腹，腹部缓收至底，大平底，肩部饰凸棱状齿纹六周。口径 20、底径 25.4、肩径 36.8、通高 26.8 厘米（图二七〇，2；图版二六六）。

Bb型　2件。形体较小，腹内收较甚。标本 M53：3，泥质黑陶，火候较高，侈口，圆唇，束颈，斜肩，上腹圆鼓，下腹曲内收，平底，肩部饰一周很细的凸弦纹。口径 10.4、底径 8.6、腹径 17、高 12.4 厘米（图二七一，4；图版二六七）。

标本 M53：4，夹砂灰陶，火候较高，形体极小，应为明器，厚胎，厚圆唇外凸，矮直领，广肩，下腹曲内收，平底内凹，肩部饰凹弦纹两周。口径 8.4、底径 5.8、肩径 8.8、高 10.2 厘米（图二七一，3）。

圈足器　1件。残甚。

② 铁器　2件。计有鼎 1 件，器形不明的残铁器 1 件。

鼎　1件。严重锈蚀。

③ 漆器　1件。仅在墓底南部发现一近圆形朱色漆痕，器形不明。

④ 钱币　14 枚。均为铜五铢。

铜五铢　14 枚。正面有外廓，无内廓，背面内外廓明显，大小相同。钱径 2.5、穿边长 0.9、厚 0.2 厘米。可分二式。

Ⅰ式　9枚。标本 M53：10-a，"五"字交叉两笔斜直，"铢"字的"朱"字头圆折（图二七〇，3）。

Ⅱ式　5枚。标本 M53：10-b，"五"字交叉两笔稍显弯曲，"铢"字的"朱"字头方折（图二七〇，4）。

2. M65

（1）墓葬概况

① 墓室结构

近方形竖穴土坑墓，方向 70°～250°。墓室大部已遭基建施工彻底破坏，仅存墓室西部近端处。墓坑较浅，墓口长宽与墓底基本相等，坑壁近直，墓底近平，墓坑拐角基本呈直角，坑内填五花土。墓口残长 1.5、宽 2 米，墓坑深 0.3 米（图二七二）。

② 葬具

未发现葬具，亦未发现任何葬具朽腐痕迹。

③ 葬式

尸骨已朽尽，葬式不明。

（2）随葬品种类及其放置情形

残存随葬品仅陶器一类，均集中置放于残存墓室底部之中部（图二七二）。

（3）随葬器物

残存随葬器物计有陶器 14 件。

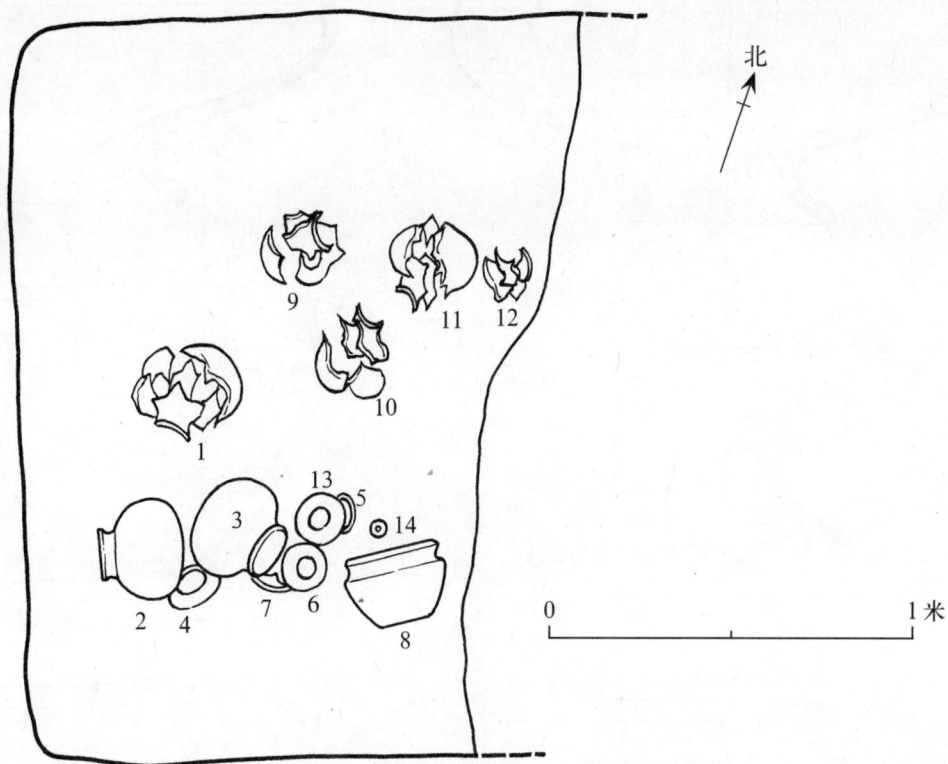

图二七二　M65 平面图

1~3、9、11.陶圜底罐　4~7、12、13.陶豆　8.陶甑　10.陶釜　14.纺轮

① 陶器　14件。计有圜底罐5件，豆6件，釜1件，甑1件，纺轮1件。

圜底罐　5件。其中属统一分型、式的AbII式3件，AbIII式2件。

AbII式　3件。短颈，肩较宽，深球形腹。标本M65:2，夹砂浅灰陶，方唇较厚，颈下部饰凹弦纹一周，肩以下遍饰竖状绳纹。口径13.2、腹径25.2、高22.8厘米（图二七三，6；图版二六八）。

标本M65:17，夹砂灰褐陶，球腹，颈下部饰凹弦纹一周，肩以下遍饰竖状绳纹。口径12.4、腹径24.8、高23.2厘米。

AbIII式　2件。颈甚短，广肩上耸，深球形腹。标本M65:3，平折沿，厚方唇，颈下部饰凹弦纹一周，肩以下遍饰竖状绳纹。口径12.8、腹径26、高22.2厘米（图二七三，5；图版二六九）。

豆　6件。计有统一分型、式的A型4件，Bb型2件。

A型　4件。计有AIV式3件，另1件因残甚，式别不辨。

AIV式　3件。标本M65:6，夹砂深灰陶，沿下饰凹弦纹一周。口径13.8、圈足径5.8、高5.2厘米（图二七三，2）。

标本M65:4，夹砂深灰陶，下腹饰凹弦纹两周。口径14.6、圈足径6、高5.8厘米（图二七三，1）。

Bb型　2件。皆为BbII式。

BbII式　2件。标本M65:13，夹砂灰褐陶，制作不甚规整，器形不甚对称，素面。口径10.4、圈足径6.8、高5.4厘米（图二七三，3）。

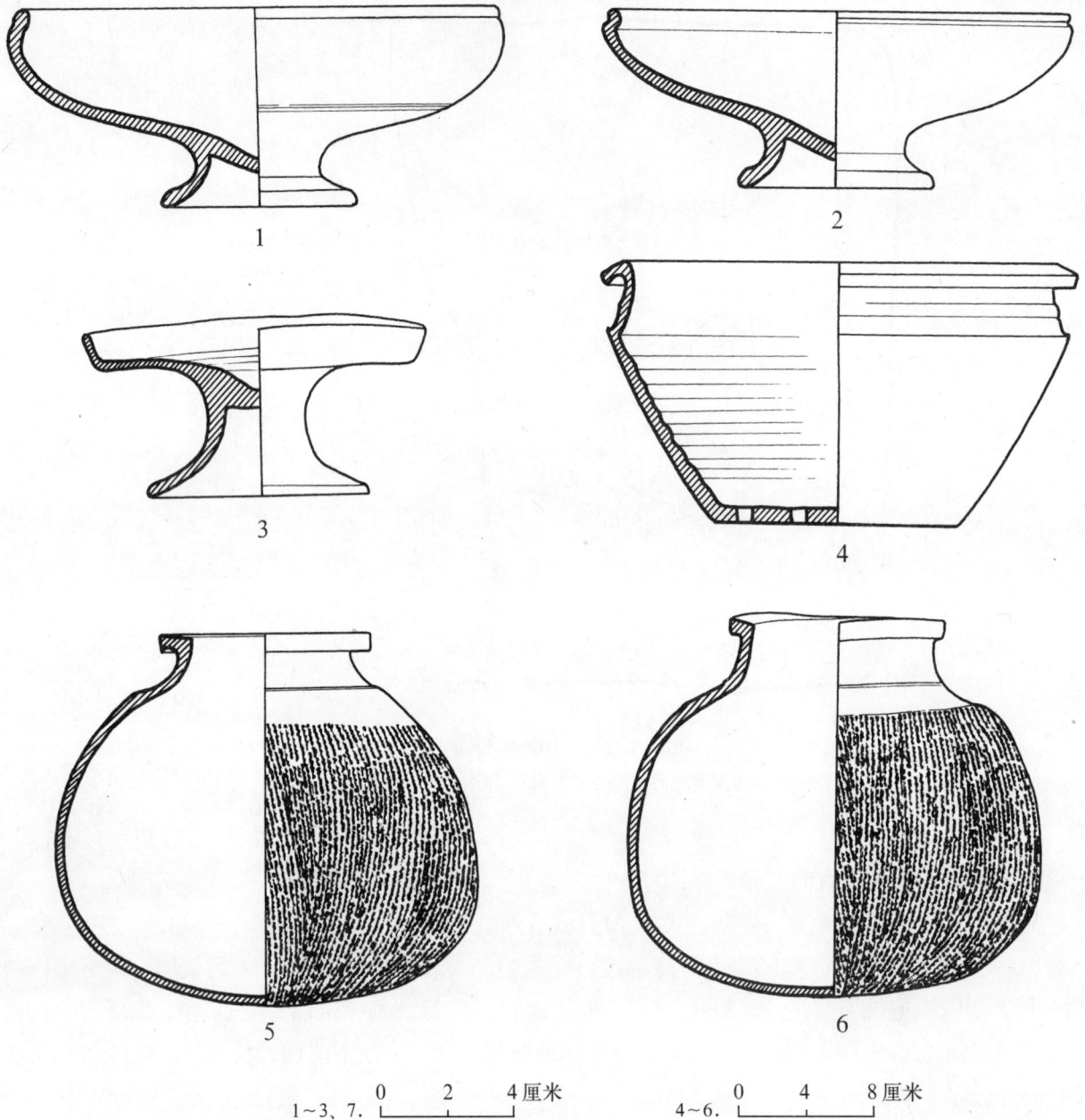

図二七三　M65 出土陶器

1、2.AIV 式陶豆（M65：4，6）　　3.BbII 式陶豆（M65：13）　　4.陶甑（M65：8）
5.AbIII 式陶圜底罐（M65：3）　　6.AbII 式陶圜底罐（M65：2）

釜　1件。为统一分型、式的 A 型，残甚。

甑　1件。标本 M65：8，夹砂灰陶，折沿下垂，方唇，折肩，斜直腹，平底，底部残留圆形箅孔六个，颈部饰凸棱一周。口径 26、底径 14.4、肩径 27.6、高 15.6 厘米（图二七三，4）。

纺轮　1件。标本 M65：14，泥质灰陶，梯形，斜壁，壁上饰凸棱三周。顶径 1.3、底径 3.2、高 1.6 厘米。

3．M84

（1）墓葬概况

① 墓室结构

近方形竖穴土坑墓，方向147°。墓坑极浅，墓口与墓底基本相等，坑壁近直，墓坑拐角基本呈直角，墓底近平，坑内填五花土。墓口长3.2、宽1.7米，墓坑深0.2米（图二七四；图版二七〇）。

② 葬具

未发现葬具，亦未发现任何葬具朽腐痕迹。

③ 葬式

尸骨大部已朽烂，葬式不明，仅在墓室南端发现人牙数枚，判断头向南（图二七四）。

（2）随葬品种类及其放置情形

随葬品种类计有陶器、铜器、漆器和铜钱币四类，陶器全都放置于墓室南部尤其是人牙周围，估计是围绕死者头部摆放。铜钱币、铜镜、铜带钩、漆器均摆放于墓室中部和北部（图版二七〇）。

（3）随葬器物

计有陶器、铜器、漆器和钱币共17件。

① 陶器　9件。计有豆3件，釜3件，大口瓮3件。

豆　3件。计有统一分型、式的AⅣ式2件，AⅤ式1件。

AⅣ式　2件。标本M84：9，夹砂深灰陶，素面。口径12.5、圈足径5.3、高4.6厘米（图二七

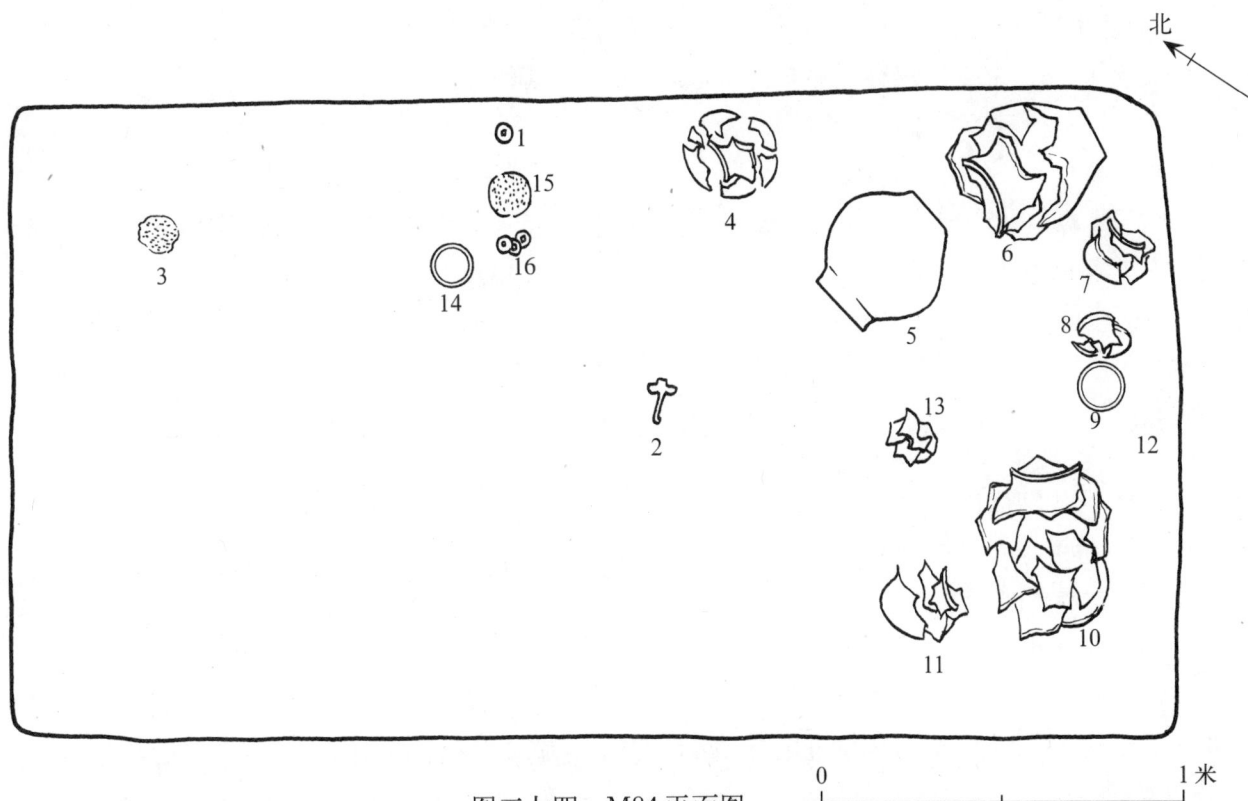

图二七四　M84平面图

1、16.铜半两　2.铜带钩　3.漆器　4、7、11.陶釜　5、6、10.陶大口瓮　8、9、13.陶豆　12.人牙　14.铜镜　15.漆盒

五，4）。

AV式　1件。标本M84：8，夹砂深灰陶，素面。口径11.8、圈足径4.2、高4厘米（图二七五，5）。

釜　3件。均为统一分型、式的B型。

B型　3件。计有BaIII式2件，另1件残甚。

BaIII式　2件。标本M84：4，夹砂灰褐陶，肩以下遍饰竖状绳纹。口径16.8、腹径20.4、高10.4厘米（图二七五，6）。

大口瓮　3件。计有统一分型、式的II式1件，III式2件。

II式　1件。标本M84：6，夹砂灰陶，平底。口径14、腹径22.4、底径8.8、高20.6厘米（图二七五，2）。

III式　2件。标本M84：5，夹砂灰褐陶，平底内凹。口径16.4、腹径30、底径14、高24.4厘米（图二七五，1；图版二七一）。

② 铜器　2件。计有带钩1件，镜1件。

带钩　1件。为统一分型、式的D型。标本M84：2，尺寸较小，兽头钩，圆饼状扣，腹部呈条状，尾部呈"蝴蝶"状，"蝴蝶"双翼及鼻部饰细密的乳钉纹，整个器形类似于一件条柱式（E型）带钩在钩头相对的另一端加上一"蝴蝶"而成。长4.1、尾宽2.7厘米（图二七五，3；图二七六，4；图版二七二）。

镜　1件。标本M84：14，弦纹素镜，残，圆形，镜背饰细弦纹二周，纽残。直径6.8、厚0.1厘米（图二七五，7）。

③ 漆木器　2件。计有漆盒1件，器形不明的漆器1件。

漆盒　1件。朽甚，仅存底部朱色漆皮。直径约12厘米。

④ 钱币　4件，均为铜"半两"。

铜"半两"　4枚。计有大"半两"1枚，小"半两"3枚。

大"半两"　1枚。标本M84：1，正面外廓较宽，方穿，肉薄，背面平坦。钱径2.9、穿边长1、厚0.1厘米，重约4.9克。应为秦"半两"（图二七六，1）。

小"半两"　3枚。其中2枚保存较好，标本M84：16-a、M84：16-b，方穿，外廓较窄，肉薄，背面平坦。钱径2.45~2.5、穿边长0.9~1、厚0.1厘米，重3.61克。应为"八铢半两"（图二七六，2、3）。

（二）合葬墓

2座。分别为M25和M83。

1. M25

（1）墓葬概况

① 墓室结构

近方形竖穴土坑墓，方向65°~245°。墓坑较浅，墓口与墓底尺寸基本相等，坑壁近直，墓坑拐角基本呈直角，墓底近平，坑内填五花土。墓口长3.4、宽2.2、墓坑深0.35米（图二七七）。

② 葬具

未发现葬具，亦未发现任何葬具朽腐痕迹。

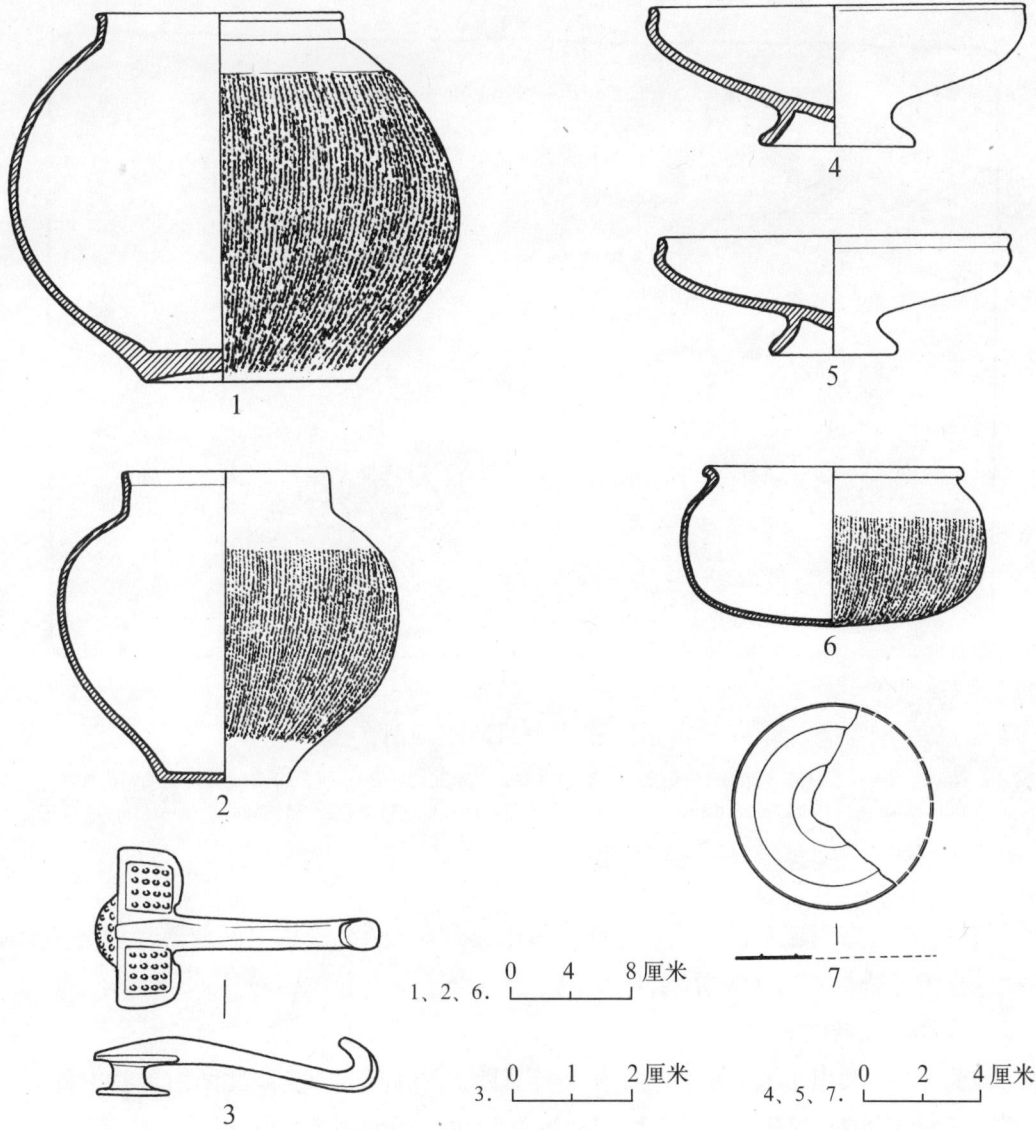

图二七五　M84 出土器物

1.Ⅲ式陶大口瓮（M84：5）　2.Ⅱ式陶大口瓮（M84：6）　3.D型铜带钩（M84：2）　4.AⅣ式陶豆（M84：9）
5.AV式陶豆（M84：8）　6.BaⅢ式陶釜（M84：4）　7.铜镜（M84：14）

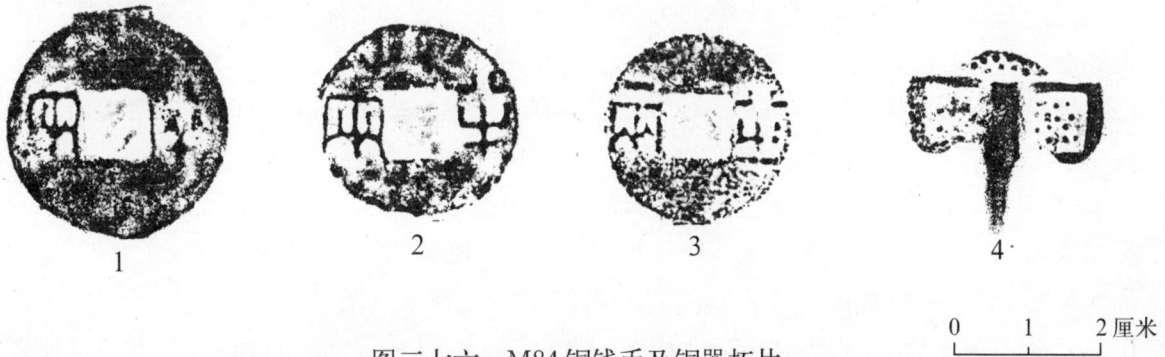

图二七六　M84 铜钱币及铜器拓片

1、2、3.铜"半两"（M84：1、16-a、16-b）　4.M84：2铜带钩

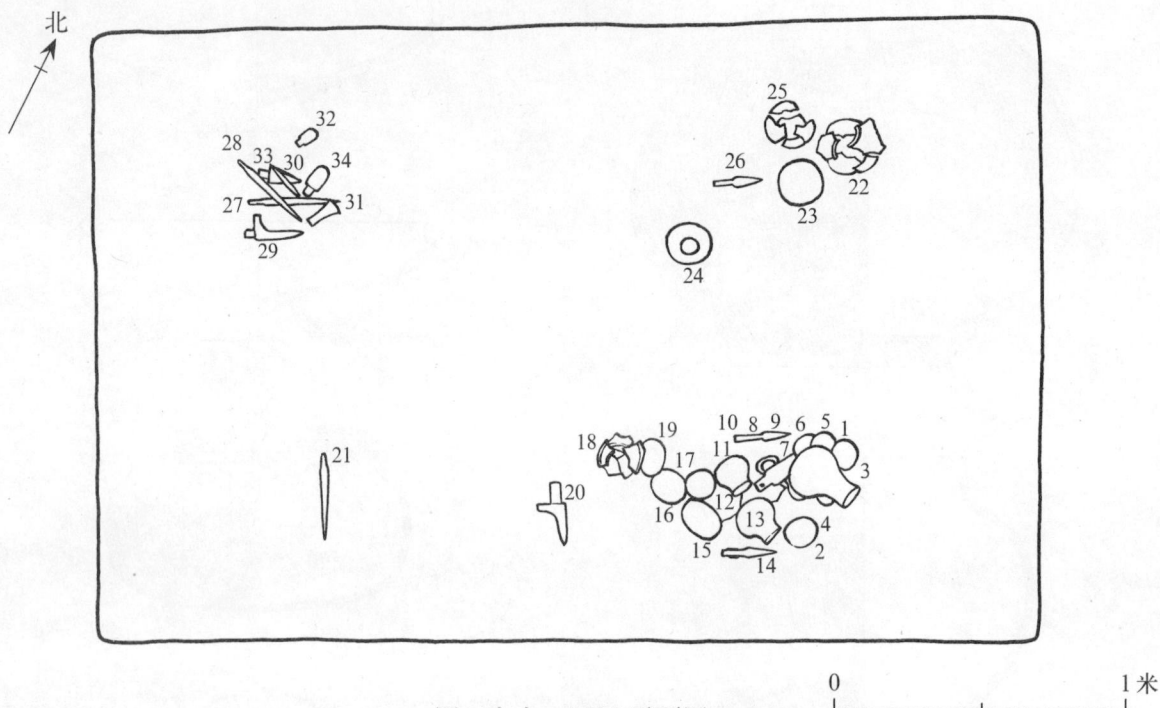

图二七七　M25平面图

1、2、4~6、9、10、12、15~17、23.陶尖底盏　3、19.陶壶、壶盖　7、20、29、30.铜戈　8、14、26.铜矛
11、13、18、22.陶釜　21、27、28.铜剑　24、25.陶平底罐　31、32、34.铜钺　33.铜刻刀

③　葬式

尸骨已朽尽，但墓室内随葬器物明显分南北两组排列，且两组器物中部分器物种类、形制相同，显系同组器物一分为二，故判断为合葬墓（图二七七）。

（2）随葬品种类及其放置情形

随葬品较为丰富，共出土随葬品34件，种类计有陶器和铜器两类。南北两组器物中种类有同有异，北组器物的铜器种类和数量较多，陶器种类和数量较少，而南组器物则相反，多陶器，少铜器（图二七七）。

（3）随葬器物

计有陶器和铜器共34件。

①　陶器　20件。计有尖底盏11件，豆1件，釜4件，平底罐2件，壶1件，壶盖1件。

尖底盏　11件。计有统一分型、式的I式5件，II式5件，III式1件。

I式　5件。深腹圆折。标本M25∶4，夹砂红褐陶，圆唇，素面。口径11.8、高4厘米（图二七八，8；图版二七三）。

标本M25∶9，夹砂灰陶，素面。口径10.2、高3.9厘米（图二七九，2）。

标本 M25∶17，夹砂灰褐陶，素面。口径12、高4.4厘米（图二七八，7）。

标本M25∶23，夹砂灰褐陶，素面。口径12.2、高4.2厘米（图二七九，1）。

II式　5件。圆折腹变浅。标本M25∶12，夹砂灰褐陶，圆唇，素面。口径11.4、高3.4厘米（图二七九，5）。

标本 M25：2，夹砂灰褐陶，素面。口径12.8、高3.9厘米（图二七九，3）。

标本 M25：16，夹砂灰褐陶，圆唇，素面。口径11.6、高3.8厘米（图二七九，4）。

Ⅲ式　1件。折腹极浅。标本 M25：10，夹砂褐陶，圆唇，素面。口径10.6、高2.2厘米（图二七九，6；图版二七四）。

豆　1件。属统一分型、式的Bb型。标本 M25：6，圈足残失，仅存盘部，豆盘极似Ⅰ式尖底盏。口径12.2、残高3.8厘米（图二七八，5）。

釜　4件。计有统一分型、式的AⅠ式2件，CⅠ式1件，CⅡ式1件。

AⅠ式　2件。标本 M25：13，夹砂灰褐陶，长颈，肩部不明显，尖圆唇，卷沿近立，肩以下遍饰竖状绳纹。口径12、腹径17.8、高18.4厘米（图二七八，2）。

CⅠ式　1件。标本 M25：11，夹砂深灰陶，火候不甚均匀，无沿，圆腹极浅，圜底近平，下腹及底部饰竖状绳纹。口径18、腹径18、高6厘米（图二七八，4；图版二七五）。

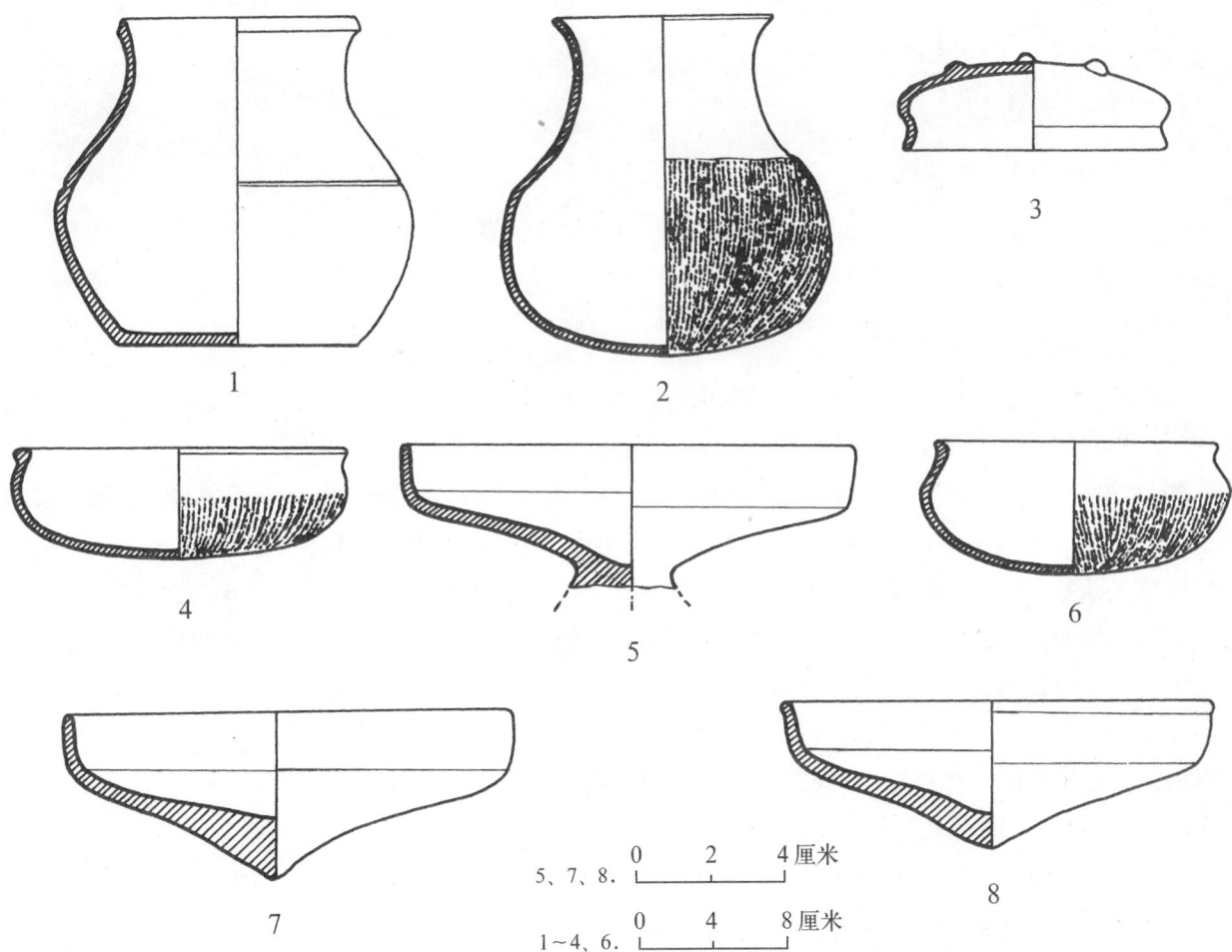

图二七八　M25 出土陶器

1.A型陶平底罐（M25：25）　2.AⅠ式陶釜（M25：13）　3.陶壶盖（M25：19）　4.CⅠ式陶釜（M25：11）
5.Bb型陶豆（M25：6）　6.CⅡ式陶釜（M25：22）　7、8.Ⅰ式陶尖底盏（M25：17、4）

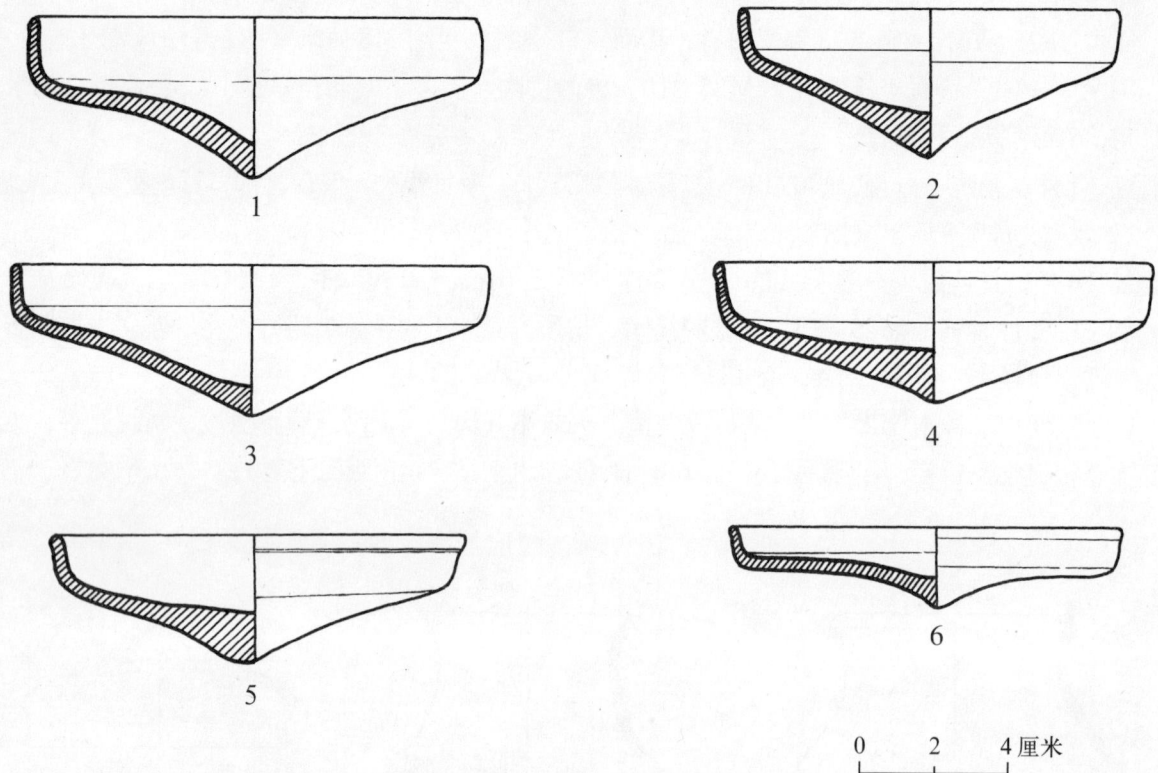

图二七九　M25 出土陶器

1、2.Ⅰ式陶尖底盏（M25∶23、9）　3～5.Ⅱ式陶尖底盏（M25∶2、16、12）　6.Ⅲ式陶尖底盏（M25∶10）

　　CⅡ式　1件。标本 M25∶22，夹砂灰褐陶，火候较低，窄折沿，尖唇，折腹变深，圜底，下腹及底部饰竖状绳纹。口径15.6、腹径17、高7.2厘米（图二七八，6）。

　　壶　1件。属统一分型、式的Ⅰ式。标本 M25∶3，夹砂黑皮红褐陶，火候不甚均匀，长颈，口下部起凸棱一周成子口承盖，四纽浅腹盖，上腹竖置四纽，盖纽及腹纽均作扁环状，圆鼓腹，平底内凹，器表遍饰竖条状暗纹。口径16、腹径29.6、底径15.2、通高4厘米（图二八三，4；图版二七六）。

　　壶盖　1件。标本 M25∶19，夹砂黑皮红褐陶，为四竖状扁环纽浅腹盖，扁环纽残失呈乳钉状，盖径14.4、高3.2厘米（图二七八，3）。

　　平底罐　2件。均属统一分型、式的 A 型。标本 M25∶25，夹砂褐陶，长颈，侈口，斜方唇，唇面微鼓，溜肩，圆腹，大平底，肩腹之际饰凹弦纹一周。口径12.8、底径13、腹径19.4、通高17.6厘米（图二七八，1；图版二七七）。

　　② 铜器　14件。除1件为工具外，其余均为兵器。计有矛3件，剑3件，戈4件，钺3件，刻刀1件（图版二七八）。

　　矛　3件。分属统一分型、式的 AⅠ，AⅡa 和 AⅡb 式。

　　AⅠ式　1件。标本 M25∶14，素面，通长21.1、骸长10.2、叶宽2.8、骸径2.5厘米（图二八〇，1；图版二七九）。

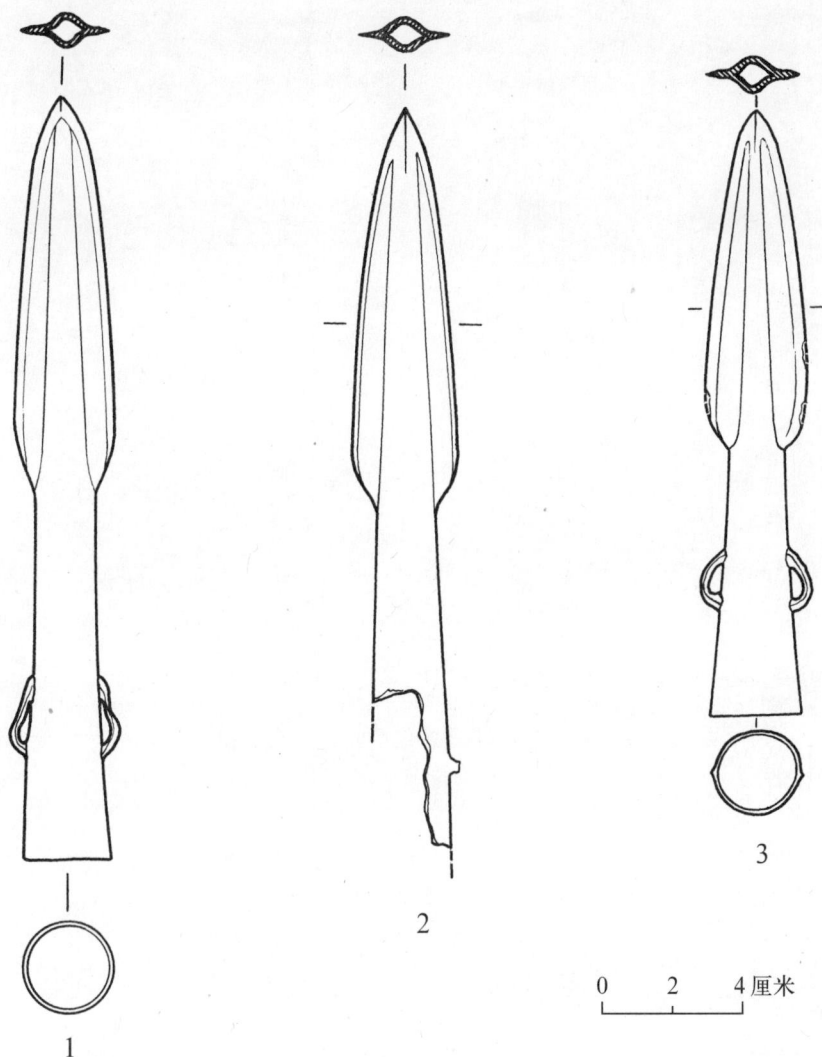

图二八○　M25 出土铜矛

1.AⅠ式铜矛（M25：14）　2.AⅡa式铜矛（M25：8）　3.AⅡb式铜矛（M25：26）

AⅡa式　1件。标本 M25：8，骹下部及双耳残失。通长 23.3、骹长 11.4、叶宽 3、骹径 2.5 厘米（图二八○，2）。

AⅡb式　1件。标本 M25：26，刃部稍有残缺，双扁环耳，圆骹，素面。通长 17、骹长 7.6、叶宽 2.9、骹径 2.6 厘米（图二八○，3；图版二八○）。

剑　3件。其中属统一分型、式的 BⅢ式两件，BⅣ式 1件。

BⅢ式　2件。隆脊，两从下凹，身柄分界较明显，茎上侧和下端中部各有一圆穿。标本 M25：21，茎部上侧和下端中部各有一圆穿，剑身中脊与双刃之间遍饰虎斑纹，下部两面均铸有"心"纹和线状奔兽图案（写意性奔虎？）。通长 31.2、茎长 5.6、身宽 3 厘米（图二八一，3；图二八四，2；图版二八一）。

标本 M25：27，茎部上侧和下端中部各有一圆穿，剑身双刃之间遍饰虎斑纹，下部一面镌刻"日"形符号，另一面刻"⸦"形符号。通长 36.8、茎长 6、身宽 3.7 厘米（图二八一，1；图二八四，1；图

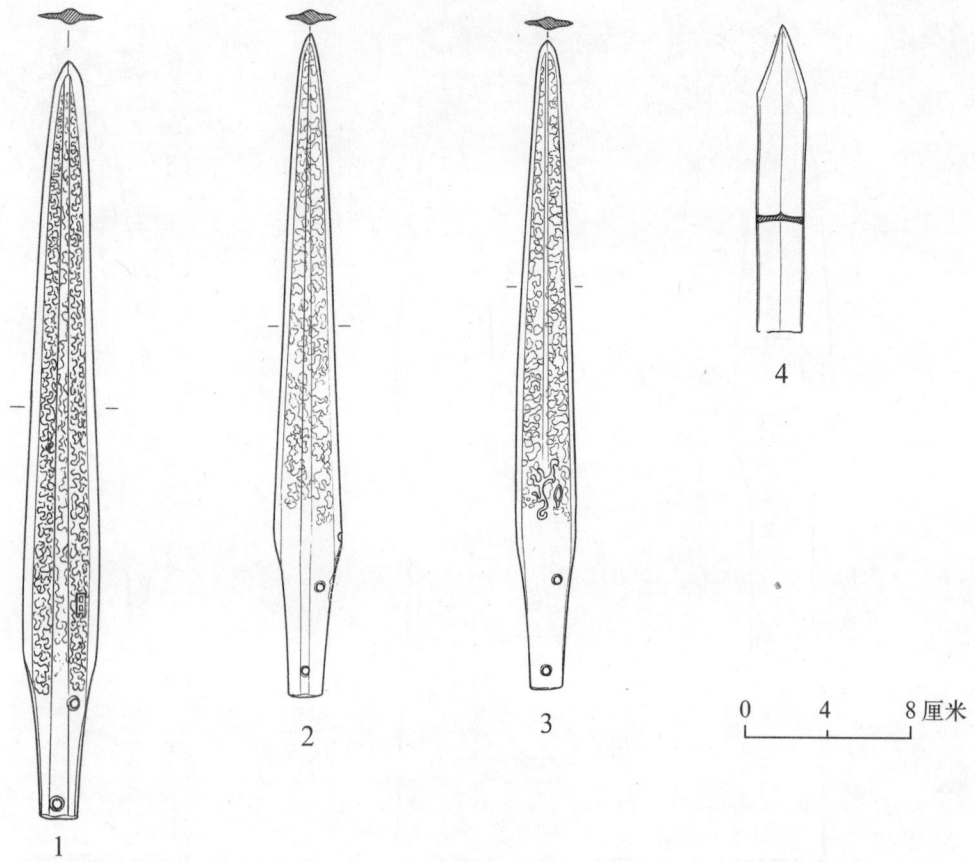

图二八一　M25 出土铜器

1、3.BⅢ式铜剑（M25：27，21）　2.BⅣ式铜剑（M25：28）　4.Ⅰ式铜刻刀（M25：33）

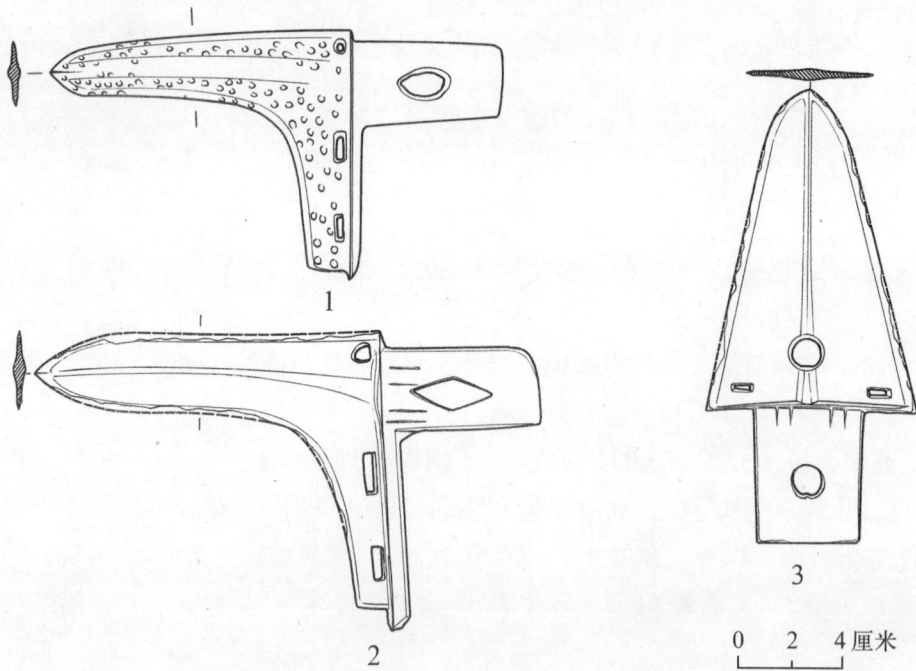

图二八二　M25 出土铜戈

1、2.Ⅳ式铜戈（M25：20，29）　3.Ⅰb式铜戈（M25：30）

版二八二）。

BⅣ式　1件。标本 M25：28，中脊更凸，两从下凹更甚，身柄分界明显，剑锋尖锐，刃部斜直，剑身呈等腰三角形，茎部上侧和下端中部各有一圆穿，剑身双刃间遍饰虎斑纹。通长 32、茎长 5.8、身宽 3.3 厘米（图二八一，2；图版二八三）。

戈　4件。计有统一分型、式的 Ib 式 2 件，Ⅳ式 2 件。

Ib 式　2件。标本 M25：30，刃部多处残缺，援本近直，中脊较明显，弧状三角形锋，内部一圆穿，竖直凸筋四道。通长 17.2、援长 12、内长 5.2 厘米（图二八二，3；图版二八四）。

Ⅳ式　2件。标本 M25：20，援本三穿，其中上穿为圆形穿，下二穿为长方形穿，内上一橄榄形穿，援上和胡上错饰圆点纹。通长 17.5、援长 11.7、内长 5.8 厘米（图二八二，1）。

标本 M25：29，刃部多处残缺，援本三穿，其中上穿为近三角形穿，下二穿为长方形穿，内上一菱形穿，竖直凸筋四道。通长 19.6、援长 13.4、内长 6.2 厘米（图二八二，2；图版二八五）。

钺　3件。分属统一分型、式的 AaⅠ、AaⅡ式和 B 型。

AaⅠ式　1件。标本 M25：34，直腰，弧刃，六边形銎口，銎箍极窄，斜折肩，素面。通长 12.4、刃宽 5.6、肩宽 5.7 厘米，銎口长径 3.9、短径 3.2、深 8.7 厘米（图二八三，1；图版二八六）。

AaⅡ式　1件。标本 M25：32，束腰，圆弧刃，椭圆形銎口，銎箍较窄，平折肩，素面。通长 10.5、刃宽 5.6、肩宽 5 厘米，銎口长径 3.7、短径 2.8、深 7.9 厘米（图二八三，2；图版二八七）。

B 型　1件。标本 M25：31，无肩，有耳，扁圆形銎口，銎箍较窄，近銎处一侧附半环耳，上腰近直，下腰外撇，宽弧刃，钺身上部两面均饰凸弦纹两周，一面在凸弦纹下又饰三角纹带。通长 11、

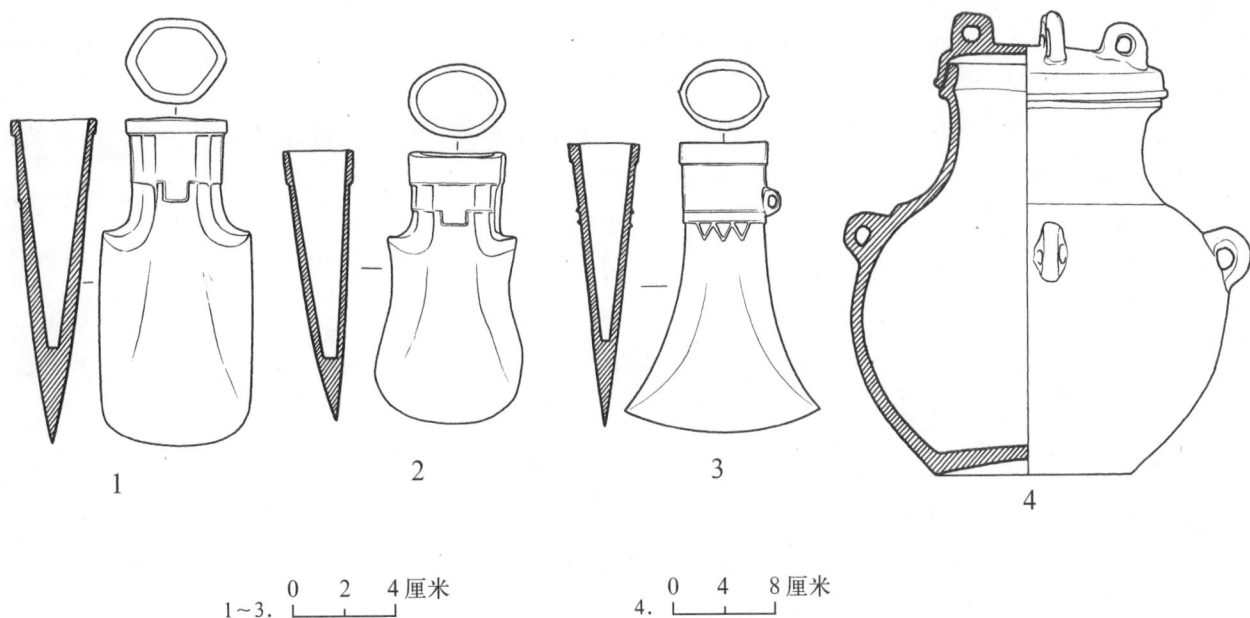

图二八三　M25 出土器物

1. AaⅠ式铜钺（M25：34）　2. AaⅡ式铜钺（M25：32）　3. B 型铜钺（M25：31）　4. Ⅰ式陶壶（M25：3）

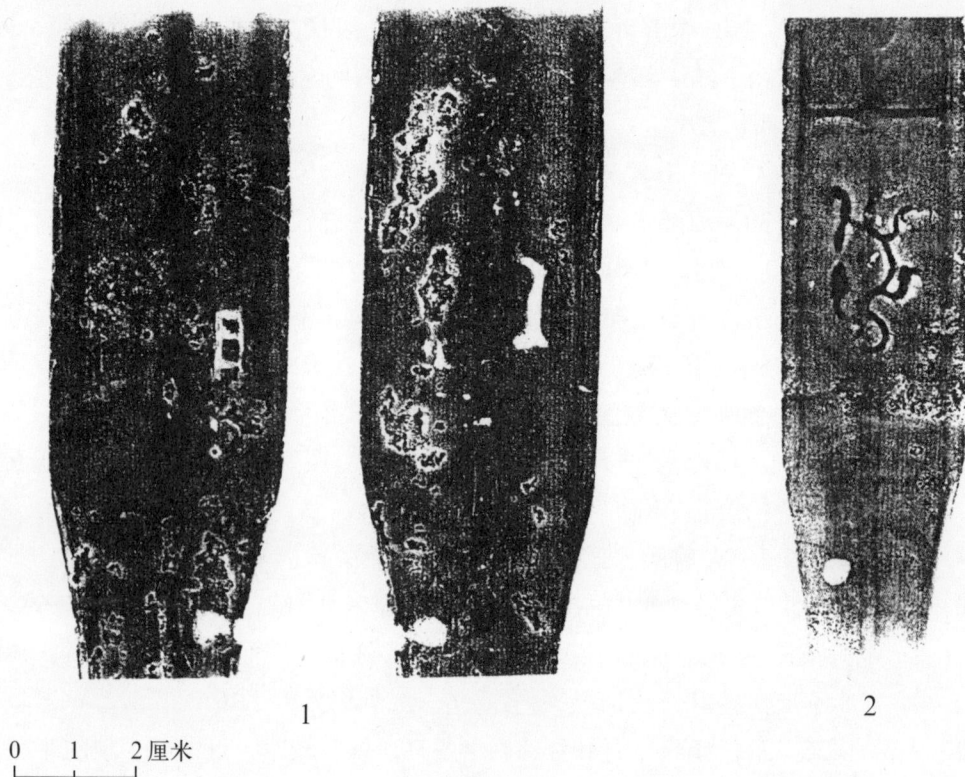

0　　1　　2厘米

1　　　　　　　　　　　　　2

图二八四　M25出土铜剑拓片

1.铜剑（M25∶27）两面　2.铜剑（M25∶21）

刃宽7.6厘米，銎口长径3.4、短径2.6、深7.6厘米（图二八三，3；图版二八八）。

刻刀　1件。属统一分型、式的Ⅰ式。标本M25∶33，圭形体，锋部呈等腰三角形状，锋短身长，背部微隆起脊，腹部微内凹。通长14.7、身宽2.2厘米（图二八一，4；图版二八九）。

2. M83

（1）墓葬概况

① 墓室结构

圆角近方形竖穴土坑墓，方向240°。墓室东南角已遭基建施工彻底破坏。墓坑较浅，墓口与墓底基本相等，坑壁近直，墓坑拐角基本呈直角，墓底近平，坑内填五花土。墓口长4.1、宽2.25米，墓坑深0.3米（图二八五）。

② 葬具

未发现葬具，亦未发现任何葬具朽腐痕迹。

③ 葬式

尸骨朽烂较甚，但据残存尸骨以及墓室内随葬品明显分三组放置的情形判断应为三人合葬墓。三具尸骨分别放置于墓室的北、中、南部，北部尸骨保存相对最好，尚有头骨和下肢骨残留，应为仰身直肢葬；中部尸骨仅存残肢骨一截，葬式不明；南部尸骨仅存残肢骨两截，葬式不明（图二八五）。

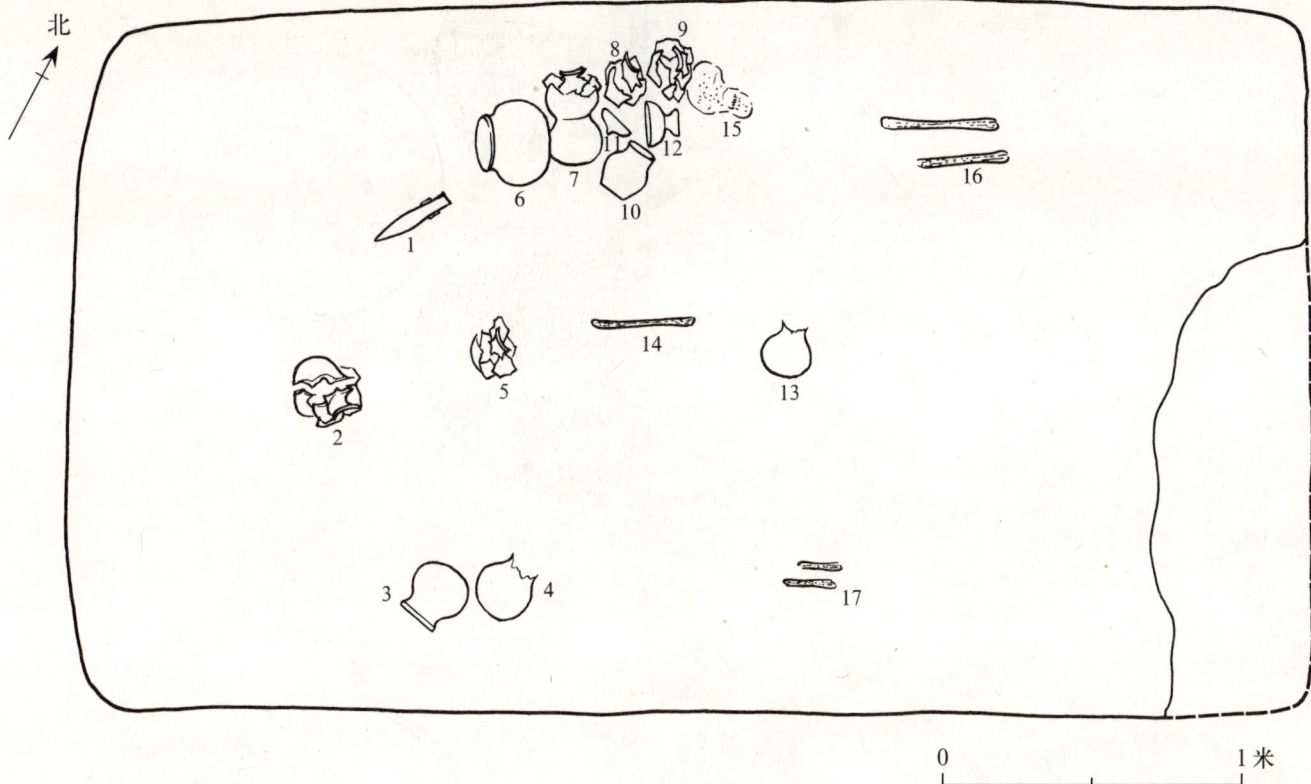

图二八五 M83平面图

1.铜矛 2~5.陶釜 6、13.陶圜底罐 7.陶釜甑 8~10.陶平底罐 11.陶尖底盏 12.陶豆 14~17.尸骨

（2）随葬品种类及其放置情形

随葬品计有陶器和铜器两类共13件，明显分为北、中、南三组，每组器物均对应于一具尸骨，大多置于尸骨头端。以北组器物数量最多，共有8件，中组有3件，南组仅陶釜两件（图二八五）。

（3）随葬器物

计有陶器和铜器共13件。

① 陶器 12件。计有圜底罐2件，豆1件，釜4件，釜甑1件，平底罐3件，尖底盏1件。

圜底罐 2件。均为统一分型、式的Ab型。

Ab型 2件。其中1件可辨式别，为AbⅡ式。标本M83：6，夹砂灰褐陶，制作较规整，肩以下遍饰竖状绳纹。口径10.8、腹径20.8、高19.2厘米（图二八六，4）。

另1件式别不辨。标本M83：13，夹砂灰褐陶，颈以上残失，肩以下遍饰竖状绳纹。腹径22.4、残高16.8厘米（图二八六，3）。

豆 1件。为统一分型、式的AⅡ式。标本M83：12，夹砂灰褐陶，沿下饰凹弦纹一周。口径12.8、圈足径5.4、高6厘米（图二八七，1）。

釜 4件。均为统一分型、式的A型。

A型 4件。计有AⅢ式1件，其余3件因残甚，式别不辨。

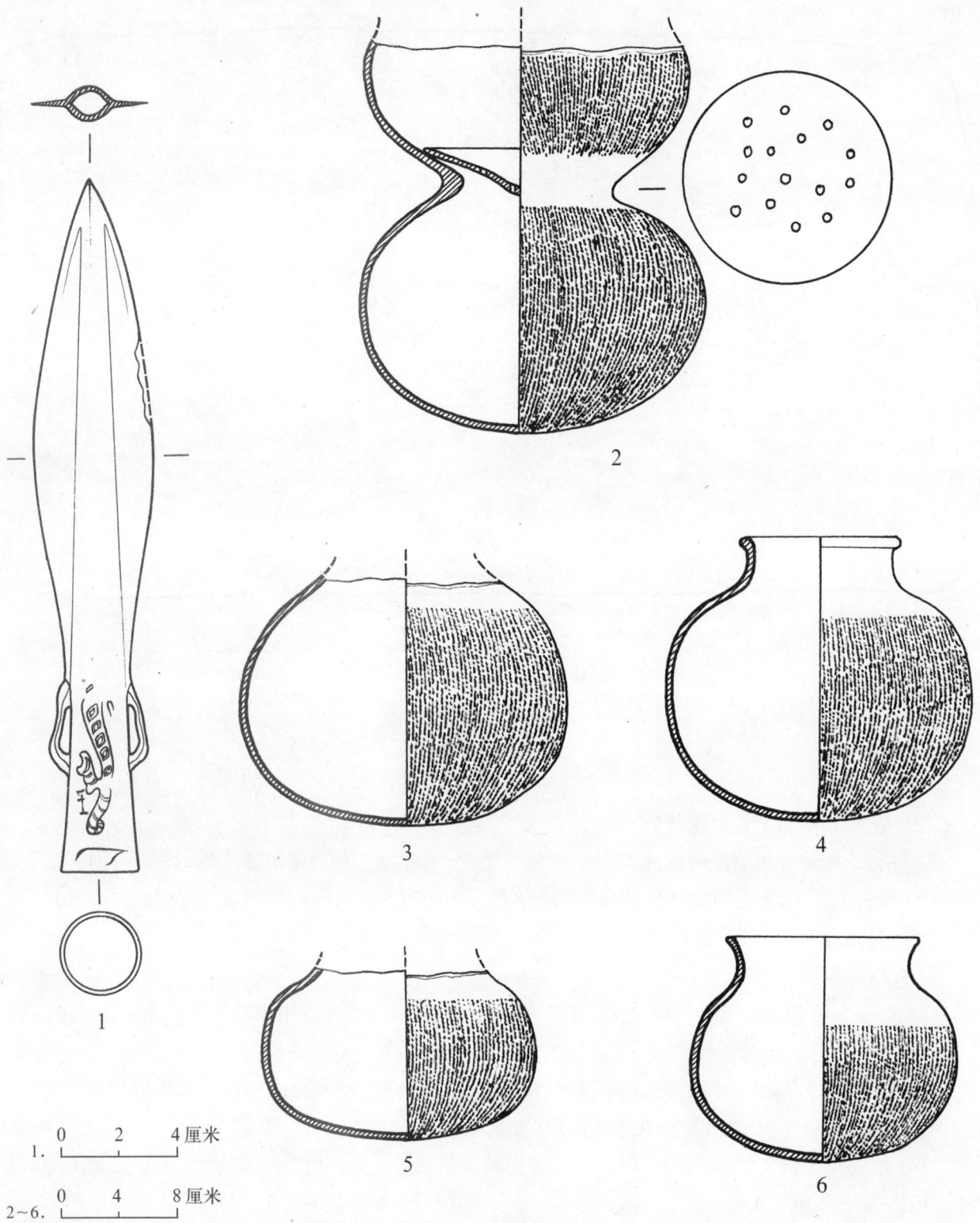

1.
2~6.

0　　2　　4厘米

0　　4　　8厘米

图二八六　M83 出土器物

1.BⅢa式铜矛（M83：1）　2.Ab型陶釜甑（M83：7）　3.Ab型陶圜底罐（M83：13）

4.AbⅡ式陶圜底罐（M83：6）　5.A型陶釜（M83：4）　6.AⅢ式陶釜（M83：3）

AⅢ式　1件。标本M83：3，夹砂深灰陶，肩以下遍饰竖状绳纹。口径13.2、腹径18、高15.2厘米（图二八六，6）。

A型　标本M83：4，式别不辨，颈以上残失，夹砂深灰陶，肩以下遍饰竖状绳纹。腹径19、残高11.6厘米（图二八六，5）。

釜甑　1件。为统一分型、式的Ab型。标本M83：7，夹砂灰褐陶，甑口部残失，圆弧腹，15孔圆形箅，釜腹圆鼓，圜底，甑腹部及釜肩以下遍饰竖状绳纹。甑腹径22.4、釜腹径23.6、箅径14、残高26厘米（图二八六，2）。

平底罐　3件。均为统一分型、式的A型。标本M83：10，夹砂褐陶，体较瘦长，圆折肩，素面。口径10、底径8、肩径17.6、高18厘米（图二八七，3）。

尖底盏　1件。为统一分型、式的Ⅱ式。标本M83：11，夹砂灰陶，素面。口径11.5、高3.6厘米（图二八七，2）。

② 铜器　仅有矛1件。

矛　1件。为统一分型、式的BⅢa式。标本M83：1，刃部有残缺，锈蚀较甚，骹口残留雷纹，骹部一面可见奔虎及"王"形符号，另一面可见奔虎纹。通长23.4、骹长6.5、叶宽4.1、骹径2.7厘米（图二八六，1；图二八八；图版二九〇）。

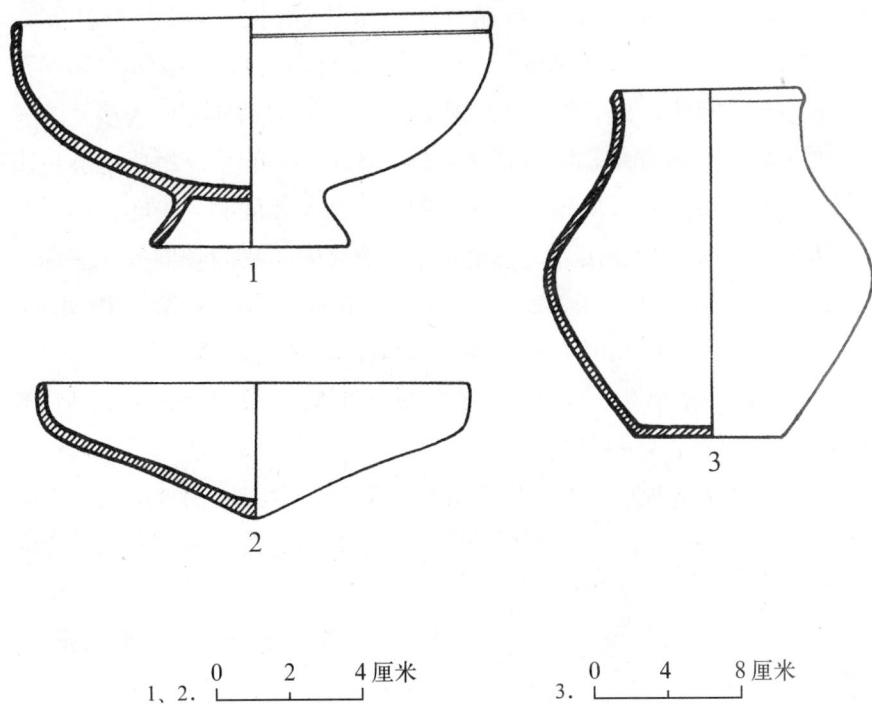

1、2. ├──┼──┤ 0　2　4厘米　　3. ├──┼──┤ 0　4　8厘米

图二八七　M83出土陶器

1. AⅡ式陶豆（M83：12）　2. Ⅱ式陶尖底盏（M83：11）　3. A型陶平底罐（M83：10）

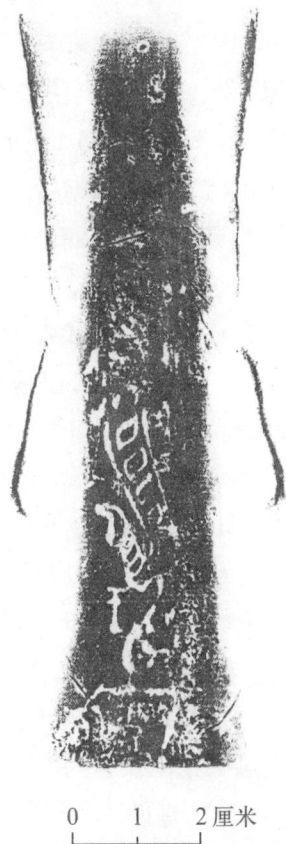

0　1　2厘米

图二八八　M83出土铜矛

（M83：1）拓片

第五章 墓葬分期与年代

第一节 分 期

什邡城关墓地墓葬排列较有规律，层位关系基本一致，打破关系只有三组（M60→M59；M94→M95；M89→M90），出土器物中有纪年意义的材料（如钱币等）亦不多。因此，对于这批墓葬只能在运用类型学方法对随葬器物进行分类和型式排比的基础上，依据各墓随葬品组合关系的差异，再结合墓葬形制并参考已有的研究成果来确定其发展序列和分期。

此外，从城关墓地已清理的98座墓葬的排列情况分析，其中的42座墓葬大致可分为19组，每组2~4座不等，多为两座一组。同组墓葬间距较近，最近的仅有0.25米，3座及4座一组的墓葬间距基本相等；同组墓葬墓向一致或基本一致，多为同排平行排列，墓葬形制绝大多数相同，不同的仅有3组；分别为M68（狭长方形土坑墓）与M69（船棺墓）；M70（船棺墓）、M71（狭长方形土坑墓）、M72（船棺墓）和M73（船棺墓）；M82（狭长方形土坑墓）和M83（近方形土坑合葬墓）。其中M68和M71正如前文所述，不排除原应为船棺墓，而且即使是狭长方形土坑墓，也是与船棺墓形制最为接近的一种墓葬形制。另外，M83虽为近方形土坑三人合葬墓，但若将其拆分为3座墓葬的话，每座墓葬也应为狭长方形土坑墓。因此，从这个意义上可以说每组墓葬的墓葬形制应是基本相同的。由此我们认为一组墓葬很可能代表了一个家庭，其下葬时间应相当接近，甚至相同，理应成为我们分期排序的标尺之一。这19组42座墓葬分别为M1、M2和M3；M4和M5；M6和M7；M16和M17；M20和M21；M29、M30和M31；M35和M36；M38和M39；M40和M41；M42和M43；M62和M63；M66和M67；M68和M69；M70、M71、M72和M73；M75和M76；M82和M83；M88和M89；M91和M92；M102和M103（图三）。

已清理的98座墓中，有89座出有随葬品，9座是不出任何器物的空墓（多因后期被扰或施工破坏）。出随葬品的89座墓中，随葬品较齐全或随葬品较少但形制清楚、能参加型式尤其是式别排比的墓葬共有80座。

依据这80座墓葬随葬品的组合关系（参见附表一、二、三），结合各墓在墓地分布中的组别异同、打破关系以及各墓的墓葬形制，将总共82座墓葬分为六期十段（参见附表一、二、三）。

第一期有墓葬8座，计船棺墓6座，狭长方形土坑墓1座，近方形土坑合葬墓1座。船棺墓中有3座共3具船棺保存较好，可辨类别，其中两具为B类船棺，一具为C类船棺。随葬器物以铜器和陶器为主，个别墓出有漆器。陶器中流行尖底器和圜底器，部分墓葬出有圈足器和平底器，以尖底盏，AI、AII式釜和C型釜为典型器。铜器中几乎全为巴蜀式兵器和工具，不少铜兵器仍保留中原及关中地区商周时期的形制特征，如 A 型（长骹）矛，Ia、Ib 式戈，BII 式剑等。此期又可分作两段，前段 2 座，后段 6 座。

前段有 M25 和 M11，以陶尖底盏，AI、CI、CII 式陶釜，A 型陶平底罐，I 式陶壶，A 型铜矛，AI 式铜凿，AaI 式、B 型铜钺，Ib、IV 式铜戈，I 式刻刀等为典型器物。

后段有 M56、M69、M70、M71、M72 和 M73，以陶尖底盏，陶器盖，AII 式、CIII、CIV 式陶釜，Ba 陶豆，BIb 式、BII 式铜矛，AII 式铜剑，B 型铜剑，Ba 型铜带钩等为典型器物。

第二期共 38 座墓葬，其中船棺墓 28 座，狭长方形土坑墓 6 座，长方形土坑墓 3 座，近方形土坑合葬墓 1 座。船棺墓中有 17 座共 19 具船棺保存较好，可辨类别，其中 7 具为 A 类船棺，3 具为 B 类船棺，9 具为 C 类船棺。随葬器物以铜器和陶器为主，出漆器的墓增多，个别墓出有铁器和石饰品。陶器以圈足器、圜底器为大宗，尖底器和平底器次之，器类中 AI 式、C 型釜和 I 式壶消失，A 型豆，A、B 型圜底罐，B 型釜，Ab 型釜甑，II 式壶，盆、钵、缶等新器类和新器形出现。铜器中以巴蜀式铜兵器和工具为主，几乎每墓必出，并且种类尤其是铜工具的种类增多。同时，巴蜀式印章和釜、釜甑、敦、盘（盆）等容器新类型出现，带钩继续流行且新出现 A 型带钩。铜兵器中 B 型钺消失，AaI 和 AaII 式继续流行，并新出现 AaIII、AaV、AbI 和 AbII 式钺。同时，A 型矛数量相对减少，而 B 型矛大量出现，并新出现 BIIIa 式和 C 型矛，V 式戈开始出现，铜剑流行 BII、BIV、AIII 和 AIV 式，其中 AIII 和 AIV 式为新器形，铜镞也开始出现。一部分铜兵器仍保留着中原及关中地区商周时期的形制特征，如 A 型矛、I 式戈等。本期分作两段，计前段 16 座，后段 22 座。

前段有 M4、M5、M22、M29、M30、M31、M32、M55、M68、M74、M75、M76、M88、M89、M90 和 M101，以 AaI、II、AbIa 式和 B 型圜底罐，器盖，A 型平底罐，尖底盏，AI、II 式、BbI 式豆，AII 式釜为典型陶器。

后段有 M1、M2、M3、M6、M7、M10、M15、M23、M27、M33、M35、M36、M40、M41、M51、M58、M82、M83、M87、M91、M92 和 M100，以 AaII、AbI、AbII 式和 B 型圜底罐，AII、III 式和 B 型釜，AI、II 式、BbI 式豆，Ab 型釜甑，II 式壶，缶等为典型陶器，仅个别墓葬出有尖底盏。

第三期共 14 座墓葬，其中船棺墓 5 座，狭长方形土坑墓 9 座。船棺墓中有 3 座船棺保存较好，均为 B 类。随葬器物仍以陶器和铜器为主，部分墓出有漆器和铁器。陶器中仍流行圜底器和圈足器，有少量的平底器，尖底器绝迹，新出现三足器。器类中 A 型平底罐、B 型圜底罐、尖底盏消失，器盖仅在个别墓中出现，AIII、IV、BbII 式豆和 D 型釜、小口瓮、鼎等器物出现，铜器中仍以巴蜀式铜兵器和工具为主，三足盆以及成组的铜璜也开始出现。铜兵器中出 V 式铜戈的墓葬比例增大，铜钺中 AaV 式出土最多，新出现 AbIII 式钺，出 A 型矛的墓数量剧减而主要随葬 BII、III 式矛，AIII、AIV、BIII 式剑较流行，但明显受中原式剑影响的 AV 式剑开始出现。同时，印章、铜容器、带钩等仍较流行。另一方面，器形上呈中原及关中地区商周时期特征的铜兵器仍有存在，如 I、II 式戈，A 型矛，BI、II 式剑等。本期可分两段，前段 6 座，后段 8 座。

前段有 M14、M16、M17、M52、M54 和 M93，以 AaII、AbI 式圜底罐，AII、III、IV、BbI 式豆，AII、III、BaI、II 式、DI 式釜，Ab 型釜甑，I 式盆等为典型陶器。

后段有 M38、M39、M45、M48、M49、M62、M63 和 M79，以 AbI 式圜底罐，AIII、IV、BbI、BbII 式豆，A、B 型釜，Ab 型釜甑，小口瓮，AI 式钵，B 型鼎等为典型器物。

第四期共 12 座墓葬，计长方形土坑墓 9 座，近方形土坑墓 1 座，土坑木板墓 2 座，船棺墓和狭长方形土坑墓双双消失。随葬品组合变化较大，虽仍以陶器和铜器为主，但出铁器的墓增多，约占本期墓葬总数的1/3，秦"半两"也开始出现。陶器中除圜底器和圈足器外，平底陶器开始增多，部分陶器流行戳记。器类中器盖、AbI式圜底罐消失，AbII、AbIII式圜底罐，AbII式、B型釜甑，BaIII式釜，大口瓮，I、II式小口瓮，A型鼎，甑、瓶等一批新器类和新器形出现。铜器中巴蜀式兵器和工具数量减少，车马器出现较多，出成组铜璜的墓也增多，新出现的器类和器形有銮铃、泡、镈、E型带钩等。铜兵器中器形呈中原和关中地区商周时期特征的现象急剧减少，I、II、III式戈和AI、II、BI、II式剑以及AaI、II、III式和Ab型钺绝迹，新出现VI、VII式戈和AaVI、VII式钺等。本期分为两段，前段7座，后段5座。

前段有M50、M65、M81、M94、M95、M97和M98，以AbII、III式圜底罐，AII、III、IV、BbII式豆，AbII式釜甑，I式大口瓮，I式小口瓮，瓶，AaVI式钺，VII式戈，巴蜀印章，銮铃等为典型器物，巴蜀式铜兵器数量相对较多。

后段有M20、M24、M59、M61和M99，以AbII、III式圜底罐，AIV豆，AIII和BaIII釜，II式大口瓮，II式小口瓮，B型釜甑，銮铃，泡，AaVII式钺为典型器物，AI、II、III式豆在个别墓中还有出现，Bb型豆绝迹。铜兵器数量减少，巴蜀印章消失，秦"半两"出现于两座墓中。

第五期有墓葬9座，分别为M21、M60、M66、M67、M77、M84、M85、M102和M103，计长方形土坑墓4座，近方形土坑墓1座，土坑木板墓1座，土坑木椁墓3座。随葬品中铜器数量大幅减少，巴蜀式铜兵器和工具几乎绝迹，但随葬铁器、漆木器和"半两"钱的墓急剧增多，约占本期墓葬总数的一半。陶器中除圜底器和圈足器外，平底陶器比例增大，部分陶器流行戳记，在AbII式圜底罐消失的同时，AbIV式圜底罐、AV式豆、III式大口瓮、II式钵、Aa型釜甑、BaI式平底罐等一批新器类和新器形出现。铜器中新出现的器类和器形计有BIV式矛、AaVIII式钺、C型和D型带钩、镜、汉字印章以及"八铢半两"等。

第六期墓葬仅M53一座，为近方形土坑墓。随葬品种类有"五铢"铜钱、铁鼎、漆器、陶器等。陶器中平底器大量出现，仅少数为圜底器。除AbII式陶釜甑和DII式陶釜在器物形制上尚带有巴蜀文化的特征外，其余器物如BaII式、Bb型平底罐，II式盆等均为纯汉式陶器。

以上六期墓葬除第六期与第五期存在一定缺环外，其余五期之间衔接较为紧密。

第二节　年　代

第一期墓葬的典型陶器尖底盏是巴蜀文化的典型陶器之一，但延续时间较长，从商末周初到战国中晚期的遗址和墓葬中均有发现。本期墓葬中所出尖底盏均无沿，腹部较浅，属尖底盏中的晚期形制，与成都中医学院[②]、成都无机校[③]、成都三洞桥青羊小区[④]、大邑五龙4号墓[⑤]、成都商业街船棺墓[⑥]等战国早期的船棺墓或土坑墓中的尖底盏、尖底盒、尖顶盖（原报告定名）形制相似。M25、M69所出C型釜与成都中医学院战国土坑墓[⑦]1号陶釜，大邑五龙4号墓III式釜[⑧]以及成都商业街船棺墓之5号棺A型圜底陶釜[⑨]相似，此型釜在成都指挥街周代遗址中的西周后期和春秋前期的地层中[⑩]多见，可知其上限可到西周后期。M25所出A型平底罐与成都指挥街周代遗址中春秋前期的AIII、AIV式平底罐[⑪]（口部似AIII式、腹部似AIV式）相似，与战国早期偏晚的成都商业街船棺墓之1号棺中所出的A型平底罐[⑫]相似；I式壶与湖北当阳赵家湖楚墓中战国早期早段的JM66：4AI式壶[⑬]相似；AaI式铜钺及M11所出AI式铜凿分别与春秋战国之际的成都白果林小区四号船棺M4：17铜钺和C型铜凿[⑭]相似；BIII、BIV式剑又与成都中医学院战国早中期之际的土坑墓中所出I式剑[⑮]相似。综上所述，我们认为把第一期墓葬的年代定在战国早期，即公元前5世纪末至公元前4世纪初较为适宜，前段为战国早期早段，上限有可能到春秋战国之际，后段为战国早期晚段。

第二期墓葬中，M7所出B型圜底陶罐与巴县冬笋坝战国中期晚段的船棺墓M8：4陶釜（原报告定名）[⑯]以及蒲江战国中期船棺墓M1：5和M2：42I式束颈罐（原报告定名）[⑰]相似；各墓所出I式陶器盖以及BbI式陶豆均与蒲江战国中期船棺墓中之同类器[⑱]相似；各墓所出AII式陶豆与荥经南罗坝战国中晚期墓葬群中时代较早的M9：13III式陶豆[⑲]相似；AI式陶豆则与大邑五龙战国早期的4号墓中III式陶器盖（原报告定名）[⑳]相似；AII式陶釜与大邑五龙战国中期的M3所出I式陶釜[㉑]以及战国早期偏晚的成都商业街船棺墓之5号棺中所出B型圜底陶釜[㉒]相似；AaII式陶圜底罐与成都商业街船棺墓之5号棺中所出陶瓮[㉓]相似；陶缶与荥经南罗坝战国中晚期墓群中M11：38同类器[㉔]有些相似，但前者形制显得稍早。铜器中AbII、AaIII、AaV式钺，V式戈，BII、BIIIa式矛，AIII、AIV式剑，斤、削、凿，I、II式鍪以及印章等亦是四川地区战国中期墓葬中常见的铜器组合；C型矛与战国中期前段的湖南慈利石板村36号墓铜矛（M36：2）[㉕]相似。同时，本期陶器还保留了不少常见于一期的器物，如尖底盏、A型平底罐等。因此，第二期墓葬的年代应在战国中期，即公元前4世纪初至公元前4世纪末（秦入巴蜀前后），前段为战国中期早段，后段为战国中期晚段。

第三期各墓常出的典型陶器AIII式豆与战国晚期的巴县冬笋坝M4、M24、M85和M84各墓所出陶豆[㉖]相似；AbI式圜底罐也是四川地区战国晚期墓葬中常见的典型器物，与巴县冬笋坝M85、M84以及昭化宝轮院M10等战国晚期墓中所出同类器[㉗]相似；M52所出BaII式陶釜与时代为公元前3世纪上半叶的大邑五龙M2所出II式陶釜[㉘]相似；BbII式陶豆与蒲江战国中期墓葬所出同类器[㉙]相比，豆柄明显变矮，呈晚期特征。本期所出现的AV式铜剑，虽其形制基本上仍呈巴蜀式剑的风格，但已明显受到中原式剑的影响而成为改装式剑。综上所述，我们将第三期墓葬的年代定为战国晚期，下限为战国晚期中晚段，即公元前4世纪末至公元前3世纪中下叶（秦入巴蜀以后至秦统一之前），前段为战国晚期早段，后段为战国晚期中晚段。

第四期前段所出I式小口瓮与甘肃天水放马滩年代为秦统一前的秦墓M1所出III式罐（原报告定名）[㉚]相似；后段所出II式小口瓮则与湖北云梦木匠坟秦统一以后的秦墓M2所出II式小口陶瓮[㉛]相似；I、II式大口瓮分别与大邑五龙秦代土坑墓M18、M19所出I式罐和II式罐（原报告定名）[㉜]相似；几乎每墓必出的AIV式陶豆与大邑五龙秦代土坑墓M19所出I式豆[㉝]相似；M20和M65所出陶甑又与大邑五龙M19所出陶盆[㉞]形制接近，只是后者底部无箅孔而已；M50所出VII式铜戈及E型带钩亦与大邑五龙M19所出同类器[㉟]相似；M61及M99所出4枚"半两"钱，从形制、大小和字体观察均不同于汉"半两"，而为秦钱。综上分析，推断第四期的年代应为战国末期至秦代，前段为战国末期，后段为秦代，即公元前3世纪中下叶至公元前3世纪末。

第五期墓葬中木椁墓形制趋于规范、成熟，铜工具绝迹，铜兵器数量绝对减少，且BIV式矛、AaVIII

式钺和 C 型剑首已非巴蜀式兵器范畴，平底陶器、漆木器、铁器使用普遍。另一方面，在随葬陶器中圜底器仍占有一定比例，不少器物与第四期同类器有相当紧密的演变关系，如 Ab 型圜底罐、A 型豆、大口瓮等，因此两期时代衔接当较为紧密。随葬品中，II式陶钵、BaI式陶平底罐、AV式陶豆、AbIV式陶圜底罐、漆盘、木器、铜弦纹素镜、铁錾等均是四川地区西汉早期墓葬中的常见器物。M21、M77、M84、M85 和 M103 所出铜"半两"钱，除 M77、M84 出有 4 枚秦"半两"外，其余皆系吕后二年所铸"八铢半两"，亦未见"四铢半两"和"五铢"。据上述分析，第五期墓葬的年代当在西汉早期，即公元前 2 世纪上半叶。

第六期仅 M53 一座墓葬，从总体上看，其随葬品与第五期墓葬的随葬品相比较，在时代上有一定缺环，除个别陶器在形制上尚存些许巴蜀式陶器的余韵以外，其余均为汉式陶器，BaII式、Bb型平底罐及 DII式釜，II式盆均常见于西汉中晚期的墓葬当中，所出 I、II式"五铢"钱币，根据《洛阳烧沟汉墓》报告[⑧]，为武帝和昭、宣时期所铸。因此，M53 应属西汉中期偏晚的墓葬，即公元前 1 世纪中下叶。

以上是 82 座墓葬的分期和年代分析，剩余 16 座墓中有 6 座是空墓，另 10 座因随葬器物过于残损，不辨器类或不能定其式别而未作分期和较细致的年代分析。这 16 座墓中，有 10 座为船棺墓，5 座为狭长方形土坑墓，1 座为近方形土坑墓。根据六期划分中 82 座墓葬的墓葬形制演变规律，可将 10 座船棺墓和 5 座狭长方形土坑墓的年代笼统定为战国时期。M19 的年代或在战国，或在西汉中晚期，但因四川地区近方形土坑墓的年代多为汉代，战国时期的近方形土坑墓极为少见，尤其是考虑到什邡城关墓地战国时期仅有的两座近方形土坑墓（M25 和 M83）又均为合葬墓的情况，故将 M19 的时代定为西汉较为妥当（参见附表一）。

第六章　结　语

什邡城关战国秦汉墓葬均属中小型墓葬，但因延续时间较长，墓葬形制复杂，随葬器物较丰富，文化因素多样，这就为四川地区战国、秦汉时期的墓葬，尤其是船棺葬制的研究、巴蜀文化的研究以及什邡地方史的研究提供了许多新的材料。

第一节　墓葬形制反映的问题

什邡城关墓地墓葬形制复杂多样，我们认为至少反映了以下三个方面的问题。

一　时代差别

在城关墓地的六类墓葬中，船棺墓不仅数量最多，而且也是最早出现和最早消失的墓葬形制之一。在战国早期的8座墓中，船棺墓就占了6座，其余两座分别为狭长方形土坑墓和近方形土坑合葬墓（不是严格意义上的近方形土坑墓）。到了战国中期，除战国早期出现的船棺墓、狭长方形土坑墓和近方形土坑合葬墓（仅M83合葬墓1座，也不是严格意义上的近方形土坑墓）继续流行以外，还新出现了长方形土坑墓，但仍以船棺墓占绝大多数。在此期的38座墓中，船棺墓就有28座，而且船棺的形制也变得复杂多样，除继续使用战国早期出现的B类（3具）和C类（9具）船棺以外，还新出现了7具A类船棺，占战国中期能够分类的船棺总数的近40%。因此，这一时期可以视为船棺葬这一特殊墓葬形制的繁荣时期。至战国晚期，开始盛行狭长方形土坑墓，船棺墓则走向衰落，本期14座墓葬中，狭长方形土坑墓就占了9座，船棺墓则只有5座，其中3具能分类的船棺均为B类。到战国末期至秦代，长方形土坑墓开始盛行，本期12座墓葬中长方形土坑墓就有9座，与此同时，船棺墓和狭长方形土坑墓双双消失，代之以土坑木板墓（2座）和严格意义上的近方形土坑单人葬墓（1座）。到西汉时期，除继续流行长方形土坑墓和近方形土坑墓外，土坑木板墓和土坑木椁墓也开始盛行，属于这一时期的10座墓葬中就有4座为土坑木板墓和土坑木椁墓。以上六类墓葬形制反映出来的时代差异和每类墓葬形制的出现、发展以及部分墓葬形制的消亡过程（见下表），同四川其他地区尤其是成都平原同时期的墓葬形制演变情形也是大致吻合的。

战国至西汉墓葬演变过程

（战国早期）船棺墓、狭长方形土坑墓、近方形土坑合葬墓→（战国中期）船棺墓、狭长方形土坑墓、长方形土坑墓、近方形土坑合葬墓→（战国晚期）狭长方形土坑墓、船棺墓→（战国末期至秦代）长方形土坑墓、土坑木板墓、近方形土坑墓→（西汉）长方形土坑墓、土坑木椁墓、近方形土坑墓、土坑木板墓（参见附表二）。

二　族属差别

从前文所述可知，什邡城关墓地六类墓葬形制，或出现、或盛行、或消失的时代有异同以外，它们之间还存在彼此共存的关系，其中船棺墓与狭长方形土坑墓以及战国中期的长方形土坑墓的共存关系尤其引人注目。如狭长方形土坑墓，其出现和消失的时代均与船棺墓相同，两者共存了较长的一段时间。在共存的时期内，早期（战国早、中期）以船棺墓为主，晚期（战国晚期）则以狭长方形土坑墓为主流，到战国末期双双消失。在战国中期，长方形土坑墓与狭长方形土坑墓以及船棺墓共存，墓葬形制虽然不同，但其随葬品的多寡、种类和同类器的形制在共存时期内却完全相同，而且演变轨迹一致，狭长方形土坑墓甚至在墓坑形制以及随葬品的放置情形方面都与船棺墓极为相似，显然狭长方形土坑墓在刻意模仿船棺墓，仅保存着不用葬具的习俗。因此我们认为，这些共存时间较长、等级相同、又拥有完全相同的随葬品组合以及完全相同的器物演变轨迹的不同形制的墓葬，应分属不同的族属，尤其是不同的族源。

三　贫富差别

什邡城关墓地船棺墓中 28 具保存较好的船棺分为 A、B、C 三类，以 A 类制作最为讲究，形体巨大，舱、舷具存且深；B 类制作较为粗糙，浅舱矮舷，有的舱、舷部分仅作象征性的制作，形制也多较 A 类轻小；C 类形制更为简陋、轻小，尤其是棺体显得更窄，平舱无舷。排除被盗和基建破坏的因素，A 类与 B、C 两类船棺在随葬品尤其是铜器的有无和多寡上悬殊较大。A 类船棺墓中，除 M32 因早年被盗，M44 因遭基建严重破坏随葬品较少以外，其余 6 座随葬品均相对较丰富且均出有铜器，铜器均在 3 件以上，其中 4 座在 8 件以上，最多的一座达 27 件（M1），这也是什邡城关墓地所有船棺墓中出土铜器最多的一座。整个城关墓地船棺墓中出印章和玛瑙的墓亦为 A 类船棺墓（M33）。而 B、C 两类船棺墓随葬品相对较少，有 6 座（B、C 类各 3 座）未出铜器，铜器最多的只有 9 件，有 9 座在 3 件以下，20 座 B、C 类船棺墓总共只出土了 37 件铜器，而 A 类船棺墓仅有 8 座却出土了 67 件铜器。由此可见，以上三类船棺无论在船棺形制的大小以及制作的讲究程度、档次方面，还是在随葬品尤其是铜器数量的多寡方面都明显呈现出不同的等级。因此我们认为，这三类船棺的形制差异除时代因素所致以外，在相当程度上亦体现了等级与贫富的差异。

其余 26 具未能分类的船棺中，有 4 具出土铜器在 10 件以上，分别为 M90-2（10 件），M101（11 件），M14（12 件）和 M90-1（25 件），而这 4 具船棺的墓坑长 4.95～6.84 米不等，其中 3 座在 6.4 米以上，宽度在 0.75～1.2 米之间，其中 3 座在 0.8 米及其以上。从墓坑的大小分析，这 4 具船棺的墓坑与 A 类船棺墓坑相同或相当接近，很可能原来就是 A 类船棺墓，故随葬铜器较多，这再次从侧面旁证了我们的上述论断。

第二节 文化因素的分析

什邡城关墓地从战国早期延续至西汉中晚期，其墓葬形制、随葬品的组合及器物特征所表现出来的文化因素因时代的不同而各异。

战国早期的8座墓葬以船棺墓为主，而船棺墓是战国时期巴蜀文化最具代表性的墓葬形制。8座墓葬的随葬品组合及器物形制亦主要表现为晚期巴蜀文化因素，如小口圜底的A型陶釜、成套的巴蜀式铜兵器和工具等。另一方面，早期巴蜀文化的因素在此期间仍得到继承和延续，如陶尖底盏、A型平底罐等。此外，个别器物如I式陶壶明显呈现楚式陶器的风格，B型铜钺带有滇文化韵味。因此，本期墓葬当属融合了少量楚文化及滇文化因素的巴蜀文化墓葬。

至战国中期，墓葬形制较为复杂，但仍以船棺墓为主，而且船棺的形制亦呈多样化的趋向。随葬品中除陶壶、陶缶、铜敦、C型铜矛等少数器物呈楚式风格，铜瓶形饰具石棺葬文化特点以外，其余陶器如小口圜底的Aa型圜底器、A型釜、大口浅腹圜底的B型釜、釜甑、喇叭状矮圈足的A型豆、B型钵、器盖等，以及大量出现的成组铜兵器、工具、印章、鍪、釜、釜甑等，均为晚期巴蜀文化的典型器物。因此，本期墓葬主体文化因素仍为晚期巴蜀文化，而且无论是船棺形制的多样化、制作的成熟化、规范化，还是铜兵器、工具的大量涌现以及印章、釜、釜甑等新铜器种类的出现都证明晚期巴蜀文化在本期达到了空前的繁荣。

至战国晚期秦入蜀以后，船棺墓走向衰落，盛行狭长方形土坑墓，个别铜器如AV式剑开始呈现出中原式剑的某些风格；至战国晚期中晚段铜兵器和工具的数量开始减少，但随葬品在总体上仍保持着晚期巴蜀文化的特征，而且同类器按原有的轨迹继续演变，楚式陶壶继续存在，可见这时期秦文化的影响还不是很大。

到了战国末期至秦代，船棺墓及狭长方形土坑墓完全消失，秦式陶器（I、II式小口瓮）及秦"半两"也开始出现，至秦统一以后，各墓所出巴蜀式铜兵器和工具急剧减少。但另一方面，可视为船棺葬俗的延伸或变异的仍具有巴蜀文化因素的土坑木板墓开始出现，在随葬陶器方面，巴蜀文化因素虽有所减弱但仍占据主导地位，而且在前期的基础上继续演变，具有巴蜀文化特色的新器类还有出现，如大口瓮等，个别墓仍出现楚式陶壶。

至西汉前期，巴蜀式铜兵器和工具几乎完全绝迹，汉式的陶钵（AII式钵）、平底罐开始出现，但占主体的陶器如AbIII、IV式圜底罐，AIII、BaIII式釜，Aa型、Ab型釜甑，AIV、V式豆，大口瓮等仍为典型的晚期巴蜀文化器物，楚式陶壶在个别墓中仍有出现。

到西汉中晚期，所出器物除个别在形制上仍保留晚期巴蜀文化的某些特征以外，汉式陶器已占据主导地位。

综上所述，我们认为什邡城关墓地应属同一文化系统，即巴蜀文化系统。虽然从战国早期到西汉中晚期一直都存在着如楚、滇、秦以及石棺葬等种种外来文化或强或弱的影响，尤其是秦灭巴蜀后，更由于秦统一以后所带来的中原文化（主要是秦文化）对巴蜀文化的强烈冲击，巴蜀文化的铜器群变化和消失较快，但各墓中的随葬陶器从早到晚都顽强地保持着巴蜀文化的基本特色，并按原有的轨迹自成系统地发展、延续着，其衰退、消亡的过程也是渐进的，直到西汉中晚期才进入尾声。

第三节　族属问题

　　什邡城关墓地98座墓葬虽同属巴蜀文化系统，但正如我们在前所述，战国时期的船棺墓、狭长方形土坑墓以及长方形土坑墓主人很可能在早年属不同的民族，亦即族源不同，原住地很可能也不相同，经过一段时间的杂居以后在物质方面（主要表现在随葬品方面）已完全趋同，同属巴蜀文化系统，同用一个墓地，而在宗教信仰方面（反映在是否使用船棺的葬俗方面）仍保持了各自民族原有的特点。在这三种墓葬形制中，以目前的资料来看，船棺墓在数量上要大大多于同时期的狭长方形土坑墓和长方形土坑墓（船棺墓49座，狭长方形土坑墓21座，长方形土坑墓3座），如将狭长方形土坑墓中少部分可能原为船棺墓的墓葬[⑤]（如M68和M77）加上去的话，船棺墓的数量就更多了。因此我们认为，船棺墓主人可能系什邡土著居民，狭长方形土坑墓和战国时期的长方形土坑墓则可能为移民之墓。

　　什邡地处古蜀族地域的中心地带——成都平原，这一地域河流纵横，水网密布，便于泛舟行船，这也难怪什邡城关墓地出土的10件车马器全都出自非船棺墓中。成都平原一带曾先后发现了多处战国时期的船棺墓或船棺葬具，如成都、新都、郫县、彭县、大邑、蒲江、绵竹等地，除新都马家木椁墓（葬具为船棺）为中大型墓葬外，其余均属中小型墓葬，但2000年成都市商业街蜀王家族墓地的大型战国船棺、独木棺墓葬[⑥]的发现，更是明白无误地说明船棺当是战国时期古蜀族上至王公贵族，下至平民百姓的最为重要和最为流行的葬具，船棺葬俗亦成为战国时期蜀国地域最为普遍的葬俗之一。因此，我们认为什邡城关墓地49座船棺墓当属蜀人墓葬。至于与船棺墓同时期共存的狭长方形土坑墓和长方形土坑墓，则可能是几乎全盘接受了蜀文化但在精神文化的核心领域——丧葬习俗方面仍保留着固有宗教信仰的非原住民、非蜀族墓葬，这种现象表明战国时期蜀地的民族成分是非常复杂的。

　　什邡城关墓地是四川省战国至秦汉时期的重大考古发现，它集中展示了战国早期至西汉中晚期成都平原的考古学文化面貌和发展序列，其集中发现的49座船棺墓群更是我国迄今为止于一地所发现的数量最多、时代跨度最长、文化内涵最丰富、地方特色最浓厚的船棺葬群，从不同角度反映了战国时期蜀国在各方面的发展状况和文化面貌。

注　释

① 四川省文物考古研究所、什邡市文物管理所《什邡市城关战国秦汉墓葬发掘报告》，《四川考古报告集》，文物出版社，1998年。

②⑦⑮ 成都市博物馆考古队《成都中医学院战国土坑墓》，《文物》1992年第1期。

③ 四川省文物管理委员会《成都战国土坑墓发掘简报》，《文物》1982年第1期。墓葬年代原报告定为战国中期。

④ 成都市文物管理处《成都三洞桥青羊小区战国墓》，《文物》1989年第5期。墓葬年代原报告定为战国时期。

⑤⑧⑳㉑㉘　四川省文物管理委员会、大邑县文化馆《四川大邑五龙战国巴蜀墓群》，《文物》1985 年第 5 期。

⑥⑨⑫㉒㉓㊲　成都市文物考古研究所《成都市商业街船棺、独木棺墓葬发掘报告》，《成都考古发现（2000）》，科学出版社，2002 年。

⑩⑪　四川大学博物馆、成都市博物馆《成都指挥街周代遗址发掘报告》，《南方民族考古》第 1 辑。

⑬　湖北宜昌地区博物馆、北京大学考古系《当阳赵家湖楚墓》，文物出版社，1992 年。

⑭　罗开玉、周尔太《成都白果林小区四号船棺》，《成都文物》1990 年第 3 期。

⑯㉖㉗　四川省博物馆《四川船棺葬发掘报告》，文物出版社，1960 年。

⑰⑱㉙　四川省文物管理委员会、蒲江县文物管理所《蒲江县战国土坑墓》，《文物》1985 年第 5 期。

⑲㉔　荥经严道古城遗址博物馆《四川荥经南罗坝村战国墓》，《考古学报》1994 年第 3 期。

㉕　湖南省文物考古研究所、慈利县文物保护管理研究所《湖南慈利石板村 36 号战国墓发掘简报》，《文物》1990 年第 10 期。

㉚　甘肃省文物考古研究所、天水市北道区文化馆《甘肃天水放马滩战国秦汉墓群的发掘》，《文物》1989 年第 2 期。

㉛　云梦县博物馆《湖北云梦木匠坟秦墓》，《文物》1992 年第 1 期。

㉜㉝㉞㉟　四川省文物管理委员会、大邑县文化馆《四川大邑县五龙乡土坑墓清理简报》，《考古》1987 年第 7 期。

㊱　中国科学院考古研究所《洛阳烧沟汉墓》，科学出版社，1959 年。

附表一

什邡城关战国秦汉墓葬登记表

期别	段别	年代	墓号	方向	墓室（长×宽-深）厘米				木椁墓	木板墓	葬具			葬式	随葬品							备注
					船棺墓	狭长方形土坑墓	长方形土坑墓	近方形土坑墓			船棺	木板	木椁		陶器	铜器	钱币	漆木器	铁器	玉器	玛瑙料器	
一	前段	战国早期早段	M11	80°~260°	730×110-30						B类				尖底盏I3	凿AI						
			M25	65°~245°				340×220-35							尖底盏I5、II5、豆Bb、釜AI2、CI、CII、壶I、平底罐A2、壶盖	矛AI、AIIa、AII b、剑BIII2、BIV、戈Ib2、IV2、钺AaI、AaII、B、刻刀I						双人合葬
			M56	40°	残300×70-30						∨				尖底盏II、釜A4							
	后段	战国早期晚段	M70	85°~265°	475×70-30						B类				器盖	矛BII、B、剑BIII						
			M71	85°		残275×55-20									豆Ba3、残陶器2	残铜片						
			M72	85°~265°	565×70-30						C类					矛AIIa、BII、B、剑、戈Ia、钺AbI、鉴II						
			M73	85°	残360×72-25						∨				圆足器			漆痕				
			M69	65°	残470×95-50						∨			仰身直肢	尖底盏I、釜AII2、CIII2、CIV2、残陶器	矛BII、剑AII、B、带钩BaI、Ba II						桃核
二	前段	战国中期前段	M68	70°~250°		残390×100-35					C类				圆底罐AaI、AaII、釜AII	矛BIa						
			M29	87°~267°	475×60-35						C类											
			M30	87°~267°	620×70-50						C类					戈IIIb						
			M31	87°~267°	485×65-45						C类				圆底罐AaII、釜Bb	戈IIIa						
			M4	70°	600×90-52						∨				圆底罐AaI、B、豆AI2、AII2、BbI、器盖	戈IIIa						
			M5	80°~260°	残105×80-20						∨					刻刀II、带钩Ba II、镶A						头向东
			M22	24°~204°			395×155-15								圆底罐AaI2、AaII3、B、豆AI2、AII3、BbI4、釜AII、B	矛BIa、BII、钺AaVa、鉴I			削IV			
			M55	105°~285°	560×80-75						B类				豆AI	凿AI、龙形饰						
	后段	战国中期晚段	M32	80°~260°	860×115-105						A类					刻刀II						棺底下有一层厚10厘米的青灰青泥
			M74A	75°			520×106-25								尖底盏I、豆AII、A、Ba4、平底罐、器盖I、陀螺饰、残陶器	矛C、剑BII2、残铜片				石串饰2		上下层同穴合葬

续附表一

期别	段别	年代	墓号	方向	船棺墓	狭长方形土坑墓	长方形土坑墓	近方形土坑墓	葬具船棺	葬式	陶器	铜器	漆木器	备注
		战国中期前段	M74B	75°		520×90-30					尖底盏I₃、平底罐A2、圆底罐AbIa、器盖I₂	矛AI、剑IB II₂、B III、戈Ia、IIIa、Va、钺AaI、斤II、III、凿AI、Ba、雕刀B、刻刀I、敦		上下层同穴合葬墓
			M75	85°	520×80-50				C类		圆底罐、纺轮、残陶器	削		
			M76	75°~255°	615×120-40				A类		圆底罐Ab	矛AI、戈IIb、钺AbI		兽骨、带椁坑
			M90-1	260°	640×75-35				V		尖底盏II₂、圆底罐AbIa、Ab2、器盖2、残陶器	矛AI、AIIa2、BIb、BII₂、BIII a2、剑AII、BII₂、戈Ib、IIa、IV、Vb、钺AbI、凿AI、C、雕刀B、斤I、刀、刻刀I、B、鏊II	漆痕2	三棺合葬
			M90-2	260°	495×80-35				V		平底罐A2、圆底罐器	矛BII₂、剑II₂、戈Ib、IV、Vc、钺AbI、凿II、鏊耳		
			M90-3	260°	残370×92-35				V		圆底罐AbIa、Ab、残陶器			
			M88	260°		残360×112-20				侧身屈肢	尖底盏I₂、II₃、器盖I、平底罐Ab	剑BIII、BIV、戈Ib、钺AaII		
			M89	80°~260°			546×115-40				尖底盏II₂、平底罐A2、圆底罐Ab、器盖I、缶	鏊II		
			M101	85°	660×120-25				V		釜II A	矛AIIa、A、BIa、剑IB II、AaII、戈IIa、钺AbII、AII、带钩AIb、AII、削B	漆盒、漆皮	
		战国后段	M35	100°~280°	740×95-30				B类			带钩AIVa		
			M36	90°~270°	580×85-45				V		圆底罐Aa4、豆A、釜B	钺AaVa、削AbIII、鏊II、残铜片	漆皮	
			M6	86°~265°	666×90-62				B类		圆底罐AaII、Bb、釜B	刻刀II、带钩AIa		
			M7	86°~266°	628×80-85				A类		圆底罐AaII、金罍Ab2	矛AIIa、BII₂、剑A AaVa、戈IIIa、斤I、锯B、鏊II		头向东
		战国晚段	M10	276°				360×150-30		合葬仰身屈肢	圆底罐AaII、AI、AII4、BbI、釜AII、AIII、Bb、器盖I	矛AIIa、剑AII、钺IIIa3、斤III、AaVa、削Aa、AbI、鏊II₂、盘、金罍B、巴蜀印章Aa2		男女合葬均下肢弯曲

续附表一

期别	段别	年代	墓号	方向	墓室（长×宽-深）厘米						葬具				随葬品							备注
					船棺墓	狭长方形土坑墓	长方形土坑墓	近方形土坑墓	木椁墓	木板墓	船棺	木板	木椁	葬式	陶器	铜器	钱币	漆木器	铁器	玉器	玛瑙料器	
二期	后段	战国	M23	50°	730×80~110-55						A类				圜底罐Aa II、釜A、釜甑Ab I	矛B II3、B III a、戈I、III、钺Aa Va						头向东
			M33	60°~240°	640×105~40						A类				圜底罐Aa2、釜甑Ab、盆I、残陶器	矛A II a、巴蜀印章B2、双鱼饰、猪形饰、旗形饰、瓶形饰、残铜片		漆盒（?）、木矛柲			玛瑙珠	
			M27	95°~275°	490×110-40						A类				豆A II、釜甑Ab2、残陶器2	矛B II、剑III a、A2、顶形饰						
			M15	27°		残120×50-15									豆A II2、A2							
			M51	110°~290°			残400×150-65							V	圜底罐Aa、壶II3	钺Aa Vb、凿II						下肢直肢
			M40	55°	450×50-30									V	圜底罐Aa2	削II						
			M41	50°~230°	560×90-47									V	圜底罐Ab Ia、豆A II、Bb、壶、钵A							带棺坑
			M58-1	45°~225°	400×50-45						C类				圜底罐Aa	削A						双棺合葬
			M58-2	45°~225°	485×50-40						C类											
	晚段		M1	80°~260°	755×110-85						A类				圜底罐Aa II、豆Bb、器盖I、缶	矛A I、A II a、B III a3、剑A III a2、戈I a2、III a、钺Aa III、Ab I、IV、凿A I、Ba、斤III、削A I、Ba、雕刀A、削Aa、Ab II、刻刀I、锯A、釜II、盘（盆）、带钩A I、A II					料珠	
			M2	86°~266°	740×84-59									V	圜底罐Aa II、豆Bb、缶	矛A II a2、B II、剑A、IV a、钺Ab II						棺底有木条1根
			M3	89°~269°	残232×60-40									V	圜底罐Ab Ib	剑A I、削C、带钩Ba II					料珠3	墓底有一层厚1厘米的黄青泥
期			M82	60°~240°	残600×115-20									V	圜底罐Ab、豆、釜2	矛B II、雕刀A						
	段		M83	240°				410×225-30							圜底罐Ab II、Ab、釜A III、A3、平底罐Aa3、豆A II、釜甑Ab、尖底盏II	矛B III a						三人合葬
			M87	110°~290°	720×109~145-30									V	圜底罐Ab2	带钩Ba II、B II、剑B		漆皮残片				
			M91	85°~265°	残495×80-40						C类				圜底罐Ab Ia2、Ab2、残陶器	矛B Ib、B II、B IV、戈I a2、钺Aa II、斤II、削Aa		漆木矛柲				

续附表一

期别	段别	年代	墓号	方向	墓室（长×宽-深）厘米 船棺墓	狭长方形土坑墓	长方形土坑墓	近方形土坑墓	木椁墓	木板墓	葬具 船棺	木板	木椁	葬式	随葬品 陶器	铜器	钱币	漆木器	铁器	玉器	玛瑙料器	备注
二期	后段	战国中期	M92-1	85°	残438×50～60-30						C类			仰身直肢	釜A	剑BII、镞Ab II						双棺合葬
			M92-2	85°	415×80-40						C类			下肢直肢	圆底罐AbIa、釜A、器盖II	矛B						
		战国晚段	M100	80°～260°		480×130-25									豆AI、II、A2、圆底罐Ab3	矛BIa2、BII、戈II、Va、镞Aa2、B、盘（盆）						
三期	前段	战国早期段	M16	33°～213°		残286×110-20									豆AII2、AIII、BbI、釜III、BaI	剑AIIIa、BIII、戈Va、镞AaVa、釜I、鍪II、残铜片						
			M17	33°～213°		残230×70-15									豆AII、AIII、A2	镞AaVa						
			M52	120°		530×105-30								仰身直肢	圆底罐AaII3、豆AI、AII、釜A、BaII	矛BIa、剑AIIIb、戈Va、Vb、镞AaVa、AbIII、釜2、鉴						双棺交置于腹部
			M54	120°～300°		500×100-30									圆底罐AaII2、AbIa3、AbIb2、BbI2、II2、AIII2、B2、釜AII	剑AV、AaVa、III、戈AbIII、削Ab II、鍪II、璜I4、巴蜀印章Ab						
			M14	206°	684×120-25						∨			下肢直肢	豆AII2、AIII2、AIV、Bb、釜AaII2、DI、釜瓿Ab、壶、盆I	矛BII3、剑AIIIb、BIII、戈IIa、Va、AaVa、DI、鍪I、带钩AIa					料珠	头向南
	后段	战国晚期段	M93	10°～190°		残350×115-35									圆底罐AbIb3、A3、豆AIII、Ab2、釜B、釜瓿Ab	矛BIa、B2、剑、镞AaVa、削AIII、釜I、鍪I						
			M38	130°～310°		残320×120-35									圆底罐AbIb、Ab2、豆BbI、BbII、釜A、B、釜瓿Ab、器盖I、II	矛AIIa、BII5、BIII、a、AIVa、AIVb、镞A、刻刀I、勺、鍪II、釜瓿A			铁锛			
			M39	130°～310°		残240×110-40									豆Bb、釜瓿AbI、鼎B2	矛BII						
			M49	112°		630×80-30								仰身屈肢	圆底罐AbIa4、豆A、II3、AIV、A2、釜BII、Bb3、小口瓮、钵AI、A	剑AIIIa、BI、戈Ic、IIIa、镞AaIV、带钩AIa、AII		漆皮残片				下肢弯曲
			M48	163°		残415×75-25					∨				圆底罐AbIa2、豆A							
			M62	71°～251°	残350×80-40						∨								V			
			M63	70°～250°	残480×80-30										圆底罐AbIa	矛BII2						
			M45	30°～210°	700×85-35						B类				壶	剑AIIIa、BII、鍪I		漆痕				

续附表一

期别	段别	年代	墓号	方向	船棺墓	狭长方形土坑墓	长方形土坑墓	近方形土坑墓	木椁墓	木板墓	船棺	木板	木椁	葬式	陶器	铜器	钱币	漆木器	铁器	玉器	玛瑙料器	备注
三期	后段	战国晚期中晚段	M79	118°	590×100-30						v				豆AII₃, BbII, A5, 釜AII₃, 釜甑Ab	矛AIIa, 戈Ib, II, 斤I, 三足盆						
四期	前段	战国末期	M65	70°~250°				残150×200-30														
			M50	115°~295°						500×172-30		v			圆底罐AbII₃, III₂, 豆AIV₃, A, BbII₂, 釜A, 甑, 纺轮	矛BIIa, B₂, 剑AIII a, 戈VI II, 钺 AaVa, 盘（盆）, 带钩Bb, E, 环, 残铜片			v			
			M81	50°~230°						365×154-20		v			釜甑AbI	削C, 銮铃			铁器			
	后段		M94	90°~180°			残420×160-40								豆AIII, IV, A6, 圆底罐Ab, 釜B	鋬II, 镞A, 残铜片						
			M95	100°~280°			500×220-30								豆AII, III₂, IV, A4, BbII, B3, 圆底罐AbII₂, Ab2, 釜甑 AbI	矛AIIa, 剑AIVb, 戈, 钺AaVI, 削AbIII, 鍪II, 釜铃3, 镞（盆）, 釜铃II, 巴蜀印章C, 残II4, 铜片						
			M97	75°			残340×160-30								圆底罐AbII₃, Ab2, 釜B, 豆AIII, AIV							
			M98	95°			430×180-40								豆AII, III₃, IV₄, A4, 圆底罐Ab6, 釜甑AbII	矛BIIa, 钺AaVa, 釜I, 釜铃, （盆）, 釜铃						
		秦代	M61	95°			残340×200-40								圆底罐AbII₂, B	矛BIa, 釜甑AbIV, 鐏, 残铜片	秦半两3					头向东
			M24	90°~270°			375×145~170-30								圆底罐AbII₂, Ab III, 豆AIV₃, 釜A, B, 大口瓮II₂, 壶	矛BIIIa						
			M20	11°~191°			残280×155-30								圆底罐AaII, Ab III, 豆AIV, 釜AIII3, BaIII, 鼎A, 平底罐	凿AII			镰			
			M59	85°			残390×145-55							仰身直肢	圆底罐AbIII, 釜A₃, Ab2, 豆AIV, 小口瓮II₂, 平底罐	矛BIa, 戈VI, 盘（盆）, 釜铃, 泡, 环			v		料珠	
五期		西汉早期	M99	85°~265°						435×120-30		v			圆底罐AIV, AII₂, AIII₂, 豆A, 釜甑AbI	戈VI, 剑AIIIb, 钺AaVb, 削, 釜铃2	秦半两				料珠	
			M60	95°~275°				513×212-27							圆底罐AbII₃, 豆AV, 釜甑AbI, 平底罐BaI		两					

续附表一

期别	段别	年代	墓号	方向	船棺墓	狭长方形土坑墓	长方形土坑墓	近方形土坑墓	木椁墓	木板墓	船棺	木板	木椁	葬式	陶器	铜器	钱币	漆木器	铁器	玉器	玛瑙料器	备注
五		西汉	M21	13°～193°			360×160-30								圆底罐AbIII2, Ab IV, 豆AIV2, AV, 釜甑Aa2, 亚	剑C	八铢半两8	漆皮残片	镶、犁、锸			
			M66	74°					390×350-40				∨		圆底罐AbIII2, AbIV2, 豆AIV4, AV3, A型釜甑A(笄), 残陶器	矛BIV, 镝A, 镞格, 残铜片		漆盘				头向东
			M67	72°					375×185～200-45				∨		圆底罐AbIII, Ab IV, AV6, 釜甑BaIII3, III, 钵AII, 平底罐	戈, 镞AaVIII		漆盘、漆奁、木几、木勺、木杖形器、木盖形器、木板形器、木竹节形器	鎏			猪下颌骨、桃核3
		早	M77	350°			残360×200-50							下肢直肢	圆底罐Ab3, 豆AIV2	带钩C	秦半两3, 八铢半两	漆盘、漆盒	铁器2			
期		期	M84	147°				320×170-20							豆AIV2, AV, 釜BaIII2, B, 大口瓮III2	带钩D, 镜	秦半两, 八铢半两3					头向南
			M85	175°～355°			420×残150-60		330×190-20				∨		圆底罐Ab2, 豆AIV, 大口瓮I, 小口瓮II, 釜甑AbII	剑C, 镞AaVII	八铢半两					
			M102	220°			残400×190-30								圆底罐AbIII, 釜甑、釜甑Ab	带钩C		漆痕	铁犁			兽牙
			M103	35°～215°				残340×240-38							圆底罐Ab2, 豆AIV, 釜AIII, 釜甑Ab	剑AV, C, 汉字印章、带钩E, 摇钱树枝	八铢半两3	漆盘、漆2、漆皮残件				
		西汉中晚期	M53	150°～330°											釜DII, 釜甑AbII, 盆II, 平底罐AbII, Bb2, 圈足器		五铢14	漆痕	鼎、铁器			
六期	未分期	战	M12	89°～269°	残410×45-20						∨											
			M28	75°～255°	510×80-25						∨											
		国	M37	95°～275°	645×115-30						B类				豆Bb, 釜Bb, 残陶器	鍪II, 残铜片2					料珠	头向东

续附表一

期别	段别	年代	墓号	方向	墓室（长×宽-深）厘米						葬具			葬式	随葬品							备注
					船棺墓	狭长方形土坑墓	长方形土坑墓	近方形土坑墓	木椁墓	木板墓	船棺	木板	木椁		陶器	铜器	钱币	漆木器	铁器	玉器	玛瑙料器	
未分期	未分	战	M42	30°~210°	残225×60-20						√											
			M43	30°~210°	残230×80-25						√											
			M44	55°~235°	残430×95-60						A类				残陶器							
			M46	10°~190°	残320×95-20						√											
		国	M57	60°~240°	510×80-45						B类				釜A₃							
			M64	142°~322°	650×80-40						V类				残陶器							
			M18	33°~213°		残215×100-35									豆A							
			M26	85°~265°		残330×90-20									釜A₄							
			M78	170°~350°		残378×110-20									圆底罐、圆底罐、残陶器							
			M80	74°~254°		320×62-20									钵A、圆底罐、残陶器							
			M86	88°~268°		残350×110-25									圆底罐、豆、釜甄A							
			M96	97°~277°	490×200-56						B类2				圆底罐Aa	削						双棺合葬
西汉期		西汉	M19	33°~213°				残350×330-30														

注：随葬品栏中阿拉伯数字为件数，未注明者为1件。铁器栏中V者表示器类不辨，1件。葬具栏中A、B、C为葬具分类，V者为未分类者。

什邡城关墓地主要墓葬主要随葬品组合分期图表

期别	段别	年代	墓号	随葬品 陶器	铜器、钱币、漆木器
一期	前段	战国早期早段	M11	I	A I
			M25	A I、C I、C II、I、A、Bb(I、II、III)、Ba	A I、A II b、B IV、B III、I b、IV、I、B、A a I、A a II
二期	后段	战国早期晚段	M70		B II、B III
			M71	Ba、Ba	
			M72		A II a、A b I、II

续附表二

期	段		M编号		
一期	后段	战国早期晚段	M69		
二期	前段		M30		
		战国中期早段	M22		
			M55		
			M74A		

续附表二

<table>
<tr><td rowspan="4">二
期</td><td rowspan="2">前
段</td><td rowspan="2">战国中期早段</td><td>M
74B</td><td></td><td>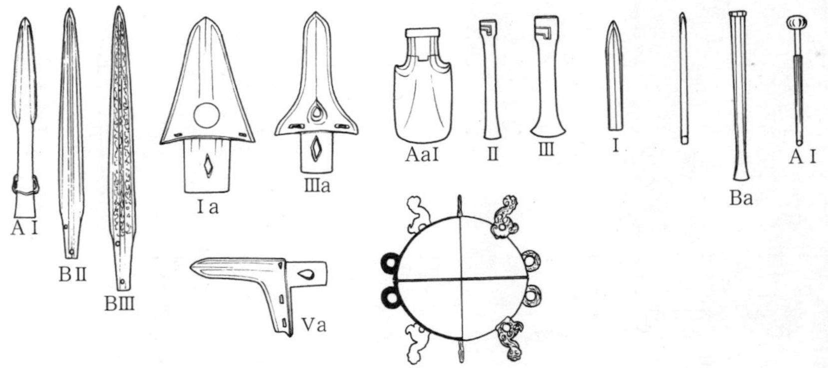</td></tr>
<tr><td>M
90−1</td><td></td><td>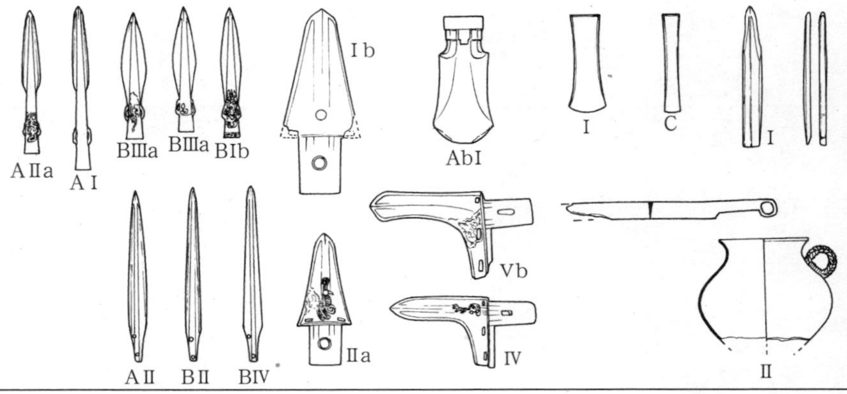</td></tr>
<tr><td rowspan="2">后
段</td><td rowspan="2">战国中期晚段</td><td>M35</td><td></td><td>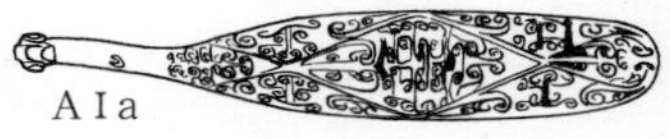</td></tr>
<tr><td>M7</td><td>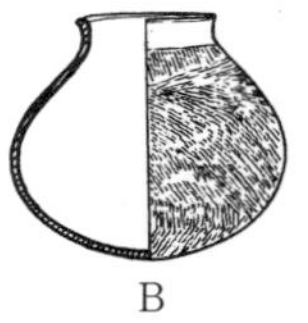</td><td>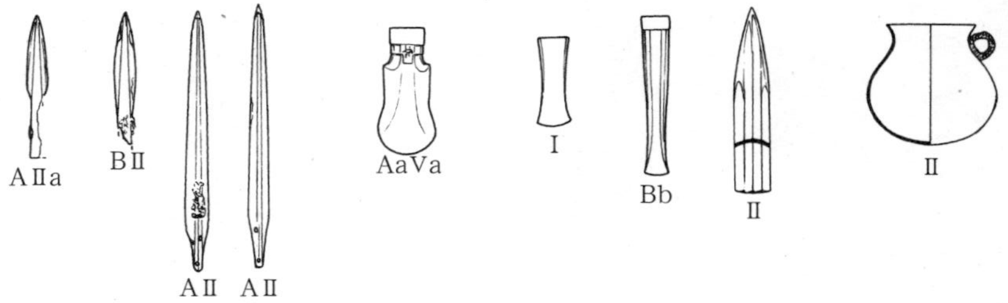</td></tr>
</table>

续附表二

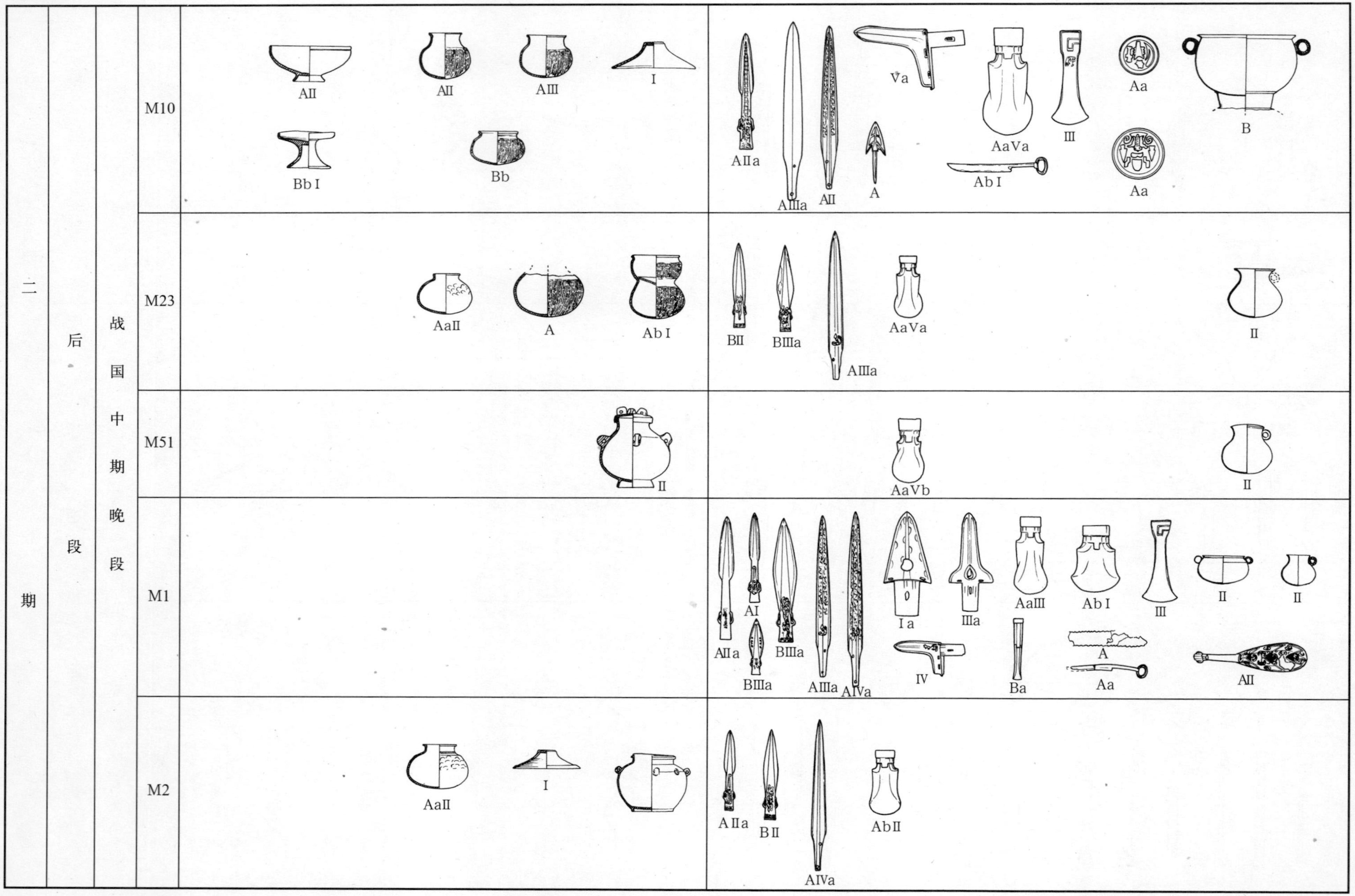
二期
后段
战国中期晚段
M10
AⅡ
AⅡ
AⅢ
I
BbI
Bb
AⅡa
AⅢa
AⅡ
Ⅴa
A
AaⅤa
AbI
Ⅲ
Aa
Aa
B
M23
AaⅡ
A
AbI
BⅡ
BⅢa
AⅢa
AaⅤa
Ⅱ
M51
Ⅱ
AaⅤb
Ⅱ
M1
AⅡa
AI
BⅢa
BⅢa
AⅢa
AⅣa
Ia
Ⅲa
Ⅳ
AaⅢ
Ba
AbI
A
Aa
Ⅲ
Ⅱ
Ⅱ
AⅡ
M2
AaⅡ
I
AⅡa
BⅡ
AⅣa
AbⅡ

续附表二

期		M83	BⅢa / II AⅡ AbⅡ AⅢ A
二期	后段	M91	Aa II AaⅡ Ia BⅠb BⅡ BⅡ BⅣ / AbⅠb
战国中期晚段		M92-1	AbⅡ BⅡ
		M100	B A Va BⅡ BⅠa BⅠa / AⅡ AⅠ
三期	前段	M52	AaVa AbⅢ Vb AⅢb BⅠa / BaⅡ AⅠ AⅡ
战国晚期早段		M54	I Ab II AaVa AbⅢ AaVa AbⅢ Va AbⅢ AV / AbⅠb AbⅠa BbⅠ AⅡ AⅢ

战国中期晚段　后段　二期　期

战国晚期早段　前段　三期　期

续附表二

三期	前段	战国晚期早段	M14	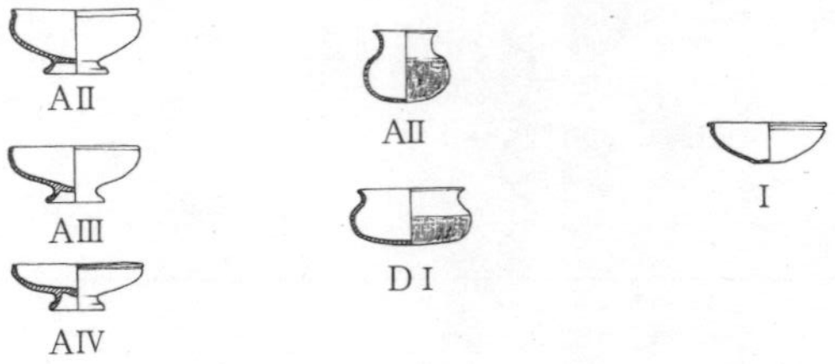 AⅡ AⅢ AⅣ AⅡ DⅠ Ⅰ	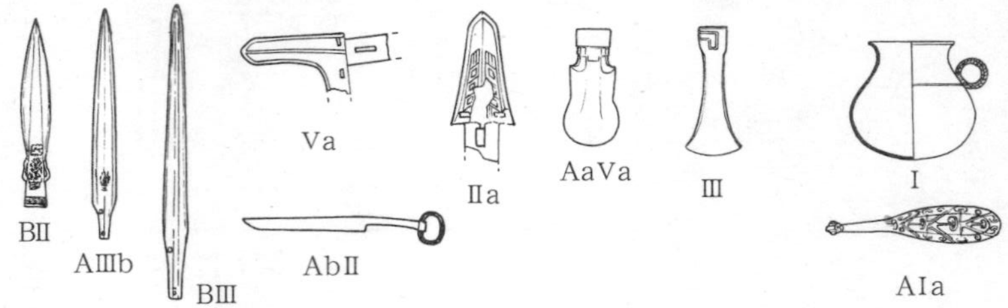 BⅡ AⅢb BⅢ Va AbⅡ Ⅱa AaVa Ⅲ Ⅰ AⅠa
			M93	 AⅢ AbⅠb	 BⅠa AbⅠ AaVa Ⅰ Ⅰ
	后段	战国晚期中晚段	M38	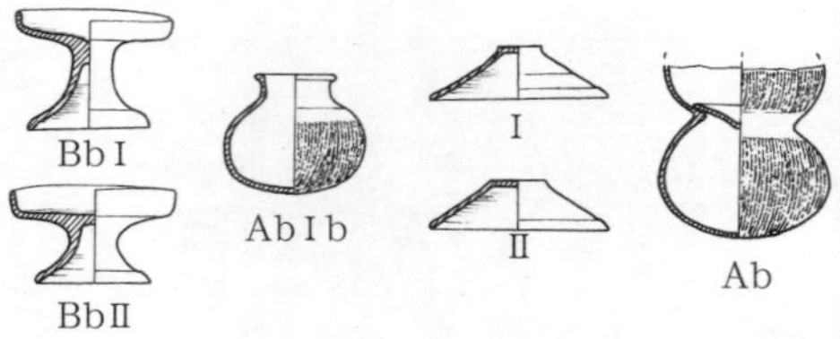 BbⅠ BbⅡ AbⅠb Ⅰ Ⅱ Ab	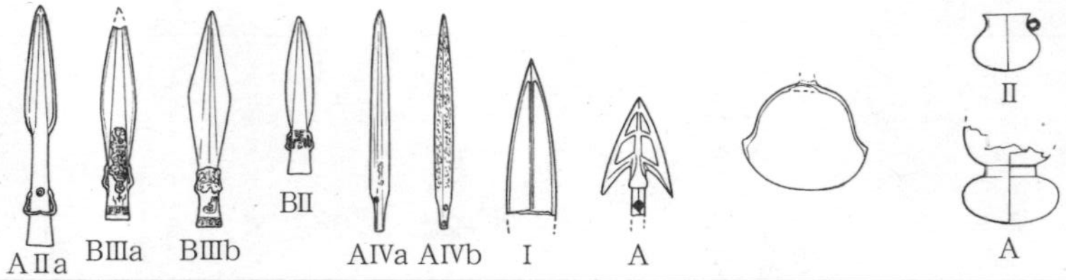 AⅡa BⅢa BⅢb BⅡ AⅣa AⅣb Ⅰ A Ⅱ A
			M49	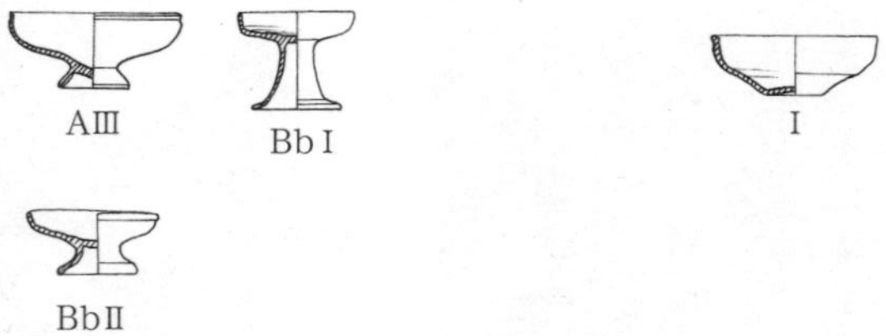 AⅢ BbⅠ BbⅡ Ⅰ	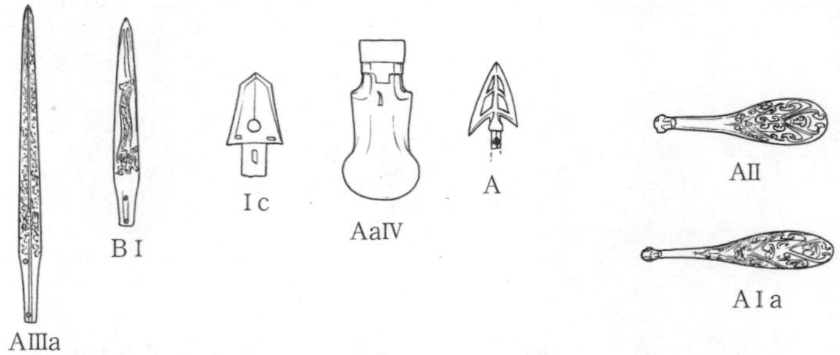 AⅢa BⅠ Ⅰc AaⅣ A AⅡ AⅠa
			M45		 AⅢa BⅡ Ⅰ

		M79	战国晚期中晚段	后　　段	三　　期
		M65			
		M50	战　国　末　期	前　　　段	四　　　期
		M95			
		M98			
		M24	秦　代	后　段	

续附表二

五 期	西 汉 早 期	M85	AIV	Ab	BaⅢ Ⅱ	I	AbⅡ	C	AaⅦ			
		M103	AIV		AⅢ			C	AV	E		
六 期	西 汉 中 晚 期	M53	Ⅱ Bb		DⅡ BaⅡ	Bb	AbⅡ					I	II

什邡城关墓地墓葬形制分期图表

附表三

期别	段别	年代	墓号	船棺墓				墓葬			土坑墓		木椁墓	木板墓
				A	B	C	V	狭长方形	长方形	近长方形				
一期	前段	战国早期早段	M11											
			M25											
	后段	战国早期晚段	M70											
			M71											
			M72											
			M69											
二期	前段	战国中期早段	M30											
			M22											
			M55											
			M32											
			M74A											
			M74B											
			M90-1											
三期	后段	战国中期晚段	M35											
			M7	A类										
			M110											
			M23											

	M51	M1	M2	M83	M91	M 92-1	M100	M52	M54	M14	M93	M38	M49	M45	M79	M65	M50	M95	M98
	战国中期晚段							战国晚期早段				战国晚期晚段				战国末期			
	后 段							前 段				后 段				前 段			
	二 期							三 期								四 期			

续附表三

	M24	M20	M59	M99	M60	M21	M66	M84	M85	M103	M53

秦 代				西 汉 早 期				西汉中晚期
后 段								
四 期				五 期				六 期

后　记

先后参加什邡城关墓地田野发掘和室内整理工作的有张才俊、李江、刘明芬、杨剑、刘章泽、张生刚、莫洪贵、代堂才、江甸潮、郑绪滔、江春贵、李灿、唐有涛、姚一平、吕明、杨能、常粒粒、刘迎九、雷雨等。前期领队张才俊，后期领队雷雨。

报告中的插图由罗泽云、黄家全绘制，拓片由敖金蓉完成，器物照片由江聪拍摄，器物修复由代兵、吴长源、敖金蓉、段家义、唐有涛、曾庆红等完成，报告由雷雨执笔。

在发掘什邡城关墓地以及整理、编写《什邡城关战国秦汉墓地》发掘报告过程中，我们得到了国家文物局、四川省文物局、四川省文物考古研究院、德阳市文化局、德阳市文物考古研究所、什邡市文化局、什邡市博物馆、什邡市文物管理所等单位的大力支持和协助。我们还得到四川省文物局何振华、四川省文物考古研究院高大伦、李昭和，德阳市文化局包育建，德阳市文物考古研究所刘章泽，什邡市博物馆刘明芬、杨剑等先生和女士们的指导和支持，他们提出了许多宝贵意见，在此一并致谢。

在《什邡城关战国秦汉墓地》发掘报告的立项、整理及编写过程中，我们得到了四川省文物局王琼、朱小南、夏阳、何振华等诸位女士和先生们的大力支持和帮助，在此特致谢意。

编者

2005 年 12 月

Abstract

From August, 1988 to December, 2002, Sichuan Province Research Institute of Cultural Relics and Archaeology and Shifang Administrative Institute of Cultural Relics successively excavated the Chengguan Burial-ground in western part of Shifang City for 23 times to avoid destruction. Altogether 98 tombs of the Qin and Han dynasty were excavated. All these 98 tombs are vertical pit tombs in the ground, which are classified into four categories according to the difference and the existence of the burial implements. Tombs of these four categories including 49 boat-coffin tombs, 3 wooden-chamber tombs, 3 coffin tombs and 43 earth-pit tombs (with no burial implements) all lie in this burial-ground.

The boat-coffin tombs can be divided into two groups: one group are single-buried tombs, while the other group are double-buried tombs. 28 of the 54 unearthed boat-coffins are well preserved and they are classified into three categories as A, B, C.

According to the ratio of the length to the width of the pit, the shapes of these tombs are divided into groups of narrow rectangular, rectangular and approximate rectangular adobe tombs.

There are 89 tombs unearthed with 1096 burial accessories in all, among which there are 571 earthenware, 424 bronze ware, 16 iron ware, 29 lacquer ware, 9 agate mixers, 2 stone decorations, 38 coins, 3 animal bone (tooth) articles, and 4 pit articles. The "Bashu-style" earthenware, bronze weapons, bronze tools and bronze seals in them are of the largest number and with the specific local characteristics.

To be more completed, this report, based on the analysis, classification and summary of the Chengguan Burial-ground, introduced the 75 well-preserved tombs one by one according to the burial structure, burial implement, burial design, location of the remains, and burial accessories in details. Altogether 35 boat-coffin tombs, 3 coffin tombs, 3 wooden-chamber tombs and 34 earth-pit tombs.

The tombs in Chengguan burial-ground belonged to 6 different phases. The earliest tombs were in the early period of the Warring States, the seconds ones in the middle period of the Warring States, the third ones in the late period of the Warring States, the fourth ones from the late period of the Warring States to the Qin and the Han Dynasty, the fifth ones in the early period of the West Han Dynasty, and the sixth ones in the late of the middle period of the West Han Dynasty.

The tombs in Chengguan burial-ground, though complicated and diversified in structure due to the difference of time, wealth and ethnic groups, were part of the Ba-Shu culture. The 49 boat-coffin tombs in the Warring States Period were the tombs of the Shu Nationality, while the narrow rectangular adobe tombs and the rectangular ones that were at the same time of the boat-coffin tombs, probably belonged to the Non-Shu Nationality who had totally accepted the Shu culture. This phenomenon indicates the complication of the ethnic groups in Shu Territory during the Warring States Period.

The discovery of Chengguan Burial-ground in Shifang city is a significant and important archaeological discovery of the Qin and Han Dynasty in Sichuan Province. It reveals the archaeological and cultural features and the developing orders in Chengdu Plain from the early Warring States Period to the middle and the late West Han Dynasty. The group of boat-coffin tombs, made up of 49 boat-coffin tombs unearthed here, are of the largest number, of the longest span of time, of the richest culture and of pronounced local features, which reflects the development in many aspects and cultural features of Shu Territory during the Warring States Period.

图版一　什邡城关墓地位置示意图

图版二　什邡城关墓地出土船棺

图版三 什邡城关墓地出土船棺

图版四 什邡城关墓地出土船棺

图版五　什邡城关墓地出土 A、C 型铜矛

图版六　什邡城关墓地出土 B 型铜矛

图版七　什邡城关墓地出土铜剑

图版八　什邡城关墓地出土铜剑

图版九　什邡城关墓地出土铜戈

图版一〇　什邡城关墓地出土铜钺

图版一一　M1 发掘情形

图版一二　BⅢa 式铜矛（M1：26）

图版一三　AⅡa 式铜矛（M1：25）

图版一四　BⅢa 式铜矛（M1：24）

图版一五　BⅢa 式铜矛（M1：16）

图版一六　AⅢa式铜剑（M1：1）　　　图版一七　AⅣa式铜剑（M1：4）　　　图版一八　AⅣa式铜剑（M1：2）

图版一九　Ⅰa式铜戈（M1：5）　　　图版二〇　Ⅲa式铜戈（M1：6）

图版二一 Ⅳ式铜戈（M1：14）

图版二二 AaⅢ式铜钺（M1：22）

图版二三 AbⅠ式铜钺（M1：20）

图版二四 Ⅲ式铜斤（M1：21）

图版二五　Ba 型铜凿（M1∶19）

图版二六　AⅡ式铜带钩（M1∶9）

图版二七　料珠（M1∶13）

图版二八　M7 清理后情形

图版二九　B 型陶圜底罐（M7∶14）

图版三〇　AaVa 式铜钺（M7：7）

图版三一　Bb 型铜凿（M7：4）

图版三二　II 式铜刻刀（M7：1）

图版三三　I 式铜斤（M7：6）

图版三四　M23 清理情形

图版三五　M23 清理情形

图版三六　M23 船棺起吊情形

图版三七　M23 船棺起吊情形

图版四〇　BⅡ式铜矛（M23：9）

图版三八　M23 出土船棺

图版三九　M23 出土船棺

图版四一　AaVa式铜钺（M23：3）

图版四二　A型铜镞（M27：6）

图版四三　M32船棺起吊情形

图版四四　M32船棺起吊情形

图版四五　M32 船棺清理后情形

图版四七　M33 清理后情形

图版四六　M32 船棺下木条

图版四八　AⅡa 式铜矛（M33：1）

图版四九　B 型铜印章（M33：4）

图版五〇　B 型铜印章（M33：4）

图版五一　B 型铜印章（M33：5）

图版五二　铜瓶形饰（M33：6）

图版五三　铜猪形饰（M33：10）

图版五四　铜双鱼饰（M33：3）

图版五五　玛瑙珠（M33：9）

图版五六　M44 清理后情形

图版五七　M75（右）、M76（左）

图版五八　M76端部烧灼痕迹

图版五九　Ⅱb式铜戈（M76：1）

图版六〇　AbⅠ式铜钺　（M76：2）

图版六一　M35 清理后情形

图版六二　AⅠa式铜带钩（M35：1）

图版六三　M37 清理后情形

图版六四　M45 出土船棺

图版六五　铜剑（M45：3）

图版六六　铜龙形饰（M55：2）

图版六七　M70（右）、M72（左）

图版六八　M70 出土船棺

图版六九　BⅢ式铜剑（M70：3）

图版七〇　M29（下）、M30（中）、M31（上）

图版七一　M29（左）、M30（中）、M31（右）

图版七二　Ⅲb式铜戈（M30∶2）

图版七三　Bb型陶釜（M31∶1）

图版七四　AⅡ式铜矛（M72：6）

图版七五　M91清理后情形

图版七六　BⅡ式铜矛（M91：1）

图版七七　AaⅡ式铜钺（M91：4）

图版七八　Ⅱ式铜斤（M91：3）

图版七九　M2 随葬品出土情形

图版八〇　AaⅡ式陶圜底罐（M2∶2）

图版八一　陶缶（M2∶4）

图版八二　AⅡa式铜矛（M2：5）

图版八三　BⅡ式铜矛（M2：3）

图版八四　AIIa式铜矛（M2：1）

图版八五　AIVa式铜剑（M2：8）

图版八六　AbII式铜钺（M2：9）

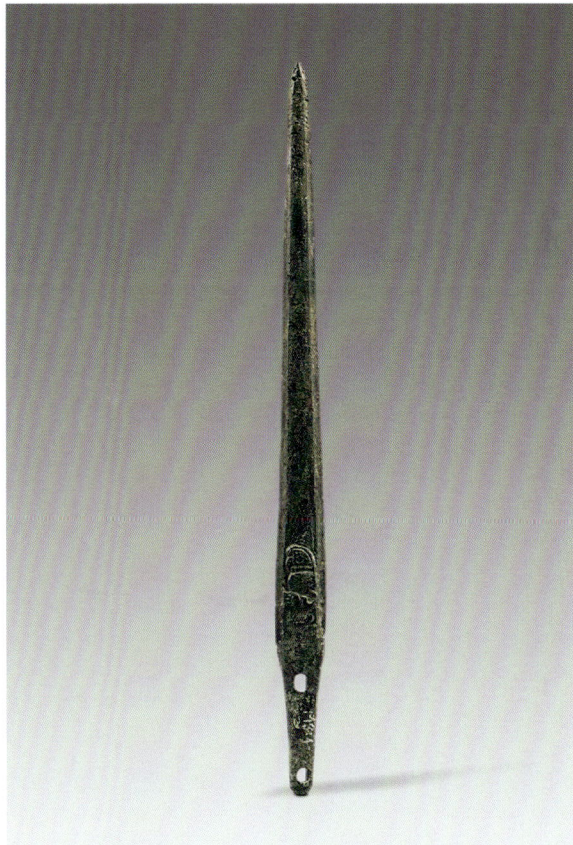

图版八七　AI式铜剑（M3：4）

图版八八　BaⅡ式铜带钩（M3：3）

图版八九　BaⅡ式铜带钩（M5：1）

图版九〇　AⅢ式陶豆（M14：12）

图版九一　BⅡ式铜矛（M14：1）

图版九二　BⅡ式铜矛（M14：2）

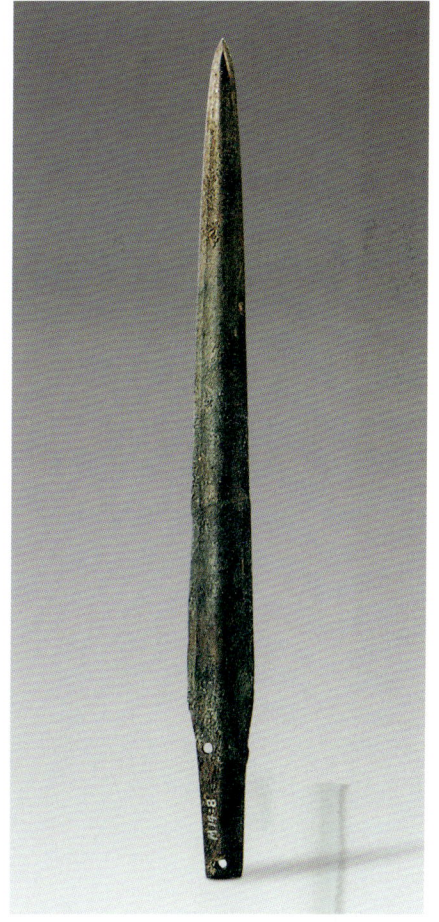

图版九三　BⅢ式铜剑（M14：8）

图版九四　AaVa式铜钺（M14：5）

图版九五　Ⅲ式铜斤（M14：4）

图版九六　AbⅡ式铜削（M14：9）

图版九七　AⅠa式铜带钩（M14：25）

图版九八　M36清理后情形

图版九九　CIV式陶釜（M69：8）

图版一○○　CIV式陶釜（M69：9）

图版一○一　AⅡ式铜剑（M69：12）

图版一○二　BⅡ式铜剑（M69：11）

图版一○三　BaI式铜带钩（M69：15）

图版一〇四　M79 清理后情形

图版一○五　M79随葬品出土情形

图版一○六　BbⅡ式陶豆（M79：17）

图版一○七　Ⅰ式铜斤（M79：15）

图版一○八　M101清理后情形

图版一〇九　M101 清理情形

图版一一〇　AbⅡ式铜钺
（M101：9）

图版一一一　AaⅢ式铜钺
（M101：10）

图版一一二　BⅡ式铜剑
（M92－1：2）

图版——三　M96 清理后情形

图版一一四　M88（下）、M89（上）、M90（中）三棺合葬

图版一一五　M88（右）、89（左）、90（中）三棺合葬

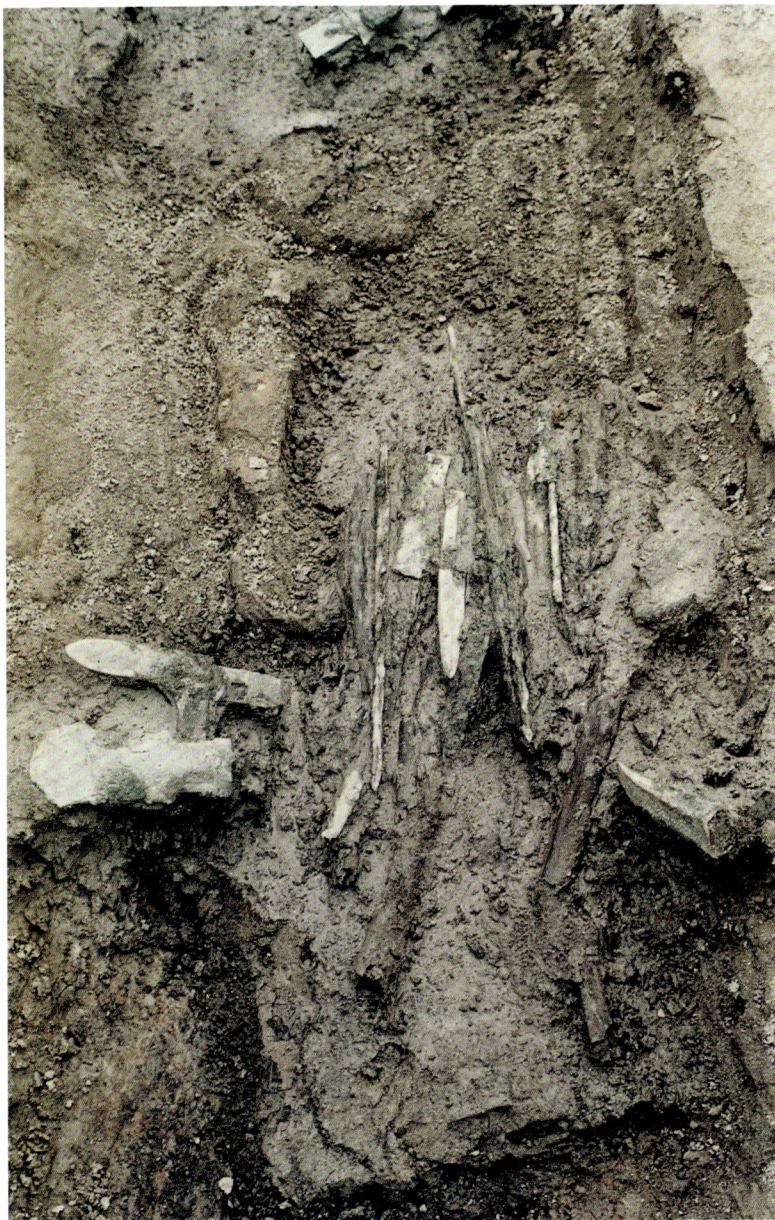

图版一一六　M90-1铜器出土情形

图版一一七　AⅡa式铜矛（M90-1:1）

图版一一八　AⅡa式铜矛
（M90-1:6）

图版一一九　BⅠb式铜矛
（M90 – 1∶2）

图版一二〇　BⅡ式铜矛
（M90 – 1∶30）

图版一二一　Ⅱa式铜戈
（M90 – 1∶9）

图版一二二　Ⅳ式铜戈（M90 – 1∶10）

图版一二三　Ⅴb式铜戈（M90 – 1∶12）

图版一二四　AbI式铜钺（M90－1：13）

图版一二五　I式铜斤（M90－1：21）

图版一二六　M90－2随葬品出土情形（局部）

图版一二七　BⅡ式铜矛（M90－2∶1）

图版一二八　Ⅳ式铜戈（M90－2∶6）

图版一二九　Vc式铜戈（M90－2∶5）

图版一三〇　AbⅠ式铜钺（M90－2∶9）

图版一三一　Ⅱ式铜鍪（M90－2∶3）

图版一三二 B 型陶钵（M90 - 3：1）

图版一三三 M50 清理后情形

图版一三五 AⅢa 式铜剑（M50：20）

图版一三四 Ⅰ式陶大口瓮（M50：15）

图版一三六　Bb 型铜带钩（M50：22）

图版一三七　M60 全貌

图版一三八　M59、M60、M61、M64（自上而下）

图版一三九　M66（左）、M67（右）

图版一四○　BIV式铜矛（M66：25）

图版一四一　AaⅧ式铜钺（M66：2）

图版一四二　AIV式陶豆（M66：8）

图版一四三　M67清理后情形

图版一四四　M67随葬品出土情形（局部）

图版一四五　AV式陶豆（M67：22）

图版一四六　BaⅢ式陶釜（M67：14）

图版一四七　Ⅱ式陶大口瓮（M67：24）

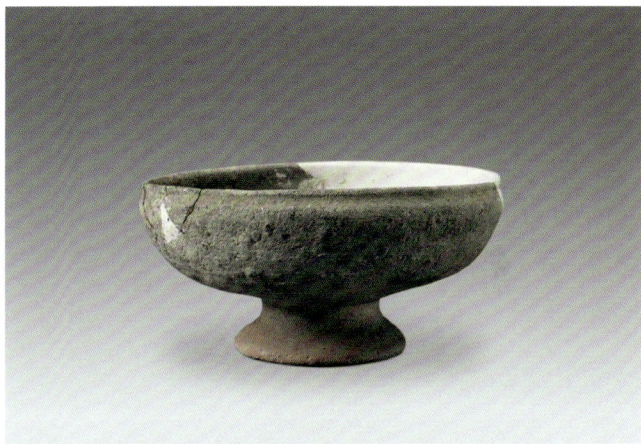

图版一四八　AⅢ式陶豆（M16：12）

图版一四九　AⅢa式
铜剑（M16：7）

图版一五〇　BⅢ式
铜剑（M16：8）

图版一五一　Ⅰ式铜釜（M16：1）

图版一五二　AaVa式铜钺（M17：3）

图版一五三　M38随葬品出土情形

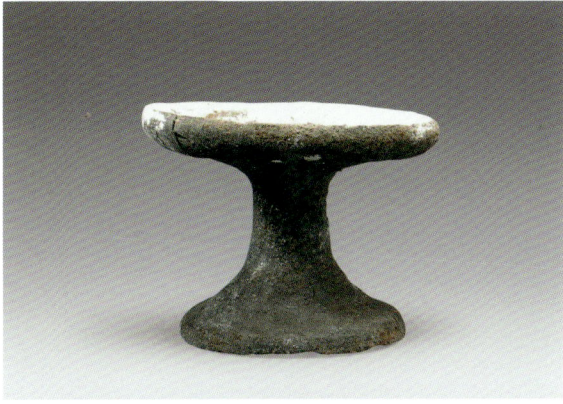

图版一五四　BbI式陶豆（M38：23）

图版一五六　I式陶器盖（M38：16）

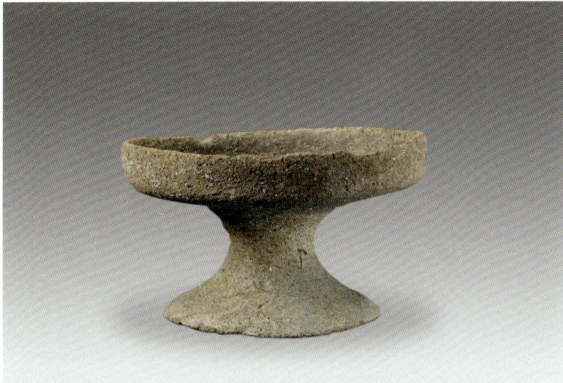

图版一五五　BbII式陶豆（M38：11）

图版一五七　II式陶器盖（M38：20）

图版一五八　BII式铜矛（M38：2）

图版一五九　BII式铜矛（M38：3）

图版一六〇　BⅢa式铜矛（M38：22）　　　　　图版一六一　BⅢb式铜矛（M38：17）

图版一六二　AIVa 式铜剑
（M38：30）

图版一六三　AIVb 式铜剑
（M38：29）

图版一六四　II 式铜鍪（M38：28）

图版一六五　BII 式铜矛
（M39：4）

图版一六六　AIIIa 式铜剑
（M49：31）

图版一六七　AaIV式铜钺
（M49：26）

图版一六八　BⅠ式铜剑（M49：30）

图版一六九　AⅠa式铜带钩（M49：33）

图版一七〇　AⅡ式铜带钩（M49：34）

图版一七一　BⅠa式铜矛（M52∶2）

图版一七二　AⅢb铜剑（M52∶6）

图版一七三　Vb式铜戈（M52∶1）

图版一七四　AaVa式铜钺（M52∶9）

图版一七五　AbⅢ式铜钺（M52∶8）

图版一七六　M54出土陶器

图版一七七　AbIa式陶圜底罐（M54：6）

图版一七八　AV式铜剑（M54：21）

图版一七九　Va式铜戈（M54：14）

图版一八〇　AaVa式铜钺（M54：24）

图版一八一　AbⅢ式铜钺（M54：16）

图版一八二　AbⅢ式铜削（M54：19）

图版一八三　Ⅰ式铜鍪（M54：2）

图版一八四　Ab型铜印章（M54：18）

图版一八五　Ⅰ、Ⅱ式铜璜（M54：20）

图版一八六　AII式陶釜（M68：4）

图版一八七　M88清理后情形

图版一八八　BIV式铜剑（M88：5）

图版一八九　M89清理后情形

图版一九〇　M89随葬陶器出土情形

图版一九二　AbI式铜削（M93：7）

图版一九一　AaVa式铜钺（M93：4）

图版一九三　AI式陶豆（M100：11）

图版一九四　BⅡ式铜矛（M100∶5）

图版一九五　A型铜镞（M100∶7、8）

图版一九六　B型铜镞（M100∶9）

图版一九七　Ⅴa式铜戈（M100∶3）

图版一九九　A 型陶平底罐（M74：9）

图版一九八　M74－B 清理后情形

图版二〇〇　Ba 型陶豆（M74：11）

图版二〇一　I 式陶器盖（M74：15）

图版二〇二　C型铜矛（M74：16）

图版二〇四　AI式铜矛（M74：37）

图版二〇三　M74－B随葬品出土情形

图版二〇五　BII式铜剑（M74：35）

图版二〇六　BIII式铜剑（M74：34）

图版二〇七　Ia式铜戈（M74：38）

图版二〇八　IIIa式铜戈（M74：29）

图版二〇九　Va 式铜戈（M74：31）

图版二一〇　AaI 式铜钺（M74：30）

图版二一一　II 式铜斤（M74：26）

图版二一二　III 式铜斤（M74：24）

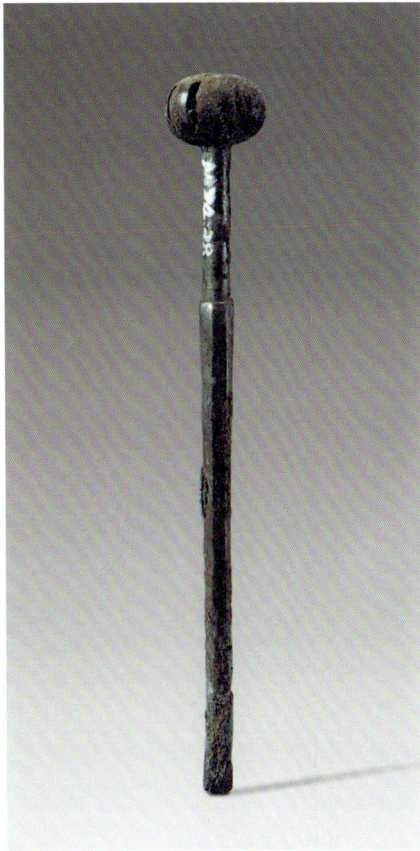

图版二一三　AⅠ式铜凿（M74：40）

图版二一四　Ba型铜凿（M74：25）

图版二一五　Ⅰ式铜刻刀（M74：33）

图版二一六　铜雕刀（M74：28）

图版二一七　铜敦（M74：27）

图版二一八　A 型陶鼎（M20：5）

图版二一九　M21 清理后情形

图版二二〇　Aa 型陶釜甑（M21：11）

图版二二一　C 型铜剑首（M21：3）

图版二二二　AaⅠ式陶圜底罐（M22：19）

图版二二三　AⅣb 式铜剑（M22：3）

图版二二四　AaⅤa 式铜钺（M22：1）

图版二二五　M24 清理后情形

图版二二六　AⅢ式陶釜（M24：11）

图版二二七　Ⅱ式陶壶（M51：6）

图版二二八　Ⅱ式陶壶（M51∶4）

图版二二九　Ⅱ式陶小口瓮（M59∶14）

图版二三〇　AⅥ式铜戈（M59∶21）

图版二三一　铜銮铃（M59∶23）

图版二三二　铜泡（M59∶17）

图版二三三　BⅠa式铜矛（M61∶5）

图版二三四　M77漆盘（M77∶4）出土情形

图版二三五　M94（右）、M95（左）

图版二三六　M95随葬品出土情形

图版二三七　M95 出土陶豆

图版二三八　BbⅡ式陶豆（M95∶22）

图版二三九　AⅡa式铜矛（M95∶1）

图版二四〇　AaⅥ式铜钺（M95：8）

图版二四一　C型铜印章（M95：5）

图版二四二　C型铜印章（M95：5）

图版二四三　M98清理后情形

图版二四四　AⅡ式陶豆（M98：24）

图版二四五　AaVa式铜钺
（M98：3）

图版二四七　AⅢb式铜剑
（M99：6）

图版二四八　AaVb式铜钺
（M99：5）

图版二四六　M99清理后情形

图版二四九　AV式铜剑（M103：4）

图版二五〇　铜印章（M103：6）

图版二五一　铜印章（M103：7）

图版二五二　M10清理后情形

图版二五三　AⅡ式陶豆（M10：25）

图版二五四　AⅡ式陶釜（M10：19）

图版二五五　AⅡ式铜剑（M10：2）

图版二五六　AⅡa式铜矛（M10：9）

图版二五七　Ⅲ式铜斤（M10：17）

图版二五八　AⅢa 式铜剑（M10：1）

图版二五九　AaVa 式铜钺（M10：15）

图版二六〇　B 型铜釜甑（M10：22，残）

图版二六一　Aa 型铜印章（M10：6）

图版二六二　Aa 型铜印章（M10：7）

图版二六三　Aa 型铜印章（M10：7）

图版二六四　DⅡ式陶釜（M53：1）

图版二六五　AbⅡ式陶釜甑（M53：6）

图版二六六　BaⅡ式陶平底罐（M53：2）

图版二六七　Bb型陶平底罐（M53：3）

图版二六八　AbⅡ式陶圜底罐（M65：2）

图版二六九　AbⅢ式陶圜底罐（M65：3）

图版二七〇　M84清理后情形

图版二七一　Ⅲ式陶大口瓮（M84∶5）

图版二七二　D型铜带钩（M84∶2）

图版二七三　Ⅰ式陶尖底盏（M25：4）

图版二七四　Ⅲ式陶尖底盏（M25：10）

图版二七五　ＣⅠ式陶釜（M25：11）

图版二七六　Ⅰ式陶壶（M25：3）

图版二七七　Ａ型陶平底罐（M25：25）

图版二七八　M25 出土铜器

图版二七九　A I 式铜矛（M25：14）

图版二八〇　A IIb 式铜矛（M25：26）

图版二八一　B III 式铜剑（M25：21）

图版二八二　BⅢ式铜剑
（M25：27）

图版二八三　BⅣ式铜剑
（M25：28）

图版二八四　Ⅰb式铜戈
（M25：30）

图版二八五　Ⅳ式铜戈（M25：29）

图版二八六　AaI式铜钺
（M25：34）

图版二八七　AaII式铜钺
（M25：32）

图版二八八　B型铜钺
（M25：31）

图版二八九　I式铜刻刀（M25：33）

图版二九○　BⅢa式铜矛（M83：1）